湖北省农民合作社发展历程

（2007—2017年）

湖北省农民合作社办公室
湖北农民合作社研究所 编著

中国农业科学技术出版社

图书在版编目（CIP）数据

湖北省农民合作社发展历程：2007—2017年 / 湖北省农民合作社办公室，湖北农民合作社研究所编著. —北京：中国农业科学技术出版社，2020.7

ISBN 978-7-5116-4818-1

Ⅰ. ①湖… Ⅱ. ①湖… ②湖… Ⅲ. ①农业合作社-发展-概况-湖北 Ⅳ. ①F321.42

中国版本图书馆CIP数据核字（2020）第111408号

责任编辑：李　雪　陈　焰　徐定娜　　　　责任校对：贾海霞

出版者　中国农业科学技术出版社

　　　　北京市中关村南大街12号　邮编：100081

电　话　（010）82109707（编辑室）

　　　　（010）82109702（发行部）　（010）82109709（读者服务部）

传　真　（010）82106650

网　址　http://www.castp.cn

经销者　各地新华书店

印刷者　北京建宏印刷有限公司

开　本　787mm×1092mm　1/16

印　张　22

字　数　584千字

版　次　2020年7月第1版　2020年12月第2次印刷

定　价　88.00元

《湖北省农民合作社发展历程(2007—2017年)》
编　委　会

序

2007年，《中华人民共和国农民专业合作社法》实施；时至2017年，十年励精图治，湖北省农民合作社成就辉煌。

十年，湖北农民合作社在自愿合作、依法登记、民主管理、守法经营的规范化、法制化道路上，不断砥砺前行；十年，湖北农民合作社让分散的农户组织起来，让贫困家庭有了依靠，让广大的农村焕发出了新的生机，成为带领农民脱贫致富的主力军；十年，湖北省农民合作社发展到近8万家，辐射带动全省近一半的农户。

湖北农民合作社的发展，是一路敢为人先、勇于创新、严于治理的历程，始终立于时代的潮头，走在全国的前列。2005年，湖北省率先成立湖北省农村专业合作经济组织指导办公室；2007年，湖北省率先出台《中共湖北省委、湖北省人民政府关于支持和促进农民专业合作社发展的意见》；2008年，湖北省率先实施《湖北省实施<中华人民共和国农民专业合作社法>办法》；2011年，湖北省率先印发《湖北省农村土地承包经营权作价出资农民专业合作社登记管理暂行办法》，开启农村土地"三权"分置探索；2013年，湖北省率先颁布《湖北省农民专业合作社联社登记管理工作的试行意见》，在全国第一个赋予农民合作社联合社法人地位；2014年，湖北省《关于引导和促进湖北省农民合作社规范发展的意见》率先实行省直11个部门联合引导、规范农民合作社的发展。高屋建瓴的政策和举措，使湖北的农民合作社从无到有、从弱到强，质量稳步提升。

湖北省农业农村厅牵头建立部门联席制度，为合作社的发展出台扶持政策创造了良好的外部环境，对内实施"四大创新"举措——突出指导创新，加强组织推动、科学引导；突出模式创新，促进多元发展、跨区联合；突出营销创新，打造互联网+农民合作社销售平台；突出金融创新，大胆探索农村合作金融。"四大创新"引导农民合作社规范运行、跨越发展。不断地探索、创新和创建，使湖北农民合作社始终走在全国前列。

湖北省农民合作社经验被国家部委多次作为典范推向全国，党和国家领导人习近平、回良玉、汪洋等分别考察湖北的农民合作社，并亲切接见合作社负责人。

如今，湖北农民合作社依然秉承楚人筚路蓝缕的开创精神，在创新中壮大，在规范中共赢。展望未来，围绕稳量、提质、做强的目标，湖北农民合作社必将迎来高质量发展的黄金时期，终实现农民高度组织化、农业生产全程现代化、农产品供给品牌化、新农村越来越美化的良好愿景。

长风破浪正当时，合作大旗遍神州！

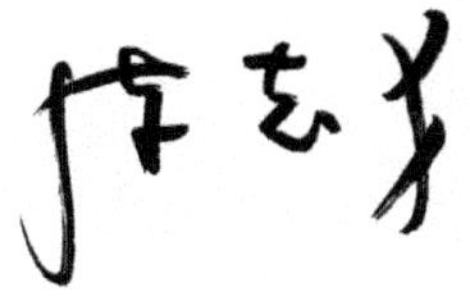

目　录

第四篇 农民合作社典型案例

附　录

第一篇

农民合作社工作交流

湖北省率先出台实施办法 促进农民专业合作社发展
——《湖北省实施<中华人民共和国农民专业合作社法办法>》新闻发布与解读

2008年1月8日

《湖北省实施〈中华人民共和国农民专业合作社法〉办法》（以下简称《实施办法》）已于2007年12月6日经省十届人大常委会第30次会议审议通过，自2008年2月1日起施行。

1 充分认识《实施办法》的重大意义，积极培育农村市场主体，创造农民专业合作社发展环境

在农村市场经济建设中，农业和农村市场经济主体的培育与壮大是关键，运用法律手段为其创造宽松和谐的发展环境是重要途径。世界上许多发达国家都制定了专门的合作社法，形成了完善的合作社法律体系。发达国家政府的支持和立法是促进农民专业合作社发展的保证条件。由于历史原因，目前湖北省农民的市场主体地位上没有真正确立，农民的分散和弱小，难以作为市场主体承担风险。目前，我省有近1 000万个农民家庭，平均每户经营着0.38公顷左右的耕地资源，由于分散经营决定了农民作为市场主体的弱小性，决定了农户作为农村市场主体基本还没有抗御市场风险的能力。

近年来，湖北省农民专业合作组织发展较快，特别是农民专业合作社为成员提供的服务更稳定、利益联结更紧密。但是，由于立法滞后，制约了湖北省农民专业合作社的发展，主要问题是主体地位不明确、内部产权关系不清、法人和个人产权没有得到法律的有效认可，民主管理制度不健全，使得农民专业合作社的正常经营活动和合作权益得不到保障。此外，政府也缺乏必要的政策指导和经济扶持。为促进和加快湖北省农民专业合作社的发展，省农业厅从2005年就开始了农民专业合作社的立法调研和起草工作，省人大2006年就将制定农民专业合作社地方性法规列入了立法规划，2006年《中华人民共和国农民专业合作社法》颁布后，省人大、省政府和省农业厅加快了《实施办法》的立法进程，开展了多次省内外调研、座谈和征求意见，最终形成了该《实施办法》。

本《实施办法》充分体现了党和国家关于农业的大政方针和上位法的基本法律精神，反映了湖北省农民专业合作社发展的成功经验，具有较强的针对性和可操作性。该《实施办法》的颁布实施，为湖北省农民专业合作社的发展提供了坚实的法律保障，标志着湖北省农民专业合作社发展工作真正走上了依法发展的新阶段。贯彻实施好《实施办法》，必将有效地促进湖北省农民专业合作社又好又快发展；必将有效地促进湖北省农业结构调整，推进农业产业化经营；必将真正的使农民成为市场经济的

主体，成为农村经济建设的主体。

2 全面贯彻落实《实施办法》，认真履行法定职责，切实加大指导扶持力度

《湖北省实施〈中华人民共和国农民专业合作社法〉办法》认真贯彻了国家相关法律精神，既立足于湖北省实际，又借鉴了多省经验，符合湖北省现阶段农民专业合作社发展的客观需要，是一部具有湖北特色的地方性法规。《实施办法》确立了农民专业合作社在经济社会发展中的法律地位，明确了农业部门的执法主体地位和各相关部门的职责，强化了农民专业合作社发展的支持和保障措施，维护了农民专业合作社及其成员的合法权益，完善了农民专业合作社发展的扶持措施等。

各级政府要认真履行好法律赋予的职责，严格依法行政，进一步加强对农民专业合作社发展的领导，把发展农民专业合作社作为“三农”工作的重要内容统筹安排，协调推进。各级农业部门要把宣传贯彻《实施办法》作为一件大事来抓，切实转变思想观念，转变工作作风，努力把着力点转到促进《实施办法》的贯彻落实上来、转到为农民专业合作社服务和创造良好的发展环境上来，更多地运用法律手段来指导和推动农民专业合作社的发展。各相关部门要在各自的职能范围内，认真履行好促进农民专业合作社发展的职责，加大投入和扶持力度，为广大农民群众多办好事、办好实事。

各级人大及其常委会要认真履行监督职责，适时开展《实施办法》贯彻执行情况的执法检查，督促各级政府及其相关部门严格依法行政，及时发现和解决实施中的困难和问题，保证《实施办法》得到全面准确地贯彻实施。

“七举措五特点”湖北农民合作社开创新局面
——全国农民专业合作社经验交流会交流材料

2010年9月

湖北地处我国中部腹地，面积18.59万平方公里（1公里=1千米。全书同），人口6 000多万，具有悠久的历史和灿烂的文化，自然资源丰富，交通通讯便利，科教实力雄厚，是全国重要的粮棉油生产基地、老工业基地和综合交通运输枢纽。近几年来，湖北省在党中央、国务院的坚强领导下，紧紧围绕把湖北建成促进中部地区崛起重要战略支点的奋斗目标，贯彻落实科学发展观，认真做好改革、发展、稳定的各项工作，特别是2008年在应对全球金融危机的关键时刻，省委、省政府审时度势，立足现实，兼顾长远，提出了强力推进武汉城市圈两型社会建设，积极建设鄂西生态文化旅游圈，加快湖北长江经济带新一轮开放开发的“两圈一带”重大战略部署，促进了全省经济结构在调整中得到优化，支柱产业在激烈竞争中得到加强，经济效益在战胜困难中逐步改善，保持了经济平稳较快发展和社会全面进步的良好势头。2009年，全省生产总值12 831亿元，同比增长13.2%，人均GDP达到22 677元，首次超过3 000美元；地方一般预算收入突破800亿元，达到814.8亿元，增长14.7%；城镇居民人均可支配收入14 367元，增长9.2%；农民人均纯收入首次突破5 000元大关，达到5 035.3元，增长8.1%。

湖北是全国农业大省之一，拥有长江流域最大的江汉平原，具有优越的水、土、气、温等自然条件，农业发展具有很多优势，素有“鱼米之乡”的美誉。省委、省政府始终高度重视农业工作，近几年更是确立了推进湖北由农业大省向农业强省跨越的战略目标，坚持推动发展理念、发展方式、生产方式和聚集社会资源方式“四个转变”和建立农业产业化、社会化服务、科技支撑、农产品质量安全和农业生态文化“五大体系”的工作思路，夯实农业农村发展基础，着力发展现代农业，确保农产品有效安全供给、农民收入持续较快增长、农业资源永续利用。2009年，通过全省农业系统广大干部职工的真抓实干和4 000万农民群众的辛勤劳作，湖北省农业发展取得了辉煌成绩，粮食产量达到231亿千克，增长3.7%，连续6年丰收；油菜子和淡水产品产量分别连续14年、15年位居全国第一；新增销售收入过10亿元的产业化龙头企业5家，达到20家；全年农产品出口7.2亿美元，增长13.9%。

发展农民专业合作社，是广大农民群众的伟大创造和自愿选择，是稳定完善农村基本经营制度、创新农业经营体制机制的有效途径，也是走中国特色农业现代化道路的必然要求。省委、省政府高度重视这项工作。省委书记罗清泉同志、省长李鸿忠同志多次深入农民专业合作社开展调查研究，多次作出重要批示，提出重要指导意见。省委书记罗清泉同志强调：农民专业合作经济组织，是农村实行家庭联产承包经营体制后的又一大创举，是新形势下提高农民组织化程度的一个崭新平台，是解决“三农”问题的一个有效途径。要继续大力宣传贯彻《农民专业合作社法》和湖北省实施办法，培育一批农民当家作主，涵盖各产业、覆盖面广、带动力强的互助合作组织。全省各市（州）、县（市、区）

党委、政府更是将发展农民专业合作社作为“一把手”工程来抓，成立了领导小组和工作专班。自2005年以来，湖北省农民专业合作社发展是一年一个新台阶，一年一个新变化，整个工作可以用七句话概括：一是省委发了文。2007年5月，省委、省政府下发了《关于支持和促进农民专业合作社发展的意见》，明确了扶持合作社发展的基本思路和主要政策。二是人大立了法。2007年12月，省人大常委会高票通过了《湖北省实施〈中华人民共和国农民专业合作社法〉办法》。三是政府开了会。2008、2009年，省政府连续召开了全省发展农民专业合作社现场会。四是编委定了编。2005年，省编委正式批准成立湖北省农村专业合作经济组织指导办公室，专门负责全省农村专业合作经济组织的指导、扶持和服务工作。五是财政立了项。省财政2006年开始设立专项资金扶持农民专业合作组织发展，2009年，农民专业合作社省级扶持资金达到3 625万元。六是典型引了路。2006年，省农业厅确定了6个市、县作为农民专业合作组织建设试点，2008年又开展了农民专业合作社示范社创建活动。两年来，省市县三级共指导扶持了1 870个示范社，树立了一批可学可比的标杆和样板。七是产品上了档。湖北省农民专业合作社有500余家取得了无公害农产品、绿色食品和有机食品认证，800余家申领了品牌商标。2008年，农业部认定8个农民专业合作组织产品为中国名牌农产品，湖北省占1/4。

通过上述一系列措施，湖北省农民专业合作社发展已进入丰收时节，体现出五大特点：一是发展数量成倍增长。截至2010年6月底，全省农民专业合作社发展到9 560个，比2008年2 352个增加7 208个，两年增长4倍多；二是覆盖领域不断拓展。涉及种植、养殖、农机、能源、加工、储运等多个方面和优势特色产业，一些地方还出现了农村土地信用和资金互助合作社。三是服务区域持续扩大。大批合作社服务范围已从本乡本村为主转向跨乡镇、跨县域拓展。今年8月，湖北省农民专业合作社联合会也正式成立。四是合作层次逐步提升。越来越多的合作社从生产领域合作，向品牌、流通、加工等经营领域拓展，实行了农资供应、质量标准、生产技术、品牌包装、市场营销等统一服务。五是社员收入不断增加。据典型调查，加入合作社社员人均收入比当地农民人均收入高出25%以上。

多年来，在中央各部委的关心和指导下，湖北省农业和农民专业合作社发展工作取得了一定的成绩，为保增长、保民生、保稳定各项任务的完成，为全省经济社会又好又快发展，发挥了积极作用，做出了重要贡献。但与中央的要求相比，与农业和农民专业合作社工作面临的新形势、新任务相比，与先进省市相比，还存在较大差距。湖北省将借这次经验交流会的东风，认真贯彻农业部领导的重要指示精神，虚心学习借鉴兄弟省市的好经验、好做法，进一步加强和改进工作，努力开创全省农民专业合作社工作的新局面。

扶持发展农民专业合作社 培育建设农业强省生力军

——全国贯彻实施《中华人民共和国农民专业合作社法》五周年座谈会交流材料

2012年6月19日

7月1日，《中华人民共和国农民专业合作社法》实施将满5周年。这部法律对深化农村改革，建设现代农业，发挥了积极作用，意义重大，影响深远。

当前，湖北省正着力推进农业强省建设。近年来，以贯彻落实《农民专业合作社法》为契机，把创新农业经营体制机制，扶持农民专业合作社加快发展，大力培育现代农业经营主体，作为推进农业强省建设的重要内容和抓手，取得了明显成效。截至2012年3月底，全省工商注册登记的合作社达到21 146个，社员153万户，占全省总农户的18%。合作社直接经营土地面积2 000多万亩（1亩约667平方米，全书同），约占总耕地面积的30%；2011年，湖北省合作社出栏生猪2 050万头，占全省出栏总数的53%。农民人均纯收入达到6 898元，其中，合作社成员人均收入达到8 200元，比其他农户高出近20%。由春晖集团入股领办的农业、农机和土地股份合作社等3家专业合作社，经营土地超过10万亩，粮食单产提高近30千克，成员增收30%以上，解决了“谁来种田”的难题，探索形成了农业适度规模经营的“春晖模式”，被国务院领导誉为“现代农业的一面旗帜”。主要做法有以下五个方面：

第一，抓分工协作，推动法律实施。全省上下对贯彻落实合作社法，思想上高度重视，认识上高度统一。各级政府都建立了促进专业合作社发展的联席会议制度。各相关部门依据各自职责，制定了扶持措施，形成了分工协作、推动发展的强大合力和良好氛围。

第二，抓法规政策，保障法律实施。2007年初，省委、省政府专门出台了《关于支持和促进农民专业合作社发展的意见》。2008年初，全国第一部合作社法的地方配套法规《湖北省实施〈农民专业合作社法〉办法》在我省正式施行。5年来，市、县两级党委、政府共出台扶持政策文件153份，省农业、财政、工商、质检、金融等相关部门也出台了相关扶持措施。从2005年开始，省财政就安排了专项资金，且额度逐年增加。今年，省级财政安排8 500多万元专项资金，由财政厅、农业厅联合下发文件，整合农业综合开发、农业板块建设等项目资金，用于扶持农民专业合作社发展。市、县两级财政扶持资金也将超过3亿元。2010年起，省信用联社每年为农民专业合作社贷款授信50多亿元，缓解了合作社贷款难问题。

第三，抓宣传培训，引导法律实施。2005年起，湖北省将每年7月定为“农民专业合作社宣传月”，层层召开会议，集中宣传培训。全省各级已累计培训合作社辅导员和业务骨干近10万人次，免费发放《湖北省农民专业合作社示范守则》5万多份。2007年以来，省政府坚持每年召开合作社工作现场会，组织各地相互学习，交流经验，促进发展。2011年10月，省委、省政府在建设农业强省工作会上，还专门表彰了“五强农民专业合作社”，进一步推动了各地农民专业合作社的快速健康发展。

第四，成立专门机构，指导法律实施。2004年，省政府在全国率先成立湖北省农村专业合作经济组织指导办公室，定编10人，专门负责全省农民专业合作社的指导、扶持和服务工作。截至2011年底，全省95%的市（州）、县（市、区）都成立了相应机构，配备了366人承担专业合作社指导服务工作，县平均达到3名专职人员。

第五，建设“五大工程”，促进法律实施。2007年起，在全省范围内，统一开展农民专业合作社“五大工程”（推进、示范、人才培训、农超对接、品牌培育）建设，取得了良好效果。目前，已培育省级示范社560家，涌现出了晓曦红柑橘、锦绣林牧等一大批全国知名合作社；还成立了省级农民专业合作社联合会，目前已发展会员500多个。全省已有4 100多家合作社与家乐福、沃尔玛、武汉中百仓储等超市成功对接，1 500多家合作社在居民社区设立了连锁店、直销店，2011年销售额达到50多亿元。

当前，湖北省农民专业合作社仍处于发展初级阶段，还存在规模不大、规范不够、带动力不强等问题。下一步，湖北将继续围绕贯彻实施《农民专业合作社法》，进一步营造环境，强化措施，加大力度，为发展现代农业、建设农业强省作出更大贡献，以优异成绩迎接党的十八大胜利召开！

突出创新引领 推动规范提升
大力培育荆楚特色农民专业合作社
——全国贯彻实施《中华人民共和国农民专业合作社法》十周年座谈会交流材料

2017年8月

2017年是《中华人民共和国农民专业合作社法》颁布实施十周年。十年来，湖北农民合作社从无到有、从弱到强，数量几何级数增长、质量稳步提升，截至2017年6月底，湖北农民合作社总数已达到7.7万家，较2007年增长15.5倍，全省超过50%的农户加入了农民合作社，社员较非社员收入增加20%以上。湖北农民合作社已经成为带领农民进入市场的基本主体、农村经济的新型实体、农村管理的有效载体，是农村供给侧改革的践行者和推动者；是带领农民脱贫致富的主力军！湖北省的主要做法是突出四个创新，形成发展合力。

1 突出指导创新，加强组织推动、科学引导

十年来，湖北省为贯彻落实《农民专业合作社法》，顺势跟进，主动作为，创造性地开展工作，多项工作在全国率先开启。2007年，湖北省在全国率先出台《关于支持和促进农民专业合作社发展的意见》。2008年，湖北省在全国率先出台地方性法规——《湖北省实施<中华人民共和国农民专业合作社法>办法》。2011年，湖北省在全国率先开启农村土地“三权”分置探索，出台《湖北小农村土地承包经营权作价出资农民专业合作社登记管理暂行办法》。2013年，湖北省出台《关于农民专业合作社联合社登记管理工作的试行意见》，在全国第一个赋予联合社法人地位，填补了《中华人民共和国农民专业合作社法》法律空白。2014年，湖北省在全国率先实行省直十一个部门联合引导、规范农民合作社的发展，建立《湖北省农民合作社厅际联席会议制度》，并联合印发《关于引导和促进农民合作社规范发展的意见》。

2 突出模式创新，促进多元发展、跨区联合

一是创建了“多要素合作”模式—鼓励农民采取带机入社、带地入社和带资入社的“华丰模式”，实现了农业多种生产要素合作，促进了农业生产要素的高效配置。二是创建了“生产在家、服务在社合作”模式—实行“六统一”的订单生产服务“楚田模式”，实现了农业生产的供给侧结构性变革。三是创建了“土地三权分置合作”模式—明晰农村土地“所有权、承包权、经营权”的“三权”分置属

性，探索把经营权委托企业经营的“春晖模式”，被中央领导誉为“现代农业的一面旗帜”。四是创建了“精准扶贫”模式—鼓励扶持打工仔刘锦秀，创建了富帮穷、结穷亲，带领贫困乡亲共致富的、以扶贫为宗旨的农民合作社，实现了精准扶贫、长效扶贫的目标。五是创建了“合作社联社”模式—“春露联社”“七仙红联社”分别将洪湖市几十家水稻种植专业合作社和孝感市所辖县市区水蜜桃合作社联合起来，制定了共同的生产标准，开展水稻、蜜桃产前、产中、产后服务，着力构建从生产到消费、从田间到餐桌的全程监管体系。

3 突出营销创新，打造互联网+农民合作社销售平台

在全国“农社对接”试点活动中，探索建立了“楚合商城”线上、线下连锁销售模式。已经有447家合作社入驻“楚合商城”网店，粮、棉、油、果、茶、蔬等门类的产品达971个。线下已建有1 898家“楚合商城”实体连锁店，累计销售额已超过10亿元。罗田县将县内700多家农民合作社与电商平台进行对接，以合作社为引领，引进培育1 000家企业和个人从事农村电商，销售合作社产品，直接参与人员达8 000人，2015年全县合作社产品网络销售额达到2.1亿元。

4 突出金融创新，大胆探索农村合作金融

一是政府主导模式。枝江市以农民合作社为核心，组建区域性农民合作社联合会，政府出资设立担保基金，试点银行提供贷款。二是担保公司主导模式 。2014年，湖北省以农业部农民合作社贷款担保试点为契机，在襄阳市和全省开展试点，3年来为全省100多家农民合作社及社员提供超过3亿元的贷款担保。三是银行主导模式。襄阳市民生银行通过宜城市楚梦园农民粮油合作联社设立合作社担保基金，银行按比例放大提供贷款，每年向联合社及其成员提供2亿元贷款额度。四是合作社主导模式。宜昌市夷陵区晓曦红柑橘合作联社等一批农民合作社通过成立内部成员信用合作部，为临时困难的成员提供生产资金及短期的流动资金，实行专款专账。

下一步，我们将围绕贯彻实施新修订的《中华人民共和国农民专业合作社法》，开展合作社质量提升行动，进一步规范农民合作社发展。一是鼓励发展多种形式的农民合作社，充分发挥土地、资金、劳动、技术等要素和产品的纽带作用。二是实施“提升工程”，规范农民合作社产权结构、治理结构、生产经营、盈余分配和财务管理，提升农民合作社运营水平。三是建立农民合作社示范社评选和监测机制，充分运用工商部门大数据，定期对农民合作社示范社进行评选和监测。四是探索建立县域农民合作社示范社孵化基地，依托部门和行业开展农民合作社指导、扶持和服务。提高农民合作社生产、经营和管理水平。五是大力发展农民合作社联合社、鼓励农民合作社开展生产、供销、信用“三位一体”的综合合作业务、支持农民合作社参与田园综合体建设，做大做强农民合作社。

第二篇

农民合作社法规政策

中华人民共和国农民专业合作社法

（2006年10月31日第十届全国人民代表大会常务委员会第二十四次会议通过，2017年12月27日第十二届全国人民代表大会常务委员会第三十一次会议修订）

第一章 总 则

第一条 为了规范农民专业合作社的组织和行为，鼓励、支持、引导农民专业合作社的发展，保护农民专业合作社及其成员的合法权益，推进农业农村现代化，制定本法。

第二条 本法所称农民专业合作社，是指在农村家庭承包经营基础上，农产品的生产经营者或者农业生产经营服务的提供者、利用者，自愿联合、民主管理的互助性经济组织。

第三条 农民专业合作社以其成员为主要服务对象，开展以下一种或者多种业务：

（一）农业生产资料的购买、使用；

（二）农产品的生产、销售、加工、运输、贮藏及其他相关服务；

（三）农村民间工艺及制品、休闲农业和乡村旅游资源的开发经营等；

（四）与农业生产经营有关的技术、信息、设施建设运营等服务。

第四条 农民专业合作社应当遵循下列原则：

（一）成员以农民为主体；

（二）以服务成员为宗旨，谋求全体成员的共同利益；

（三）入社自愿、退社自由；

（四）成员地位平等，实行民主管理；

（五）盈余主要按照成员与农民专业合作社的交易量（额）比例返还。

第五条 农民专业合作社依照本法登记，取得法人资格。

农民专业合作社对由成员出资、公积金、国家财政直接补助、他人捐赠以及合法取得的其他资产所形成的财产，享有占有、使用和处分的权利，并以上述财产对债务承担责任。

第六条 农民专业合作社成员以其账户内记载的出资额和公积金份额为限对农民专业合作社承担责任。

第七条 国家保障农民专业合作社享有与其他市场主体平等的法律地位。

国家保护农民专业合作社及其成员的合法权益，任何单位和个人不得侵犯。

第八条 农民专业合作社从事生产经营活动，应当遵守法律，遵守社会公德、商业道德，诚实守信，不得从事与章程规定无关的活动。

第九条 农民专业合作社为扩大生产经营和服务的规模，发展产业化经营，提高市场竞争力，可以依法自愿设立或者加入农民专业合作社联合社。

第十条 国家通过财政支持、税收优惠和金融、科技、人才的扶持以及产业政策引导等措施，促进农民专业合作社的发展。

国家鼓励和支持公民、法人和其他组织为农民专业合作社提供帮助和服务。

对发展农民专业合作社事业做出突出贡献的单位和个人，按照国家有关规定予以表彰和奖励。

第十一条 县级以上人民政府应当建立农民专业合作社工作的综合协调机制，统筹指导、协调、推动农民专业合作社的建设和发展。

县级以上人民政府农业主管部门、其他有关部门和组织应当依据各自职责，对农民专业合作社的建设和发展给予指导、扶持和服务。

第二章　设立和登记

第十二条 设立农民专业合作社，应当具备下列条件：

（一）有五名以上符合本法第十九条、第二十条规定的成员；

（二）有符合本法规定的章程；

（三）有符合本法规定的组织机构；

（四）有符合法律、行政法规规定的名称和章程确定的住所；

（五）有符合章程规定的成员出资。

第十三条 农民专业合作社成员可以用货币出资，也可以用实物、知识产权、土地经营权、林权等可以用货币估价并可以依法转让的非货币财产，以及章程规定的其他方式作价出资；但是，法律、行政法规规定不得作为出资的财产除外。

农民专业合作社成员不得以对该社或者其他成员的债权，充抵出资；不得以缴纳的出资，抵销对该社或者其他成员的债务。

第十四条 设立农民专业合作社，应当召开由全体设立人参加的设立大会。设立时自愿成为该社成员的人为设立人。

设立大会行使下列职权：

（一）通过本社章程，章程应当由全体设立人一致通过；

（二）选举产生理事长、理事、执行监事或者监事会成员；

（三）审议其他重大事项。

第十五条 农民专业合作社章程应当载明下列事项：

（一）名称和住所；

（二）业务范围；

（三）成员资格及入社、退社和除名；

（四）成员的权利和义务；

（五）组织机构及其产生办法、职权、任期、议事规则；

（六）成员的出资方式、出资额，成员出资的转让、继承、担保；

（七）财务管理和盈余分配、亏损处理；

（八）章程修改程序；

（九）解散事由和清算办法；

（十）公告事项及发布方式；

（十一）附加表决权的设立、行使方式和行使范围；

（十二）需要载明的其他事项。

第十六条 设立农民专业合作社，应当向工商行政管理部门提交下列文件，申请设立登记：

（一）登记申请书；

（二）全体设立人签名、盖章的设立大会纪要；

（三）全体设立人签名、盖章的章程；

（四）法定代表人、理事的任职文件及身份证明；

（五）出资成员签名、盖章的出资清单；

（六）住所使用证明；

（七）法律、行政法规规定的其他文件。

登记机关应当自受理登记申请之日起二十日内办理完毕，向符合登记条件的申请者颁发营业执照，登记类型为农民专业合作社。

农民专业合作社法定登记事项变更的，应当申请变更登记。

登记机关应当将农民专业合作社的登记信息通报同级农业等有关部门。

农民专业合作社登记办法由国务院规定。办理登记不得收取费用。

第十七条 农民专业合作社应当按照国家有关规定，向登记机关报送年度报告，并向社会公示。

第十八条 农民专业合作社可以依法向公司等企业投资，以其出资额为限对所投资企业承担责任。

第三章 成 员

第十九条 具有民事行为能力的公民，以及从事与农民专业合作社业务直接有关的生产经营活动的企业、事业单位或者社会组织，能够利用农民专业合作社提供的服务，承认并遵守农民专业合作社章程，履行章程规定的入社手续的，可以成为农民专业合作社的成员。但是，具有管理公共事务职能的单位不得加入农民专业合作社。

农民专业合作社应当置备成员名册，并报登记机关。

第二十条 农民专业合作社的成员中，农民至少应当占成员总数的百分之八十。

成员总数二十人以下的，可以有一个企业、事业单位或者社会组织成员；成员总数超过二十人的，企业、事业单位和社会组织成员不得超过成员总数的百分之五。

第二十一条 农民专业合作社成员享有下列权利：

（一）参加成员大会，并享有表决权、选举权和被选举权，按照章程规定对本社实行民主管理；

（二）利用本社提供的服务和生产经营设施；

（三）按照章程规定或者成员大会决议分享盈余；

（四）查阅本社的章程、成员名册、成员大会或者成员代表大会记录、理事会会议决议、监事会会议决议、财务会计报告、会计账簿和财务审计报告；

（五）章程规定的其他权利。

第二十二条 农民专业合作社成员大会选举和表决，实行一人一票制，成员各享有一票的基本表决权。

出资额或者与本社交易量（额）较大的成员按照章程规定，可以享有附加表决权。本社的附加表决权总票数，不得超过本社成员基本表决权总票数的百分之二十。享有附加表决权的成员及其享有的附加表决权数，应当在每次成员大会召开时告知出席会议的全体成员。

第二十三条 农民专业合作社成员承担下列义务：

（一）执行成员大会、成员代表大会和理事会的决议；

（二）按照章程规定向本社出资；

（三）按照章程规定与本社进行交易；

（四）按照章程规定承担亏损；

（五）章程规定的其他义务。

第二十四条 符合本法第十九条、第二十条规定的公民、企业、事业单位或者社会组织，要求加入已成立的农民专业合作社，应当向理事长或者理事会提出书面申请，经成员大会或者成员代表大会表决通过后，成为本社成员。

第二十五条 农民专业合作社成员要求退社的，应当在会计年度终了的三个月前向理事长或者理事会提出书面申请；其中，企业、事业单位或者社会组织成员退社，应当在会计年度终了的六个月前提出；章程另有规定的，从其规定。退社成员的成员资格自会计年度终了时终止。

第二十六条 农民专业合作社成员不遵守农民专业合作社的章程、成员大会或者成员代表大会的决议，或者严重危害其他成员及农民专业合作社利益的，可以予以除名。

成员的除名，应当经成员大会或者成员代表大会表决通过。

在实施前款规定时，应当为该成员提供陈述意见的机会。

被除名成员的成员资格自会计年度终了时终止。

第二十七条 成员在其资格终止前与农民专业合作社已订立的合同，应当继续履行；章程另有规定或者与本社另有约定的除外。

第二十八条 成员资格终止的，农民专业合作社应当按照章程规定的方式和期限，退还记载在该成员账户内的出资额和公积金份额；对成员资格终止前的可分配盈余，依照本法第四十四条的规定向其返还。

资格终止的成员应当按照章程规定分摊资格终止前本社的亏损及债务。

第四章　组织机构

第二十九条 农民专业合作社成员大会由全体成员组成，是本社的权力机构，行使下列职权：

（一）修改章程；

（二）选举和罢免理事长、理事、执行监事或者监事会成员；

（三）决定重大财产处置、对外投资、对外担保和生产经营活动中的其他重大事项；

（四）批准年度业务报告、盈余分配方案、亏损处理方案；

（五）对合并、分立、解散、清算，以及设立、加入联合社等作出决议；

（六）决定聘用经营管理人员和专业技术人员的数量、资格和任期；

（七）听取理事长或者理事会关于成员变动情况的报告，对成员的入社、除名等作出决议；

（八）公积金的提取及使用；

（九）章程规定的其他职权。

第三十条 农民专业合作社召开成员大会，出席人数应当达到成员总数三分之二以上。

成员大会选举或者作出决议，应当由本社成员表决权总数过半数通过；作出修改章程或者合并、分立、解散，以及设立、加入联合社的决议应当由本社成员表决权总数的三分之二以上通过。章程对表决权数有较高规定的，从其规定。

第三十一条 农民专业合作社成员大会每年至少召开一次，会议的召集由章程规定。有下列情形之一的，应当在二十日内召开临时成员大会：

（一）百分之三十以上的成员提议；

（二）执行监事或者监事会提议；

（三）章程规定的其他情形。

第三十二条 农民专业合作社成员超过一百五十人的，可以按照章程规定设立成员代表大会。成员代表大会按照章程规定可以行使成员大会的部分或者全部职权。

依法设立成员代表大会的，成员代表人数一般为成员总人数的百分之十，最低人数为五十一人。

第三十三条 农民专业合作社设理事长一名，可以设理事会。理事长为本社的法定代表人。

农民专业合作社可以设执行监事或者监事会。理事长、理事、经理和财务会计人员不得兼任监事。

理事长、理事、执行监事或者监事会成员，由成员大会从本社成员中选举产生，依照本法和章程的规定行使职权，对成员大会负责。

理事会会议、监事会会议的表决，实行一人一票。

第三十四条 农民专业合作社的成员大会、成员代表大会、理事会、监事会，应当将所议事项的决定作成会议记录，出席会议的成员、成员代表、理事、监事应当在会议记录上签名。

第三十五条 农民专业合作社的理事长或者理事会可以按照成员大会的决定聘任经理和财务会计人员，理事长或者理事可以兼任经理。经理按照章程规定或者理事会的决定，可以聘任其他人员。

经理按照章程规定和理事长或者理事会授权，负责具体生产经营活动。

第三十六条 农民专业合作社的理事长、理事和管理人员不得有下列行为：

（一）侵占、挪用或者私分本社资产；

（二）违反章程规定或者未经成员大会同意，将本社资金借贷给他人或者以本社资产为他人提供担保；

（三）接受他人与本社交易的佣金归为己有；

（四）从事损害本社经济利益的其他活动。

理事长、理事和管理人员违反前款规定所得的收入，应当归本社所有；给本社造成损失的，应当承担赔偿责任。

第三十七条 农民专业合作社的理事长、理事、经理不得兼任业务性质相同的其他农民专业合作社的理事长、理事、监事、经理。

第三十八条 执行与农民专业合作社业务有关公务的人员，不得担任农民专业合作社的理事长、理事、监事、经理或者财务会计人员。

第五章 财务管理

第三十九条 农民专业合作社应当按照国务院财政部门制定的财务会计制度进行财务管理和会计核算。

第四十条 农民专业合作社的理事长或者理事会应当按照章程规定，组织编制年度业务报告、盈余分配方案、亏损处理方案以及财务会计报告，于成员大会召开的十五日前，置备于办公地点，供成员查阅。

第四十一条 农民专业合作社与其成员的交易、与利用其提供的服务的非成员的交易，应当分别核算。

第四十二条 农民专业合作社可以按照章程规定或者成员大会决议从当年盈余中提取公积金。公积金用于弥补亏损、扩大生产经营或者转为成员出资。

每年提取的公积金按照章程规定量化为每个成员的份额。

第四十三条 农民专业合作社应当为每个成员设立成员账户，主要记载下列内容：

（一）该成员的出资额；

（二）量化为该成员的公积金份额；

（三）该成员与本社的交易量（额）。

第四十四条 在弥补亏损、提取公积金后的当年盈余，为农民专业合作社的可分配盈余。可分配盈余主要按照成员与本社的交易量（额）比例返还。

可分配盈余按成员与本社的交易量（额）比例返还的返还总额不得低于可分配盈余的百分之六十；返还后的剩余部分，以成员账户中记载的出资额和公积金份额，以及本社接受国家财政直接补助和他人捐赠形成的财产平均量化到成员的份额，按比例分配给本社成员。

经成员大会或者成员代表大会表决同意，可以将全部或者部分可分配盈余转为对农民专业合作社的出资，并记载在成员账户中。

具体分配办法按照章程规定或者经成员大会决议确定。

第四十五条 设立执行监事或者监事会的农民专业合作社，由执行监事或者监事会负责对本社的财务进行内部审计，审计结果应当向成员大会报告。

成员大会也可以委托社会中介机构对本社的财务进行审计。

第六章 合并、分立、解散和清算

第四十六条 农民专业合作社合并，应当自合并决议作出之日起十日内通知债权人。合并各方的债权、债务应当由合并后存续或者新设的组织承继。

第四十七条 农民专业合作社分立，其财产作相应的分割，并应当自分立决议作出之日起十日内通知债权人。分立前的债务由分立后的组织承担连带责任。但是，在分立前与债权人就债务清偿达成的书面协议另有约定的除外。

第四十八条 农民专业合作社因下列原因解散：

（一）章程规定的解散事由出现；

（二）成员大会决议解散；

（三）因合并或者分立需要解散；

（四）依法被吊销营业执照或者被撤销。

因前款第一项、第二项、第四项原因解散的，应当在解散事由出现之日起十五日内由成员大会推举成员组成清算组，开始解散清算。逾期不能组成清算组的，成员、债权人可以向人民法院申请指定成员组成清算组进行清算，人民法院应当受理该申请，并及时指定成员组成清算组进行清算。

第四十九条 清算组自成立之日起接管农民专业合作社，负责处理与清算有关未了结业务，清理财产和债权、债务，分配清偿债务后的剩余财产，代表农民专业合作社参与诉讼、仲裁或者其他法律程序，并在清算结束时办理注销登记。

第五十条 清算组应当自成立之日起十日内通知农民专业合作社成员和债权人，并于六十日内在报纸上公告。债权人应当自接到通知之日起三十日内，未接到通知的自公告之日起四十五日内，向清算组申报债权。如果在规定期间内全部成员、债权人均已收到通知，免除清算组的公告义务。

债权人申报债权，应当说明债权的有关事项，并提供证明材料。清算组应当对债权进行审查、登记。

在申报债权期间，清算组不得对债权人进行清偿。

第五十一条 农民专业合作社因本法第四十八条第一款的原因解散，或者人民法院受理破产申请时，不能办理成员退社手续。

第五十二条 清算组负责制定包括清偿农民专业合作社员工的工资及社会保险费用，清偿所欠税款和其他各项债务，以及分配剩余财产在内的清算方案，经成员大会通过或者申请人民法院确认后实施。

清算组发现农民专业合作社的财产不足以清偿债务的，应当依法向人民法院申请破产。

第五十三条 农民专业合作社接受国家财政直接补助形成的财产，在解散、破产清算时，不得作为可分配剩余资产分配给成员，具体按照国务院财政部门有关规定执行。

第五十四条 清算组成员应当忠于职守，依法履行清算义务，因故意或者重大过失给农民专业合作社成员及债权人造成损失的，应当承担赔偿责任。

第五十五条 农民专业合作社破产适用企业破产法的有关规定。但是，破产财产在清偿破产费用和共益债务后，应当优先清偿破产前与农民成员已发生交易但尚未结清的款项。

第七章 农民专业合作社联合社

第五十六条 三个以上的农民专业合作社在自愿的基础上，可以出资设立农民专业合作社联合社。

农民专业合作社联合社应当有自己的名称、组织机构和住所，由联合社全体成员制定并承认的章程，以及符合章程规定的成员出资。

第五十七条 农民专业合作社联合社依照本法登记，取得法人资格，领取营业执照，登记类型为农民专业合作社联合社。

第五十八条 农民专业合作社联合社以其全部财产对该社的债务承担责任；农民专业合作社联合社的成员以其出资额为限对农民专业合作社联合社承担责任。

第五十九条 农民专业合作社联合社应当设立由全体成员参加的成员大会，其职权包括修改农民专业合作社联合社章程，选举和罢免农民专业合作社联合社理事长、理事和监事，决定农民专业合作社联合社的经营方案及盈余分配，决定对外投资和担保方案等重大事项。

农民专业合作社联合社不设成员代表大会，可以根据需要设立理事会、监事会或者执行监事。理事长、理事应当由成员社选派的人员担任。

第六十条 农民专业合作社联合社的成员大会选举和表决，实行一社一票。

第六十一条 农民专业合作社联合社可分配盈余的分配办法，按照本法规定的原则由农民专业合作社联合社章程规定。

第六十二条 农民专业合作社联合社成员退社，应当在会计年度终了的六个月前以书面形式向理事会提出。退社成员的成员资格自会计年度终了时终止。

第六十三条 本章对农民专业合作社联合社没有规定的，适用本法关于农民专业合作社的规定。

第八章 扶持措施

第六十四条 国家支持发展农业和农村经济的建设项目，可以委托和安排有条件的农民专业合作社实施。

第六十五条 中央和地方财政应当分别安排资金，支持农民专业合作社开展信息、培训、农产品标准与认证、农业生产基础设施建设、市场营销和技术推广等服务。国家对革命老区、民族地区、边疆地区和贫困地区的农民专业合作社给予优先扶助。

县级以上人民政府有关部门应当依法加强对财政补助资金使用情况的监督。

第六十六条 国家政策性金融机构应当采取多种形式，为农民专业合作社提供多渠道的资金支持。具体支持政策由国务院规定。

国家鼓励商业性金融机构采取多种形式，为农民专业合作社及其成员提供金融服务。

国家鼓励保险机构为农民专业合作社提供多种形式的农业保险服务。鼓励农民专业合作社依法开展互助保险。

第六十七条 农民专业合作社享受国家规定的对农业生产、加工、流通、服务和其他涉农经济活动相应的税收优惠。

第六十八条 农民专业合作社从事农产品初加工用电执行农业生产用电价格，农民专业合作社生产性配套辅助设施用地按农用地管理，具体办法由国务院有关部门规定。

第九章 法律责任

第六十九条 侵占、挪用、截留、私分或者以其他方式侵犯农民专业合作社及其成员的合法财产，非法干预农民专业合作社及其成员的生产经营活动，向农民专业合作社及其成员摊派，强迫农民专业合作社及其成员接受有偿服务，造成农民专业合作社经济损失的，依法追究法律责任。

第七十条 农民专业合作社向登记机关提供虚假登记材料或者采取其他欺诈手段取得登记的，由登记机关责令改正，可以处五千元以下罚款；情节严重的，撤销登记或者吊销营业执照。

第七十一条 农民专业合作社连续两年未从事经营活动的，吊销其营业执照。

第七十二条 农民专业合作社在依法向有关主管部门提供的财务报告等材料中，作虚假记载或者隐瞒重要事实的，依法追究法律责任。

第十章 附 则

第七十三条 国有农场、林场、牧场、渔场等企业中实行承包租赁经营、从事农业生产经营或者服务的职工，兴办农民专业合作社适用本法。

第七十四条 本法自2018年7月1日起施行。

关于开展农民专业合作社示范社建设行动的意见

（农业部*、国家发展和改革委员会、科学技术部、司法部、财政部、商务部、中国人民银行、国家税务总局、国家工商行政管理总局、国家质量监督检验检疫总局、中国银行业监督管理委员会 2009 年 8 月 31 日以农经发〔2009〕第 10 号公布）

各省、自治区、直辖市、计划单列市、新疆生产建设兵团农业（农林、农牧）厅（委、办、局），发展改革委，科技厅（委、局），司法厅（局），财政厅（局），商务主管部门；中国人民银行上海总部，各分行、营业管理部、省会（首府）城市中心支行；国家税务局、地方税务局，工商行政管理局，质量技术监督局；各银监局；各直属检验检疫局：

为贯彻落实《中共中央、国务院关于 2009 年促进农业稳定发展农民持续增收的若干意见》提出的“加快发展农民专业合作社，开展示范社建设行动”的要求，农业部会同国家发展和改革委员会、科学技术部、司法部、财政部、商务部、中国人民银行、国家税务总局、国家工商行政管理总局、国家质量监督检验检疫总局、中国银行业监督管理委员会等部门，从 2009 年起组织开展“农民专业合作社示范社建设行动”。主要依托部、省、市、县四级平台，在全国择优培育扶持一批经营规模大、服务能力强、产品质量优、民主管理好的农民专业合作社，使之成为各产业领域的示范社，率先成为引领农民参与国内外市场竞争的现代农业经营组织。为此，提出以下意见。

一、充分认识开展农民专业合作社示范社建设行动的重要意义

当前，农民专业合作社蓬勃发展，为提高农民进入市场的组织化程度、建设现代农业、促进农民增收做出了积极贡献。但从总体上看，农民专业合作社还处于发展的初期阶段，不少农民专业合作社内部管理有待规范、市场竞争力有待提高、带动农户能力有待增强，需要不断加大培育和扶持力度。近年来，各地通过开展多种形式的农民专业合作社示范社建设活动，总结典型经验，扩大示范效应，有力推动了农民专业合作社规范快速发展。实践证明，通过开展农民专业合作社示范社建设，树立一批可学可比的典型，发挥示范引路作用，引导农民专业合作社完善运行机制，增强内部活力和发展后劲，是推动农民专业合作社规范化、上水平发展的一种有效措施，是探索新形势下政府指导农民专业合作社发展、提高服务水平的有效工作方法。开展农民专业合作社示范社建设行动，是贯彻落实党的十七届三中全会和今年中央 1 号文件精神、指导和促进农民专业合作社加快发展的重要举措，具有重

*：现农业农村部。

要的现实意义。各地各有关部门要高度重视，进一步提高认识、创新思路、加大力度，确保有效地推进农民专业合作社示范社建设行动。

二、开展农民专业合作社示范社建设行动的指导思想和主要目标

开展农民专业合作社示范社建设行动，要以邓小平理论和“三个代表”重要思想为指导，深入贯彻落实科学发展观，全面贯彻党的十七届三中全会和今年中央 1 号文件精神，始终围绕把农民专业合作社培育成为引领农民参与国内外市场竞争的现代农业经营组织的战略目标，牢牢把握服务农民、进退自由、权利平等、管理民主的核心要求，牢固树立扶持农民专业合作社就是扶持农业和农民的观念，紧紧抓住扶持农民专业合作社加快发展的关键环节，引导支持农民专业合作社加强内部制度建设，夯实产业发展基础，提高产品质量水平，增强市场竞争能力，促进农业稳定发展农民持续增收。

通过开展农民专业合作社示范社建设行动，努力使农民专业合作社制度建设更加健全、内部管理更加规范、市场竞争能力明显提高、带动农户能力明显增强，60%以上的农民专业合作社实现标准化生产、品牌化经营、规范化管理，成员收入比当地未入社农户高 10%以上。示范社标准化生产率达到 100%，主要生产资料统一购买率达到 80%以上，产品统一销售率达到 80%以上，商标注册率达到 90%以上，参与“农超对接”的达到 50%以上，成员收入比非示范社成员收入高出 20%以上。经过几年努力，使一批示范社率先成为引领农民参与国内外市场竞争的现代农业经营组织，引导和带动各类农民专业合作社又好又快发展。

三、开展农民专业合作社示范社建设行动的主要内容

开展农民专业合作社示范社建设行动，要着力加强规范化建设，提高民主管理水平；着力加强标准化生产，提高产品质量安全水平；着力加强品牌化建设，提高市场竞争能力。重点抓好以下工作：

（一）加强规范化建设，建立健全内部规章制度，提高成员民主管理水平。指导农民专业合作社依法办社，按照法律规定实行民主选举、民主管理、民主决策、民主监督，结合实际建立健全成员（代表）大会、理事会、监事会等“三会”制度，充分保障全体成员对合作社内部各项事务的知情权、决策权、参与权和监督权，努力实现自我组建、自我管理、自我服务、自我受益的宗旨。指导农民专业合作社依章办事，按照《农民专业合作社示范章程》规定，结合实际制订好本社章程，贯彻执行好章程的各项约定。指导农民专业合作社按照《农民专业合作社财务会计制度（试行）》规定，建立健全会计账簿、财务管理制度和盈余分配制度，为全体成员建立完整的个人账户，确保成员出资、公积金份额、与合作社交易情况、盈余分配等产权资料记录准确无误。引导农民专业合作社建立良好的内部积累和风险保障机制，保持资产状况良好，最大程度地增加成员收入。通过开展这一行动，切实提高成员民主管理水平，不断增强农民专业合作社可持续发展的内在活力。

（二）加强标准化建设，建立健全农产品生产记录制度，提高农产品质量安全水平。引导、鼓励和支持农民专业合作社按照“有标采标、无标制标”的原则，率先实行标准化生产，严格遵守《中华人民共和国农产品质量安全法》（以下简称《农产品质量安全法》）和《中华人民共和国食品安全法》的规定，建立健全生产记录制度，统一质量安全标准和生产技术规程，统一农业投入品采购供应，统一

产品和基地认证认定。对农民专业合作社成员广泛开展农产品标准化生产和相关技术规程的培训，加强生产信息监管，使成员的标准化生产水平明显提高。通过开展这一行动，全面提升农民专业合作社产品质量安全水平，不断增强农民专业合作社可持续发展的技术支撑能力。

（三）加强品牌化建设，建立健全良好规范的信用管理制度，提高市场竞争能力。引导农民专业合作社率先成为遵守法律和行政法规、遵守社会公德和商业道德、诚实守信开展生产经营活动的典范。建立健全规范的信用管理制度，树立诚信意识、风险意识和品牌意识，实施品牌化经营战略，加强品牌宣传和保护，以信誉和品牌赢得市场竞争。引导、鼓励和支持农民专业合作社拥有自主注册商标，开展无公害产品、绿色食品、有机食品生产基地和地理标志产品等相关认证。符合条件的优先推荐参选“中国名牌农产品名录”或省级以上名牌产品。鼓励支持农民专业合作社产品直接进入城市大型超市、在城市建立连锁店、直销点，支持农民专业合作社参加有关农产品交易洽谈会、博览会，逐步提高农民专业合作社主产品的市场占有率，扩大主产品销售半径，提升其市场定价能力。鼓励农民专业合作社拥有自营出口权，主动参与国际农产品市场竞争。通过开展这一行动，不断提高农民专业合作社的经营管理水平，增强农民专业合作社可持续发展的市场竞争能力。

四、加大扶持力度，为开展农民专业合作社示范社建设行动提供有力保障

（一）落实有关规定完善有关政策。目前，与《农民专业合作社法》配套的《农民专业合作社登记管理条例》、《农民专业合作社财务会计制度（试行）》、《农民专业合作社示范章程》以及农民专业合作社税收等政策都已颁布实施，各地要结合农民专业合作社示范社建设行动认真抓好具体执行工作。明确符合相关要求的农民专业合作社，可享受减免所得税优惠。加强对有关金融机构支持农民专业合作社发展工作情况的检查指导，推动落实金融支持农民专业合作社发展的政策措施。研究制定减免合作社商标注册收费、组织机构代码证收费的具体办法；明确农民专业合作社的法人序列，在组织机构代码信息系统中实现对农民专业合作社的分类汇总。进一步研究完善登记办法，简化登记手续。研究制定和完善农业保险、用电、绿色通道、自营进出口、科技以及人才支持等相关政策措施，并推动落实到位。

（二）加大扶持力度。建立健全农民专业合作社建设的支持保障体系，加大财政扶持力度，进一步提高财政资金的使用效益。按照农业部《优势农产品区域布局规划 2008-2015》和《特色农产品区域布局规划（2006-2015）》，在粮食、油料、棉花、蔬菜、水果、马铃薯、生猪、奶业等优势农产品主产区，大力支持农民专业合作社发展主导产业，开发有地方特色的名特优农产品，加强原产地保护。农业机械购置补贴、农业标准化、生猪和奶牛标准化规模养殖小区、农村实用人才和阳光工程培训等各类农业财政专项和基本建设项目，优先委托有条件的农民专业合作社实施。各地有关部门要主动组织和指导有关农民专业合作社承担相关支农建设项目。

（三）加强培训教育。按照分类指导、分级负责、注重实效的原则，制订培训规划，采取学历教育、远程教育、短期进修、参观考察等多种形式，大力加强合作社干部培训教育。广泛开展面向以理事长为主的经营管理人才，以会计为主的理财能手，以专业技术人员为主的种养能人，以经管干部为主的县乡基层业务辅导员的培训。建立健全培训网络体系。支持农业大专院校和农业职业技术学校等开办相关专业和课程，培养农民专业合作社专门人才。落实好 2009 年中央一号文件关于“加强合作社

人员培训，各级财政给予经费支持”的要求，为农民专业合作社发展提供人才培训支持。

（四）加强业务指导。结合农民专业合作社示范社建设行动，培养造就一支政策理论水平高、业务工作本领强、热心合作事业的农民专业合作社业务辅导员队伍，建立健全农民专业合作社辅导员队伍体系。推动加快地方立法进程。研究制定农民专业合作社建设与发展的业务指导操作规程，依法加强业务辅导，建立业务指导员工作考核激励机制，提高指导员的业务本领和工作水平。按照有关法律法规规定，积极引导符合条件的农民专业合作组织依法登记为农民专业合作社。

（五）加强舆论宣传。利用各种方式加强对农民专业合作社的宣传，扩大社会影响。认真组织对农民专业合作社示范社建设成功事例及示范社带头人先进事迹的总结和经验交流，充分发挥其示范带动作用。进一步加大法律宣传力度，把《农民专业合作社法》的宣传工作纳入农村普法规划，结合“法律六进”活动，集中力量，集中时间，广泛深入开展法律法规政策宣传工作，努力使广大基层干部群众切实掌握运用好有关法律法规和政策。

各地有关部门要在党委、政府的领导下，加强协作配合，共同推进农民专业合作社示范社建设行动扎实开展。各级农业部门要主动加强与发改、科技、司法、财政、商务、金融、税务、工商、质检、银监等部门的沟通，积极向党委、政府汇报情况、提出建议。要按照本《意见》精神，结合各地实际，采取有效措施，创造性地推进农民专业合作社示范社建设行动。

国家农民专业合作社示范社评定及监测暂行办法

（农业部、国家发展和改革委员会、科学技术部、司法部、财政部、商务部、中国人民银行、国家税务总局、国家工商行政管理总局、国家质量监督检验检疫总局、中国银行业监督管理委员会2013年12月13日以农经发〔2009〕第10号公布）

第一章　总　则

第一条　根据中央关于“实行部门联合评定示范社机制，分级建立示范社名录，把示范社作为政策扶持重点”的要求，为进一步规范国家农民专业合作社示范社的评定及监测工作，加强对农民专业合作社示范社的指导、扶持与服务，促进农民专业合作社快速健康发展，制定本办法。

第二条　国家农民专业合作社示范社（以下简称“国家示范社”）是指按照《中华人民共和国农民专业合作社法》、《农民专业合作社登记管理条例》等法律法规规定成立，达到规定标准，并经全国农民合作社发展部际联席会议（以下简称“全国联席会议”）评定的农民专业合作社。

第三条　对国家示范社的评定和监测，坚持公开、公平、公正原则，不干预农民专业合作社的生产经营自主权，实行竞争淘汰机制，发挥中介组织和专家的作用。

第四条　国家示范社评定工作采取名额分配、等额推荐、媒体公示、发文认定的方式。全国联席会议根据各省（区、市）农民专业合作社发展和示范社建设情况，确定各省（区、市）国家示范社分配名额。

第二章　申　报

第五条　申报国家示范社的农民专业合作社原则上应是省级示范社，并符合以下标准：

（一）依法登记设立

1. 依照《中华人民共和国农民专业合作社法》登记设立，运行2年以上。登记事项发生变更的，农民专业合作社依法办理变更登记。

2. 组织机构代码证、税务登记证齐全。有固定的办公场所和独立的银行账号。

3. 根据本社实际情况并参照农业部《农民专业合作社示范章程》、国家林业局《林业专业合作社示范章程（示范文本）》，制订章程。

（二）实行民主管理

1. 成员（代表）大会、理事会、监事会等组织机构健全，运转有效，各自职责和作用得到充分发挥。

2. 建立完善的财务管理、社务公开、议事决策记录等制度，并认真执行。

3. 每年至少召开一次成员（代表）大会并有完整会议记录，所有出席成员在会议记录或会议签到簿上签名。涉及到重大财产处置和重要生产经营活动等事项由成员（代表）大会决议通过。

4. 成员（代表）大会选举和表决实行一人一票制，或采取一人一票制加附加表决权的办法，附加表决权总票数不超过本社成员基本表决权总票数的20%。

（三）财务管理规范

1. 配备必要的会计人员，设置会计账簿，编制会计报表，或委托有关代理记账机构代理记账、核算。财会人员持有会计从业资格证书，会计和出纳互不兼任。财会人员不得兼任监事。

2. 成员账户健全，成员的出资额、公积金量化份额、与本社的交易量（额）和返还盈余等记录准确清楚。

3. 可分配盈余按成员与本社的交易量（额）比例返还，返还总额不低于可分配盈余的60%。与成员没有产品或服务交易的股份合作社，可分配盈余应按成员股份比例进行分配。

4. 每年编制年度业务报告、盈余分配方案或亏损处理方案、财务会计报告，经过监事会审核，在成员（代表）大会召开的十五日前置于办公地点供成员查阅，理事会接受成员质询。

5. 监事会负责对本社财务进行内部审计，审计结果报成员（代表）大会。成员（代表）大会也可以委托审计机构对本社财务进行审计。

6. 国家财政直接补助形成的财产平均量化到成员账户，并建立具体的项目资产管护制度。

7. 按照《农民专业合作社财务会计制度（试行）》规定，年终定期向工商登记机关和农村经营管理部门报送会计报表。

（四）经济实力较强

1. 成员出资总额100万元以上。

2. 固定资产：东部地区200万元以上，中部地区100万元以上，西部地区50万元以上。

3. 年经营收入：东部地区500万元以上，中部地区300万元以上，西部地区150万元以上。

4. 生产鲜活农产品（含林产品，下同）的农民专业合作社参与“农社对接”、“农超对接”、“农企对接”、“农校对接”等，进入林产品交易市场和林产品交易服务平台流通，销售渠道稳定畅通。

5. 生产经营、财务管理、社务管理普遍采用现代技术手段。

（五）服务成效明显

1. 坚持服务成员的宗旨，以本社成员为主要服务对象。

2. 入社成员数量高于本省（区、市）同行业农民专业合作社平均水平，其中，种养业合作社成员数量达到100人以上（特色农林种养业合作社成员数量可适当放宽）。农民成员占合作社成员总数的80%以上，企业、事业单位和社会团体成员不超过成员总数的5%。

3. 成员主要生产资料统一购买率、主要产品（服务）统一销售（提供）率超过80%，新品种、新技术普及推广。

4. 带动农民增收作用突出，成员收入高于本县（市、区）同行业非成员农户收入30%以上。

（六）产品（服务）质量安全

1. 广泛推行标准化，有严格的生产技术操作规范，建立完善的生产、包装、储藏、加工、运输、销售、服务等记录制度，实现产品质量可追溯。

2. 在同行业农民专业合作社中产品质量、科技含量处于领先水平，有注册商标，获得质量标准认证，并在有效期内（不以农产品生产加工为主的合作社除外）。

（七）社会声誉良好

1. 遵纪守法，社风清明，诚实守信，在当地影响大、示范带动作用强。

2. 没有发生生产（质量）安全事故、环境污染、损害成员利益等严重事件，没有行业通报批评等造成不良社会影响，无不良信用记录。

第六条 对于从事农资、农机、植保、灌排等服务和林业生产经营的农民专业合作社，申报标准可以适当放宽。国家示范社的评定重点向生产经营重要农产品和提供农资、农机、植保、灌排等服务，承担生态建设、公益林保护等项目任务重、贡献突出的农民专业合作社倾斜。

第七条 申报国家示范社的农民专业合作社应提交本社基本情况等有关材料。

具体申报程序：

（一）农民专业合作社向所在地的县级农业行政主管部门及其他业务主管部门提出书面申请。

（二）县级农业行政主管部门会同农业（农机、渔业、畜牧、农垦）、水利、林业、供销社等部门和单位，对申报材料进行真实性审查，征求发改、财政、税务、工商、银行业监督管理机构等单位意见，经地（市）级农业行政主管部门会同其他业务主管部门复核，向省级农业行政主管部门推荐，并报省级有关业务主管部门备案。

（三）省级农业行政主管部门分别征求农业（农机、渔业、畜牧、农垦）、发改、财政、税务、工商、银行业监督管理机构、水利、林业、供销社等部门和单位意见，经专家评审后在媒体上进行公示。经公示无异议的，根据示范社分配名额，以省级农业行政主管部门文件向全国联席会议办公室等额推荐，并附审核意见和相关材料。

第三章　评　定

第八条 国家示范社每两年评定一次。

第九条 全国联席会议办公室组织工作组，对各地推荐的示范社进行复核。

第十条 国家示范社评定要坚持标准，严格程序。

评定程序：

（一）工作组根据各省（区、市）农业行政主管部门会同其他业务主管部门联合审定的推荐意见，对示范社申报材料进行审查，提出国家示范社候选名单和复核意见。

（二）全国联席会议办公室根据工作组的意见和建议，形成评定工作报告报全国联席会议审定。

（三）全国联席会议审定后，在有关媒体上进行公示，公示期为7个工作日。对公示的农民专业合作社有异议的，由地方农业行政主管部门会同有关部门进行核实，提出处理意见。

（四）经公示无异议的农民专业合作社，获得国家农民专业合作社示范社称号，由农业部、国家发改委、财政部、国家税务总局、国家工商总局、中国银监会、水利部、国家林业局、中华全国供销合作总社等部门和单位联合发文并公布名单。

（五）全国联席会议办公室将国家示范社名单汇总，建立国家示范社名录。

第四章 监 测

第十一条 建立国家示范社动态监测制度，对国家示范社运行情况进行综合评价，为制定国家示范社的动态管理和扶持政策提供依据。

第十二条 全国联席会议成员单位加强对国家示范社的调查研究，跟踪了解国家示范社的生产经营情况，研究完善相关政策，解决发展中遇到的突出困难和问题。

第十三条 实行两年一次的监测评价制度。

具体程序：

（一）全国联席会议办公室提出国家示范社运行监测工作方案，报全国联席会议确定后组织开展运行监测评价工作。

（二）国家示范社在监测年份的 5 月 20 日前，将本社发展情况报所在县级农业行政主管部门及其他业务主管部门。材料包括：国家示范社发展情况统计表，示范社成员产品交易、盈余分配、财务决算、成员增收、涉农项目实施等情况，享受税费减免、财政支持、金融扶持、用地用电等优惠政策情况。

（三）县级农业行政主管部门会同农业（农机、渔业、畜牧、农垦）、水利、林业、供销社等部门和单位，对所辖区域国家示范社所报材料进行核查。核查无误后，经市级农业行政主管部门进行汇总，报省级农业行政主管部门。省级农业行政主管部门会同有关部门组织专家对本地区内国家示范社监测材料进行审核，提出合格与不合格监测意见并报全国联席会议办公室。

（四）全国联席会议办公室组织相关领域专家成立专家组，负责对各省（区、市）监测结果进行审查，提出监测意见和建议。

（五）根据专家组的监测意见，全国联席会议办公室对国家示范社的运行状况进行分析，完成监测报告并提交全国联席会议审定。

第十四条 监测合格的国家示范社，以农业部文件确认并公布。监测不合格的或者没有报送监测材料的，取消其国家示范社资格，从国家示范社名录中删除。

第十五条 全国联席会议办公室根据各省（区、市）在监测中淘汰的国家示范社数量，在下一次国家示范社评定中予以等额追加。

第五章 附 则

第十六条 国家示范社及申报国家示范社的农民专业合作社应按要求如实提供有关材料，不得弄虚作假。如存在舞弊行为，一经查实，已经评定的国家示范社取消其资格；未经评定的取消其申报资格，3 年内不得再行申报。

第十七条 国家示范社要及时提供有关材料，对不认真、不及时提供的，要给予警告，并作为监测考核的重要依据。

第十八条 对在申报、评定、监测工作中，不坚持公开、公平、公正原则，存在徇私舞弊行为的有关人员，要按有关党纪政纪规定予以严肃查处。

第十九条 各省（区、市）农业行政主管部门可根据本办法，会同发改、财政、水利、税务、工商、林业、银行业监督管理机构、供销社等部门和单位，制定本地示范社评定办法。

第二十条 本办法由全国联席会议办公室负责解释。

关于引导和促进农民合作社规范发展的意见

（农业部、国家发展和改革委员会、财政部、水利部、国家税务总局、国家工商行政管理总局、国家林业局、中国银行业监督管理委员会、中华全国供销合作总社2014年8月27日以农经发〔2014〕第7号公布）

各省、自治区、直辖市、计划单列市、新疆生产建设兵团农业（农牧、农村经济）厅（委、办、局），发展改革委，财政厅（局），水利厅（局），国家税务局、地方税务局，工商行政管理局，市场监督管理部门，林业厅（局），各银监局，供销合作社：

近年来，农民合作社快速发展，在建设现代农业、促进农民增收、建设社会主义新农村中发挥了重要作用。但在发展中，一些地方重数量、轻质量，一些合作社有名无实、流于形式，制约了农民合作社功能作用的充分发挥。因此，当前和今后一个时期，应把加强农民合作社规范化建设摆在更加突出的位置，采取切实有效措施，提高农民合作社发展质量。为贯彻落实《中共中央国务院关于全面深化农村改革加快推进农业现代化的若干意见》（中发〔2014〕1号）精神，现就引导和促进农民合作社规范发展提出以下意见。

一、引导和促进农民合作社规范发展意义重大

1. 引导和促进农民合作社规范发展是加快构建新型农业经营体系、推进农业现代化的重要举措。要构建以农户家庭经营为基础、合作与联合为纽带、社会化服务为支撑的立体式复合型现代农业经营体系，就必须筑牢农民合作与联合的组织载体。引导农民合作社加强制度化建设，强基固本，提高发展质量，为农户提供低成本便利化服务，紧密联结农业生产经营各环节各主体，为建设现代农业提供坚实的组织支撑。

2. 引导和促进农民合作社规范发展是维护成员合法权益、增强农民合作社发展内生动力的客观要求。农民合作社作为农民群众自愿联合的互助性经济组织，其生命力关键取决于能否让农民持续受益。只有引导农民合作社健全规章制度，严格依法办社依章办事，才能维护好成员权益，切实增强农民合作社的吸引力、凝聚力和向心力，实现农民合作社持续健康发展。

3. 引导和促进农民合作社规范发展是承接国家涉农项目、创新财政支农方式的重要基础。将农民合作社作为国家涉农项目的重要承担主体，既是国际的成功经验，也是我国创新财政支农方式、提高财政支农效率的改革方向。引导农民合作社建立完善的运行机制，真正实现民办民管民受益，吸引更多的农民加入农民合作社，为实施国家涉农项目、创新财政支农方式做实项目对接的组织载体，确保农民群众从中受益。

二、引导和促进农民合作社规范发展的总体思路、基本原则和主要目标

4. **总体思路**。全面贯彻落实党的十八大和十八届三中全会精神，按照“服务农民、进退自由、权利平等、管理民主”的要求，以构建新型农业经营体系为主线，以促进农业稳定发展和农民持续增收为目标，坚持发展与规范并举、数量与质量并重，健全规章制度，完善运行机制，加强民主管理，强化指导扶持服务，注重示范带动，不断增强农民合作社经济实力、发展活力和带动能力，使之成为引领农民参与国内外市场竞争的现代农业经营组织。

5. **基本原则**

——坚持农民主体地位。尊重农民的主体地位和首创精神，以服务成员为宗旨，坚持成员地位平等，实行民主管理、民主监督，使全体成员共同受益。

——坚持分类指导。因地制宜、因社施策、循序渐进，根据不同产业、不同类型采取差别化的政策措施，增强指导的针对性和有效性。

——坚持典型示范。树立一批规范运行的先进典型，充分发挥其示范带动作用，提升农民合作社发展质量。

——坚持市场引导与政府监督相结合。在充分发挥市场配置资源决定性作用的基础上，强化政府对法律法规政策落实的督促检查，促进农民合作社规范治理、信用自治、有效运行。

6. **主要目标**。经过 5 年的努力，农民合作社规模扩大、成员数量增加，运行管理制度比较健全，组织机构运转有效，民主管理水平不断提高，产权归属清晰，财务社务管理公开透明，服务能力和带动效应明显增强，成员权益得到切实保障，发展质量显著提升。力争有 70% 以上的农民合作社建立完备的成员账户、实行社务公开、依法进行盈余分配，县级以上示范社超过 20 万家。

三、引导和促进农民合作社规范发展的主要任务

7. **发挥章程的规范作用**。章程是决定农民合作社发展方向的根本制度，是农民合作社运行管理的基本遵循。指导农民合作社参照示范章程，制定符合自身特点的章程。农民合作社要根据生产经营活动和自身发展变化及时修改完善章程。章程一经法定程序通过，必须严格执行。

8. **依法登记注册**。依法登记注册是农民专业合作社取得法人资格的前提。申请设立农民专业合作社，应当按照农民专业合作社法律法规规定，如实向工商部门提交章程、全体成员名册、成员出资清单等文件。工商部门应依法对农民专业合作社所有成员予以备案，并在企业信用信息公示系统公示相关登记信息及备案信息。农民专业合作社因法定事由发生变化，须及时向工商部门申请变更或备案。农民专业合作社联合社的登记，应按照《工商总局农业部关于进一步做好农民专业合作社登记与相关管理工作的意见》办理。

9. **实行年度报告制度**。农民专业合作社要通过企业信用信息公示系统定期向工商部门报送年度报告。有关部门根据年报公示信息，加强对农民专业合作社的监督管理和配套服务，对没有按时报送信息或在年报中弄虚作假的农民专业合作社，列入经营异常名录，并不得纳入示范社评定和政策扶持范围。

10. **明晰产权关系**。农民合作社应明确各类资产的权属关系。村集体经济组织、企事业单位、种

养大户等领办农民合作社的，应严格区分其与农民合作社之间的产权。农民合作社公积金、财政补助资金形成的财产、捐赠财产应依法量化到每个成员。成员以其账户内记载的出资额和公积金份额为限对农民合作社承担责任。财政补助形成的资产转交农民合作社持有和管护的，应明确资产权属，建立健全管护机制。农民合作社接受国家财政直接补助形成的财产，在解散、破产清算时，不得作为可分配剩余资产分配给成员。

11. **完善协调运转的组织机构**。农民合作社要依法建立成员（代表）大会、理事会、监事会等组织机构。各组织机构要切实履行职责，密切协调配合。成员（代表）大会是农民合作社的最高权力机构，每年至少召开一次，决策部署本社重大事项，选举和表决实行一人一票制加附加表决权。理事会是执行机构，负责落实成员（代表）大会决定，管理日常事务。监事会是监督机构，代表全体成员监督理事会的工作。理事会和监事会会议的表决，实行一人一票。规范经理选聘程序和要求，明确经理工作职责。理事长、理事、经理和财务会计人员不得兼任监事。

12. **健全财务管理制度**。指导农民合作社认真执行农民专业合作社财务会计制度，配备会计人员或将农民合作社财务进行委托代理，设置会计账簿，规范会计核算，并及时向登记机关和农村经营管理部门报送会计报表，并抄报有关行业主管部门。从事会计工作的人员，必须取得会计从业资格证书，会计与出纳互不兼任。理事长、监事会成员及其直系亲属、执行与农民合作社业务有关公务的人员，不得担任农民合作社的财务会计人员。

13. **建立成员账户和管理档案**。农民合作社应为每个成员建立成员账户，准确记载成员出资额、公积金量化份额、与农民合作社交易量（额）等内容。加强档案管理，建立符合自身产业特点、行业要求的基础台账，包括成立登记、年度计划、规章制度、会议记录（纪要）以及产品加工、收购、购销合同等文书档案，会计凭证、账簿、成员盈余分配等会计档案以及其他档案。

14. **收益分配公平合理**。收益分配事关农民合作社成员的切身利益。农民合作社应按照法律和章程制定盈余分配方案，经成员（代表）大会批准实施。可分配盈余中，按成员与农民合作社的交易量（额）比例返还的总额不得低于可分配盈余的60%；剩余部分依据成员账户中出资额、公积金份额、财政补助和社会捐赠形成的财产平均量化的份额，按比例进行分配。农民合作社可以由章程或成员（代表）大会决定，对成员为农民合作社提供管理、技术、信息、商标使用许可等服务或作出的其他突出贡献，给予一定报酬或奖励，在提取可分配盈余之前列支。农民合作社可以从当年盈余中提取公积金、公益金和风险金。农民合作社不得将成员作为牟利对象，其与成员和非成员的交易应当分别核算。

15. **定期公开社务**。指导农民合作社建立社务公开制度，法律章程要求公开的必须向成员如实公开，逐步实现公开事项、方式、时间、地点的制度化。理事会须依法编制年度业务报告、盈余分配方案、亏损处理方案以及财务会计报告，于成员（代表）大会召开的十五日前，置备于办公地点，供成员查阅。执行监事或者监事会负责对农民合作社年度业务报告和财务会计报告进行内部审计，农民合作社也可委托审计机构进行财务审计，审计结果须向成员（代表）大会报告。

16. **坚持诚信经营**。农民合作社要守法经营，重合同、守信用。强化产品质量安全，大力推行农业标准化、清洁化生产，积极推广使用节地、节水、节肥、节药等技术措施，控肥、控药、控添加剂，指导成员建立生产记录制度。实行农产品质量标识制度，积极开展“三品一标”认证、森林产品认证，建立健全农产品质量可追溯体系。开展种养殖废弃物利用和无害化处理，防止环境污染。加强合作文化建设，弘扬互助协作、扶贫济困、团结友爱传统美德，营造良好的乡风民风社风。

17. 稳妥开展信用合作。农民合作社开展信用合作，必须经有关部门批准，坚持社员制封闭性、促进产业发展、对内不对外、吸股不吸储、分红不分息的原则，严禁对外吸储放贷，严禁高息揽储。农民合作社要对信用合作业务进行单独核算，建立健全内部管理制度。各地要落实对农民合作社开展信用合作的监管责任，加强风险防控；对违反信用合作基本要求涉嫌非法集资的，依法进行处理和集中清理，对涉嫌严重违法的，移交司法机关追究法律责任；未落实监管责任、明确监管部门、建立监管制度的，停止审批。

18. 推进信息化建设。农民合作社应加强信息设备条件建设，利用物联网等现代信息技术开展生产经营、技术培训、财务社务管理，积极发展电子商务，努力实现财务会计电算化、社务管理数字化、产品营销网络化。鼓励农民合作社建立网站、短信平台，发布生产技术、市场信息，公布重大事项和日常运行情况，探索运用短信、网络等方式进行民主决策。

四、充分发挥政策导向作用，促进农民合作社规范发展

19. 加强政策引导。进一步完善财政、税收、金融等支持政策，加大扶持力度，拓宽扶持渠道，改进扶持方式，提高扶持效益，真正把运行规范的农民合作社作为政策扶持重点。要高度重视发挥政策的激励和导向作用，通过政策扶持，引导农民合作社加强制度建设，完善民主管理，增强服务意识，提升发展质量，让广大农民成员真正受益。

20. 加大财政税收扶持。各级财政要增加农民合作社发展资金，支持农民合作社开展信息、技术、培训、市场营销、基础设施建设等服务。新增农（林）业补贴要向农民合作社倾斜，允许财政项目资金直接投向符合条件的农民合作社，允许财政补助形成的资产转交农民合作社持有和管护，抓紧建立规范透明的管理制度。扩大农村土地整理、农业综合开发、农田水利建设、农技推广等涉农（林）项目由农民合作社承担的规模。落实和完善农民合作社税收优惠政策，支持农民合作社发展农产品生产加工流通。

21. 创新金融保险服务。把农民合作社纳入银行业金融机构信用评定范围，对信用等级较高的农民合作社在同等条件下实行贷款优先等正向激励措施，对于符合条件的农民合作社及其成员进行综合授信；鼓励地方政府和民间出资设立融资性担保公司，为农民合作社提供贷款担保服务；有条件的地方，对农民合作社贷款给予贴息。创新适合农民合作社生产经营特点的保险产品和服务。

22. 给予用地用水用电支持。农民合作社生产设施用地和附属设施用地按农用地管理，在国家年度建设用地指标中单列一定比例专门用于农民合作社等新型农业经营主体建设配套辅助设施。农民合作社从事种植、养殖的用水用电及本社成员农产品初加工用电执行农业生产相关价格。

五、强化指导服务，健全推进农民合作社持续健康发展的工作机制

23. 加强组织领导。全国农民合作社发展部际联席会议成员单位要充分发挥职能作用，密切协调配合，合力推进农民合作社规范化建设，全面提升农民合作社发展质量和水平。各地要建立相应的工作机制，明确和落实农业、发改、财政、水利、税务、工商、林业、银监、供销等部门和单位的职责，采取有效措施，强化指导服务，抓好督促检查，深入调查研究，加强形势研判。推进农民合作社辅导员队伍建设，建立多层次的指导服务体系。

24. 突出示范引领。深入推进示范社建设行动，积极开展示范社评定，建立示范社名录，实行示范社动态监测，引导带动农民合作社规范发展。认真总结推广各地依法办社的先进典型和经验做法，树立一批可学可比的标杆和样板，营造规范办社、比学赶超、争创先进的良好氛围。

25. 注重人才培养。坚持内部培养与外部引进相结合，加强农民合作社人才队伍建设。要分级建立农民合作社带头人人才库，把农民合作社人才纳入现代农业人才支撑计划、阳光工程、新型农民科技培训等项目，依托农民合作社人才培养实训基地，大规模开展理事长、经营管理人员、财会人员培训。建立人才引进机制，制定优惠政策，鼓励农技人员、农村能人等领头创办农民合作社，支持高校毕业生到农民合作社工作，引导农民合作社聘请职业经理人，不断提升农民合作社经营管理水平。各级农业、发改、财政、水利、税务、工商、林业、银监、供销等部门和单位要认真贯彻落实本意见精神，及时向全国农民合作社发展部际联席会议办公室反馈有关情况。

中共湖北省委 湖北省人民政府
关于支持和促进农民专业合作社发展的意见

（中共湖北省委办公厅2007年5月8日以鄂发〔2007〕第12号公布）

为贯彻落实《中华人民共和国农民专业合作社法》，提高农民组织化程度，促进农业生产发展和农民增收，推进社会主义新农村建设，现就支持和促进农民专业合作社发展提出如下意见。

一、充分认识发展农民专业合作社的重要意义

农民专业合作社是指在农村家庭承包经营基础上，同类农产品的生产经营者或者同类农业生产经营服务的提供者、利用者，为了解决以家庭承包的分散经营和市场对接的问题，自愿联合、民主管理的互助性经济组织。近年来，在各地、各有关部门的重视下，全省农民专业合作社的发展取得了明显成效。农民专业合作社已成为提高农民组织化程度，开展社会化大生产的重要载体，已成为降低农业市场风险，提高农业和农产品市场竞争力的重要方法，已成为推进农业产业化经营，促进农民收入持续增长的重要渠道。同时，发展农民专业合作社也是转变政府职能，建立新型农业社会化服务体系，实施农业农村宏观调控和微观服务，创新农业和农村经营机制，实现农业现代化的客观要求。但从总体上看，我省农民专业合作社的发展目前还处于起步阶段，一些地方和部门的思想认识有待进一步提高，发展的外部环境有待进一步改善，合作社内部运行机制有待进一步规范和完善，服务功能和规范化建设有待进一步加强。各地、各有关部门必须充分认识发展农民专业合作社的重要意义，把发展农民专业合作社作为深化农村改革、统筹城乡经济社会发展和建设社会主义新农村的重要内容，作为新时期农村工作的重要抓手，抓出实效。

二、明确发展农民专业合作社的指导思想、基本原则和发展重点

（一）指导思想。以邓小平理论、“三个代表”重要思想和科学发展观为指导，全面贯彻落实《农民专业合作社法》，紧紧围绕发展现代农业和建设社会主义新农村这一重大历史任务，以家庭承包经营为基础，以提高农民组织化程度，实现农业增效、农民增收，繁荣农村经济为目标，在尊重农民意愿的前提下，围绕优势产业和特色产品，积极引导发展农民专业合作社。

（二）基本原则。坚持以家庭承包经营为基础，鼓励和支持开展合作经营，充分发挥农民家庭经营和合作经营两个优势；坚持民办、民管、民受益，加入自愿、退出自由，实行民主管理、民主决策和民主监督，实行独立核算、自负盈亏，利益共享、风险共担；坚持以优势产业和特色产品为依托，立

足主导产业，发挥资源优势，增强参与市场竞争的能力；坚持以增加农民收入为宗旨，统一为社员提供产前、产中、产后服务，增强合作社凝聚力；坚持以政府引导、支持、服务、指导为手段，做到“引导不干预，指导不代替”，不得行政包办和强迫命令。

（三）发展重点。一是围绕优势产业加快培育发展。在促进优势产业区域化布局、规模化生产的基础上，积极鼓励和引导有能力的组织和个人创办合作社，加快提高优势产业的产业化经营水平和农民的组织化程度。力争通过几年努力，全省每个县的优势产业至少有一个合作社，从事优势产业生产的专业大户基本上加入合作社。二是鼓励多主体积极参与兴办。在尊重农民意愿、坚持以农民为主体的前提下，鼓励和引导多主体创办专业合作社。重点围绕乡镇公益服务“以钱养事”新机制的建立，引导技术人员创办专业合作社，加强农业社会化服务；围绕做大龙头企业和建设板块基地，引导农民创办专业合作社，推广龙头企业、合作社与农户有机结合的组织形式；围绕引导农村的能人、大户创办专业合作社，带动农民增收；重点围绕发挥各专业部门的技术、资金、网络优势，扶持农民创办专业合作社，增加农民收入。三是结合实际开展多层次合作。根据农民需求和组建条件，鼓励农民专业合作社在生产、加工、销售等环节开展单项或多项合作，鼓励有条件的合作社开展一体化经营和深加工，提高农产品的附加值。适时引导同一产业的农民专业合作社，打破行政区域界限，组成联合社，实行跨区域、集团式发展，增强市场竞争能力。四是积极推进合作社规范发展。严格按照《农民专业合作社法》规定，建立健全农民专业合作社章程和制度，合理设置组织机构、社员股金结构，规范财务制度和会计核算，设置成员账户，健全档案管理，实行社务公开，接受社员监督。五是积极引导协会向合作社转型。鼓励和帮助有条件的专业协会按照《农民专业合作社法》的要求转型为专业合作社，使之在竞争市场、带动产业、促进农民增收上发挥更大的作用。

三、积极营造发展农民专业合作社的政策环境

（一）做好登记服务。工商部门应该积极做好农民专业合作社的登记准备工作，严禁在法定条件之外，增加或减少登记条件。《农民专业合作社法》及相关登记办法实施之日起，各级工商部门应在办理工商登记的窗口，设立农民专业合作社登记的“绿色通道”，为农民申请专业合作社登记提供便捷有效的服务。

（二）加大财政投入。各级财政部门应当分别安排专项资金，支持农民专业合作社开展信息、培训、农产品质量标准与认证、农业生产基础设施建设、市场营销和技术推广等服务。对民族地区、边远地区和贫穷地区的农民专业合作社和生产国家与社会急需的重要农产品的农民专业合作社，优先予以扶持。

（三）支持参与农业项目建设。鼓励和支持将发展农业和农村经济的建设项目，如农业综合开发、扶贫开发、农业产业化、农业科技入户工程等项目，委托和安排有条件的农民专业合作社实施，探索通过合作社落实项目资金和各类扶持资金的新途径。

（四）实行税收优惠。农民专业合作社享受国家规定的对农业生产、加工、流通、服务和其他涉农经济活动相应的税收优惠。支持农民专业合作社发展的其他税收优惠政策，按照国务院有关规定执行。

（五）提供用地用电和运输优惠。农民专业合作社的农产品生产基地、种养殖场、农机示范推广用地和设施农业用地，在不修建永久性建筑物的前提下，国土资源部门可以将其视作农业生产用地；农民专业合作社兴办加工企业所需的非农建设用地，在符合土地利用总体规划前提下，国土资源部门应

优先安排用地计划，及时办理用地手续；涉及占用耕地的，农民专业合作社自行落实耕地占补平衡，经验收合格后，土地资源部门不再收取耕地开垦费。农民专业合作社从事种养业的，其种植、养殖生产用电执行农业生产电价标准。农民专业合作社鲜活农产品运输，交通部门应当优先发放“绿色通道”通行证。

（六）提供信贷支持。各级政策性和商业性金融机构应当采取多种形式，为农民专业合作社提供多渠道的资金支持和金融服务，对实力强、资信好的农民专业合作社可以授予一定的信贷额度；对参加农民专业合作社的农户，可在合作社提出申请的情况下，适当增加农户小额贷款额度；允许农民专业合作社依法以不动产进行抵押贷款。

四、切实加强组织领导

为推动农民专业合作社发展，省里决定建立由省农业厅牵头，省发改委、财政厅、国土资源厅、民政厅、科技厅、交通厅、商务厅、国税局、地税局、工商局、供销社、科协、电力公司等相关单位参加的促进农民专业合作社发展联席会议制度，定期交流情况，研究解决问题。各地也要建立相应的领导机制。各级农业行政主管部门负责农民专业合作社的试点培育、政策咨询、业务指导、宣传培训、登记备案等工作。各有关部门要依据各自职责做好相关服务工作。要加强对《农民专业合作社法》的宣传和贯彻力度，把《农民专业合作社法》纳入各地“五五”普法内容，利用会议、讲座等形式和报纸、广播、电视及网络等多种媒体重点宣传合作社的政策法规、专业知识及成功典型、经验做法等，引导更多的农民创办和加入合作社，促进现有的合作社提升发展水平。要加强对从事农民专业合作社指导、扶持和服务工作的人员、农民专业合作社和有关产业化龙头企业负责人、各类经营大户的培训，尽快培养一批熟悉合作理论、合作政策和合作实践的“带头人”、“明白人”，促进农民专业合作社健康快速发展。

湖北省实施《中华人民共和国农民专业合作社法》办法

（湖北省第十届人民代表大会常务委员会第三十次会议于2007年12月6日通过，湖北省人民代表大会常务委员会2007年12月6日公布）

第一条 为了促进农民专业合作社发展，规范农民专业合作社组织及其行为，维护农民专业合作社及其成员的合法权益，根据《中华人民共和国农民专业合作社法》及有关法律法规，结合本省实际，制定本办法。

第二条 农民专业合作社是在农村家庭承包经营基础上，同类农产品的生产经营者或者同类农业生产经营服务的提供者、利用者，自愿联合、民主管理的互助性经济组织。

第三条 农民专业合作社应当以农民为主体，以服务成员为宗旨，以市场为导向，坚持入社自愿、退社自由，全体成员地位平等，利益共享，风险共担。

鼓励企业和其他经济组织以及个人依法参办、领办农民专业合作社。

农民专业合作社应当依法登记，按照章程规范内部管理，开展农业生产经营和服务活动。

第四条 县级以上人民政府应当将农民专业合作社发展纳入国民经济和社会发展规划，结合新农村建设、探索集体经济实现形式以及支持农业产业化经营和龙头企业发展，制定指导、扶持农民专业合作社发展的具体政策措施，建立和完善农民专业合作社信息交流平台，加强服务机构和队伍建设，并通过各种方式引导农民专业合作社发展适度规模经营，壮大农民专业合作社经济实力。

乡镇人民政府以及村民委员会应当为农民专业合作社的设立、发展以及生产经营活动提供相应的便利和服务，并依法协助调解和处理生产经营中的矛盾纠纷。

第五条 省农业行政主管部门以及市、州、县级农业（经管）部门主管本行政区域内农民专业合作社的指导、扶持、服务工作，重点做好试点培育、政策咨询、业务指导、项目扶持、统计备案等相关工作，其工作经费列入财政预算。

县级以上人民政府有关部门以及其他有关组织，应当按照各自职责做好对农民专业合作社的指导、扶持、服务工作。

第六条 农业（经管）部门及其他相关部门对创办农民专业合作社的，应当提供下列指导帮助：

（一）开展农民专业合作社相关法律法规的宣传教育；

（二）组织创办人员进行免费的专业知识和技术培训；

（三）指导拟定农民专业合作社章程及相关的管理制度；

（四）为农民专业合作社申请登记提供便捷服务。

省农业行政主管部门应当每年拟定有关农民专业合作社工作的培训计划，并组织实施。

第七条 农民专业合作社自到工商行政管理部门办理登记取得营业执照之日起二十日内，向当地农业（经管）部门备案并提供相应资料。办理登记和备案不得收取费用。

县级农业（经管）部门应当每半年向上级业务主管部门报送备案情况的统计资料。

第八条 财政部门应当设立并逐步增加专项预算资金，用于农民专业合作社开展信息交流、成员培训、农产品质量标准与认证、农业生产基础设施建设、市场营销和技术推广等活动；对民族地区、贫困地区的农民专业合作社和生产国家与社会急需的重要农产品的农民专业合作社给予优先扶持。

第九条 各级政策性和商业性金融机构应当按照国家有关规定，拟定具体措施，采取多种形式，为农民专业合作社提供资金支持和金融服务。县级以上人民政府及其相关部门应当加强与金融机构的协调沟通，为农民专业合作社融资提供有效服务。

各级信用担保机构，应当将农民专业合作社纳入贷款担保范围，为符合条件的农民专业合作社申请信用贷款提供担保服务。

第十条 农民专业合作社可以作为农业建设项目的实施单位，独立申报、承担各类农业建设项目。各级人民政府投入的农业综合开发、扶贫开发、农业产业化等建设项目，应当予以公布，并优先安排和委托符合条件的农民专业合作社实施。

第十一条 农民专业合作社享受国家规定的对农业生产、加工、流通、服务等相应的税收优惠政策。支持农民专业合作社发展的其他税收优惠政策，按照国家有关规定执行。

第十二条 农民专业合作社的农产品生产基地、种植养殖场、农机示范推广和设施农业用地，符合土地利用总体规划的，按农业用地管理，作为农业生产结构调整用地，不需办农用地转用审批手续。

农民专业合作社兴办加工企业所需的非农建设用地，国土资源部门应当优先安排用地计划，及时办理用地手续。

第十三条 农民专业合作社从事种植养殖业，其种植、养殖环节用电执行农业生产电价。

第十四条 鼓励农民专业合作社开发、申请认证无公害农产品、绿色食品、有机食品、原产地地理标志和注册名优农产品商标。对获得无公害食品、绿色食品、有机食品、原产地地理标志证书和名优农产品商标的农民专业合作社给予奖励。具体办法由省人民政府制定。

第十五条 农民专业合作社应当依法保障全体成员的合法权益，全体成员应当依法履行法律及章程规定的义务。

农民专业合作社应当建立健全财务管理制度，完善利益分配机制，实行社务公开，加强民主监督。

农民专业合作社理事长及其他管理人员依照法律及章程的规定履行生产经营和管理职权，任何单位和个人不得非法干预。

农民专业合作社破产依照法律的有关规定办理。

第十六条 农民专业合作社应当及时向成员提供生产经营服务，依照农产品质量安全法律法规，建立健全农产品生产记录、检测以及包装或者附加标识等质量安全管理制度。

第十七条 任何单位和组织不得强迫农民建立、加入或者退出农民专业合作社，不得干预农民专业合作社的自主经营权和内部事务，不得强迫农民专业合作社及其成员接受有偿服务。

任何单位和个人不得侵犯农民专业合作社的合法财产，不得违法向农民专业合作社及其成员集资、收费、罚款和摊派。

第十八条 违反本办法第十五条第三款、第十七条第一款规定的，由农业（经管）部门责令改正；情节严重的，由有关主管机关追究责任单位主要负责人和直接责任人的责任；造成农民专业合作社及其成员经济损失的，承担相应的民事责任；构成犯罪的，由司法机关依法追究刑事责任。

违反本办法第十七条第二款规定的，依照《湖北省农民负担监督管理条例》的有关规定予以处罚。

第十九条 本办法自2008年2月1日起施行。

湖北省人民政府关于同意建立湖北省农民合作社发展厅际联席会议制度的批复

（鄂政函〔2014〕183号）

省农业厅：

你厅《关于建立湖北省农民合作社发展厅际联席会议制度的请示》（鄂农业文〔2014〕75号）收悉。现批复如下：

同意建立由省农业厅牵头的湖北省农民合作社发展厅际联席会议制度。联席会议不刻制印章，不正式行文，请按照省政府有关文件精神认真组织开展工作。

附件：湖北省农民合作社发展厅际联席会议制度

湖北省农民合作社发展厅际联席会议制度

为贯彻落实党的十八届三中、四中全会以及中央、省委1号文件精神，进一步加强部门间协调配合，促进我省农民合作社持续健康发展，特建立湖北省农民合作社发展厅际联席会议（以下简称联席会议）制度。

一、主要职能

组织开展专题调研，研究提出支持农民合作社发展的政策建议和完善农民合作社立法建议；加强对农民合作社的指导和服务，协调落实国家及省对农民合作社发展的扶持政策；制定湖北省农民合作社示范社评定监测管理办法；研究解决农民合作社发展中的其他重要问题。

二、成员单位

联席会议由省发展改革委、省财政厅、省水利厅、省农业厅、省林业厅、省地税局、省工商局、省农垦局、省供销社、省国税局、中国银监会湖北监管局等11个部门和单位组成，省农业厅为牵头单位。省农业厅分管负责同志担任联席会议召集人，各成员单位有关负责同志为联席会议成员。联席会议成员因工作变动需要调整的，由所在单位提出，联席会议确定。联席会议日常工作由省农业厅农村专业合作经济组织指导办公室承担，负责督促落实联席会议议定事项。联席会议设联络员，由各成员单位有关处室负责同志担任。

三、工作规则

联席会议原则上每年召开一次全体会议。在全体会议之前，召开联络员会议，研究讨论联席会议议题和需提交联席会议议的事项及其他有关事项。研究具体工作事项时，可视情况召集部分成员单位会议，也可邀请其他相关部门和单位参加会议。联席会议以会议纪要形式明确议定事项，经与会单位同意后印发有关方面。重大事项由联席会议牵头部门向省政府报告。

四、工作要求

各成员单位要按照职责分工，主动研究农民合作社发展中的有关问题，及时向牵头部门提出会议议题，积极参加联席会议，认真落实会议议定事项和工作任务；要互通信息，密切配合，相互支持，形成合力，充分发挥联席会议作用。

湖北省农民合作社发展厅际联席会议成员名单

召集人：涂胜华　省农业厅副厅长

成　员：刘元成　省发展改革委中部办主任

黄　明　省财政厅副厅长

周汉奎　省水利厅副厅长

黄德华　省林业厅副厅长

邓国强　省地税局副局长

李跃春　省工商局副局长

胡　超　省农垦局副局长

张永红　省供销社副主任

姜　锋　省国税局副局长

秦汉锋　中国银监会湖北监管局副局长

湖北省农村土地承包经营权作价出资农民专业合作社登记管理暂行办法

（湖北省工商行政管理局、湖北省农业厅2011年10月27日以鄂工商规〔2011〕247号公布）

第一条 为了规范农村土地承包经营权作价出资的农民专业合作社登记行为，促进农业和农村经济发展，依据《中华人民共和国农村土地承包法》、《中华人民共和国农民专业合作社法》、《农民专业合作社登记管理条例》、《农村土地承包经营权流转管理办法》、《湖北省实施〈中华人民共和国农民专业合作社法〉办法》及有关规定，制定本办法。

第二条 以本省行政区域内的农村土地承包经营权作价出资的农民专业合作社，在本省工商行政管理机关办理工商登记的，适用本办法。

以农村土地承包经营权作价出资的农民专业合作社，由所在地县（市）、区工商行政管理局登记。

第三条 以家庭承包或通过招标、拍卖、公开协商等其他方式承包农村土地，经依法登记取得农村土地承包经营权证的，其农村土地承包经营权均可以依法向农民专业合作社作价出资。

第四条 农村土地承包经营权作价出资应当遵循以下原则：

（一）平等协商、依法、自愿、有偿，任何组织和个人不得强迫或阻碍承包方依法以农村土地承包经营权向农民专业合作社作价出资；

（二）不得改变土地所有权性质和土地的农业用途；

（三）农村土地承包经营权评估作价计算期限不得超过承包期的剩余期限，不得损害农民的土地承包权益和农村集体经济组织的利益。

第五条 申请办理农村土地承包经营权作价出资登记，申请人应当对申请材料的真实性负责。

第六条 以家庭承包方式获取的农村土地承包经营权作价出资的，家庭应推荐具有完全民事行为能力的成员作为出资人。

限制民事行为能力人、无民事行为能力人以农村土地承包经营权作价出资的，由其法定监护人代理。

第七条 以农村土地承包经营权作价出资的，由农民专业合作社全体成员协商评估作价，并由全体成员签名出具评估作价协议书。

第八条 以农村土地承包经营权作价出资设立农民专业合作社，应当由全体设立人指定的代表或者委托的代理人向登记机关提交下列文件：

（一）设立登记申请书；

（二）全体设立人签名、盖章的设立大会纪要（明确记载同意以农村土地承包经营权作价出资）；

（三）全体设立人签名、盖章的章程（明确记载成员出资总额中农村土地承包经营权作价出资的数额与比例）；

（四）法定代表人、理事的任职文件和身份证明；

（五）载明成员的姓名或者名称、出资方式、出资额以及成员出资总额，并经全体出资成员签名、盖章予以确认的出资清单（明确记载成员出资总额中农村土地承包经营权作价出资的数额与比例）；

（六）载明成员的姓名或者名称、公民身份证号码或者登记证书号码和住所的成员名册，以及成员身份证明；

（七）成员依法登记取得农村土地承包经营权的权属证明（明确载明发包方、承包土地的面积、方位及期限）；

（八）以农户家庭承包土地经营权出资的，农户家庭推荐的出资人代表的身份证明或法定监护人的资格证明和身份证明；

（九）能够证明农民专业合作社对其住所享有使用权的住所使用证明；

（十）全体设立人指定代表或者委托代理人的证明。

农民专业合作社的业务范围有属于法律、行政法规或者国务院规定在登记前须经批准的项目的，还应当提交有关批准文件。

第九条 农民专业合作社发生以农村土地承包经营权作价增资或减资的，应当自作出变更决定之日起30日内向原登记机关申请成员出资总额变更登记，并提交下列材料：

（一）法定代表人签署的变更登记申请书；

（二）成员大会或者成员代表大会作出的变更决议（明确记载同意以农村土地承包经营权作价增资或减资）；

（三）法定代表人签署的修改后的章程或者章程修正案（明确记载成员出资总额中农村土地承包经营权作价出资的数额与比例）；

（四）经全体出资成员签名或盖章、法定代表人签署的修改后的出资清单（明确记载成员出资总额中农村土地承包经营权作价出资的数额与比例）；

（五）成员用于增资的依法登记取得农村土地承包经营权的权属证明（明确载明发包方、承包土地的面积、方位及期限）；

（六）以农户家庭承包土地经营权出资的，农户家庭推荐的出资人代表的身份证明或法定监护人的资格证明和身份证明；

（七）法定代表人指定代表或者委托代理人的证明。

涉及成员变更的，应当自本财务年度终了之日起30日内，将法定代表人签署的修改后的成员名册报送登记机关备案。其中，新成员入社的还应当提交新成员的身份证明。

因新成员入社、原成员退社、出资额减少等涉及成员出资总额发生变动的，应当按照《农民专业合作社登记管理条例》的有关规定申请变更登记。

第十条 以农村土地承包经营权作价出资的农民专业合作社的业务范围，除应按照《农民专业合作社登记管理条例》第九条规定核定其主营业务的同时，还可依照《农村土地承包经营权流转管理办法》规定，增加代耕代种、为本社成员提供土地流转服务等相关服务业务。

第十一条 农民专业合作社从事为本社成员提供土地流转服务业务，应当依照《农村土地承包经营权流转管理办法》有关规定执行。

第十二条 以农村土地承包经营权作价出资的，登记机关应当在农民专业合作社营业执照的成员出资总额后加注“农村土地承包经营权作价出资××万元”字样。

第十三条 登记申请材料齐全、符合法定形式，登记机关能够当场登记的，应予当场登记，发给营业执照。

除前款规定情形外，登记机关应当自受理申请之日起20日内，作出是否登记的决定。予以登记的，发给营业执照；不予登记的，应当给予书面答复，并说明理由。

第十四条 农民专业合作社在申请办理农村土地承包经营权作价出资登记过程中涉及违反登记管理相关规定的，由登记机关按照《农民专业合作社登记管理条例》有关规定处理。

第十五条 本办法自2011年11月1日起施行。如国家和省政府有新的规定，从其规定。

关于农民专业合作社联社登记管理工作的试行意见

（湖北省工商行政管理局、湖北省农业厅2013年5月10日以鄂工商注〔2013〕62号公布）

为了加快培育新型农业经营主体，支持农民专业合作社联社发展，依据《中华人民共和国农民专业合作社法》（以下简称“《合作社法》”）和《农民专业合作社登记管理条例》（以下简称“《登记管理条例》”），根据省委、省政府《关于创新和完善农村体制机制增强城乡发展一体化活力的若干意见》（鄂发［2013］1号）的有关规定，现就农民专业合作社联社登记管理工作提出如下试行意见：

一、农民专业合作社联社（以下简称“联社”）是两个以上农民专业合作社之间以产品和产业为纽带，基于做大同一产业、延长产业链、提高竞争力而自愿联合、民主管理的互助性经济组织。联社以其成员为服务对象，为成员提供产前、产中、产后服务，在产品品牌、宣传策划、质量标准、技术服务、产品销售等方面进行统一指导和协调。

二、农民专业合作社联社参照《合作社法》和《登记管理条例》，办理农民专业合作社法人登记，领取《农民专业合作社法人营业执照》，由其住所地的县（市、区）工商行政管理机关负责登记管辖。

三、设立农民专业合作社联社应当遵循下列原则：

（一）农民专业合作社联社成员以农民专业合作社为主体；企业、事业单位、社会团体成员不超过成员总数的20%，且应与农民专业合作社成员产业相关联。自然人和具有管理公共事务职能的单位不纳入联社成员。

（二）以服务成员、做大产业为宗旨，谋求全体成员的共同利益。

（三）入社自愿，退社自由。

（四）成员地位平等，实行民主管理。

（五）盈余主要按成员与联社的交易量（额）比例返还，具体办法参照《合作社法》第三十七条有关规定。

四、设立农民专业合作社联社应当具备下列条件：

（一）有两个以上符合上述要求的成员；

（二）有全体成员共同订立的符合《合作社法》的章程；

（三）有符合规定的联社名称和章程确定的住所；

（四）有章程规定的组织机构，按章程选举产生联社负责人；

（五）有符合法律、法规和产业政策规定的业务范围；

（六）有符合章程规定的全体出资成员签名盖章的出资清单。

五、农民专业合作社联社名称依次由行政区划、字号、行业、组织形式组成。组织形式应当标明“农民专业合作社联社”或“农民专业合作社联合社”字样。一个联社只能使用一个名称，并符合企业名称登记管理规定。

出资总额在100万元人民币以上的联社可以在名称中冠用“湖北”或“湖北省”行政区划名。

六、农民专业合作社联社的住所是其主要办事机构所在地，联社可与其成员使用同一住所。

七、农民专业合作社联社的业务范围由联社章程约定。业务范围中属于法律、行政法规、国务院决定规定须经行政许可的项目，应当依法取得行政许可文件。

八、农民专业合作社联社成员的出资，遵从《合作社法》和《登记管理条例》的规定，成员出资额之和为成员出资总额。

九、农民专业合作社联社成员的权利义务及联社内部组织管理，由联社章程约定。章程未作规定的，参照《合作社法》规定。

十、申请设立农民专业合作社联社，由全体设立人指定的代表或者委托的代理人向登记机关提交下列文件：

（一）设立登记申请书；

（二）全体成员盖章的设立大会纪要；

（三）全体成员盖章的章程；

（四）法定代表人、理事的任职文件和身份证明；

（五）载明成员名称、出资方式、出资额以及成员出资总额，并经全体成员盖章确认的出资清单；

（六）载明成员名称、主体资格证件编号和住所的成员名册；

（七）能够证明联社对其住所享有使用权的住所使用证明；

（八）全体设立人指定代表或者委托代理人的证明；

（九）农民专业合作社联社名称预先核准通知书；

（十）联社成员的主体资格证件复印件；

（十一）申请登记的业务范围中有属于法定前置审批项目的，需提交相关批准文件或许可证件复印件。

十一、农民专业合作社联社的名称、住所、出资总额、业务范围、法定代表人发生变更的，参照《登记管理条例》中有关变更登记的要求，由联社向登记机关申请变更登记。

联社成员发生变更的，由联社将法定代表人签署的修改后的成员名册报送登记机关备案。其中，新成员入社的应提交新成员的主体资格证明。

十二、农民专业合作社联社的分立、注销，参照《合作社法》和《登记管理条例》关于农民专业合作社分立、注销的规定办理登记。

十三、农民专业合作社联社可以设立分支机构。联社分支机构比照《合作社法》和《登记管理条例》关于农民专业合作社分支机构的规定办理相关登记事宜，核发《农民专业合作社法人分支机构营业执照》。

十四、农民专业合作社联社登记文书执行国家工商行政管理总局印发的《农民专业合作社登记文书格式规范》。

十五、经工商行政管理部门登记设立的农民专业合作社联社，应在30日内持营业执照、组织机构代码证及登记在册的成员名单到当地农业主管部门备案。

十六、登记机关对农民专业合作社联社实行登记注册不收费、不年检制度。对联社出现的登记违法行为，依据行政许可法有关规定处理；对联社出现的经营违法行为，依据相关法律法规处理。

十七、本意见自印发之日起试行。试行期间，如国家出台新的规定，从其规定。自试行之日起，不再按联营企业办理联社登记；此前已登记为联营企业的，由登记机关告知其按本意见申请换发新的营业执照。

关于促进湖北省农民合作社规范发展的意见

（湖北省农业厅、湖北省发展和改革委员会、湖北省财政厅、湖北省水利厅、湖北省林业厅、湖北省地方税务局、湖北省工商行政管理局、湖北省农垦事业管理局、湖北省供销合作总社、湖北省国家税务局、中国银行业监督管理委员会、湖北监管局2015年6月5日以鄂农规〔2015〕1号公布）

各市、州、县（区）农业（经管）局（委）、发展和改革委（局）、财政局、水利局、林业局、地税局、工商局、农垦局、供销社、国税局、银监局（办）：

根据《农业部、国家发展和改革委员会、财政部、水利部、国家税务总局、国家工商行政管理总局、国家林业局、中国银行业监督管理委员会、中华全国供销合作总社关于引导和促进农民合作社规范发展的意见》（农经发〔2014〕7号）文件精神，结合我省实际，现就促进我省农民合作社规范发展提出以下意见。

一、指导思想和目标任务

（一）指导思想。按照“服务农民、进退自由、权利平等、管理民主”的要求，以构建新型农业经营体系为主线，以促进农业稳定发展和农民持续增收为目标，坚持发展与规范并举、数量与质量并重，把规范发展、提高质量放在更加突出位置；坚持农民主体地位，突出基层首创精神；坚持“民办、民管、民受益”原则，农民入社自愿、退社自由；坚持分类指导，增强指导的针对性和有效性；坚持典型示范，发挥农民合作社示范社示范效应；坚持市场导向与政府指导扶持相结合，促进农民合作社规范治理、信用自治、有效运行。

（二）目标任务。经过5年的努力，我省农民合作社建立起符合自身特点的章程，农民合作社组织机构健全、职责明确、制度规范、运转有效，产权清晰，社务公开，民主管理、生产经营能力明显增强、服务水平明显提高，成员权益有保障。力争70%以上的农民合作社建立完备的成员账户、实行社务公开、依法进行盈余分配，县级以上示范社超过1万家。

二、农民合作社规范发展的主要内容

（三）规范注册登记。农民合作社需参照农业部《农民专业合作社示范章程》、国家林业局《林业专业合作社示范章程（示范文本）》，制定符合自身特点的章程，明晰成员出资（含资金与资产、技术、经营权等作价出资额），并经全体成员同意后注册，如实提交全体成员名册，工商部门依法对所有成员予以备案，并在企业信用信息公示系统公示相关登记信息及备案信息。农民合作社因法定事由发生变化，须及时向工商部门申请变更。农民合作社登记或变更后须及时到同级农业（经管）部门备案。农民合作社每年应在规定时间内向工商部门报送年度报告，不按时报送年度报告或在年度报告中弄虚作假，将列入经营异常名录，不得纳入示范社认定和政策扶持范围。经营异常名录将不定期公布，并以文件形式告知银行业金融机构。农民合作社联合社的登记，应按照《工商总局、农业部关于进一步做好农民专业合作社登记与相关管理工作的意见》（工商个字〔2014〕199号）、《湖北省工商局、湖北省农业厅关于农民专业合作社联社登记管理工作的试行意见》（鄂工商注〔2013〕62号）办理。农民合作社要做到证照齐全。

（四）规范治理方式。农民合作社要依法建立成员（代表）大会、理事会、监事会等“三会”组织机构，要依法依章履行职责并定期召开成员（代表）大会、理事会、监事会。表决实行一人一票制，成员（代表）大会允许实行附加表决权。理事长、理事、经理和财务会计人员不得兼任监事。“三会”参会人员需有签到手续，议定事项需做好会议记录。农民合作社要建立社务公开制度，法律、章程要求公开的必须向成员如实公开，逐步实现公开事项、方式、时间、地点的制度化。理事会须依法编制年度业务报告、盈余分配方案、亏损处理方案以及财务会计报告，于成员（代表）大会召开的15日前，置备于办公地点，供成员查阅。监事会或者执行监事负责对农民合作社年度业务报告和财务会计报告进行内部审计，农民合作社也可委托审计机构进行财务审计，审计结果须向成员（代表）大会报告。

（五）规范生产经营。农民合作社要守法经营，重合同、守信用。农民合作社要根据社员的生产经营状况和市场需求，积极参与“三品一标”认证，提升产品品质，增加产品附加值；尊重市场规律，实行以销定产，为社员提供全程化生产服务。大力推行农业标准化、清洁化生产，建立健全农产品质量可追溯体系。开展种养殖废弃物利用和无害化处理，防止环境污染。农民合作社应加强信息化建设，努力实现生产规程标准化、产品营销网络化、财务会计电算化。

（六）规范财务管理。农民合作社应按财政部、农业部颁发的《农民专业合作社财务会计制度（试行）》，配备会计人员或将农民合作社财务进行委托代理，设置会计账簿，规范会计核算，及时向登记机关和农村经营管理部门报送会计报表，并抄报有关行业主管部门。从事会计工作的人员，必须取得会计从业资格证书，会计与出纳互不兼任。理事长、监事会成员及其直系亲属，不得担任农民合作社的财务会计人员。农民合作社应为每个成员建立成员账户，准确记载成员出资额、公积金量化份额、与农民合作社交易量（额）等内容。

（七）规范盈余分配。农民合作社应按照法律和章程制定盈余分配方案，经成员（代表）大会批准实施。可分配盈余中，按成员与农民合作社的交易量（额）比例返还的总额不得低于可分配盈余的60%；剩余部分依据成员账户中的金额（出资额，公积金份额，财政补助和社会捐赠形成的财产平均量化的份额）按比例进行分配。农民合作社可以由章程或成员（代表）大会决定，对在生产、经营、管理等环节为合作社作出突出贡献的成员，给予一定报酬或奖励，在提取可分配盈余之前列支。农民合作社可以从当年盈余中提取公积金、公益金和风险金。退社成员，退还记载在该成员账户内的出资额和公积金份额，国家财政直接补助和社会捐赠形成的财产不能带走。农民合作社不得将成员作为牟利对象，其与成员和非成员的交易应当分别核算。

三、保障措施

（八）加强组织领导。全省农民合作社发展厅际联席会议成员单位要充分发挥职能作用，密切协调配合，合力推进农民合作社规范发展。深入推进示范社建设行动，积极开展示范社认定，建立示范社名录，实行示范社动态监测，引导带动农民合作社规范发展。分级建立农民合作社带头人人才库，把农民合作社人才纳入现代农业人才支撑计划、新型职业农民培育工程等项目，依托农民合作社人才培养实训基地，大规模开展理事长、经营管理人员、财会人员培训。建立人才引进机制，制定优惠政策，鼓励农、林、水技术人员、农村能人等领头创办农民合作社，支持高校毕业生到农民合作社工作，引导农民合作社聘请职业经理人，不断提升农民合作社经营管理水平。

（九）加强政策扶持。进一步完善财政、税收、金融等扶持政策，真正把运行规范的农民合作社作为政策扶持重点。鼓励地方扩大对农民合作社的扶持资金规模。支持符合条件的农民合作社示范社优先承担涉农项目，新增农业补贴向农民合作社倾斜。加快建立财政项目资金直接投向符合条件的合作社、财政补助形成的资产转交合作社持有和管护的管理制度。税务部门要积极落实农民合作社在生产、加工、流通、服务等环节的优惠政策。农民合作社生产设施用地和附属设施用地按农用地管理，在国家年度建设用地指标中单列一定比例专门用于农民合作社等新型农业经营主体建设配套辅助设施。农民合作社从事种植、养殖的用水用电及本社成员农产品初加工用电执行农业生产相关价格。

（十）创新金融保险服务。按照“限于成员内部、服务产业发展、吸股不吸储、分红不分息、风险可掌控”的原则，支持和鼓励有条件的农民合作社开展信用合作，切实解决农民合作社融资难、融资贵的问题；综合运用货币和财税政策工具，引导金融机构建立健全针对农民合作社等新型经营主体的信贷、保险支持机制，创新金融产品和服务，加大信贷支持力度；鼓励地方政府和民间出资设立融资性担保公司，将农民合作社纳入贷款担保范围，为农民合作社提供贷款担保服务，有条件的地方，对农民合作社贷款给予贴息；对信用等级较高的农民合作社在同等条件下实行贷款优先等正向激励措施，对于符合条件的农民合作社及其成员进行综合授信；创新适合农民合作社生产经营特点的保险产品和服务。

各级农业（经管）、发改、财政、水利、林业、税务、工商、农垦、供销、银监等部门和单位要认真贯彻落实本意见精神，建立相应的工作机制，及时向湖北省农民合作社办公室反馈有关情况。

湖北省农村专业合作经济组织试点项目资金管理暂行办法

（湖北省财政厅、湖北省农业厅2006年8月30日以鄂财农发〔2006〕74号公布）

第一条 根据《中华人民共和国农民专业合作组织法》（草拟）及省委1号文件精神，为了鼓励和支持农村专业合作经济组织发展，省财政设立“农村专业合作经济组织试点专项资金（以下简称专项资金）”，为了提高财政扶持资金的使用效益，根据《财政部财政项目支出管理暂行办法》以及有关法律法规，结合我省实际，制定本办法。

第二条 专项资金扶持的对象为农村专业合作经济组织。农村专业合作经济组织是指在农村家庭承包经营的基础上，从事同类农产品生产经营和服务的农民以及有关组织和人员，为了实现其共同利益，自愿联合、平等互利、民主控制的互助合作经济组织，它包括各类农村专业协会、专业合作社。

第三条 专项资金的扶持原则：重点扶持在本地区优势、特色产业中发挥积极作用，带动农户作用强、农民增收幅度大、各项规章制度健全的农村专业合作经济组织。

第四条 专项资金扶持的内容：

1、开展合作知识的培训；

2、开展技术和市场营销培训，引进优良品种，推广实用技术；

3、购置农产品加工、整理、储存、保鲜、运销和检测仪器、设备；

4、申报农产品质量标准认证，培育农产品品牌，制定生产技术规程，建设标准化生产基地；

5、开展市场信息服务，建设营销网络，举办产品推介活动。

第五条 申报专项资金的农村专业合作经济组织应符合以下条件：

1、经县级工商、民政登记部门注册登记。其中农民专业合作社登记半年以上，专业协会登记一年以上；

2、合作组织成员80人以上，其中，农民成员占80%以上；

3、运行机制合理。遵循“民办、民管、民受益”的原则，有规范的章程、完善的制度、健全的机构、独立的银行账户；

4、与成员的服务关系比较稳定。在市场信息、业务培训、技术指导和产品营销等方面，能对成员开展及时、有效地服务；

5、符合当地产业结构调整规划，能带动周边农民形成区域性产业带；

6、合作组织成员收入高于一般农民收入20%以上。

第六条 项目申报的程序和方法：由各县（市、区）经管（农业）部门牵头负责，按申报条件推荐本合作经济组织，并指导其填写试点项目申报书。经管（农业）部门会同财政部门逐级上报省农业厅、省财政厅。

第七条 省农业厅会同省财政厅组织有关专家对申报项目予以评审，制定本年度实施项目及资金使用方案。

第八条 专项资金实行报帐制管理。按照国库集中支付制，省财政直接将专项资金下达到项目县（市、区）财政部门。项目单位根据省农业厅下达的项目内容，按资金控制额度据实到本地财政部门报帐。

第九条 各级经管（农业）部门负责项目的组织管理和日常监督检查。各级财政部门负责专项资金的落实及监督检查。承担项目的农村专业合作经济组织要严格按照省农业厅下达的项目内容组织实施，并将项目资金使用情况向全体成员公示。专项资金纳入农村专业合作经济组织的统一财务核算。所形成的资产归农村专业合作经济组织成员共同所有。

第十条 项目实施完成后，农村专业合作经济组织负责人向全体成员或代表大会报告项目执行情况，完成项目总结报告，并向县（市、区）经管（农业）部门提出验收申请。县（市、区）经管（农业）部门要严格按照省农业厅下达的项目内容，对项目进行验收，并形成项目验收报告，连同项目总结报告逐级上报省农业厅、省财政厅，省农业厅、省财政厅将按照下达的项目内容对项目完成情况进行抽查。

第十一条 农村专业合作经济组织试点资金下达后，各项目单位应严格按项目计划执行，不得擅自变更项目计划和改变资金用途，不得挤占截留挪用项目资金，一经查出，省财政厅将追回项目资金、终止项目执行，以后三年不再扶持。

第十二条 本办法由省财政厅、省农业厅联合负责解释。

第十三条 本办法自发布之日起试行。

第三篇

农民合作社研究报告

解决“三农”问题新的突破口
——关于农民专业合作经济组织的调查

近年来，党中央、国务院高度重视解决“三农”问题，湖北省委、省政府也把解决好“三农”问题作为工作的重中之重。解决“三农”问题必须找到突破口，这个突破口首先是农民的收入能够持续、较快增长，其次是政府对农民的支持更经济更有效。现实情况存在许多制约农民增收和政府有效支持的矛盾和障碍，主要表现在三个方面。第一方面，存在小生产和大市场的矛盾。分散的农户与市场对接有四难：一是结构调整难。农户很难得到及时准确的市场信息；很难通过科技创新提高产品质量。二是规模经营难。农户家庭经营几亩地，生产规模小，产品批量小，生产成本大，交易费用高。三是获取加工增值利润难。农民大多为初级产品生产者，没有能力进入加工领域获取加工增值利润。四是经营管理难。农民经营决策的盲目性和市场行为的趋同化，造成生产经营风险大。第二方面，存在农民家庭经营与双层经营体制的矛盾。20世纪90年代后期，随着村级集体经济实力的逐步削弱，村级集体经济法人主体地位已经名存实亡，集体经济与农民形成两个利益主体，乱摊派、乱罚款，强迫命令、瞎指挥的现象时有发生，严重危害了农民的利益。第三方面，存在农业社会化服务滞后与农业科技成果转化为生产力的矛盾。农民家庭承包经营后，农业社会化服务体系严重滞后，农业科技与农民生产需要严重脱节。有效解决以上问题，必须在经营体制上做文章，培育新型的农村市场主体，提高农民的组织化程度。实现分散农户与市场的有效对接，增强农产品的市场竞争力，帮助农民增收致富。

2003年上半年，俞正声书记带队赴日本韩国考察，了解到日本政府通过农协调控农村经济，农协为农户提供技术、信息、管理、销售、信贷等全方位服务，农协成为市场和政府对农业支持的载体，深受启发。回国后，即把培育和发展农民专业合作经济组织作为解决“三农”问题新的突破口，指定专门机构抓这项工作。

1 湖北省农民专业合作经济组织的发展现状

据初步统计，湖北省现有农民专业合作经济组织2 471个，会员22.9万人，其中已登记985个，占40%。主要有四种类型：一是能人大户牵头型，即“合作组织+能人大户+农户”模式；二是龙头企业带动型，即“龙头企业+合作组织+农户”模式；三是部门依托型，即“行政事业部门+合作组织+农户”模式；四是股份合作型，即“股份合作制合作组织+农户”模式。湖北省农民专业合作经济组织目前还处于起步阶段，而且这些专业合作经济组织以松散型的专业协会居多，许多合作经济组织沿袭了过去农民“搭伙求财”的特点，带有自然经济痕迹和小生产者的烙印，普遍存在组织规模较小、服务领域狭窄、服务内容单一等问题。大多以生产服务等初级合作内容为主，而诸如加工、销售、信息技术等农民企盼的对提高农产品附加值、提高经济效益作用更大的合作内容开展得比较少。从内部管理来看，运行机制不健全，管理不规范，会员之间利益关系松散，有好则合、不好则散，有利则合、遇险则散的现象普遍存在。从发展环境上看，支持专业合作经济组织的氛围还没有形成，如合作组织的登记问题，由于无章可循，造成60%的合作经济组织无法登记，法人资格不明确。通道不顺、关卡过多也一定程度上制约了合作经济组织的发展。

2 发展农民专业合作经济组织是党和政府的重要决策

积极引导农民走向多种形式的联合与合作，是改革以来党和政府的一项重要决策。从当前形势分析，农民专业合作经济组织具有良好的发展机遇。

第一，党的十六大要求提高农民进入市场的组织化程度和农业综合效益，尊重农户的市场主体地位，推动农村经营体制创新，这为发展农民专业合作经济组织提供了重要政策、理论依据。

第二，中国加入世贸组织后，国外农产品大举进入，市场竞争更加激烈。目前，已有近70个国外协会抢滩中国市场，其中多数是农业行业协会，这给中国农业的发展带来了极大的挑战，迫切要求创新农村经营体制，发展壮大农民专业合作经济组织，提高农户参与市场竞争的能力。同时，加入世贸组织打通了优势农产品进入国际市场的通道，为农民专业合作经济组织参与国际竞争提供了良好的机遇和广阔的舞台。

第三，经过多年的实践与探索，农民专业合作经济组织的发展具有了较好的基础，许多地方创造了政府引导、市场导向、能人带动、企业支持等培育和发展农民专业合作经济组织的好经验，培养出了一批领头人，涌现出了一批专业合作经济组织的先进典型，对全省农民专业合作经济组织的进一步发展起到了良好的示范带动作用。

第四，农民群众有强烈的合作愿望和巨大的创新能力。在市场竞争日趋激烈的情况下，许多农户迫切要求组织起来开展多种形式的联合与合作，降低进入市场的成本和风险，提高生产经营效益。农民在组织起来的实践中，最具有务实精神和创新能力，这是农民专业合作经济组织不断发展壮大的力量源泉。

3 发展农民专业合作经济组织是解决“三农”问题新的突破口

农民专业合作经济组织是农民在家庭承包经营基础上，自愿组织起来的合作经济组织。它既是农村新的市场竞争主体，又是政府与农民、农民与市场联结的桥梁；既帮助农民解决基层组织“统”不了，国家技术部门“包”不了，单家独户“办”不了的事情，丰富了为农服务的内涵，又有效地弥补目前农业社会化服务滞后的缺陷，实现传统农业向现代农业的转变，创新农村经营体制，增加现代资本、技术、信息的吸纳能力，合理组合生产要素，优化配置资源，培育能组织农产品生产经营并在广阔的市场范围内协调要素的新型市场主体。农民专业合作经济组织作为新型的市场主体，为解决“三农”问题发挥着越来越重要的作用。

第一，实现小生产与大市场的对接。新洲双柳蔬菜协会通过抓流通服务，发展运销专业户256户，营销队伍1 200人，外接460个固定营销摊位，55个外销网点和55个信息收发网站，有效解决产品卖难的问题，并使农民获得了流通环节的利润0.9亿元，其中返还会员0.22亿元，会员人均年纯收入达到1.38万元，比一般农民高出3.18倍。

第二，创新了农业经营体制。农民专业合作经济组织在不改变家庭承包经营，特别是土地承包的前提下，围绕发展专业化生产，实现劳动者合作的管理和机制。红安七里坪镇花生协会由农民自愿联合发起，发展会员1 834人，带动9 400户农户，全镇每年种植8万多亩花生，农民只管种，由协会统一组织收购、加工、销售。农民既独立生产又联合经营，充分调动了家庭经营与合作经营两个积极性，满足了农民发展生产和增加收入的需求。该协会2003年加工销售花生1.43万吨，销售收入达1 152万元，实现利润147.3万元，会员人均获利8 000多元。

第三，充实了农业社会化服务体系。农民专业合作经济组织以自身的民办性、合作性和专业性优势拓宽了农业社会化服务领域。老河口市果蔬专业技术协会，拥有专业技术骨干会员1 300多人，网罗果农17 000多户，辐射果业面积67 000多亩。该协会长期致力于水果新品种、新技术的开发、示范、培训和推广，示范面积达4 000多亩，每年培训果农3万多人次。该协会发掘培育的国内珍贵地方桃品种大仙桃推广面积20余万亩，每年为农民增收3亿元以上。

第四，搞活了农产品市场。发展一个专业合作组织，就等于发展了一个专业种植、养殖小区，就催生出一个农产品流通市场和增加了一个农产品专业市场，有利于完善农产品流通市场体系。如仙桃双碾子村养鳝协会和郭河养鸡协会都形成了较大的养殖规模，与上海、广州、武汉等大城市建立了稳定的农产品供货渠道，年产值都在亿元左右，逐步形成鳝鱼交易市场和禽蛋交易市场。

第五，促进了生产要素的优化组合。农民专业合作经济组织把分散的千家万户有序地带入农业产业化经营的发展轨道，改变企业原料供应分散和不稳定的状况，既解决了农民生产经营尤其是产品销售问题，又形成与龙头企业的稳固合作伙伴关系，形成较大规模的优势农产品板块生产基地，为农业产业化经营的发展奠定坚实基础。建始县龙玉泉珍稀药材产销合作社以土地、技术、劳动力、资金等经营要素折现入股，将经营范围由原来的1个乡镇扩大到全县10个乡镇，社员由230户扩大到8 300户；经营服务项目由过去单一种植扩大为种植、加工、销售一条龙；2003年年底又投资300万元，新办一个“玉泉饮品加工厂”，所生产产品与全国大中型药材交易市场联营，与一些制药厂签订购销合同，该社产品畅销湖南、安徽、广东等全国二十多个大中型药材交易市场和部分制药厂，合作社资产总额已达1 370万元，比2002年年底增加了43%，社员所得总额1 662万元，亩均收入达到2 002元，还解决了8 000多户、16 000多个农村剩余劳动力的就业。

第六，促进了农业科技成果转换。松滋市云祺生猪产销协会与湖北省农业科学院、华中农业大学、美国加利福尼亚大学、农业部技术开发中心、中国水产研究所等多家科研院所建立了长期友好合作关系，聘请华中农业大学教授为公司科研顾问，定期请专家教授来公司进行杂交分析、优化优育，确保品种的优良性和稳定性。同时积极引进人才，建立自己的技术队伍，采取定期授课和入户辅导的方式，分片巡回指导基地和农户生产，同时联合当地畜牧部门开展技术服务，为广大养殖户解决各种各样的技术问题。专业协会既为科研机构提供研究课题，又把先进实用技术推广、应用到生产中，科研成果通过专业合作组织的传播，农民看得见、摸得着乐于接受，容易推广。专业合作组织规模越大，传播范围就越广，农民受益越大。在云祺生猪产销协会的带动下，按照“公司+云祺生猪产销协会+农户”的模式，网罗全市34个专业村、3 700多个养殖大户，年出栏肥猪3.2万头，实现销售收入1 500万元，当地农民增收750万元。

第七，推进了品牌农业的发展。品牌农业具有较高的附加值，市场经济呼唤名牌产品，只有创出品牌，才能增强农产品的市场竞争力。农产品要创品牌是一个系统工程，单家独户的农民是很难做到的，而通过专业合作经济组织牵头可创建出名牌产品，实行产业化经营。从种子供应、生产、加工、包装，再到市场销售各环节，采用行业标准进行引导管理和控制。目前，湖北省不少地方的专业合作组织利用自身优势，及时掌握生产技术和市场动态，组织、指导广大农户生产适销对路、技术含量较高的新品种，并形成规模化生产，从而促进了一批名牌产品和主导产业迅速崛起。如石首市西甜瓜协会的两湖牌西瓜、仙桃市郭河养鸡协会的江汉土鸡和绿健牌保健蛋、松滋市柑橘产销协会的的上明牌柑橘、安陆市农产品流通协会的德安府牌香米、老河口市果蔬专业技术协会的仙仙牌大仙桃和汉水牌砂梨等。

4 积极引导，大力扶持，形成推动合力

湖北省农民专业合作经济组织虽起步较晚，但恰逢其时，只要领导重视，部门配合，正确引导，积极扶持，就一定能抓住发展机遇，从而探索出一条解决“三农”问题的新途径。

第一，加大扶持力度。农民合作经济组织扎根在农民的土壤之中，对农民服务最直接、最具体，符合农村生产力的发展要求和群众的根本利益。政府扶持合作经济组织，对培育农村市场竞争主体和促进农民增收具有重要的战略和现实意义，能使政府省大心，农民受大益，对解决“三农”问题可以起到四两拨千斤的效果。

财政支持合作组织是国际通行做法，国家财政已出台了扶持政策，2004年财政部和农业部分别拿出3 000万和2 000万专款在全国办试点，国内许多省（市、自治区）都出台了专项资金、税收、信贷、用地、登记等方面的扶持政策。如浙江省财政2001—2004年共安排扶持农民合作组织专项资金2 300万元；黑龙江省财政2002—2004年共安排4 000万元扶持40个农机专业合作社；山东省财政2002—2004共安排2 000万元重点支持100个专业合作组织发展；广西壮族自治区财政2002—2004共安排1 000万元扶持资金。建议湖北省也适当安排引导资金扶持农民合作组织的发展。

第二，加大宣传力度，为发展农民专业合作经济组织创造良好的舆论氛围。通过宣传典型，引导广大干部从深化农村改革、应对WTO挑战、推进农业产业化、发展现代化的战略高度重视农民专业合作经济组织的发展。同时，利用新闻媒体等宣传工具广泛传播合作理念、澄清人们的模糊认识；利用研讨会、培训班等多种形式培养合作事业的骨干、中坚力量。努力使各级政府意识到扶持农民专业合作经济组织，就是扶持农民，就是贯彻党的十六大报告中关于“提高农民进入市场的组织化程度”精神、实践“三个代表”的具体体现。

第三，抓好农民专业合作经济组织的试点示范工作。农民专业合作经济组织目前还是个新生事物，广大农民虽然有渴望组织起来的需求，但是缺乏必要的知识储备和行动能力，需要政府的引导和帮助。各级政府可以在产业基础良好、农户经营专业化市场化程度较高的地方开展试点工作，试验内容可以重点放在农民专业合作经济组织自身能力建设（如建立健全合作社章程、规范合作社的运行机制、培育合作社的组织凝聚力、打造合作社的市场竞争力等）以及建立合作社与政府的良性互动关系这两方面，在此基础上，总结经验，树立典型，为农民专业合作经济组织的健康发展提供具有普遍意义、可以借鉴推广的做法。

第四，发挥农村基层党组织的领导和服务作用。在农村发展农民合作组织，符合党的农村基本政策，符合农村生产力的发展要求和群众的根本利益，体现了“三个代表”重要思想的要求。要积极鼓励、大力支持农村党员带头领办专业合作组织，大力推广四川“支部加协会，农民得实惠”的成功经验，增强农村党员的凝聚力，发挥农村基层党组织的战斗堡垒作用，密切党群、干群关系，增强农村党建工作的生机和活力，取得党的建设与经济发展共同推进的效果。（供稿：湖北省农业厅，2004年5月）

关于《湖北省实施<中华人民共和国农民专业合作社法>办法》立法调研情况的报告

2007年9月24日，湖北省十届人大常委会第29次会议审议通过了《湖北省实施〈中华人民共和国农民专业合作社法〉办法（草案）》（以下简称《办法草案》），提出了一些修改意见和建议。根据省人大常委会安排，10月17—22日，省人大常委会法制工作委员会与省农业厅组成联合调研组，赴宜昌市和恩施州进行了立法调研，听取了市、州关于农民专业合作经济组织发展情况的汇报，先后3次召开有农业、经管、财政、工商、税务、供销等部门参加的座谈会，征求了有关部门和单位对《办法草案》的修改意见。现将有关情况报告如下。

1 发展的概况及特点

据统计，截至2017年11月，宜昌市有农民专业合作经济组织464家，已登记注册的240个，其中，在工商部门注册的13个，在民政部门注册的227个，加入成员总数达15.8万多人，带动农户28.2万多户。兴山县共有各类专业合作经济组织27个，其中在工商部门注册登记的合作社4个，在民政部门登记的有协会14个，成员达24 200多个(其中团体成员24个)，联系带动农户4万多人。恩施州共有各类农民专业合作经济组织147个，其中专业合作社92个，专业协会55个，成员总数9.91万个，带动周边农户27.9万户，占农户总数的29.8%。

从总体发展态势看，两地农民专业合作经济组织主要呈现出以下四个方面的特点。

1.1 合作形式多样化

在组织形式上，既有基层专业合作社、专业协会，也有区域性的联合社、联合会以及农产品行业协会等。在合作机制上，不仅有劳动、技术、产品销售的联合，而且有资本的联合。在利益分配上，采取了服务让利、最低保护价保利按交易量返利以及按股分红等多种分配形式。

1.2 合作领域不断扩大

目前合作领域已从个别产品的生产，发展到种植养殖、加工贮藏、农机服务、运输营销等多个方面。合作内容从单纯的生产环节扩大到产前、产中、产后各个环节，由只能提供单项服务发展到产、加、销一条龙综合服务。

1.3 兴办主体多元化

农民是兴办农民专业合作经济组织的主体。大部分农民专业合作经济组织是由农村种养大户、技术能人等牵头兴办的，特别是一些有威信、有专长的农村党员干部发挥了重要作用。基层农技站、供销社、科协以及农业产业化龙头企业也是兴办农民专业合作经济组织的重要力量。

1.4 规模日益扩大

由几户、几十户发展到几百户；由技术合作，逐步发展到融技术、经济合作于一体；由开展产前、产中、产后系列化服务，发展到以其经济技术实力，依托当地资源优势，发展主导产业，规模化效应日益显现。

2 主要工作及成效

2.1 主要工作

宜昌、恩施两地高度重视农民专业合作组织发展工作，在指导、扶持、服务方面做了大量工作。

2.1.1 争取领导重视，创造发展环境

成立由分管农业的领导任组长，各相关部门负责人为成员的农村专业合作组织发展领导小组，使各级部门对发展农民专业合作组织的重要性、紧迫性、必要性认识得到进一步统一和提高，为农村专业合作组织发展创造良好环境。

2.1.2 争取政策支持，加强指导服务

积极帮助农民专业合作经济组织争取国家和省里的项目和资金；重点支持市（州）示范合作组织开展信息、技术、培训、质量标准等服务工作；给予专业合作社以项目支持和倾斜优惠。

2.1.3 加强学习宣传，扩大社会影响

通过各种会议、培训和多种媒体形式，大力普及合作经济组织的基本知识，宣传依法登记的必要性和重要性，让广大干部群众充分认识到农民专业合作组织在促进农业产业结构调整、帮助农民增收致富方面的积极作用，引导广大农民积极参加并共同办好农民专业合作组织。

2.2 主要成效

2.2.1 提高了农民的组织化程度

农民专业合作经济组织通过合作与联合，把一家一户分散经营、规模细小的农户组织起来，按照市场需求进行规模化生产、专业化经营、品牌化销售，不仅解决了农民难以进入市场的问题，还改变了农户在市场竞争中孤军作战、单打独斗的局面，增强了农民抵御市场风险和自然风险的能力。五峰县生猪专业合作社，吸纳114个养猪大户，带动全县农户发展生猪生产。合作社按照“五统一”（统一种猪供应、统一防疫保险、统一饲料配送、统一保护价、统一收购）的模式进行管理，目前已拥有固定资产300万元。2005年，专业合作社出栏生猪13 000头，销售收入可达720万元，社员户均实现现金收入1.5万元，带动全镇农民养殖出栏生猪近65 000头，为农民创收5 400多万元。

2.2.2 促进了农业产业结构调整

由于长期受小农思想的影响，农民普遍存在着小富即安的心理，加之缺乏信息技术和经营意识，很难找到致富的方向和门路。农民专业合作经济组织凭借市场信息灵敏优势，充当“产业方向指导员”、“科技推广员”和“市场营销信息员”，使农民在激烈的市场竞争中获得了较好的经济效益。“跟着合作社干，农民有钱赚”，通过合作社的示范作用，使农民在产业结构调整中尝到了甜头，得到了实惠，促进了农业产业结构调整的步伐。近年来，恩施专业合作社能够积极顺应市场规律，狠抓农业结构调整，积极组织成员在外地增设销售网点，搜集产品信息，全州初步形成了蔬菜、药材、水果等几大支柱产业。

2.2.3 加快了农业科技的推广应用

由于传统种植生产模式的影响，农民对农业新技术、新品种重视不够，在农业科技推广中处于被动地位。农民专业合作经济组织利用其市场灵敏的优势，通过引进新品种，向会员传授新技术，传播新信息，提供新服务，提高了农民的生产科技水平和农产品加工的科技含量，促进了农业科技的推广和应用。枝江市百里洲建民棉花专业合作社以土地、技术和劳力入股，吸纳150户棉户自愿加入棉花专业合作社，植棉面积1 500亩。合作社以公司连基地的形式，立足提高产品质量，帮助农民引进湘杂1号1代、鄂D180 1代等优良棉种，定期邀请农技人员为棉农集中授课，引导农民改变种植模式和管理模式，将原来每亩种植2 000~3 000株棉花改为1 200~1 600株，将原来棉花见虫打药方法改为根据测报对症施药并带施叶面肥，将原来只重底肥不重生长期肥改为全程平衡施肥，亩均降低投入100元以上，带领“棉花股民”创产值300万元，每亩增收达700元以上。

2.2.4 提高了农民科学文化素质

农民专业合作经济组织多数是由各类技术能人和乡土人才牵头创办，他们凭借自身的技术和经验，把农民组织起来开展技术交流、技术培训和技物结合等服务活动，使看得见、信得过、学得来的实用技术得到迅速有效的传播，成为引进、推广农业技术和成果的有效载体。来凤县桐油产销协会成立以来，共组织专业技术培训16期，培训农户3 156人次，遍布全县66个村，目前全县已有油桐种植能手达2 500人。鹤峰县燕子乡蔬菜专业合作社，通过对蔬菜种植大户进行技术指导、培训，使他们很快掌握了蔬菜种植各个环节的技术，这些大户不仅能够单独作业，还能指导其他农户生产，成为了农民“技术员”。

2.2.5 促进了农民增收

农民专业合作经济组织建立后，围绕农业增效、农民增收、开拓市场的目标，大力发展特色优势农业产业，通过科技服务、销售服务、加工服务和专业化生产、产业化经营，提高农产品的产量、商品率和附加值，增强了农产品的品牌效应、规模效应。通过统一销售，降低了农产品的经营和交易成本，促进了农业经营效益的提高和农民收入的增加。建始县东湖魔芋专业合作社，通过收购、加工、销售鲜魔芋及魔芋加工产品，2005年为农民实现现金收入640万元，带动了2 100多户农民直接增收488万元，户均增收2 322元，人均增收683元，其中社员户均增收1.21万元，人增收2 951元。鹤峰县鹤兴农产品专业合作社，2006年通过组织干、鲜箬叶收购销售，农民实现收入220多万元，人均950元；与上年比较，农民增收65万元，人均增收300元。

实践证明，农民专业合作经济组织，尤其是其发展的高级阶段——农民专业合作社，通过为农民提供产前、产中、产后系列化服务，有效地解决了集体经济组织“统”不好、国家经济技术部门“包”不起、农民单家独户“办”不了的事情，对以家庭承包经营为基础的双层经营体制起到了较好的补充和完善作用。农民专业合作社的发展，对于提高农业生产和农民进入市场的组织化程度，稳定地增加农民的收入，也为落实国家对农业的支持保护政策，推动农村经济发展，扎实推进湖北省现代农业的发展提供了一个崭新的渠道。

3 对《办法草案》所提的意见和建议

座谈中，各地一直认为，制定《办法草案》十分必要，希望能早日出台。同时，针对《办法草案》的具体条款，提出了以下修改意见：一是整个《办法草案》总体感觉偏软，缺乏刚性措施，应有针对性地加强草案的刚性。二是《办法草案》的一些规定过于原则笼统，可操作性不强，应进一步加强草案的可操作性。三是在引导、扶持和服务的责任主体上，要分为主管部门和相关部门、组织和个人两个层次。四是应该加大各级政府在鼓励、促进和扶持农民专业合作社发展职责方面的规定。五是对于合作社自身应承担的义务及相应的法律责任应有所表述。六是一些条款之间的逻辑关系和顺序不尽合理，建议加以调整等。对此，提出如下建议。

3.1 进一步加大学习宣传力度

发展农民专业合作社，是繁荣农村经济、促进农民增收的重大举措。《农民专业合作社法》已于2007年7月1日正式实施，这部法律的颁布实施，标志着农民专业合作社进入了依法发展的新阶段。建议各级政府及有关部门以贯彻落实这部法律为契机，进一步加强领导，充分利用电视、电台、报纸、专题培训等多种形式，加大对这部法律的学习宣传力度，在全社会形成鼓励、支持合作社发展的良好氛围和舆论环境。

3.2 进一步加大财政扶持和信贷支持力度

针对基层反映突出的农民专业合作社发展资金短缺问题，建议各级政府按照法律有关规定，进一步改进政府支农资金的投入方式，充分发挥财政资金的导向作用，逐步加大对农民专业合作社的扶持力度；鼓励引导农业银行、农业发展银行、农村信用社等金融机构进一步改善信贷服务，简化审批手续，每年安排一定比例的信贷规模，专项支持农民专业合作社的发展。

3.3 进一步营造良好的发展环境

建议各级政府按照《农民专业合作社法》的要求，在充分尊重合作组织自身意愿的前提下，依法做好规范和引导工作。对具备条件、尚未登记的协会等农民专业合作经济组织，依法引导其登记为农民专业合作社；对新设立的农民专业合作社，依法做好制定章程、规范运行等方面指导工作；对大量尚处于发展初期、组织比较松散的协会、研究会等合作组织，要一如既往地鼓励和支持它们发展壮大，而不能以实施法律为名强行规范。

（供稿：湖北省人大常委会法制工作委员会、湖北省农业厅联合调研组，2007年11月）

农民专业合作社与超市农产品供应链关系问题研究

1 当前超市农产品供应链现状及评析

1.1 超市农产品供应链的主要类型

1.1.1 “超市+批发市场+农户”型

在这个模型中，超市通过批发市场采购农产品。具体见图1。

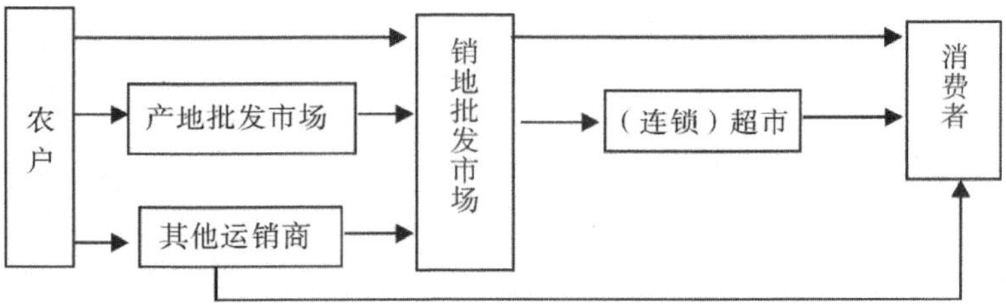

图1 “超市+批发市场+农户”型农产品供应链示意

这是一种传统的、也是目前超市农产品供应链的主流形式，在这种类型的供应链网络中，农户和超市之间主要通过各地农产品批发商联接。这种类型的超市农产品供应链的不足表现为：①市场交易行为主要在批发市场完成，上下环节彼此间是一种短暂交易行为，环节之间连接不紧密，供应链不稳定；②参与者众多且分散，交易信息杂乱，价格发现困难且信息容易失真；③链上各环节属于不同的主体，虽然可以激发个体参与市场的积极性，但由于利益、信息获取、谈判能力等差异，供应链集成度低，削弱了个体力量的集中释放。

1.1.2 “超市+公司+农户”型（订单农业型）

这种类型的超市农产品供应链弥补了第一种模式的不足，具体见图2。表现为：供应链相对稳定，其中重要环节（农户—公司）通过事先签订的契约（合同）规定双方的权责利；通过公司的集中信息处理，农户按要求生产，公司对生产过程实施连续监管，超市从公司采购农产品，使农产品品质有了保证。

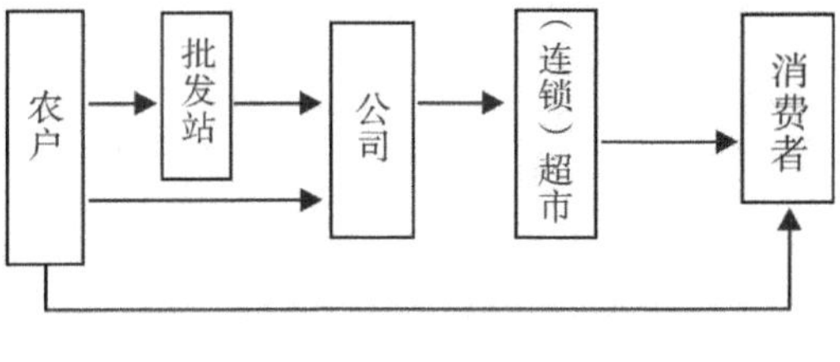

图2 “超市+公司+农户”型农产品供应链示意

同时，这种模式也存在缺陷：①供应链对于市场风险的承载能力有限。虽然农户与公司间签订收购协议，规定了收购的品种、质量、价格，但是一旦市场发生剧烈变化，超过公司承担的限度，订单将无法履行，这种情况发生时，超市的农产品供应链就会中断；②在这条供应链中，龙头企业数量少，处于垄断者地位，农户处于弱势地位，处于信息获取的末端，市场信息获取、价格谈判能力较弱，可能成为其他环节参与者利益的牺牲品，这将极大地抑制农户个体参与市场的积极性。

1.1.3　超市农产品供应链的其他形式

（1）“超市+生产基地+农户”。“超市+生产基地+农户”这种连接方式有两种具体操作类型。一种操作类型是“超市自有品牌+生产基地+农户”，这种连接方式实质上是连锁超市直接组织农户生产。连锁超市可以租赁大片的农地，建立生产基地，雇佣农业工人从事生产。其好处是可以确保稳定可靠的供应源，保证农产品的质量，包括使用的种子、化肥、农药的品牌与数量等。另一种操作类型是“超市+专门基地+农户”，如易初莲花超市就采用这种方式，由正大集团在中国建立了大量的农业和畜牧业基地，每天为易初莲花超市提供大量新鲜而廉价的农副产品。这种连接方式的不足之处是，管理成本太大，产品价格非常难与一家一户的农民竞争。更为重要的是，是否采取这种连接方式取决于超市的实力，即如果超市的销售半径、连锁店的数量、配送网络的辐射度等尚未达到一定的规模时，采取此种连接方式将不利于规模效益和品牌效应的形成。

（2）“超市+农户”。主要的超市连锁集团通过协议“直接”从农户采购产品，这样可以大大降低交易成本。超市的国际发展趋势以及大型超市集团采购系统的变革越来越倾向于直接面对农户，因为超市跟中间商打交道，要浪费2%的利润，也不利于农民增收。这种模式的典型代表有中百仓储的“直购下乡”模式。为了促进农产品进城，中百仓储选择了专人、专车到田间地头直购的方式收购农产品。“农产品进城”促进农民增收的奥妙所在：“菜采田头、瓜采地头、果采山头，货采源头，做这些事，我们不是当慈善家，办超市，源头直采，省掉中间流通，节省下来的成本”。如今，中百仓储走出了一条“农民得增收、市民得实惠、企业得市场、政府得民心”的农产品采购之道。这种模式的优点在于减少中间环节，保持产品的新鲜度，形成产品的品牌，提高生产者的经济效益；在中国现有的耕地制度下，其不足之处在于劳动力成本、管理成本和运输成本过高，农产品标准化水平和农产品品质难以得到保证。

1.2　对超市农产品供应链主要模式的整体评析

1.2.1　现行超市农产品供应链存在结构缺陷

当前超市农产品供应链面临的结构性问题主要是：系统构建整合力度还不够，基本处于自发状态；不能及时掌握顾客的真正需求和把握市场的变化，具体反映在以下几个方面。

(1)信息不对称，信息系统不完备。由于农产品供给和需求在时间和空间上的不一致，造成供给方和需求方信息不对称。对于农户而言，主要通过批发市场或公司以价格信号方式获取需求信息；另一方面，对于消费者而言，由于供给信息的不确定性，使消费者对产品质量失去信任。在现有条件下，还不具备完善的信息发布渠道，造成信息不完备和信息不对称，容易导致逆向选择和道德风险。

(2)链条节点上的各组织成熟度不高。从工业物流与供应链管理的实践看，链条上的组织（或成员）大都具有独立的市场行为能力，专业化程度较高，能在自己承担的业务中具有核心能力。而在中国目前的超市农产品流通领域，情况则很不一样。首先是生产者，特别是分散的小农，很难被纳入到超市农产品的供应链管理系统中。农户经营的小规模和市场行为能力的不健全以及其供给总量上的高比重现实，为超市农产品的供应链带来了挑战。

(3)农产品供应链各环节间的合作与信任程度较低。供应链管理强调从整体利益出发，摒弃“小而全”的封闭经营思想，通过上下游伙伴之间建立战略合作关系，实现优势互补。在超市农产品供应链上，其上下游主要参与者包括农产品生产者(以农户为主)、农产品经营者、农产品市场服务者和农产品消费者（以城镇家庭为主)等群体。由于中国农产品生产经营分散，参与的个体数量众多，经营的成效往往取决于个体的经验或某种优势，出于追求自身利益最大化的利润冲动，农产品生产者之间、农产品经营者之间及农产品生产者和农产品经营者之间的竞争关系会造成合作氛围淡漠，组织合作关系松散，交流少、缺乏信任，导致产业合作十分有限。

(4)龙头(核心)企业能力有限。农产品供应链上各节点企业(农户)是以龙头企业为中心，按照一定的供需关系联接在一起，互为供需，节点间通过利益驱动机制，围绕主导产品(服务)协调彼此关系，形成一个利益共存的网链，促进物流、信息高效运行，利益共享，达到效益最大化。从外部竞争和内部协调角度来看，目前龙头企业尚不完全具备价格谈判能力、协调能力、信息能力和品牌能力，将会导致超市农产品供应链的不稳定性甚至脱节。

1.2.2 现行超市农产品供应链造成的利益溢出

在上述的前两种供应链类型中，农户和超市是脱节的，他们之间的联系来自于中间商和企业，而在供应链条中，一些与农户有关联的龙头企业又往往不能真正代表农民的利益，由此造成了农户、超市的利益损失，并进一步导致消费者剩余的减少。现行超市农产品供应链造成的利益溢出主要表现在以下几个方面。

(1)市场交易成本高。由于参与者的规模很小，使得供应链在纵向上被分割成由买卖交易连接而成的很多阶段，横向上集聚了大量的从事相同活动的参与者，市场交易成本高，而且由于中国市场发育不完善、组织化程度低、长期的封闭经营，造成了信息偏离，市场供需量和交易价格波动性大。

(2)抗风险能力低。由于参与者各自为战，很难搜寻到充足、准确的信息，同时辨别和评估能力很低，其行动的结果具有较高的风险性，而且参与者的经济规模较小，加上农业本身存在的自然风险，导致参与者抗风险能力较低。

(3)不能保障食品安全。存在的主要问题有：化肥、农药残留和污染问题严重。农产品生产部门是以家庭生产为基本单位。由于参与者的小规模和分散性，法律意识薄弱，容易在行为的特征上表现为机会主义。目前，全国农产品流通企业达300万家，其中大部分为个体工商户，缺乏必要的设备，经营方式和质量意识不高，为不安全的农产品流入市场创造了条件。

(4)不利于超市的营销与竞争。营销与竞争方面的制约主要表现在两个方面。一是信息的不充分。农产品的生产分散在千家万户，这导致供给方面的信息常常很零散和不准确，与此同时，来自零售终端的需求信息也很难直接到达分散的生产者。二是生鲜农产品价格的频繁波动。价格的频繁波动使得农产品供应链上的利益分配经常具有不确定性，各个环节之间就价格和利益的谈判交易成本很大，这大大降低了农产品供应链管理的效率。

2 “农户+农民专业合作社+超市”模式的提出及实践

2.1 “农户+农民专业合作社+超市”模式的提出

传统的农产品供应链是建立在相互独立的分散经营主体基础之上的，而现代化农产品供应链是建立在企业内部管理和企业与企业之间协作的基础之上的。基于对前两种超市供应链的弊端分析，提出超市农产品供应链的新模式，具体见图3。

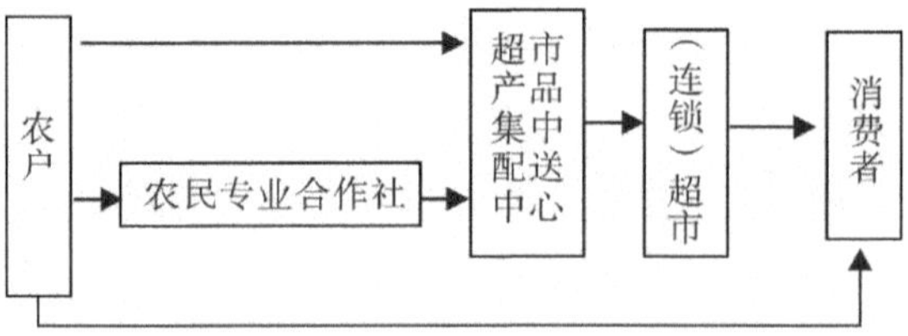

图3 “农户+农民专业合作社+超市”型农产品供应链示意

这种新模式能适应在超市成为农产品销售的主流渠道后的供应链条的完善需要。其主要特点是通过中介机构(农民专业合作社)连接超市和农户。尽管各农民专业合作社的名称、功能、组织结构和管理方式不尽相同，但都能在不同程度上为广大农户提供与农业产前、产中、产后相配套的仓储、运输和销售等方面的服务，引导农民有组织地进入市场，使千家万户的小农生产与千变万化的大超市对接。

此外，目前市场上大型连锁超市都拥有数量众多的分店，分店之间存在地域、客户群、品质要求、销售品种、数量等差异，自主集中采购或分散采购都存在一定的难度。考虑到这一因素，在这个供应链中引入集中配送中心概念对解决这一矛盾具有明显作用。集中配送中心主要面向农民专业合作社，通过集中统一的采购、加工、仓储、配送，满足不同销售点的差异化需求，并确保品质的统一。农户可以直接或通过合作社向集中配送中心出售产品，双方通过长期协议确保合作的稳定。

2.2 “农户+农民专业合作社+超市”模式的帕累托改进

农民专业合作社直接进入供应链系统实现了农产品超市供应链的帕累托改进。

由于行业协会在农户与企业之间的信息传递，降低了农户和企业之间的信息不对称程度，在一定程度上降低了农户和企业的经营风险，有助于农户与企业之间的衔接。一方面，行业协会通过自身技术方面的信息优势，对农户进行技术指导和技术服务，提高农产品的质量，并通过对农产品质量等级进行评定，减少了加工或营销企业的鉴定与监督成本；另一方面，农户由专业合作社形成一个有组织的群体，使分散生产的农产品可以有组织、有规模地进行运输，减少企业的运输成本，保障了企业获得稳定的供给和农产品的顺利销售；此外，对消费者而言，能够保障超市农产品在生产环节的品质和安全性。

当前，中国农产品质量和安全管理的最薄弱环节是在生产阶段。一方面农药(兽药)、化肥的品种、使用量乃至使用方法直接影响农产品的质量安全，另一方面分散的小规模农户的生产缺乏必要的管理手段。“农户+农民专业合作社+超市”农产品供应链为解决上述问题提供了有效途径，保障了消费者利益。

对超市而言，这种模式的好处表现在：①有助于超市引进新的产品。在传统的农产品供应链上，因为产品生产和消费相隔，生产者无法了解消费者对新品种的需求，不愿承担引进新品种的市场风险，农产品品种的扩散速度很慢。而“农户+农民专业合作社+超市”供应链上，超市的消费群体通常都是农产品的最终消费者，尽管每次消费规模较小，但由于消费者购买行为有规律、次数多，企业可以通过顾客信息和销售信息的存储与分析，为供应链上有的产品选择提供决策依据。而且超市还可以通过广告、促销等方式来推销新品种。因此，一旦一种新品种产品被超市认可，他们就可以及时通过农民专业合作社组织农户生产并投入市场。②有利于超市改善顾客满意水平。“农户+农民专业合作社+超市”供应链中，超市通过与农民专业合作社密切合作，可以有效降低时令性、季节性农产品的缺货率，不断淘汰滞销农产品，引进更受欢迎和更有质量保障的产品品种，还可以提高生鲜农副产品供应的及时性，这些都有利于提高超市企业的顾客满意度和忠诚度。

对农户而言：①有助于引进新的技术。在传统的农产品供应链上，分散农户对新技术的采用受到推广和资金方面的限制。农民专业合作社为了适应超市的经营要求，会加强产品质量和售后服务的管理，引入先进的信息管理系统和技术，促进更多行业生产水平和管理水平的提高。其次是技术方面的信息。农民专业合作社利用其具有专业素质的会员或使用外部知识资源，为会员或会员群体提供专业技术方面的服务，包括生产、包装、加工、保鲜、储运等方面的技术信息。②有助于农户进行设备投资。目前中国小规模农户贷款的手续比较复杂，为使农户扩大生产规模、引进新的技术，农民专业合作社往往会为合同农户提供担保、贷款等金融支持，使农户更便利地获得资金。

2.3 “农户+农民专业合作社+超市”模式的实践

以宜昌市晓曦红柑橘专业合作社与家乐福超市的合作为例，分析这种超市农产品供应链创新模式的实践成效及存在的问题。

2.3.1 宜昌市晓曦红柑橘专业合作社基本情况介绍

宜昌市晓曦红柑橘专业合作社，位于宜昌市夷陵区鸦鹊岭镇龙潭村5组。于2006年12月成立，2007年7月依照《农民专业合作社法》的要求，在宜昌市夷陵区工商局依法进行了变更登记。该社由24人发起设立，现有合作社成员452人，设立人出资总额1.2万元。主要经营柑橘种植、收购、贮藏、加工和销售；为成员提供生产资料的购买、配送；生产技术指导和培训；提供市场信息及运输服务等。

2.3.2 合作社经营情况介绍

2006年营销情况：柑橘总产量1.1万吨，产值1 200万元，销售收入720万元。品牌销售总量6 000吨，其中，销售晓曦红牌柑橘3 000吨，销售收入475万元，销售费用300万元，销售利润144万元，返利62万元，其中，股金分红14万元，积累68万元。

2007年营销情况：柑橘总产量1.2万吨，产值1 400万元，销售收入780万元，品牌销售总量6 500吨，其中，销售晓曦红牌柑橘4 000吨，销售收入520万元。销售费用350万元，销售利润150万元，返利70万元，其中，股金分红20万元，积累60万元。

2008年效益预测：2008年计划产量达1.3万吨，创产值1 500万元，销售柑橘7 000吨，创销售收入800万元，其中，销售晓曦红牌柑橘5 000吨。力争创利润160万元，返利90万元，其中，股金分红30万元，积累40万元。

2.3.3 合作社与家乐福超市合作营销情况

2007年，合作社通过省农合办积极引进，在8—11月，前后4个月的时间与家乐福超市5次洽谈，与家乐福集团所属的上海联家超市订立了柑橘产销订购合同，并于11月10日举行了签字仪式。家乐福超市的行业经理、质检主管、财务会计及项目总顾问分别到本社实地进行了考察。一是看基地，到田间看树势和果品质量；二是访农户，询问农药及肥料使用情况。通过考察，确立了专业合作社生产与超市负责销售的合作关系，并协商了严格的合作程序：第一，签订农超对接购销合同；第二，填写质量标准通知(发货时间、到货时间、质量标准数量等)；第三，由家乐福超市传预收单；第四，由合作社按预收单的数据出示发票；第五，由家乐福超市按发票金额汇款。

其具体营销情况如下。

(1)质量要求标准。无病虫害，果面网纹不超过10%，无粗皮；果品规格要求在50~80毫米范围内；农药残留量不超过国家规定标准，并在定点检测机关抽样检测，送检合格后方可验收；含糖量与糖酸比为10：1；装运全部使用超市提供的水果筐。

(2)销售方式。合作送达，超市预收（抽检合格率）。

(3)销售价格。单价每千克2.13~2.16元，比其他销售网点每千克单价高0.2~0.3元。

(4)销售总量。通过家乐福超市销售晓曦红牌柑橘120吨，占全年销售总量的2%，实现销售收入26万元，占全年销售收入的3.3%。

(5)销售费用。销售费用占销售收入的40%以上，主要包括收购价、产后处理(打蜡、包装)、转运费用(运输费、小工费、收购人员生活费、管理费)。

通过一年多来的运行，宜昌市晓曦红柑橘专业合作社组织建设趋于完善，制度建设逐步规范，经营理念不断创新，经营规模不断扩大，营销体系逐步形成，品牌意识不断增强。通过与超市的合作，合作社成员利益得到保障，果品打开了销售渠道，获得了良好的经济效益。但就现状看来，合作社与超市合作模式目前仍存在一些困难，表现为质量上缺乏质量检测机构及设施，主要是农药残留、固酸比等；缺乏产后处理设施，主要是仓储设施、打蜡设施的更新和扩大、包装设施的改进；缺乏办公自动化设施及网络建设等。这些保障“农户+农民专业合作社+超市”模式链正常运行措施的完善，将进一步提高农户、合作社和超市的收益水平。

3 推广“农户+农民专业合作社+超市”型农产品供应链的必要性与可行性分析

目前，超市农产品销售总额的80%左右经由前述传统的供应链渠道流通而来。而随着中国经济发展和城乡居民收入的提高，消费者的农产品品质和安全性意识提升，现有的农产品供应链已逐渐不能适应超市企业发展的需要和消费者（市场）需求，不论是供应链结构，还是农户、超市、消费者三方的利益分配，都突显出诸多问题。为了克服现行供应链中出现的问题，引入农民专业合作社直接进入超市农产品供应链成为必然。

3.1 农民专业合作社直接进入超市农产品供应链具有必然性

由于超市不可能直接与千家万户的农户直接交易谈判，必须有一定的中介组织参与其中，批发市场、中间商和合作社都能够作为这一中介参与到产业链，在合作社不发达的地区，超市通过批发市场或者中间商发挥影响作用，而在合作社发达的地区，超市通过合作社可以更为直接地作用于小农生产。在中国传统农产品供应链中，由于农户、中间商、加工企业之间存在着严重的信息不对称，“逆向选择”和“道德风险”行为造成供应链节点之间缺乏信任与合作，导致资源配置效率和个体积极性下降，并且批发商、加工企业等并不能完全代表农户利益，因此建立第三方组织(农民专业合作社)来协调农产品供应链的运作就成为必需。

农民专业合作社这一形式的合作经济组织具有其特有的优势，如辐射范围广、信息灵通、交易快捷、功能齐全等，对当地农副产品生产者具有强大的吸引力。农民专业合作社依据国家有关产业政策，按照市场信息，引导农民有组织地进人市场，使一家一户小生产与千变万化的大市场有效对接。同时，超市对生产鲜农产品的质量要求、供应条件等比一般的供应商高，这就使得合作社能够专心于提高生鲜农产品生产的组织水平、管理能力，严格要求质量标准，规范小农生产，建立科学的供应系统，从而改变其经营水平。因此，农民专业合作社直接进入超市农产品供应链是优化传统供应链的需要。

3.2 农民专业合作社直接进入超市农产品供应链的条件已经成熟

最初的农民专业合作社是从蔬菜、瓜果的生产环节开始的。近几年来，随着农业综合生产能力的增强和产业结构的不断优化，农民专业合作社的合作领域不断扩宽，已从蔬菜、瓜果等种植业范围扩展到养殖、农机、科技服务等行业，合作的深度也从单纯的生产环节扩展到生产、加工、销售的全过程。农民专业合作组织的成熟发展使其直接进入超市农产品供应链成为可能。近年来，许多地区的农民已经充分认识到组织在市场农业中的重要性，开始了不同形式的探索和实践，各种农产品行业协会和专业技术协会的建立就是一个很好的例证。据农业部统计，到2003年底，全国共有农民专业协会150万个。从行业分布来看，主要分布在蔬菜、水果、养蜂、家禽和生猪等商品化程度较高的行业；从地域分布来看，中部地区现有的农产品行业协会占全国总数的30%，东部地区和西部地区分别为60%和10%。无论在行业还是在地域分布上，都呈现出扩大趋势。

此外，超市微利时代已经来临，传统超市农产品供应链多层次流通、高成本运营的状态已经不能适应市场的需要，超市与农民专业合作社直接对接，减少中间环节、降低营运成本、让利消费者是市场发展的必然。

3.3 农民专业合作社直接进入超市农产品供应链是优化信息链的需要

在以农民专业合作社为信息平台的供应链中，合作社通过发挥其信息提供和信息协调功能，使信息流在整个供应链上由合作社统一协调，保证信息流动畅通。主要有如下表现。

3.3.1 有效避免农产品生产的盲目性

小规模农户一般只能根据市场的价格来决定自己生产的品种和数量，盲目性很大。由于大部分农民都参考同一年份的价格，农户与农户之间没有信息联系，往往导致次年大量的同种农产品同时上市，以致价格下跌，农户损失。如全国有名的高山反季节蔬菜基地——湖北省长阳县火烧坪乡，2006年9月仍有50万吨萝卜、2万余吨包白菜和大白菜不能及时售出，农民只好将整车整车的大萝卜扔掉。而农民专业合作社在信息搜集上具有一定的优势，合作社通过多种渠道获取信息，并进行加工整理，形成系统的信息资源，按照各自需求配置给供应链各个环节的需求主体。系统的信息资源主要是市场信息，主要包括当前农产品销售价格、市场供应情况、农业政策、未来农产品市场供求和价格预测等方面的信息。市场信息的提供在一定程度上降低了农户和超市企业经营的不确定性，从而降低其经营风险。

3.3.2 协调外部行动和协调供应链内部关系

信息协调职能是农民专业合作社信息服务的另一个重要表现，主要体现在协调外部行动和协调供应链内部关系上。就外部协调而言，主要包括协调会员的利益关系；协调会员与非会员、会员与消费者以及与其他社会组织之间的关系；协调产品价格，维护公平竞争关系等。

3.4 “农户+农民专业合作社+超市”模式能实现多方共赢

3.4.1 减低了农户生产成本与市场交易成本

通过农民之间的合作，合作社可以形成一种抗衡力量，对价格受到压抑或市场买卖作出集体反应，以改变单个农户在市场谈判、处理市场纠纷中的弱势地位，从而减少单家独户进入市场的交易费用。超市可以通过与合作社签订中长期供货合同的方式帮助农户寻求一个合理的市场预期，引导农民合理地调整产业结构，防止由于盲目生产导致的市场价格的激烈波动，降低市场的系统风险，保护农户的利益和积极性。

3.4.2　在"农户+农民专业合作社+超市"供应链中，农户和超市的市场风险大大减少

缺乏组织、谈判地位弱使农户在农产品流通中处于弱势地位。农民专业合作社的直接进入，为处在农产品流通起点的农户，建立起与购买方(超市)的稳定供销关系，形成真正利益共同体。降低了农户在农产品流通中承担的风险，减少了由中间商收购带来的利益损失。再者，超市直接与农民专业合作社合作，超市可以通过农民专业合作社对农产品生产进行主动式的引导。超市可以充分利用其市场网络、对市场需求的评估和未来市场的专业预测方面的优势，对农产品市场的需求和价格趋势作出较为准确的判断。然后把这些需求动态信息通过农民专业合作社反馈给农户，指导农业生产。这样的模式省去了中间环节，实现了农户、超市的利益共赢。

3.4.3　为超市缓解农户的资金约束提供了桥梁

超市可以通过以下几个方面缓解农户所面临的资金约束。①超市可以通过合作社发放订金的办法提供部分农户生产所需的资金。这既是超市与农户建立长期契约关系的黏合剂，也为农户提供了稳定的商业信用。②超市可以通过与合作社签订中长期供货合同的办法，为农户提供稳定的现金流。附带有双方承诺的商业合同具有一定的商业价值，可以起到抵押品替代的作用，帮助抵押品不足的农户从正规金融机构或民间金融组织获得贷款。③超市还可以以中长期供货合同或仓单抵押的办法为农户提供贷款担保。2005年中共中央一号文件已经明确提出鼓励多种形式的担保来降低农户贷款的风险，以超市为依托的新型抵押品替代和担保方式必将不断涌现，为协会的发展和农户的生产提供资金支持。

3.4.4　有利于增加农户收入

从宏观经济上看，农民增收减缓使农产品总量阶段性过剩，而从农业内部深层次解剖，农产品流通渠道不畅，落后于市场经济的发展，制约着农业剩余劳动力转移、产业结构调整和农民增收。所以，抓好农产品流通这个环节，使农民生产出的产品顺畅销售，是解破农民增收之难、短时间内产生较大突破的关键环节。另一方面，超市为了保证广大消费者对鲜活农产品的需求，必须稳定鲜活农产品销售的种类和数量。最直接的做法就是与生产商或供应商签订购销合同。这一方面可以排除现货交易的偶然性和不确定性因素，保持超市生鲜经营活动的稳定性和连续性，同时也可以保证小农户取得相对稳定的销售收入。

4　政策建议

针对"农户+农民专业合作社+超市"供应链运行和发展的实践，提出以下建议。

4.1　积极发展农民专业合作社，提高合作组织的经营水平

积极发展农民专业合作社，提高农产品流通组织化程度，提高农产品种植和养殖规模，可以缩短农产品进入超市的时间，节约流通费用，提高交易效率。例如农民合作社一方面有利于加强农民之间的合作，实现资源、信息共享，提高市场的适应能力；另一方面可以形成一种抗衡力量，对价格受到压制作出集体反应，以改变单个农户在市场中的弱势地位。提高合作社的经营水平，从而在市场化竞争平台上，使合作社更具有竞争力，而不只是政府扶持的一种松散组织，使合作社能够更好地发挥协调小农生产的作用，这样既可以保证质量，又减少配货成本，形成产地与超市的对接，充分发挥农民专业合作社为农民服务的作用，节约了签约执行和监督的成本。

从国外农业产业化发展的实践来看，“合作社+农户”是一种很有发展前景的组织形式。这是因为合作社是农民自己的组织，它完全代表农民利益进入市场。通过这种组织形式，能确保农民取得经营利益，使其在利益分配上得到更大的份额。

4.2 积极发展配送中心

通过积极发展配送中心来减少超市的利润损失。主要途径有：①超市自建配送中心。目前国内多数超市经营规模小，没有自己的生鲜配送中心，采用联营方式经营生鲜。而北京家乐福超市就采取自营经营，有自己的生鲜配送中心，它的蔬菜价格与市场相当。②由有实力的现代农业龙头企业充当配送中心。由龙头企业出面和超市合作，建立供求关系，这样更能保障相互利益。③由专业第三方物流来组织农产品的配送。加快农产品的流通周转速度，实现经营的规模效益。

4.3 保障市场秩序

政府的相关职能部门应根据市场经济发展和农产品物流发展规律，建立和完善国内的市场准入、市场竞争、市场秩序等法律法规体系，克服市场自发的无序性，防止一哄而上，盲目建设。同时通过一些政策性法规，扶持农民专业合作社及企业的发展，例如政府在征地、税收等方面给予企业一些优惠政策等。针对上文中提到的供应链风险问题，一个可行的措施是：由地方政府设立某种风险基金，当市场行情变化以至于超市无法按合同价格收购农产品时，政府动用基金予以(部分)补贴，从而稳定双方的合同关系。

4.4 加快农产品标准化工作

2005年2月农业部《关于进一步加强农产品质量安全管理工作的意见》中，强调要加强农业标准化生产能力建设，指出要通过大力推进农业标准化工作，提高农业生产全过程监管能力。农业部要求逐步实现生产记录可存储、产品流向可追踪、储运信息可查询，结合优势农产品生产基地、标准化生产基地和无公害农产品生产示范基地建设，探索推广农产品生产档案登记制度，逐步实现在农产品生产、加工、包装、运输、储藏及市场销售等各个环节建立完备的质量安全档案记录和农产品标签管理制度，逐步形成产销区一体化的农产品质量安全追溯信息网络。国家有关部门计划用5年左右时间完成2 500项农业行业标准的制定和修订，初步建立符合中国国情又能与国际接轨的农产品质量标准体系。这项工程的工作量是巨大的，需要的时间比较长。因此，农产品标准的制定主体除政府相关部门以外，应鼓励生产企业、流通企业参与。例如现在一些大型连锁超市集团在向全国推出生鲜食品招标采购计划过程中，对招标采购的主要农产品品种，联合有关部门制定了相关农产品质量标准，包括理化指标、感官指标、安全食用指标、鲜度指标等。

（执笔人：张清林　邹进泰　马德富　刘海波）

湖北省农民专业合作组织发展概况及建议

湖北省是全国农民专业合作组织发展的试点省，在湖北省委、省政府的高度重视下，全省各级部门将农民专业合作组织建设作为发展现代农业、建设社会主义新农村的重要抓手，上下齐力、多措并举，开创了工作新局面。

1 基本情况及主要特点

截至2007年，全省农民专业合作组织发展到4 998个，比上年新增623个，增加了14.2%，较2003年增加4 013个，增加了4倍多。全省入会（社）总人数221万人，比上年增加20万人，增加了9.9%，较2003年增加122.6万人，增加了0.25倍。合作组织成员户平均增收2 500元以上，较2006年户均增加300多元，增加了13.6%，较2003年增加2 300多元，增加了10.5倍。全省农民专业合作组织呈现多主体带动、多领域发展、高标准建设的良好态势，逐步形成合作组织上联批发市场、大型超市、加工企业，下联千家万户的新型农产品供应链。据统计，湖北省合作组织按领办主体类型分，专业大户联合型2 748个，占总数的55%；社区组织牵头型799个，占16%；科技人员领办型699个，占14%；龙头企业带动型500个，占10%；其他252个，占5%。按产业类型分，种植业2 379个，占总数的47.6%；畜牧业1 235个，占24.7%；渔业255个，占5.1%；农机204个，占4.1%；其他925个，占18.5%。从合作内容上看，以提供生产及销售服务为主的3 249个，占总数的65%，其中，产、加、销一体化服务的由去年的218个增加到现在的749个，占总数的15%；各类专业合作社联合社、联合会及行业协会共计799个，占全省总数的16%；2007年新增的623家农民专业合作组织中，新型农民专业合作社602个，占新增总数的96.6%。全省农民专业合作社共计1 102个，占合作组织总数的22%，较上年增加1.2倍。

1.1 各级领导高度重视

2004年湖北省农业厅成立了湖北省农村专业合作经济组织指导办公室，着力推进农民专业合作组织的发展。近年来，湖北省农民专业合作组织发展步伐明显加快，在完善农村经营体制、统筹城乡发展、建设现代农业、培育新型农民、构建和谐新农村等方面的作用日益显著，引起了省领导高度重视。省委书记罗清泉同志几次作出重要批示。在全省现代农业发展现场会上，罗书记强调：发展现代农业，必须重点解决农民的组织化问题；在全省九次党代会上指出：要培育发展农民专业合作组织，健全农村市场体系。根据省委主要领导同志意见，省委办公厅组织省委政研室、省农业厅等6个单位开展专题调研，将调研报告印发省委常委和副省长。由于省委、省政府的高度重视，各级党委政府也将农民专业合作组织发展工作列入重要议事日程。全省已有62个市、县成立了工作领导小组，81个市、县明确了工作专班，33个市、县出台了扶持政策，68个市、县召开了农民专业合作组织工作会议。

1.2 政策法制初步完善

在省领导的高度重视下，湖北省农民专业合作组织的政策法制建设已越居全国前列。2004年省政府办公厅下发了《关于加快培育和发展农村专业合作经济组织的通知》(鄂政办发[2004]3号)；2005年7月，省农业厅与省工商行政管理局联合下发了《关于湖北省农民专业合作社登记注册暂行意见》；2006年省委一号文件明确提出：鼓励和支持发展多种形式的农民专业合作组织，省财政专列200万元用于农民专业合作组织试点建设；2007年省委一号文件要求将农民专业合作社发展工作，作为推进农村经营体制创新的主要工作内容，省财政新增专项资金，用于开展试点示范工作。《中华人民共和国农民专业合作社法》颁布实施后，2007年5月，湖北省在全国率先下发了《湖北省委 湖北省人民政府关于积极支持和促进农民专业合作社发展的意见》(鄂发[2007]12号)。

2005年湖北省就开始进行农民专业合作组织立法工作，2006年省人大列入当年立法预备项目。2006年10月《农民专业合作社法》颁布实施后，加快了立法进度。2007年省人大列入当年正式立法计划。2007年12月6日，《湖北省实施<中华人民共和国农民专业合作社法>办法》经省第十届人民代表大会常务委员会第三十次会议通过，自2008年2月1日起实施。

1.3 试点范围不断扩大

湖北省选择随州、松滋、老河口、浠水、夷陵、咸安等6个市、县(市、区)作为省农民专业合作组织建设试点，同时直接指导了121个农民专业合作组织开展试点建设。先后涌现了夷陵区晓曦红柑橘专业合作社、老河口市春雨苗木果品专业合作社、建始县东湖魔芋专业合作社、广水市俊华养猪合作社、仙桃市张沟镇养鳝专业合作社、武汉市东西湖众成农机专业合作社等一大批合作组织先进典型。到2007年底，全省6个试点市、县均成立了领导小组，明确了工作专班，市、县(市、区)财政扶持资金达300万元。全省各级农业部门指导合作组织试点共计1 223个，争取财政扶持资金累计达到1 000余万元。

1.4 社会共识基本形成

一是利用多种形式普及、宣讲农民专业合作组织知识。省里先后开展“全省农民专业合作组织辅导员培训班”5期，培训各级农业、经管部门负责同志，农业产业化龙头企业、农民专业合作组织负责人以及支农高校毕业生共计1 000余人次。二是加强了相关政策和典型合作组织的宣传。2005年起，省里确定每年7月为“农民专业合作组织宣传月”，上下统一行动，层层宣传报道。湖北科技报、湖北电视台分别宣传报道了100个典型合作组织，《三农湖北》栏目连续做了14期合作组织理论与典型专题报道。《农民日报》《湖北日报》《农村新报》也分别进行了专版宣传和专题报道。三是积极开展《农民专业合作社法》宣传活动。2007年1月8日，湖北省作为全国先进省份，在农业部召开的全国学习贯彻《农民专业合作社法》视频会上作了典型发言。

2 当前存在的主要问题

尽管全省农民专业合作组织发展取得了明显成效，但与发展现代农业、建设社会主义新农村的要求相比，与试点省的要求相比，与农民群众的期望相比，还有很大差距。综观全省各地，存在的主要问题如下。

2.1 起步较晚，发展不够

湖北省新型农民专业合作组织产生于20世纪80年代，但真正引起重视却是近几年，起步较晚，发展不够是主要问题。据农业部2004年统计，全国农民合作组织总数已经达到15万多个，参加组织的成员数为3 878万户，占全国农户总数的15.6%，而湖北省同期只有2 800多个，参加人数也只有110万人，远远低于全国平均水平。尽管通过近几年的发展总数已达4 998个，但对比山东省25 586个、湖南省7 883个、河南省8 473个，仍然存在明显差距，目前组织的个数及带动人数还远远不能满足广大农民群众发展农村经济的需要。

2.2 认识不一致，地区发展不平衡

从市州看，多数地方发展较快，如恩施、宜昌、襄樊、十堰、黄冈等地，但也有部分地区较为滞后。其原因除客观上湖北省农村市场经济发展相对滞后，缺乏商品率较高的优势、特色产业基础等因素外，主要是由于部分地方领导对合作组织性质和基础作用认识不足，对其发展支持、引导不够，少数地方农业主管部门缺乏必要的扶持手段和工作经费，影响了工作的正常开展。同时现有的合作组织对农户也缺乏足够的带动力和吸引力，一些农民不放心自己的产品让“别人”拿去卖，所以“入合”积极性不高。

2.3 政策落实难度大，资金扶持力度小

合作组织是一个特定的经济组织，它既不同于公司性企业，也有别于社团类的协会，在国外，农民合作社属于第五类法人，享受国家政策扶持。中国《农民专业合作社法》虽已颁布实施，省委、省政府也出台了专门文件，明确了相关扶持政策，但部分政策执行困难。目前，农民专业合作组织在税收、金融、用地、用电、运输等方面的优惠政策由于相关部门没有制定实施办法，很难真正落实。湖北省从2006年起，省财政才专列200万扶持资金，扶持面十分有限。据不完全统计，全国省级财政2004年以来累计扶持资金近5亿元，其中浙江、山东、吉林等省每年都在3 000万元以上，湖北省仅为200万元。

2.4 内部管理不规范，带动辐射能力弱

合作组织自身存在的问题集中表现为“五多五少”。即从利益连接机制上看，松散型多，紧密型少；从运行机制看，不规范的多，规范的少；从决策机制上看，“能人”决策的多，民主决策的少；从生产管理环节看，粗放经营的多，标准化控制的少；从成员整体素质上看，缺乏技术能力及合作理念的多，懂技术、会管理的少；从经营服务内容上看，销售服务联合的多，产、加、销系列服务联合的少。

3 下一步的工作及建议

3.1 下一步的工作

发展农民专业合作组织是世界各国的通行做法。在发达国家，农民专业合作组织的发展已有二百年的历史，几乎所有的农民都参加了农业合作社。如丹麦98%的农民都是农业合作社社员；法国、荷兰90%以上的农民加入了农业合作社；美国每个农户平均参加2.6个合作社；新西兰、澳大利亚、日本、韩国参加农业合作社的农民也达到90%以上。

根据全国试点省统一要求，到2010年湖北省必须指导发展农民专业合作组织6 000个，其中扶持培育农民专业合作社3 000个，加入合作组织的农户达到300万户以上。据此，2008年发展的目标是：农民专业合作组织总数达到5 500个，其中，新增农民专业合作社500个，从现有协会中发展农民专业合作社1 000个，新增入社农户32万户左右，人均增收800元以上。具体措施为“四个进一步加大力度”。

3.1.1 进一步加大政策法规的贯彻落实力度

采取多种措施，促进各级党委、政府全面贯彻落实法律法规，切实加大对农民专业合作组织发展的指导、扶持力度。通过检查、指导等方式，推动各级经管(农业)部门切实加强职责，积极发挥对农民专业合作组织工作的指导、协调作用，按照中央、省委文件精神和《农民专业合作社法》《湖北省实施农民专业合作社法办法》的要求，结合本地实际情况，制定地区发展规划，并协调各有关部门制定具体措施、实施计划及细则，积极推动各地将各项政策法规真正落到实处。

3.1.2 进一步加大合作知识的宣传培训力度

积极利用电视、广播、报纸、杂志、互联网等媒体，着力宣传支持农民专业合作组织发展的政策和法律法规，树立合作社先进典型，弘扬合作精神，使更多的群众了解合作组织，增强合作意识，共同办好合作组织。采取大专院校培训、部门培训、“阳光工程”培训等多种形式，加强合作知识及合作理念的培训。分层次对各级领导、经管(农业)及相关部门干部、村组干部、农民专业合作社负责人、农村能人大户和农民等进行分期分批培训，提高其合作理论知识和合作技巧，着力培养一批业务精、素质高的管理队伍和辅导员队伍。

3.1.3 进一步加大项目资金的争取和扶持力度

协调各级各部门加大扶持力度，积极拓宽扶持途径。一是加大专项扶持额度。各级都要设立专项资金扶持农民专业合作组织试点示范建设，并逐年增加资金扶持额度，增强合作组织市场竞争能力和对成员的服务能力。二是拓宽项目扶持途径。鼓励各级涉农部门将农业综合开发、农业扶贫、农业板块基地和农业科技入户等建设项目，优先安排和委托有条件的农民专业合作社实施。三是加强信用贷款支持。协调各级担保公司为有条件的合作社进行贷款担保。积极争取农业发展银行、农村信用社每年安排一定比例的信贷资金解决合作组织发展的资金问题。

3.1.4 进一步加大典型培育和示范的推广力度

指导各地开展试点示范，选择一批产业特色优势明显、工作有一定基础、不同产业和类型的农民专业合作社进行试点，着力培育一批产权明晰、机构健全、制度完善、利益联结比较紧密、服务效果较好的合作社典型。通过典型示范，做给农民看，引导农民干。结合示范点的建设，深入调研、细致分析，对农民专业合作社发展中的新问题进行研究，不断总结经验和教训，一方面为党委政府制定政策当好参谋，另一方面有针对性地指导工作。

3.2 几点建议

3.2.1 建议省政府成立湖北省农民专业合作组织发展工作领导小组

扶持发展农民专业合作组织是一项政策性强、涉及面广的工作，成立工作领导小组是促进发展的必要组织保障。拟建议领导小组由湖北省政府分管农业的省长担任组长，省农业厅、省发改委、财政厅、国土资源厅、民政厅、科技厅、交通厅、商务厅、国税局、地税局、工商局、供销社、科协、电力公司等相关单位领导任副组长。领导小组下设办公室，由省农业厅具体负责日常联络和组织工作。

3.2.2 建议省政府召开一次市州分管农业领导会议

2008年是湖北省贯彻落实《农民专业合作社法》和相关政策法规的关键年。建议在2008年5月，召开由各市州分管农业领导参加的全省发展农民专业合作组织工作会议，全面部署今后一段时期农民专业合作组织的发展工作。

3.2.3　出台具体政策措施，加大项目资金扶持

为贯彻实施好《农民专业合作社法》的规定和各项政策，湖北省在全国率先出台了相关政策法规，但扶持政策仍难落实，每年省财政扶持资金也仅为200万元。建议省政府责成相关部门在税收、金融、用地、用电、运输等方面出台具体政策措施。建议省财政从2008年起，增列3 000万元专项资金专门扶持合作组织的发展。

3.2.4　加强专业队伍及机构建设

《湖北省实施<中华人民共和国农民专业合作社法>办法》第四条规定："加强服务机构和队伍建设"。湖北省农业厅农村专业合作经济组织指导办公室是2005年省编办批准的事业单位，承担的主要工作是负责农民专业合作社的试点培育、政策咨询、业务指导、项目扶持、统计备案、财务监督等，属于纯公益性职能。建议在机构改革中改为公务员管理或参照公务员管理。同时，建议筹建"湖北省农民专业合作社暨湖北省优质农产品信息网站"，在政务公开、产品价格、供求信息、典型介绍、专家咨询等方面，为全省农民专业合作社提供一个经验交流、产品展示的信息平台。

（供稿：湖北省农业厅，2008年1月）

对湖北省农民专业合作社发展的认识

农民专业合作社是广大农民群众的伟大创造和自愿选择，是稳定完善农村基本经营制度、创新农业经营体制的有效途径，也是走中国特色农业现代化道路的必然要求，具有深厚的群众基础和广阔的发展前景。自2005年湖北省成立湖北省农民专业合作经济组织指导办公室以来，湖北省农民专业合作社得到了快速发展，呈现出燎原之势。可以说，这五年是社会各界对农民专业合作社关注度不断提高、认识不断加深、观念不断更新的五年，是各项政策不断完善、法律法规不断规范、支持措施不断丰富的五年，是湖北省农民专业合作社快速发展、成效显著的五年。

1 湖北省农村专业合作社发展取得阶段性成果

据工商部门统计，截至2010年6月底，全省农民专业合作社发展到9 560个，比2009年底增加2 575个，增长36.9%；成员总数12.26万人，比2009年底增加2.68万人，增长28%；出资总额117.38亿元，比2009年底增加32.77亿元，增长38.7%。全省农民专业合作社呈现出“更多、更好、更规范”的新特征。

1.1 领办主体在增多

全省各类农民专业合作社中，按牵头或领办类型分，专业大户联合型2 410个，占55.3%;社区组织牵头型627个，占14.4%;农技人员领办型379个，占8.7%;供销社职工领办型235个，占5.4%；龙头企业带动型405个，占9.3%；其他301个，占6.9%。

1.2 合作规模在扩大

据统计，全省农民专业合作社成员合计出资总额为54.22亿元。2008年，合作社为其成员购买生产资料约30亿元，销售农产品150亿吨，产值约70亿元。

1.3 合作领域在拓宽

湖北省农民专业合作社涉及种植、养殖、农机、农村能源、加工、储运、水利等多个方面。其中，从事种植业的1 649个，占37.8%；养殖业1 677个，38.5%；其他行业1 031个，占23.7%。

1.4 组织运行在规范

新兴的农民专业合作社不仅制定了明确的章程，还建立了社员大会、理事会、监事会“三会”制度，越来越多的合作社与成员建立了紧密的利益分配机制，依法对成员进行盈余返还。如老河口市春雨苗木果品合作社，网罗该市果农241户，常年为成员提供产、加、销一体化服务。2008年实现销售收入760万元，盈余110万元，对成员按交易额返还58万元，按出资及公积金份额返还27万元，成员户平纯收入高出一般果农5 200元。

1.5 品牌效应在显现

全省农民专业合作社有337家取得了无公害农产品、绿色食品和有机食品认证，528家合作社申领了品牌商标。2008年2月，农业部认定8个农民专业合作组织产品为中国名牌农产品，湖北省占1/4，秭归县柑橘协会的秭归脐橙、长阳土家族自治县清江水产协会的清江牌鮰鱼获此殊荣。湖北省十大名牌农产品中，农民合作组织占4个。2008年10月，在第六届中国国际农产品交易会上，湖北省参展农民专业合作社数量位列全国第三。11月，在武汉第五届农业博览会上，湖北省参展的农民专业合作社达到49家，共获奖项25个。

2 当前湖北省农村专业合作社发展面临的主要问题

湖北省农民专业合作组织发展从总体上看，仍然处于初级阶段，很多工作、做法还在探索、试点，很多政策、规定还有待突破、创新。目前湖北省农民专业合作组织无论是数量还是质量，无论是规模还是带动能力，与农村发展的需要，与农民群众的愿望，都还存在较大的差距。农民专业合作组织外部“五个缺乏”(缺乏具体政策支撑，缺乏金融资金支持，缺乏产业发展基础，缺乏普遍认同，缺乏规范指导)的问题依然存在，内部“五多五少”(松散联结的协会多，紧密联结的合作社少；技术、信息、销售服务联合的多，产、加、销系列服务联合的少；部门和能人大户领办的多，龙头企业领办的少；无序发展、临时合作的多，规范运作、形成规模的少；自我组建、自发发展的多，政府引导、扶持发展的少)的问题也很突出。具体来说，有五个突出问题。

2.1 发展不够

主要表现：一是总量不够。据农业部统计，到2009年底全国农民专业合作社已经达到24.64万多个，而湖北省同期农民专业合作社只有6 985个，低于全国平均水平；二是合作社规模小，截至2010年6月底，全省农民专业合作社9 560个，成员总数12.26万人，平均每个合作社社员不到13人，合作社带动人数还远远不能满足广大农民群众发展农村经济的需要。三是服务层次低，大多数合作社只是向农民提供有限的技术、信息、生产资料供应等方面的服务，少数发展较好的农民合作社，业务内容主要集中在农产品销售上，真正涉足农副产品加工的农民合作社不仅数量少，而且规模也很小，主要从事简单的粗加工，产品附加值不高，市场竞争力较差。四是联系松散。合作社成员也以本地务农者为主，文化水平普遍不高，合作精神不强，有利则合，无利则分，联系不紧密。

2.2 发展不平衡

一是从市州分布看，多数地方发展较快，如恩施、宜昌、襄阳、随州、十堰、鄂州、荆门等地。但也有部分地区比较滞后，其原因除缺乏产业基础外，主要还是部分地方领导对合作组织性质和基础作用认识不足，对发展支持、引导不够。二是从合作社类型看，湖北省大宗农产品(粮食、油料)合作社相对比较少，养殖类、特产类合作社相对比较多；开展实质性经营活动的合作社相对较少，以技术指导服务的合作社相对较多。三是从合作社实力看，有盈利能力的合作社相对较少，没有盈利能力的合作社相对较多，实行二次分红的合作社相对较少；没有实行二次分红的合作社相对较多。

2.3 社员素质不高

一是合作社社员团结互助的合作理念还不强，往往是从自身短期利益出发，在农民合作社对其有利时，就与农民合作社交易，无利时就离开农民合作社，造成农民合作社经营的不稳定；二是合作社缺乏有奉献精神和经营才能的合作社理事长；三是缺少掌握营销、财会、管理和加工等实用技能与本领的专业人才。

2.4 内部管理不规范

一是内部机制不健全。合作社章程过于简单，财务管理制度不健全，社员账户不规范，利益连接不紧密，虽然订立了章程，但不按章程办事；有的虽设立了“三会”制度，但重大经营方针少数人说了算，农民社员主体地位尚未真正体现；二是部分农民合作社出现公司化的趋势。在产权安排上偏于股份化，治理结构上偏于大户、企业或相关组织，分配上偏于资本，合作的色彩趋于淡化；三是部分农民合作社有异化为政府的延伸机构的趋势。当前，农民合作社被各级政府视为实现经济和社会发展的工具，为了达到政府的预期目标，各级政府及其职能部门通过财政扶持、税收优惠、降低登记的门槛等措施直接参与领办各类农民合作社，甚至干预农民合作社的行为，农民合作社因此出现由单纯的经济组织向承担社会公共职能的政府延伸机构异化。

2.5 外部环境不优

一是财政扶持力度不大。据不完全统计，全国省级财政扶持资金已近10亿元，不少省市都在3 000万元以上，其中江苏省已达5.9亿元，而湖北省仍然只有400万元。二是扶持政策有待细化。农民专业合作社法颁布实施后，相关税收、用地、用电等配套政策尚未出台或者政策虽出台但实际操作难，影响了农民专业合作社的发展与壮大。三是金融通道没有打开。尽管国家银监委与农业部，湖北省银监局与农业厅都发了文，但是由于合作社缺乏必要的抵押物与担保，很难从金融部门争取到贷款支持。四是保障机制有待完善。目前，湖北省开展政策性农业保险的险种有水稻、小麦、油菜和能繁母猪，而湖北省大宗农产品合作社相对很少，只有一些生猪养殖合作社和极少数的稻米合作社在政策性农业保险之列，而其他如设施农业类、禽业养殖类、水产、瓜果蔬菜和特种养殖类合作社还不能享受政策性农业保险阳光的普照，在某些程度上制约了合作社在遭遇风险后恢复生产的能力。五是培训指导有待强化。合作社成员存在文化素质偏低、合作意识不强、缺乏专业人才和职业理事长等情况，必须通过加强培训指导予以提升。

3 湖北省农民专业合作社发展面临良好机遇

当前和今后一段时期，湖北省农民专业合作社发展面临着新的良好机遇和更好的宏观环境。

3.1 党的十七届三中全会《决定》为农民专业合作社发展进一步指明方向

党的十七届三中全会《决定》特别强调，要“按照服务农民、进退自由、权利平等、管理民主的要求，扶持农民专业合作社加快发展，使之成为引领农民参与国内外市场竞争的现代农业经营组织。”这不仅明确了农民专业合作社发展的原则、发展的目标，也明确了大力扶持的要求，为农民专业合作社发展指明了方向。

3.2 中央七个一号文件连续强调农民专业合作社发展

2004—2010年的7个中央一号文件都明确要求鼓励和引导农民发展各类专业合作经济组织，提出了财政资金扶持、税收减免优惠以及登记等具体政策意见。2010年中央一号文件特别强调，新增农业补贴适当向种粮大户、农民专业合作社倾斜；大力发展农民专业合作社，深入推进示范社建设行动，对服务能力强、民主管理好的合作社给予补助。湖北省支持发展农民专业合作社要求更加具体，措施更加明确。

3.3 《农民专业合作社法》为农民专业合作组织发展创造了良好的法制环境

《农民专业合作社法》是一部促进法。这部法律以适度规范，在规范中促进发展，在发展中逐步规范为基本出发点，对农民专业合作社的设立、民主管理、财务制度等内容作出了相应规定。同时，法律还明确了国家对农民专业合作社提供支持与扶持的主要政策措施，充分体现了“多予、少取、放活”的政策方针。2007年5月28日《农民专业合作社登记管理条例》的公布，进一步规范了合作社成立、登记行为。湖北省也于2007年12月6日颁布了《湖北省实施<中华人民共和国农民专业合作社法>办法》，随着法律各项条款的进一步深入落实，必将促进湖北省各类农民专业合作社进一步发展。

3.4 支持农民专业合作社发展的政策措施力度不断加大

党的十七届三中全会明确允许农民以转包、出租、互换、转让、股份合作等形式流转土地承包经营权，发展多种形式的适度规模经营。有条件的地方可以发展专业大户、家庭农场、农民专业合作社等规模经营主体。2008年6月，财政部还下发了《关于农民专业合作社有关税收政策的通知》，对农民专业合作社有关经营活动的税收政策作出了明确规定。2007年湖北省委、省政府也下发了《关于支持和促进农民专业合作社发展的意见》，2009年中国银监会湖北监管局、湖北省农业厅也联合下发了《转发银监会 农业部关于做好农民专业合作社金融服务工作的意见》，各级各部门支持农民专业合作社发展的政策措施力度不断加大，为湖北省农民专业合作社发展创造了重要条件。

当前湖北省农民专业合作社发展已经到了一个重要的发展机遇期，也是农民专业合作社发展的关键时期，需要各级领导更加重视合作社建设，需要多方面加大工作力度，严格依照法律规定，全面落实各项扶持政策，促进我省农民专业合作社健康快速发展。

4 湖北省农村专业合作社下一步工作重点

未来5年内，湖北省农民专业合作社指导工作任务就是培植三个载体，即农业项目实施的载体、新型农业技术推广应用的载体和农村社会管理的载体，培育两个市场，即巨大的生产资料消费市场和安全、优质的农产品供应市场，培养新型农民，即具有合作精神的新型农民。为完成这六大任务，将继续大力实施农民专业合作社“五大工程”。

4.1 实施农民专业合作组织推进工程

湖北省将大力开展“农民专业合作社推进工程”，鼓励各地、各行业积极兴办农民专业合作社，全面推进农民专业合作社加快发展。从2009年起，农民专业合作组织数量每年递增10%；其中农民专业合作社数量每年递增20%。到2012年，力争使全省20%的农户加入农民专业合作社，带动农户达到30%以上。

4.2 实施农民专业合作组织示范工程

重点在农产品流通、科技推广、农产品加工等不同类型的农民专业合作社中，选择一批“六有”试点示范单位加强指导，逐步培育具有代表性的示范社。到2012年，指导建设省级农民专业合作社示范社700个，力争50%以上的示范社有二次返利，示范社农民人均纯收入高出当地30%以上。

4.3 实施农民专业合作社人才培训工程

从今年起，全面推行省、市、县三级人才培训制度，力争每个合作组织每年有1人参加培训，计划到2010年，全省培训合作社专门人才1.3万人次，到2012年达到4.5万人次。

4.4 实施农民专业合作社“农超对接”工程

根据商务部、农业部联合下发的《关于开展农超对接试点工作的通知》，今年我省将开展“农超对接”试点活动。力争到2010年，有25%的农民专业合作社产品能够进入湖北省乃至全国各大超市销售；到2012年，有40%的农民专业合作社产品能够进入湖北省乃至全国各大超市销售，并逐步建立从产地到零售终端的鲜活农产品供应链系统。

4.5 实施农民专业合作社品牌培育工程

争取到2012年，全省50%的农民专业合作社获得无公害农产品、绿色食品、有机食品认证。经过3~5年的努力，创建一批具有知名农产品、著名农产品和驰名农产品商标的农民专业合作社，形成一批具有国内广泛影响力的农民专业合作社产品品牌。

（执笔人：湖北省农村专业合作经济组织指导办公室 黄倜慎，2010年7月）

狠抓“农超对接” 实现货畅其流

自2007年《中华人民共和国农民专业合作社法》(全书简称《农民专业合作社法》)实施以来，湖北省农民专业合作社蓬勃发展，已逐步成为引领农民参与国内外市场竞争的现代农业经营组织。据统计，截至2010年11月底，全省农民专业合作社已达12 081个(预计年底将达到13 000个)，入社成员14.3万人，出资总额达14.97亿元。全省有一半以上的合作社拥有自己的产品或品牌，其中有近20%合作社产品与超市建立了稳固的供应联系。实践证明，“农超对接”是农产品现代流通体系的一种创新，对发展现代农业有着极其重要作用。它不仅解决了农民“卖难”和超市“采购难”的问题，更重要的是它降低了流通成本，保证了产品质量，给消费者带来了实惠和安全，实现了农民、超市和消费者三方共赢的局面。主要做法如下。

1 政策支持，创造良好环境

农民专业合作社作为新兴的市场主体，也是各级政府和农业部门引领农民进入市场的重要抓手，其发展一直备受各方关注和支持。湖北省委、省人大、省政府、省政协的领导十分重视农民专业合作社工作，多次作出重要批示，并亲自开展调查研究；省直相关部门形成合力共同支持合作社的发展；各级农业部门更是把这项工作作为农业工作的重中之重来抓。初步统计，2010年，全省农民专业合作社承担各类涉农项目资金累计达8 000多万元，其中30%以上用于开展“农超对接”工作。

1.1 积极开展“农超对接”试点

早在2007年，湖北省农业厅针对柑橘“卖难”问题，通过多方协调，促成了家乐福上海总部与宜昌市晓曦红柑橘专业合作社等20多家合作社按高出市场价10%签订购销协议，对合作社的产品实行零门槛、零收费和随卖随结，从此为合作社产品进超市打开了一条绿色通道。

1.2 整合项目支持

积极争取发改委、财政等部门支持，每年整合财政转移支付、农业综合开发等项目资金重点支持示范合作社项目建设。发挥行业优势，各种涉农项目向合作社倾斜，自2008年开始，各个行业都按照一定比例安排合作社承担各类涉农项目，到2009年，仅农机补贴资金合作社承担了接近一半。

1.3 建立优质产品基地

湖北省农业厅每年安排1.3亿元资金建设各类农产品板块基地，一些超市依托合作社，直接在生产基地中采购农副产品，合作社按照超市要求进行分拣、整理、加工、包装、冷藏以及配送到连锁超市销售，充分解决了农民农产品销售的后顾之忧，保证超市新鲜农产品的足量供应，减少农产品流通环节，最大限度地使农产品增值，实现了经济发展与惠农利农的完美结合。

1.4 创建精品名牌

依托各个行业，先后评选出畜牧、渔业、农机、茶叶“十佳”合作社共40个。在全省评选出了

136家省级农民专业合作社示范社。鼓励合作社开展品牌商标申领，约800家合作社申领了品牌商标，先后成功推出晓曦红柑橘、秭归脐橙、清江鮰鱼、常家洞茶叶、洪山菜薹等精品名牌，产生显著的社会效益和经济效益。

1.5 加强宣传培训

充分利用《湖北日报》、湖北电视台、湖北广播电台等新闻媒体和湖北农业信息网、湖北农民专业合作社网等网络平台，开辟专版，大力宣传报道。将“农超对接”工程列入我省农民专业合作社发展“五大工程”之一予以广泛宣传，确定了到“十二五”末，实现超过40%农民专业合作社产品进入湖北省乃至全国各大超市销售，建立从产地到零售终端的鲜活农产品供应链系统的目标任务。连续3年与荷兰瓦根宁根大学农业经济研究所、国际SPAR集团、家乐福(中国)食品安全基金会、沃尔玛(湖北)百货有限公司等联合举办“农超对接”知识讲座和业务培训，培训农民专业合作社理事长达500人次。

2 强化服务，搭建交流平台

“农超对接”，一头连接农民专业合作社，一头连接大型连锁超市、农产品流通企业。为加强双方信息沟通，促成交易实现，湖北省各级农业部门积极发挥职能，加强对合作社的指导和服务，搭建沟通平台。

2.1 积极组织合作社参加产销对接会

一是举办洽谈会。从2007年开始，湖北省农业厅每年举办2次产销对接洽谈会，邀请合作社及家乐福、沃尔玛、中百仓储等全省乃至全国大型超市参加，每次合同金额达到5亿元以上。值得一提的是，2008年8月，为解决老河口市砂梨销售难问题，在湖北省农业厅的协调下，召开了春雨苗木果品专业合作社与超市对接洽谈会，沃尔玛、中百超市、武商量贩、中商平价等12家大超市与春雨苗木果品专业合作社达成协议，以统一的价格保本销售砂梨。合作社实现砂梨销售120万千克，收入达150多万元，有效解决了当地果农卖果难的困境。二是组织合作社参展。几年来，组织了近600家农民合作社参加中国农产品交易会、鄂港经贸洽谈会、武汉农博会等各类产品展销会、博览会，100余个合作社产品获得各类奖项，提高了产品的知名度和市场占有率，全力推介合作社产品。2010年，在农业部的支持指导下，湖北省承办了“2010全国合作社产品(湖北)推介洽谈会”，全国400多家农民专业合作社（其中湖北省约300家合作社)、60多家生资、农资企业参展，20多家大型超市及上百名专业采购商应邀参会。罗田县锦秀林牧专业合作社、武穴市武仁农林综合开发专业合作社、洪湖世元鳖龟养殖专业合作社、武汉正丰洪山菜薹专业合作社等40多家合作社均取得了订单，合同与意向合同标的总金额约3.75亿元。

2.2 构建网上信息平台

充分发挥网络平台作用，利用湖北农业信息网、湖北农民专业合作社网，开辟专栏，为全省农民专业合作社提供品牌宣传、产品推介、市场信息等咨询服务。鼓励合作社自建网页，宜昌晓曦红柑橘专业合作社、京山禾之果桥米种植专业合作社、洪湖世元鳖龟养殖专业合作社、谷城魏家山畜禽生态养殖专业合作社等都建立了自己的网站。

2.3 成立农民专业合作社联合会

为提升合作社的竞争力、凝聚力，增强参与市场谈判的话语权，由湖北常家洞茶叶专业合作社、老河口春雨苗木果品专业合作社、宜昌市晓曦红柑橘专业合作社3家合作社发起，筹建成立了湖北省农民专业合作社联合会，目的在于加强信息交流，实现资源共享，开展互利合作，合力参与市场竞争，提升我省合作社的市场主体地位。

2.4 搭建农产品交易平台

依托汉口北四季美农贸城果蔬批发市场、荆州两湖绿谷农产品批发市场等大型批发市场，搭建农产品交易平台。汉口北四季美农贸城果蔬批发市场不仅鼓励农民专业合作社产品进场交易，还减免了行费(交易手续费)，并对买卖双方每吨给予50元至数百元的补贴。黄陂区祁家湾蔬菜专业合作社将15吨大蒜运到四季美农贸城果蔬批发市场销售，不仅一天就销售一空，还免交了1 380元的行费。

3 积极实践，探索对接模式

为有效拓展农民专业合作社产品销售渠道，湖北省不单将“农超对接”定义为农民专业合作社和大型连锁超市、农产品流通企业对接，还积极扩大其内涵。2008年3月，湖北省与荷兰瓦根林根大学农学院、中国农业科学院农业经济与发展研究所签订了“农产品供应链研究”协议，率先在全国进行合作社产品与超市对接的新型农产品供应链的探索和研究。几年来，探索出以下5种有效的对接模式。

3.1 农超对接

即农民专业合作社和大型连锁超市、农产品流通企业对接。目前，这种模式是主导模式，约有15%的合作社参与此种形式的对接，也是湖北省大力发展的一种模式。2009年9月，湖北省农业厅与沃尔玛(湖北)百货有限公司联合举办了首届“农超对接”知识讲座暨洽谈会，31家农民专业合作社与9家大型超市现场签订了合同意向书，合同金额达2.83亿元。

3.2 农企对接

农企对接是指农民专业合作社与大型农产品加工企业对接，由大型加工企业进行加工后销售。目前湖北省约有10%的农民专业合作社与农产品加工企业建立了稳定的合作关系。

3.3 农校对接

农校对接是指农民专业合作社为高等院校提供鲜菜配送，满足高校学生的生活需求。目前，湖北省武汉市强鑫蔬菜专业合作社日供江汉大学5个学生食堂鲜菜1 600千克，保证了大学生的鲜菜需要；武汉市慈惠惠农蔬菜产销合作社与华中师范大学合作，每日为华中师范大学提供新鲜蔬菜配送。

3.4 农店对接

农店对接是指农民专业合作社产品直接进入各大酒店，为其提供净菜配送服务。武汉市依托正丰洪山菜薹专业合作社、黄陂芦笋专业合作社、蔡甸永兴莲藕专业合作社成立了净菜配送合作社，为武汉市三星级以上酒店提供净菜配送服务，让新鲜的合作社产品及时摆上餐桌。

3.5 自办合作社超市

自办合作社超市是最能保障合作社利益的一种销售形式。目前，湖北省通城县和随州市开办了农民专业合作社生鲜农产品超市，专门销售当地合作社产品。通城县开办了农民专业合作社“田园乐”超市，全县20多家农民专业合作社生产的鲜活农产品可直接进入该超市销售，并设立了专门摊位。上述几种对接模式的成功实践，不仅帮助农民解决了农产品卖难问题，而且产品价格还比市场价高出20%~30%，大大提高了农民的收益。农民专业合作社发展方兴未艾，“农超对接”工作利民惠民。湖北省农业厅将借此次会议的东风，认真学习先进省市的经验，围绕转变农业发展方式、创新农产品现代流通体系，进一步加大工作力度，优化发展环境，推动湖北省农民专业合作社“农超对接”工作再上新台阶。

（供稿：湖北省农业厅，2010年12月）

发展现代农业促进农民增收的基本路子
——关于湖北省农民专业合作社发展情况的调查与思考

在全省农村工作会议上，省委书记李鸿忠同志提出，湖北作为农业大省，既要做到在工业化、城镇化深入发展中同步推进农业现代化，还要坚持农业增产增量、农民增收同步推进。带着这一问题，近期，三农研究会几位老同志组成调研组，深入湖北省农业厅、荆门市所辖县市和部分合作社，就农民专业合作社发展情况进行了专题调研。通过实地调查和综合分析认为，围绕一个主导产业，创办一批农民专业合作社，带动一方农户发展适度规模经营，推行一个标准的专业化生产，实行一个品牌的市场销售，已成为发展现代农业，促进农民增收的一条基本路子。但总体上看，湖北省农民专业合作社发展还处于初级阶段，需要进一步加强引导、支持和服务，促进其健康快速发展。

1 特点鲜明

“十一五”时期，在省委、省政府的高度重视下，湖北省农业厅通过实施组织推进、典型示范、人才培训、农超对接、品牌培育等“五大工程”建设，使湖北省农民专业合作社呈现出发展速度加快、指导服务加强、农民增收显著的良好局面，由落后省份一跃成为全国先进省份。据统计，截至2010年底，全省登记注册的农民专业合作社达12 601个，全国排名第7，社员比当地农民人均纯收入高30%以上。荆门市合作社发展到2 058个，居全省市州之首。总体来看，湖北省合作社发展特点主要表现在五个方面。

1.1 覆盖产业领域广，主要集中于优势产业

合作社覆盖了种植、林业、畜牧、渔业等农业各个部门，主要集中在畜牧、渔业、蔬菜、优质粮、林果等支柱产业，涉及生猪、肉鸡、肉牛、小麦、水稻、辣椒、食用菌等大部分地方特色和优势农产品。同时，合作社还直接在农机作业、农资经营、农产品销售、加工、运输、贮藏等为农业生产经营服务的诸多环节深入发展，覆盖领域不断扩大。目前，湖北省合作社以种植业为主的有5 318个，占42.2%；以养殖业为主的有4 800个，占38.1%；其他行业2 483个，占19.7%。以农业生产资料购买为主的有6 254个，占50.1%；以农产品销售为主的4 263个，占34.2%；以农产品加工为主的1 886个，占14.6%。

1.2 兴办主体多元化，农民参与度广泛

湖北省以“民办、民管、民受益”为指导思想，引导农民自主创办合作社，并充分发挥人才、技术、资金等资源优势，鼓励社会力量领办兴办，形成了多形式发展，多类型合作的格局。目前，合作社中能人大户领办型的占58.3%，龙头企业带动型的占16.3%，村级组织牵头型的占14.4%，农技人员创办型的占8.7%。合作社中农民社员11 164个，占总数的88.6%；企业单位社员1 098个，占总数的

8.7%；社会团体社员320个，占总数的2.5%。

1.3 管理逐步趋于规范，一批有规模有实力的合作社崭露头角

《农民专业合作社法》实施后，特别是省委、省政府《关于积极支持和促进农民专业合作社发展的意见》下发后，在各级党委、政府的引导和扶持下，湖北省合作社发展无论是速度还是质量，都进入了新的发展时期。目前，全省农民专业合作社中，承担了农业部、财政部国家级示范项目的42家，承担省级示范项目的312家。相当一部分合作社有比较规范的章程、组织机构，制定了比较科学的管理制度，设立了社员帐户。部分发展较好的合作社提留了公积金、公益金，按社员与合作社的交易量和社员出资额进行了二次分配。据统计，荆门市农民专业合作社2010年社员按交易量和出资额获得的返还盈余18 975万元，社员户均返还1 600元。老河口市春雨苗木果品专业合作社、夷陵区晓曦红橘桔专业合作社、钟祥市保蜂蜂业专业合作社、郧县合叶桑蚕专业合作社等已步入全国先进合作社行列。

1.4 多途径获取合作收益，农民增收显著

农民加入合作社后，首先，能获得合作社在“成本价原则”基础上提供的生产资料购买、技术、销售服务；其次，合作社经营服务形成的利润为弥补亏损、提取公积金后的可分配盈余，社员能通过与合作社的交易额进行“二次返还”；再次，对剩余盈余再按社员资本和公积金份额比例进行分配，从而有效提高农民加入合作社的积极性，促进农民增收节支。据调查，合作社社员普遍比当地农民人均纯收入高出30%，经营较好的合作社高出50%以上。

1.5 行政推动对促进合作社发展至关重要

各级政府在宣传发动、物色和培养牵头人，指导建章立制，提供政策扶持，协调解决问题等方面，对农民专业合作社的发展始终发挥着重要作用，尤其在合作社创办阶段的作用十分关键。从全省情况看，凡是合作社发展好的地方，如宜昌、荆门、襄阳等地，都是党委、政府高度重视，引导扶持得力的地方，尤其是荆门市近两年农民专业合作社发展异军突起的事实充分说明了这一点。

2 必由之路

调研组所到之处，无论是县乡、村组干部，还是农民都异口同声地赞扬合作社好，入社农民尝到了甜头，积极性日益高涨，未入社的农民看到了效果，纷纷要求加入。作为协调分散经营的农户与市场之间矛盾的一种制度创新，农民专业合作社已成为发展现代农业，促进农民增收的一条基本路子，实现了“建一个组织，兴一项产业，活一地经济，富一方群众”的目标。

2.1 可有效构建发展现代农业的基本要素，促进农业规模经营，提高农业比较效益

合作社在不改变现有土地承包关系的前提下，将长期分散经营的农民联合起来，通过社员之间的互助，能有效整合农户手中少而散的土地、资金、劳动力等生产要素，经营规模迅速扩大，加上产前统一购买生产资料，产中统一组织标准化种植养殖，产后统一包装、销售，实现农业生产的规模化、专业化、标准化和现代化，从而在相当程度上实现了农业的规模效益，缓解了农业效益低的问题。这种实践，是根据生产关系必须适应生产力发展要求、上层建筑必须适应生产关系的规律在农村经济组织形式方面进行的探索，与一般的“输血”式途径相比具有根本区别，有治本之效。

2.2 可有效增强农民生产经营活动中的谈判地位，提高农民组织化程度，实现农民持续增收

合作社将分散经营的农民组织起来，整体进入市场参与竞争，提高了农户的组织化程度和市场谈

判地位，扭转了小农户与其他市场主体竞争时处于弱势地位的不利局面。同时，通过合作社提供产前、产中、产后一系列服务，降低了市场风险，降低了生产交易费用，提高了农业生产技术水平，提高了农产品质量，能有效促进农业增产增量、实现农民增收致富。

2.3 可有效完善农业社会化服务体系，加快先进适用技术推广应用，解决“最后一公里”问题

合作社组织社员开展技术交流、统一引进新品种等，能有效地实现农业新技术、新品种大面积推广，弥补农业公共服务体系的不足，解决政府科研推广组织难以完全满足千家万户小生产者多样需求的矛盾，实现了家庭经营向采用先进科技和生产手段的转变，对促进现代农业发展具有重要作用。

3 亟待完善

虽然湖北省农民专业合作社发展很快，但总体来看，合作社无论是内部发展规范上还是外部发展环境上都还存在一些亟待解决的问题和需要完善的地方。

3.1 内部发展上三个不够充分

一是服务内容不够充分。总体来看，湖北省合作社的经济实力还不够强，多数合作社停留在技术信息服务和初级农产品生产销售的合作层次，合作范围局限在本村、本乡内，导致参与市场竞争和应对市场风险能力不够强，盈利水平较低，难以使社员获得更多合作收益，服务功能及合作领域有待进一步拓展。二是制度建设不够充分。相当一部分合作社在制度建设上较薄弱，合作社理事长习惯于凭经验办事，民主管理、财务管理、收益分配等制度真正贯彻到实际生产经营活动上不够，甚至有的合作社把章程当作了一种摆设，亟须依法建立科学规范的法人治理结构。三是对合作社认识不够充分。有的合作社与社员之间是两张皮，没有建立真正意义上的合作机制，有的一股独大，实际运作更象公司，真正实行交易额返还的更少，一些农民对合作社认识比较片面，有利则合，无利则散。

3.2 外部环境上四个不到位

一是重视程度不到位。湖北省各地合作社发展很不平衡，一些地方口头上重视但行动上不够重视，认为合作社对地方经济贡献少，服务不积极主动，一些地方对合作社的本质、特点和发展路径认识不清，政府定位不明，重发展轻规范，重行政手段轻市场机制。二是政策执行不到位。合作社的一些法律法规过于原则，执行起来不好操作，一些部门为维护部门利益也导致现有政策难落实。三是主管部门协调不到位。2005年，湖北省在全国第一个成立合作经济组织主管部门，即省农村专业合作经济组织指导办公室，承担合作组织的指导、扶持和服务职责。但随着合作社发展，作为省农业厅的一个二级处级事业单位，在指导协调工作、监督政策落实等方面越来越缺乏力度，很难发挥作用。从县市看，合作社工作都交由农村经营管理局负责，但经管局自身已承担农村土地承包、农村财务管理、农村集体产权制度改革创新等大量繁重工作，缺乏专门的合作社工作人员编制、经费。四是扶持力度不到位。合作社发展刚刚起步，相对于需求而言，各级政府在资金等方面的扶持显得杯水车薪。目前，省级财政专项资金仅有400万元，各县市扶持资金纳入财政预算的也很少。相关部门在确定农业产业化、农业标准化、农业科技入户等项目建设载体时，还没有真正把合作社与农村社区、龙头企业等一视同仁。

3.3 具体实践中存在“五难”

一是办证注册难。合作社反映工商登记注册时需提交环境评估、防疫证明、食品卫生许可证等前

置材料，而办理这些材料需一定费用，一般需2万元左右，这对于刚组建、经济实力较弱的合作社无疑是个门槛，影响了合作社注册登记。另外，质量技术监督局在办理组织机构代码证时也要缴纳2000～3000元费用，超时还要罚款。二是资金筹措难。从法律意义上讲，合作社是一种独立的经济组织，具备一般经济法人应有的一切生产经营资格。但由于对合作社认识不够，金融单位出于防范风险等方面考虑，目前仍未将合作社纳入信用评级序列。以合作社名义进行贷款，寻找抵押品困难，联系担保户不易，且身份尚未被金融机构认可，难以正常开展信贷活动。目前，合作社融资渠道主要靠社员从农村信用社获得小额贷款和五户联保贷款，额度小，周期短，难以满足合作社生产经营特别是在产品运销、加工环节开展业务对资金的需要。融资难、贷款难成为制约合作社进一步发展壮大的瓶颈。三是土地利用难。合作社建造办公场所、进行产品加工所需土地在办理农用地转用审批手续时，一方面难以获得用地指标，另一方面门槛高、时间长，还需缴纳相当高的土地出让金，使合作社无法扩大生产经营规模，办公场所也难以获得产权证，无法抵押贷款。四是人才使用难。作为独立经济组织，拥有专门经营、管理、技术人才的合作社不多，绝大部分合作社的购销、财务、信息等管理工作仍是靠几个发起人或部分“能人”兼职进行维系和支撑。另一方面，由于没有相关政策支持，一些先进管理人才、大学生等也难以引进，在很大程度上制约了合作社的发展。五是税收优惠难。虽然国家出台了一些税收优惠政策，但一些规定过于模糊，如对合作社产品是否初级加工或深加工的认定上没有明确界定，导致税务部门在税收优惠落实上力度不够。另外，目前全省开始实行微机打印税务发票，但合作社作为部分免税对象，其在提供生产经营服务时不能开具相关发票，给生产经营服务活动带来困难。

4 共促发展

党的十七届三中全会明确指出，要“扶持农民专业合作社加快发展，使之成为引领农民参与国内外市场竞争的现代农业经营组织”。实现这一目标，任重而道远。各级党委、政府必须切实把握好职能定位，到位而不错位、越位，遵守规律，因势利导，主动服务，才能促进湖北省农民专业合作社健康快速发展。

4.1 站在破解“三农”难题、实现农业大省向农业强省跨越的高度，进一步提高对发展合作社的认识

与自身相比，湖北省农民专业合作社发展较快，但与浙江、山东等先进省份相比，湖北省合作社发展情况还很不充分，这与湖北作为全国农业大省的地位不相称，还有很大潜力可挖。随着生产力水平不断提高，湖北省农村改革发展已到一个转折点，即从激活微观经济细胞为主，向着进一步激发微观经济活力的同时实现适度规模经营转变。实现规模经营，既要求实现土地经营权等生产要素的有序流转，又急需农村生产经营模式的创新。农民专业合作社就是实现农村生产经营模式创新的一种有效形式。湖北省要把握住农民专业合作社兴起这一实现新时期农村经济制度创新的历史机遇，将之作为发展现代农业、增加农民收入、建设社会主义新农村的有效平台，作为农村改革、和谐社会建设和基层组织建设的重要抓手，加大扶持和服务力度，努力使农民专业合作社发展跃上一个新台阶，为破解“三农”难题、实现由农业大省向农业强省跨越作出贡献。

4.2 进一步加强组织领导，为合作社发展提供有力的组织保障

建议成立湖北省农民专业合作社发展工作协调小组，由分管农业的省长担任组长，省农业厅、发改委、财政厅、国土资源厅、民政厅、科技厅、交通厅、商务厅、国税局、地税局、工商局、供销

社、科协、电力公司、农发行、农村信用联社等单位为成员，办公室设在农业厅，定期召开联席会议，加强对合作社发展的综合协调、指导服务和依法监督。市、州、县也应比照省里成立协调小组和办公室。建议将省农村专业合作经济组织指导办公室调整为公务员管理或参公管理单位，理顺上下关系，增强部门协调和监督政策落实能力。目前，农业部经管总站合作处及北京、天津、上海、重庆、河北、陕西、辽宁、吉林、江苏、浙江、安徽、福建、江西、湖南等绝大多数省（市）承担此项工作职能的部门均为行政或参公管理单位，湖北省市州县承担此项工作的经管局也都是行政或参公管理单位。各市、州、县也要比照省里在经管部门内明确成立农民专业合作经济组织指导办公室，增加编制人员，推动工作开展。

4.3　进一步加大宣传培训力度，营造浓厚氛围，掀起新一轮促进合作社发展的热潮

系统总结《农民专业合作社法》实施以来的成就和经验，认真查找问题和不足，切实解决各级人员对合作社还不了解、不重视、不作为的问题。通过在媒体开辟专栏、印发专门读物和材料、组织会议、举办讲座、知识竞赛等形式，普及合作经济基本知识，宣讲合作社精神，宣传党和政府发展合作社的政策，进一步营造良好的社会氛围，提高全社会对合作社的认知程度，掀起新一轮发展热潮。制定和完善农民专业合作社知识培训计划，分层分批对各级党委政府分管领导、农业部门干部、合作社理事长、农民等进行培训。建立省、市、县三级辅导员队伍建设，从农口和有关职能部门抽调得力人员作为辅导员，培育促进合作社发展的中坚力量，深入农村辅导培训，定点联系，提供咨询，切实加强对合作社发展的管理、指导和服务。

4.4　进一步搞好全方位服务，解决合作社发展面临的困难和问题

一是办证收费方面。本着方便农民、促进发展的原则，进一步简化合作社工商登记前置手续，对办理登记环境评估、防疫证明、食品卫生许可证等，应采取援助措施，相关部门能减则减、能免就免。二是金融信贷方面。一方面建议出台对合作社信贷优惠政策，着手对已登记注册的合作社开展信用评级，根据其经营状况授予一定的信用额度，研究以非住宅的合作社房产抵押以及存单质押贷款的可行性，增强金融机构支持合作社发展的积极性。另一方面从制度上规范合作社，建立健全各种规章制度，培养合作社诚信意识，支持农村地区探索成立资金互助社，研究建立省、市两级农民专业合作社发展基金会。三是土地使用方面。明确合作社的农产品生产基地、种植养殖场、农机示范推广和设施农业用地，符合土地利用总体规划的按农业用地管理，作为农业生产结构调整用地，不需办农用地转用审批手续。合作社兴办加工项目所需非农建设用地，国土资源部门应当优先安排用地计划，及时办理用地手续。四是财政支持方面。各级财政应加大专项资金预算，支持合作社开展信息、培训、农产品质量标准与认证、农业生产基础设施建设、市场营销和技术推广等服务，扶持合作社示范社建设。五是税收优惠方面。从合作社生产经营实际出发，细化措施，在开具税票等方面为合作社提供便利，确保税收优惠政策落实到位，可以考虑由财政或税务部门监制农民专业合作社专用收款收据。六是项目扶持方面。相关部门在确定农业产业化、农业标准化、农业科技入户等项目建设载体时，要将合作社作为优先考虑。七是人才支持方面。一方面分层次、分步骤、有针对性地抓好合作社社员尤其是理事长和业务骨干的培训工作，努力为合作社造就一大批有文化、懂技术、会经营的人才。另一方面，建议省政府制定优惠政策，省财政建立专项奖励资金，鼓励和引导农技人员、经营人才、高校毕业生到合作社工作，对献身合作事业的优秀人才，尤其对优秀牵头人和专门的经营、管理和技术人才给予物质和精神奖励，以鼓励其扎根农村，献身合作事业。

4.5 进一步加强试点建设，构建真正意义上的合作机制

结合新形势，建立行省、市、县三级合作社示范体系。试点选择要坚持合作社的基本原则，在考虑发展成熟度、经营规模、经济效益的同时，更多地注重加强规范化建设、构建真正意义上的合作机制情况，培育内生发展活力情况，提高其辐射带动农户能力、产生社会效果情况等，以确立正确的政策导向，充分发挥合作社的独特作用。试点要涵盖各种产业类型、各种生产环节、各种地域条件、各种牵头主体、各种发展模式。试点要致力于探索新形势下合作社发展新模式、新路子，鼓励合作社之间横向联合，支持成立联合社、联合会；鼓励农民专业合作社与龙头企业联动，完善产业化组织形式；鼓励有实力的合作社创办农产品加工运销企业，不断壮大实力，不断向高层次迈进，打造全省合作社发展的美丽风景。

（供稿：湖北省三农研究会调研组）

实施“五大工程” 加快合作社发展

《农民专业合作社法》实施五年来，湖北省认真贯彻法律精神，不断创新工作方式，狠抓政策推动，促进规范运作，农民专业合作社发展呈现数量快速增加、质量显著提高、实力明显增强的良好态势，有效地促进了农业增效、农民增收和农村发展。截至2012年1月底，全省登记在册合作社20 245个，与2007年底相比增长了18倍，拥有社员153万人，占全省总农户数的18%，合作社出资总额26.5亿元，社员人均纯收入比非社员高出20%以上。

1 实施“五大工程”，加快合作社发展

1.1 实施推进工程，培育壮大合作社

一是营造法制政策环境。2007年4月，湖北省委、省政府制定了《关于支持和促进农民专业合作社发展的意见》，同年12月，在全国率先出台了《湖北省实施<农民专业合作社法>办法》，2011年11月，又出台了《湖北省农村土地承包经营权作价出资农民专业合作社登记管理暂行办法》。农业、质监、税务、交通等部门也先后下发扶持合作社发展、登记注册、税收优惠、交通运输等方面的政策文件。二是健全完善管理体系。2004年，湖北省编办批准设立省农业厅农村专业合作经济组织指导办公室，负责全省合作社的指导、扶持和服务工作。目前，湖北省所有市、州、县（市、区）都成立了发展农民专业合作社领导小组及办事机构，全省农民专业合作社管理体系建立健全。三是加大资金支持。全省每年整合农业综合开发、农业板块建设等项目资金近4 000万元，重点支持合作社示范社、信息化项目建设。为解决发展中的资金瓶颈，省农村信用社与省农业厅签订合作协议，已累计对合作社及网络农户投放贷款50亿元。四是建立服务平台。为加强指导服务，湖北省着力打造“楚合商城”“楚合周刊”和“楚合学校”三个平台，实现了合作社产品销售有商城，信息获取有周刊，知识培训有学校。

1.2 实施示范工程，规范合作机制

一是抓建章立制。先后制定了《湖北省农民专业合作社示范章程》《湖北省农民专业合作社示范守则（试行）》《湖北省农民专业合作社规范化建设标准（试行）》等规章制度，引导合作社在规范中发展、在发展中规范，实现“六有”目标，即有独立的法人资格、有规范的组织章程、有健全的管理制度、有较强的服务功能、有较大的经营规模、有明显的增收效果。二是抓示范社创建。通过创建省市县乡四级示范合作社“个十百千”工程、加强合作社试点市县建设、评选合作社行业“十佳”“二十强”等系列举措，合作社规范程度明显加强，省级示范合作社达到1 000个，市、县示范合作社超过3 000个，8个合作社获得省级重点龙头企业称号。三是抓规范管理。指导合作社健全成员大会、理事会、监事会制度，落实财务会计制度、管理制度和盈余分配制度。据统计，全省80%的合作社建立了

健全的规章制度，60%以上的合作社按统一格式设置账目，65%的合作社配有专职财会人员，60%的合作社统一整理保管档案。

1.3 实施人才培训工程，提供智力支撑

一是整合资源抓培训。湖北省农业厅每年举办一次全省性培训班，培养一批懂政策、熟悉业务、热心合作事业的经管干部和辅导员队伍。同时，充分利用科研院所、党校、职业学院等基地，举办各类合作社理事长培训班，讲授政策法律、实用技术、财务管理、市场营销等知识，培养一批高素质的合作社管理人员。二是整合项目抓培训。整合新型农民培训、阳光工程、农村实用人才、"一村一名大学生"计划等项目，培养一批有动手能力的农村实用人才和科技示范户，带动实用技术的推广普及。三是创新方式抓培训。改变单纯依靠部门抓培训的老办法，充分发挥合作社等市场主体作用，建设合作社培训交流基地，提高培训的实效性。目前，全省已建立起省市县乡四级合作社培训体系，建成一支120多人的合作社辅导员队伍，累计培训合作社负责人5 000多人次，社员30余万人次。

1.4 实施农超对接工程，促进货畅其流

一是成立全省农民专业合作社联合会。为加强信息交流，实现资源共享，合力参与市场竞争，2010年7月，湖北省农民专业合作社联合会正式成立，并成功承办了"2010全国合作社产品（湖北）推介洽谈会"。目前，联合会已发展常务理事单位50个，理事单位150个，会员单位500个。二是开展多种形式产销对接。通过推动"农超对接""农校对接""农企对接"等产销对接形式，目前，全省约有2 000多个合作社与家乐福、沃尔玛、中百等全国或区域性超市和部分大专院校对接成功，年销售额30亿元以上。三是探索"农社对接"等新型对接形式。全省1 500多个合作社自办超市，在乡镇或社区设立了连锁店、直销店、专营店等，3 000多个合作社建立了专业网站，在互联网上进行产品展示和交易洽谈。

1.5 实施品牌培育工程，提升产品竞争力

一是推行标准化生产。鼓励合作社根据市场需求制订行业标准，开展无公害基地创建、标准园建设和健康生态养殖。目前，全省30%的合作社实现标准化生产，建立了生产纪录制度，5 000多个合作社取得了"三品"认证。二是创建精品名牌。鼓励合作社开展品牌商标申领，2 000多个合作社申领了品牌商标，先后成功推出秭归脐橙、清江鮰鱼、采花毛尖等精品名牌，产生了显著的经济和社会效益。三是全力推介产品。近几年组织近400个合作社参加各类产品展销会、博览会，近80个合作社产品获得各类奖项。四是广泛开展宣传。每年将7月确定为"农民专业合作社宣传月"，组织新闻媒体开辟专版进行系列宣传报道。充分发挥"湖北农民专业合作社网"等网络平台作用，开展网络宣传和品牌展示。

2 当前湖北省农民专业合作社发展呈现新的特点

通过五年的努力和发展，虽然湖北省农民专业合作社总体上仍然处于发展的初级阶段，但合作社的发展环境、发展基础都发生了重大改变，合作效果进一步凸显，已进入数量快速增长与质量稳步提升的新时期。

2.1 合作环境进一步优化

一是政策法律环境优化。近几年，各级党委、政府和相关部门围绕财政扶持、税务优惠、登记注

册、金融贷款、交通运输等方面制定出台了一系列优惠政策，营造出农民专业合作社发展的宽松环境。二是人文环境优化。各级党政领导干部对合作社的科学认识和重视程度普遍提高，湖北省委、省政府将合作社发展工作纳入全省“三农”发展综合考评重要内容，市、县政府将发展合作社摆上工作议事日程，相关部门建立起分工协作、各负其责的协作机制。通过“做给农民看，引导农民干”，农民群众得到实实在在的好处，越来越多的农民表达出加入合作社的迫切愿望。

2.2 合作基础进一步巩固

一是合作领域更加广泛。从过去种植、养殖等生产性合作，拓展到提供农机、植保等服务性合作和30多个特色农产品产业发展，涉及农村二、三产业的合作社发展迅速。二是合作内容更加丰富。从以农资供应、信息技术服务为主，拓展到农技推广、土肥植保、加工、储藏、运输和销售等各个环节，农民与合作社利益联接更加稳定。三是合作形式更加多样。从单纯的产品联合向资本、技术、土地等生产要素联合转变，生产要素作用越来越大。四是合作机制更加健全。合作社基本建立各项内部管理制度，明确了产权关系，坚持按比例盈余分配，实现了真正意义的合作社，受到农民群众的普遍拥护。

2.3 合作效果进一步增强

湖北省农民专业合作社按照立足农村、发展农业、服务农民的宗旨，依靠合作机制，不断发展完善，目前已成为解决“三农”工作重点难点的重要途径。一是拓宽了农民增收渠道。通过产品初、深加工，完善利益分配机制，合作社不断延长农业产业链，入社农民分享到增值利润，拓宽了增收渠道，建立起增收长效机制。二是保障了农产品质量安全。合作社通过统一生产标准、统一技术操作规程、统一质量标准、统一包装、统一品牌商标等标准化生产，建立起产品质量追溯制度，为农产品质量安全打造了一个制度平台。三是打通了农业科技推广“最后一公里”。合作社已逐步成为农技推广主体，通过引进新品种、新技术，传授成员技术知识，为农业科技运用到实际生产创造了条件，缩短了距离。四是解决了“有人无田种、有田无人种”难题。通过土地流转，合作社及其他农业经营主体及时获得相应的土地，既确保了国家粮食生产安全，又促进了土地规模化经营，提高了土地使用效益。

3 “十二五”期间农民专业合作社目标任务及重点工作

根据湖北省农民专业合作社发展新特点，“十二五”期间，湖北省将围绕“发展、提质、做强”的总体思路，继续实施农民专业合作社“五大工程”，提升合作社服务功能和运行质量，使之真正成为引领农民参与国内外市场竞争的现代农业经营组织。总体目标是：农民专业合作社数量达到30 000个以上，农户覆盖面达25%以上，规范化合作社达到30%，实现标准化生产的合作社达50%，培育30个合作社成为省级产业化龙头企业，社员收入超过非社员25%以上。

3.1 紧盯增量目标，加大政策支持力度，不断优化合作社发展环境

一是加强组织领导。省级建立农民专业合作社发展联席会议制度，各市、县成立相应的组织领导机构。二是加大政策支持。争取以省委、省政府名义再出台一个发展农民专业合作社指导性意见，进一步制定和完善支持农民专业合作社发展的建设项目、税收优惠、金融信贷、农业保险、用地用电、绿色通道及人才支持等相关配套政策。三是强化资金支持。省财政设立支持农民专业合作社规范化建设专项资金，省银监局制定全省政策性信贷支持政策，解决合作社贷款担保问题，鼓励、支持有条件

的农民专业合作社开展合作社成员内部信用合作。

3.2 紧盯提质目标，加大人才培训力度，推动合作社规范化建设

一是加强人才培训。完善农民专业合作社辅导员培训体系，建立一批省、市级培训基地，培养造就一批农民专业合作社带头人、管理人才、财务人员和业务辅导员队伍，支持和鼓励农村青年、大学生村官领创办合作社。二是加强规范管理。按照《湖北省农民专业合作社规范化建设标准（试行）》，开展示范社建设行动，省级每年扶持200个合作社，树立一批民主管理好、经营规模大、服务能力强、产品质量优、社会反响好的典型。三是开展信息化建设。搭建公共信息和服务网络平台，进一步提高农民素质，提升合作社能力和规范化、科学化管理水平。

3.3 紧盯做强目标，加大机制创新力度，做大做强一批合作社

一是提升合作层次。引导支持合作社独立或与农业龙头企业联合兴办加工企业，开展农产品分级、整理、包装等初加工和多品种、多形式、高质量深加工，提高合作社农产品加工能力。二是强化产销服务。继续加大“农超对接”“农社对接”力度，省级每年专场举办2场大型产品展示展销会，继续鼓励“农校对接”“农企对接”等。三是创建合作社品牌。支持合作社申请“三品一标”，树立精品、诚信意识，培育自主品牌，提高品牌效益，形成竞争优势。四是创新运行机制。建立现代企业管理制度，鼓励实力雄厚、条件好的合作社招聘职业经理人，管理和运作合作社。五是建立合作社联合社。在产业关联度高、农民专业合作社发展较好的地区，鼓励合作社整合组织资源和生产要素，组建资源共享、优势互补、功能齐全的合作社联合社，在更大规模、更高层次上实现合作与品牌升级。

（供稿：湖北省农村专业合作经济组织指导办公室，2012年6月）

湖北省农民专业合作社规范化建设调研报告

《农民专业合作社法》实施五年来，湖北省农民专业合作社发展迅猛，对提高农业生产组织化程度，增加农民家庭经营性收入，促进农村经济发展起到了积极作用。湖北省政府办公厅四处、湖北省农村专业合作经济组织指导办公室联合调研组赴荆门、荆州、宜昌等地，深入8家农民专业合作社实地考察，就当前合作社的规范化建设问题与基层干部、合作社理事长、社员等进行了座谈。通过实地调查和综合分析认为，湖北省农民专业合作社正按照国家和省里的要求，逐步走向质量和数量并重发展的规范化道路。但总体上看，还需要进一步加强引导、支持和服务，促进其健康快速发展。

1 规范化发展特点鲜明

在湖北省委、省政府的高度重视下，湖北省农业厅通过实施组织推进、典型示范、人才培训、农超对接、品牌培育等“五大工程”建设，使湖北省农民专业合作社呈现出发展速度加快、指导服务加强、农民增收显著的良好局面，由落后省份一跃成为全国先进省份。截至2012年6月，全省农民专业合作社达到23 515个，比2011年底增加3 904个，增幅达19.91%。2012年1-6月新登记户数3 855个，比上年同期增加16.18%。农户入社成员数达207万户，占全省农户数的19.1%；国家级、省级、市级、县级示范社达5 595家，占合作社总数的23.8%，实现标准化生产合作社达7 550家，占合作社总数的32.1%。据调查，合作社社员普遍比当地农民人均纯收入高出30%，经营较好的合作社高出50%以上。荆门市、宜昌市、荆州市分别以2 692、2 604、1815个名列全省各市州合作社数量的第一位、第二位和第七位。

总体来看，湖北省合作社发展特点主要表现在六个方面。

1.1 兴办主体多元

湖北省以“民办、民管、民受益”为指导思想，引导农民自主创办合作社，并充分发挥人才、技术、资金等资源优势，鼓励社会力量领办兴办，形成了多形式发展，多类型合作的格局。目前，合作社中能人大户领办型的占58.3%，龙头企业带动型的占16.3%，村级组织牵头型的占14.4%，农技人员创办型的占8.7%。合作社中农民成员占总数的88.6%；企业单位成员占总数的8.7%；社会团体成员320个，占总数的2.5%。

1.2 产业领域广阔

合作社覆盖了种植、林业、畜牧、渔业等农业各个部门，主要集中在畜牧、渔业、蔬菜、优质粮、林果等支柱产业，涉及生猪、肉鸡、肉牛、小麦、水稻、大蒜、西瓜、辣椒、食用菌等大部分地方特色和优势农产品。同时，合作社还直接在农机作业、农资经营、农产品销售、加工、运输、贮藏、沼气等为农业生产经营服务的诸多环节生根开花，覆盖领域不断扩大。目前，湖北省合作社以种植业为主的9 923个，占42.2%；以养殖业为主的8 959个，占38.1%；其他行业4 633个，占19.7%。

1.3 业务内容丰富

农民专业合作社的业务活动内容已从单纯性生产合作拓展到农资供应、农技推广、土肥植保、农机作业、产品加工、储藏和销售等各个环节。以农业生产资料购买为主的11 781个，占50.1%；以农产品销售为主的8 042个，占34.2%；以农产品加工为主的3 433个，占14.6%；其他类型259个，占1.1%。

1.4 合作类型多样

湖北省农民合作从单纯的产品联合向资本、技术、土地等生产要素联合转变，生产要素作用越来越大，产生了以生产合作为主的专业合作社，以农机合作为主的农机合作社，以土地合作为主的土地股份合作社，以及以资源合作为主的社区股份合作社。

1.5 运行机制健全

合作社基本建立各项内部管理制度，明确了产权关系，坚持按比例盈余分配，实现了真正意义的合作社，受到农民群众普遍拥护。据统计，荆门市农民专业合作社2010年社员按交易量和出资额获得的返还盈余18 975万元，社员户均返还1 600元。老河口市春雨苗木果品专业合作社、钟祥市保蜂蜂业专业合作社、夷陵区晓曦红柑橘专业合作社、郧县合叶桑蚕专业合作社等已成为全国先进合作社。

1.6 行政环境优化

各级政府在宣传发动、选择和培养牵头人，提供政策扶持，指导建章立制，协调解决问题等方面，营造出了宽松的发展环境，对农民专业合作社的发展始终发挥着重要作用。从全省情况看，凡是合作社发展好的地方，如宜昌、荆门等地，都是党委、政府高度重视，引导扶持取得显著成效的地方，尤其是荆门市近两年农民专业合作社发展迅猛，也充分说明了这一点。

2 规范化建设稳步推进

几年来，湖北省合作社的发展历经几个阶段，一步一个脚印，一步一个台阶，承担了领导交付的重任、取得了农民宝贵的信任、获得了社会全面的承认。

2.1 自发发展阶段（2007年之前）

2007年之前湖北省的农民专业合作呈现四大特点。一是发展无序，生者不喜、灭者不忧；二是规模小、实力弱、不规范；三是利益联结不紧，内部管理不完善，缺乏凝聚力；四是行政干预较多，官办色彩较浓。

2.2 起步发展阶段（2007—2009年）

《农民专业合作社法》实施后，湖北省农民专业合作社如雨后春笋迅速发展，从2007年的1 012个，发展到2008年的2 651个，到2009年的6 903个，不断翻番。合作社指导和服务工作也全面启动，湖北省委、省政府专门出台了《关于支持和促进农民专业合作社发展的意见》，《湖北省实施〈中华人民共和国农民专业合作社法〉办法》正式施行。省市、县两级党委、政府共出台扶持政策文件153份，省农业、财政、工商、质检、金融等相关部门也出台了相关扶持措施。省财政就安排了专项资金400万元，每年整合财政转移支付、农业综合开发等项目资金近4 000万元支持合作社发展。全省各级已累计培训合作社辅导员和业务骨干2万余人次。培育省级农民专业合作社示范社510个；组织了200多家合作社和全省乃至全国大型超市签订购销合同100多份，合同金额30亿元以上。

2.3 稳步成长阶段（2010—2012年）

2010年全国农民专业合作社经验交流会在湖北省举办，这对湖北省农民专业合作社的发展又是一大促进，合作社工作又跨上了一个新的台阶。一是量有跨越。2010年，湖北省农民专业合作社首破一万大关，达到12 601个，经过两年的不断发展，于2012年6月突破2万大关，达到23 515个，跻身全国前十位。从2011年开始，农户入社数量每年以百万为单位跨越：2011年突破100万户，2012年突破200万户；从2011年开始，农户入社率每年以两位数跨越：2011年突破10%，2012年突破20%。二是质有提升。培育国家级合作社示范社27个，列全国第五位；国家级、省级、市级、县级示范社共达5 595家，占合作社总数的21.8%，全省29%的合作社实现了标准化生产，80%的合作社建立健全了的规章制度，65%的合作社配有专职财会人员，60%以上的合作社按统一格式设置了财务账目，60%的合作社建立健全了盈余分配制度，规范程度明显提高。三是强有显现。全省23 515个合作社出资总额达319亿元，平均每个合作社136万元。全省提供产加销服务的合作社达到50%，共兴办8 600多个加工企业。评选出了全省5强合作社、畜牧20强合作社、水产20强合作社、农机20强合作社、水果10强合作社、蔬菜10强合作社。温家宝总理亲临视察了仙桃市泉明渔业专业合作社的销售基地。孝感春晖合作社群获得了回良玉同志的高度评价。宜昌市晓曦红柑橘专业合作社筹资1.9亿元建设柑橘综合园区，产品跻身湖北“三大名果”行列。

2.4 创新提质阶段（2013年以后）

通过调研发现，湖北省合作社人不仅对合作社事业的发展信心满怀，倍感自豪，还对湖北省合作社事业充满希望，大胆规划。湖北省合作社人将按照党的十八大的要求，在未来的时间里，把湖北省合作社推向创新提质阶段，重点扶持农民专业合作社示范社建设，统一全省“农社对接”模式，打造“楚合”系列品牌。

3 规范化建设成效显著

调研组所到之处，无论是县乡、村组干部，还是农民都异口同声地赞扬合作社好，入社农民尝到了甜头，积极性日益高涨，未入社的农民看到了效果，纷纷要求加入。农民专业合作社已成为发展现代农业，推动农业产业化经营的新兴市场主体，已成为促进农民增收的一条基本路子。

3.1 提高了合作社规范运行水平

通过规范化建设，合作社建立健全了相关经营管理制度，规范了利益分配方式，实现了民主管理、民主决策，分清了与企业、协会等各类主体的界线，提高了生产、经营和服务水平，增强了市场竞争力。可分配盈余按合作社法规定进行社员交易量返还的合作社达到70%以上，2011年，返还总额达到39.8亿元。

3.2 推动了农业产业化进程

通过规范化建设，有效地整合了科技、环境、交通、市场营销等资源，推动合作社由生产联合向产加销一体化经营方向转变，由单一要素合作向劳动、技术、资金、土地等多要素合作方向转变，提高了合作社进入市场的适应性和能动性，推动了现代农业发展和农业产业化进程。目前，全省已有10 236家合作社实现了产销一体化服务，占合作社数量的43.5%。

3.3 增加了农民经营性收入

通过规范化建设，开展产前、产中、产后社会化服务，一方面直接降低了农户的生产经营成本，另一方面，规范了合作社收益分配，维护了社员利益，促进了农民增收。据统计，合作社社员比非社员收入高出25%以上。2011年，钟祥市寿乡食用菌专业合作社通过统一购买、统一技术、统一销售等，为社员降低成本300多万元，增加直接效益1 800多万元，返还利润82万元，户均实现增收4万多元。

3.4 成为了新农村建设重要载体

合作社的阵地在农村，基础是农业，服务对象是农民。规范化的农民专业合作社在提高农民组织化程度、推进农业产业化经营、改善农村生态环境、提高农民素质、增强农民民主管理意识、搞活农产品流通、促进农民增收等方面发挥着十分重要的作用，成为党和政府建设新农村的重要依托力量。

4 规范化建设亟待完善

通过调研发现，虽然湖北省农民专业合作社发展很快，但是还存在一些亟待解决的问题和需要完善的地方。

4.1 合作层次比较低

多数合作社停留在技术信息服务和生产联合层次，农业产业链短，农产品附加值低，合作范围局限在本村、本乡内，导致参与市场竞争和应对市场风险能力不够强，盈利水平较低，难以使社员获得更多合作收益。

4.2 治理结构不稳固

有些农民专业合作社社员代表大会、监事会机构不健全或流于形式，在日常管理中没有发挥作用。个别合作社存在家族化倾向，治理过程中存在“一言堂”现象，缺乏民主议事制度。

4.3 利益分配不公平

合作社社员中小股东社员、合同社员、普通社员占绝大多数，但他们在合作社中所起的作用并不大，利益分配的决定权主要在大股东手中。合作社绝大部分利润为大股东社员所得，大股东社员外的其他社员基本只享受到了合作社的优惠生产资料和技术服务及很少的“二次返利”。

4.4 财务管理不规范

经调研发现，一些合作社并没有配备专门的财务管理人员，有些合作社仅仅设置出纳而没有会计，还有的合作社财务由当地经管站代管。

4.5 人才素质需提升

合作社社员总体素质不高，特别是部分合作社理事长对合作社业务知识缺乏理解，经营管理综合能力不够，往往凭经验办事等，还不能适应激烈的市场竞争。

4.6 政策扶持需加强

财政扶持资金面窄量少，税收政策各地执行不统一，融资、用地等优惠难以落实。部分合作社财政扶持资金使用透明度不高，需加大规范操作与监管，使政策真正惠及社员。

5 规范化建设任重道远

目前，湖北省农民专业合作社总体上仍然处在发展的初期阶段，规范化建设任重道远，必须引导合作社完善各项制度，提升内在质量，不断提升农民专业合作社规范化管理水平和自我发展能力，使之成为引领农民参与国内外市场竞争的现代农业经营组织。

5.1 推广合作知识，构建合作社宣传培训平台

重视理论研究，整合行政资源，建立合作社宣传培训平台，利用电视、广播、报刊、网络等形式，实现电视里有图像、报纸上有文章、广播里有声音，向全社会宣传合作社政策知识。建立合作社经营管理者即时培训机制，促进合作社提质增效、转型升级。

5.2 做好指导服务，完善惠农政策执行机制

建议成立各级农民专业合作社发展工作协调小组，由分管农业的省、市、县长担任组长，农业、发改、财政、国土资源、民政等有关单位为成员，定期召开联席会议，加强综合协调，确保各项惠农政策落实到位。以省政府名义出台一个规范化建设的指导意见，统一要求，逐级执行。

5.3 加强示范建设，发挥典型示范引导作用

建议在全省开展一次以规范化建设为主要内容的示范社建设行动，着重处理规范产权结构和完善利益分配机制的问题。评比农民专业合作社“省级示范社”“十佳”“二十强”，做给同行看、引导同行干，调动全省合作社规范化建设的积极性。

5.4 推动能力提升，提高合作社经营服务水平

鼓励合作社与农业龙头企业开展联合与合作，充分利用龙头企业的优势，提高合作社农产品加工能力。引导有条件的合作社自办直销店或实行网上销售，减少中间流通环节，拓展农产品销售渠道。鼓励同类合作社之间开展联合与合作，成立农民专业合作社联合社。

5.5 建立考核机制，加大规范化建设奖惩力度

对各地农民专业合作社规范化建设进行考核，将考核情况与合作社资金补贴紧密结合，奖优惩劣。建立合作社产品责任追溯机制，规范生产者行为，保障产品安全，促进社会和谐稳定。

（供稿：湖北省政府办公厅四处、湖北省农村专业合作经济组织指导办公室联合调研组，2012年7月）

扶持农民专业合作社发展的具体政策意见

当前，农民专业合作社已成为创新农村经营体制、提高农民组织化程度的重要载体，成为联结农户和龙头企业的重要桥梁，成为引领农民参与市场竞争的现代农业经营组织，对发展现代农业，促进农业增效，农民增收具有重要意义。截至2012年第三季度，湖北省农民专业合作社达到25 599家，突破25 000家大关，进入全国前十，农户入社成员数达227万户，占全省农户数的20.9%，社员人均纯收入比非社员高出30%以上。为进一步支持农民专业合作社发展，现将有关情况报告如下。

1　现行扶持农民专业合作社发展主要政策

1.1　中央支持农民专业合作社发展主要政策

2007年7月1日，《中华人民共和国农民专业合作社法》正式实施，对合作社发展政策作出相关规定后，国家相关部委出台了配套政策措施，主要包括五个方面。

1.1.1　税收优惠政策

2008年6月24日，财政部、国家税务总局联合下发《关于农民专业合作社有关税收政策的通知》（财税[2008]81号），规定对农民专业合作社销售本社成员生产的农业产品，视同农业生产者销售自产农业产品免征增值税；增值税一般纳税人从农民专业合作社购进的免税农产品，可按13%的扣除率计算抵扣增值税进项税额；对农民专业合作社向本社成员销售的农膜、种子、种苗、化肥、农药、农机，免征增值税；对农民专业合作社与本社成员签订的农业产品和农业生产资料购销合同，免征印花税。

1.1.2　金融支持政策

2009年2月5日，银监会下发《关于做好农民专业合作社金融服务工作的意见》（银监发［2009］13号），规定将农民专业合作社全部纳入农村信用评定范围；加大信贷支持力度，重点支持产业基础牢、经营规模大、品牌效应高、服务能力强、带动农户多、规范管理好、信用记录良的农民专业合作社；支持和鼓励农村合作金融机构创新金融产品，改进服务方式；鼓励有条件的农民专业合作社发展信用合作。

1.1.3　财政扶持政策

近几年，中央财政对农民专业合作社发展扶持力度进一步加大。2004年，中央财政就设立了“农民专业合作组织发展资金”，2012年，扶持金额达到9亿元。2011年，中央财政将农民专业合作社纳入农机购置补贴财政专项，予以优先安排。

1.1.4　涉农项目支持政策

2010年5月4日，农业部、发改委、科技部、财政部、水利部、商务部、林业局联合下发《关于支持有条件的农民专业合作社承担国家有关涉农项目的意见》（农经发［2010］6号），规定对适合农民专业合作社承担的涉农项目，将农民专业合作社纳入申报范围；尚未明确将农民专业合作社纳入申报范围的，尽快纳入并明确申报条件；今后新增的涉农项目，只要适合农民专业合作社承担的，都应将农民专业合作社纳入申报范围，明确申报条件。适合农民专业合作社承担的涉农项目，将农民专业合作社纳入申报范围。

1.1.5 人才支持政策

从2011年起，农业部组织实施现代农业人才支撑计划，每年培养1 500名合作社带头人。继续把农民专业合作社人才培训纳入“阳光工程”，重点培训合作社带头人、财会人员和基层合作社辅导员。鼓励引导农村青年、大学生村官参与、领创办合作社。

1.2 湖北省支持农民专业合作社发展主要政策

2007年4月26日，湖北省委、省政府下发了《关于支持和促进农民专业合作社发展的意见》，2008年2月1日，《湖北省实施〈农民专业合作社法〉办法》正式实施，对支持农民专业合作社发展作出了相关规定。

1.2.1 做好登记服务

规定工商部门严禁在法定条件之外，增加或减少登记条件。设立农民专业合作社登记“绿色通道”，为农民申请专业合作社登记提供便捷有效的服务。

1.2.2 加大财政投入

规定各级财政部门应当分别安排专项资金，支持农民专业合作社开展信息、培训、农产品质量标准与认证、农业生产基础设施建设、市场营销和技术推广等服务。

1.2.3 支持参与农业项目建设

鼓励和支持将发展农业和农村经济的建设项目，如农业综合开发、扶贫开发、农业产业化、农业科技入户工程等项目，委托和安排有条件的农民专业合作社实施，探索通过合作社落实项目资金和各类扶持资金的新途径。

1.2.4 实行税收优惠

农民专业合作社享受国家规定的对农业生产、加工、流通、服务和其他涉农经济活动相应的税收优惠。支持农民专业合作社发展的其他税收优惠政策，按照国务院有关规定执行。

1.2.5 提供用地用电和运输优惠

农民专业合作社的农产品生产基地、种养殖场、农机示范推广用地和设施农业用地，在不修建永久性建筑物的前提下，国土资源部门可以将其视作农业生产用地；农民专业合作社兴办加工企业所需的非农建设用地，在符合土地利用总体规划前提下，国土资源部门应优先安排用地计划，及时办理用地手续；涉及占用耕地的，农民专业合作社自行落实耕地占补平衡，经验收合格后，土地资源部门不再收取耕地开垦费。农民专业合作社从事种养业的，其种植、养殖生产用电执行农业生产电价标准。农民专业合作社鲜活农产品运输，交通部门应当优先发放“绿色通道”通行证。

1.2.6 提供信贷支持

各级政策性和商业性金融机构应当采取多种形式，为农民专业合作社提供多渠道的资金支持和金融服务，对实力强、资信好的农民专业合作社可以授予一定的信贷额度；对参加农民专业合作社的农户，可在合作社提出申请的情况下，适当增加农户小额贷款额度；允许农民专业合作社依法以不动产进行抵押贷款。

1.3 存在的主要问题

1.3.1 部门协调难度大

按照法律法规要求，农业行政主管部门是农民专业合作社的主管部门，负责指导、扶持、服务工作。2005年，湖北省编办专门成立了省农村专业合作经济组织指导办公室，设在湖北省农业厅，承担合作组织的指导、扶持和服务职责。县（市、区）的合作社工作则交由农村经营管理局负责。但发展农民专业合作社是一项系统性工程，需要财政、发改、税务、工商等综合部门的大力支持，随着合作社不断发展，作为省农业厅的一个二级处级事业单位，在指导协调、监督政策落实等方面越来越缺乏力度，很难发挥作用。

1.3.2 财政支持力度不够

农民专业合作社是一项新事物，是农民自愿联合的经济组织，经济实力较弱，需要政府加大财力扶持。2006年，湖北省财政设立农民专业合作组织试点建设专项资金200万元，2007年提高到400万元，但近5年来一直没有增加，与中央和其他省市相比，悬殊较大。2012年，中央财政安排农民专业合作社项目扶持资金近9亿元，各省省级财政扶持资金总和达10亿元，经济发达省一般在5 000万元以上，中西部地区的江西为2 000万元，贵州为1 500万元，新疆为2 000万元。

1.3.3 合作社自身实力和规范化程度需进一步提高

一是合作层次比较低。多数合作社停留在技术信息服务和生产联合层次，农业产业链短，农产品附加值低，合作范围局限在本村、本乡内，导致参与市场竞争和应对市场风险能力不够强，盈利水平较低。二是治理结构不稳固。部分合作社社员代表大会、监事会机构不健全或流于形式，在日常管理中没有发挥作用。个别合作社存在家族化倾向，治理过程中存在“一言堂”，缺乏民主议事制度。三是财务管理不规范。部分合作社没有建立合作社成员账户，没有配备专门的财务管理人员，有的合作社仅仅设置出纳人员记账。四是人才素质需提升。合作社社员总体素质不高，特别是部分合作社理事长对合作社业务知识缺乏理解，经营管理综合能力不够，不能适应激烈的市场竞争。

2 进一步加大对农民专业合作社发展的支持力度

2.1 进一步加强组织领导

建议湖北省政府成立农民专业合作社发展工作领导小组，由分管领导任组长，省农业厅负责人为副组长，农业、发改、财政、科技、国土、交通、林业、商务、环保、税务、工商、供销、金融、电力等部门和单位有关同志为成员，领导小组下设办公室，设在省农业厅，具体负责沟通协调工作。领导小组定期召开会议、研究对策、出台措施，解决合作社发展中存在的困难和问题。同时，建议加强主管部门力量，将省农村专业合作经济组织指导办公室调整为公务员管理或参公管理单位，增强部门协调和监督政策落实能力。目前，农业部经管总站合作处及北京、天津、上海、重庆、河北、陕西、辽宁、吉林、江苏、浙江、安徽、福建、江西、湖南等绝大多数省份承担此项工作职能的部门均为行政或参公管理单位，湖北省市州县承担此项工作的经管局也都是行政或参公管理单位。各市、州、县也要比照省里在经管部门内明确成立农村专业合作经济组织指导办公室，增加编制，人员，推动工作开展。

2.2 进一步加强财政扶持

建议湖北省政府进一步加大财政扶持农民专业合作社力度，将专项资金增加到6 000万元，重点提升农民专业合作社五大能力。

以提高农民专业合作社组织能力为目标，设立农民专业合作社“阵地建设”项目，重点支持农民专业合作社建设办公场所，配备档案柜、电脑、桌椅等办公设施，积极改善农民专业合作社办公条件，更好地发挥合作社在组织生产销售、维护农民合法利益等方面的作用。

以提高农民专业合作社生产能力为目标，设立农民专业合作社“信息化”项目，重点支持合作社开展技术培训服务、建立农产品可追索系统和网络销售平台等，通过网络信息手段实现生产标准化、产品品牌化、销售网络化。

以提高农民专业合作社仓储能力为目标，设立农民专业合作社“基础设施建设”项目，重点支持合作社建设冷链、仓储，购买货物运输车辆等，以现代农业装备武装一批合作社，提升其服务功能和带动能力。

以提高农民专业合作社加工能力为目标，设立农民专业合作社“农产品初、深加工”以奖代补项目。对合作社开展农产品初、深加工进行奖补，调动农民专业合作社开展产品加工积极性，推动农民分享加工环节增值利润。

以提高农民专业合作社运销能力为目标，设立农民专业合作社“农社对接”项目。根据《国务院办公厅关于加强鲜活农产品流通体系建设的意见》（国办发［2011］59号），2012年，农业部在全国13个省份63个城市启动了“农社对接”（即鲜活农产品生产合作社在城市社区设立直销点或直销店，开展鲜活农产品直销）试点工作，湖北省是试点省份之一。为支持湖北省“农社对接”工作，提升农民专业合作社市场竞争力，建议设立“农社对接”项目，重点对合作社建立门店（直销点）、加工包装、品牌认证等进行支持。

2.3 进一步加强项目支持

支持合作社作为申报实施主体参与扶贫、水土保持、产业基地、农业综合开发、农业产业化等项目建设，提高合作社的综合生产能力，加快发展现代农业。各级发展改革、财政、国土资源、水利、农业、林业、扶贫等部门，对合作社申报实施项目给予支持，在政策允许范围内予以重点倾斜，并简化项目申报审批手续，为合作社实施项目创造有利条件。

2.4 进一步加强政策落实

建议以湖北省委、省政府名义出台发展农民专业合作社指导性意见，进一步制定和完善支持农民专业合作社的税收优惠、金融信贷、农业保险、用地用电、绿色通道及人才支持等相关配套政策，优化农民专业合作社发展环境。

在税收优惠上，建议湖北省国税、地税部门按照财政部、国家税务总局相关文件规定，进一步明确相关税种对合作社的减税、免税幅度和条件。在信贷政策上，建议涉农金融机构从经营管理较为规范的农民专业合作社入手，逐步为所有的农民专业合作社建立电子信用档案，规范、科学地开展信用评价工作。在风险可控前提下，应根据农民专业合作社的信用状况和信用增级情况，适当放宽贷款准入标准，简化贷款程序，扩大授信额度，并在贷款利率上给予一定优惠；对符合条件的农民专业合作社，积极发放不需要抵押担保的小额信用贷款和农户联保贷款，促进农民专业合作社快速健康发展。对贷款的合作社，实行贷款贴息。鼓励有条件的合作社开展资金互助。在用地用电上，建议进一步降低合作社用地、用电收费标准。在交通运转上，建议针对农民专业合作社专门发放农产品运输绿色通行证，进一步降低收费标准。在人才支持上，建议对到合作社工作的大学生，享受大学生村官相关政策待遇。在产业发展上，建议允许农民专业合作社申报省级龙头企业，享受相关政策待遇。在工商登记上，建议允许两个以上的农民专业合作社跨地域、跨产业出资设立联合社，名称为“××（行政区划+字号+行业）农民专业合作社联合社”，按联营企业办理登记，享受农民专业合作社相关政策。

（供稿：湖北省农村专业合作经济组织指导办公室，2012年12月）

全国农民专业合作社法实施五周年座谈会交流材料

发展农民专业合作社，有利于稳定完善农村基本经营制度，创新农业经营体制机制，促进农业发展方式转变，是建设现代农业、推动农业强省建设的必然要求。《农民专业合作社法》实施以来，湖北省农业厅高度重视、大力宣传、通过实施组织推进、典型示范、人才培训、农超对接和品牌培育等“五大工程”，积极支持、引导农民专业合作社发展，规范农民专业合作社的组织和行为，有效地保护了农民专业合作社及其成员的合法权益，促进了湖北省农民专业合作社又好又快发展。

1 《农民专业合作社法》促进湖北省农民专业合作社快速发展

《农民专业合作社法》实施五年来，湖北省认真贯彻法律精神，不断创新工作方式，狠抓政策推动，促进了农民专业合作社快速发展。截至2012年5月末，湖北省在工商部门登记注册的农民专业合作社达22 462个，与法律实施前比增长了18倍；拥有社员153万人，占全省总农户数的18%；合作社出资总额301亿元，社员人均纯收入比非社员高出20%以上。

通过五年的努力和发展，虽然湖北省农民专业合作社总体上仍然处于发展的初级阶段，但合作社的发展环境、发展基础都发生了重大改变，合作效果进一步凸显，已进入数量快速增长与质量稳步提升的新时期。

1.1 合作环境进一步优化

一是政策法律环境优化。近几年，湖北省各级党委、政府和相关部门围绕财政扶持、税务优惠、登记注册、金融贷款、交通运输等方面制定出台了一系列优惠政策，营造出农民专业合作社发展的宽松环境。二是人文环境优化。群众对合作社认知更加全面，合作的意愿更加强烈，各级党政领导干部对合作社更加重视，社会各界对农民专业合作社更加关注。三是工作机制健全。省委、省政府将合作社发展工作纳入全省“三农”发展综合考评重要内容，市、县政府将发展合作社摆上工作议事日程，相关部门建立起分工协作、各负其责的协作机制。通过“做给农民看，引导农民干”，农民群众得到实实在在的好处，越来越多的农民表达出加入合作社的迫切愿望。

1.2 合作基础进一步巩固

一是合作领域更加广泛。从过去种植、养殖等生产性合作，拓展到提供农机、植保等服务性合作和30多个特色农产品产业发展，涉及农村二三产业的合作社发展迅速。二是合作内容更加丰富。从以农资供应、信息技术服务为主，拓展到农技推广、土肥植保、加工、储藏、运输和销售等各个环节，农民与合作社利益联结更加稳定。三是合作形式更加多样。从单纯的产品联合向资本、技术、土地等生产要素联合转变，生产要素作用越来越大。四是合作机制更加健全。合作社基本建立各项内部管理制度，明确了产权关系，坚持按比例盈余分配，实现了真正意义的合作社，受到农民群众普遍拥护。

1.3 合作效果进一步增强

湖北省农民专业合作社按照立足农村、发展农业、服务农民的宗旨，依靠合作机制，不断发展完善，目前已成为解决“三农”工作重点难点的重要途径。一是拓宽了农民增收渠道。通过产品初、深加工，完善利益分配机制，合作社不断延长农业产业链，入社农民分享到增值利润，拓宽了增收渠道，建立起增收长效机制。二是保障了农产品质量安全。合作社通过统一生产标准、统一技术操作规程、统一质量标准、统一包装、统一品牌商标等标准化生产，建立起产品质量追溯制度，为农产品质量安全打造了一个制度平台。三是打通了农业科技推广“最后一公里”。合作社已逐步成为农技推广主体，通过引进新品种、新技术，传授成员技术知识，为农业科技运用到实际生产创造了条件，缩短了距离。四是解决了“有人无田种、有田无人种”难题。通过土地流转，合作社及其他农业经营主体及时获得相应的土地，既确保了国家粮食生产安全，又促进了土地规模化经营，提高了土地使用效益。五是一定程度上缓解了市场供需失衡矛盾。农民专业合作社根据市场需求组织生产，避免了生产无计划、产业无序发展问题，在一定程度上缓解了农产品市场供需失衡问题，随着合作社实力不断增强，农产品价格“过山车”的现象将最终消失。六是推动了新农村建设。农民专业合作社通过组织农民农民学习、交流，想发展、议发展、谋发展的氛围浓厚了，封建的、落后的、迷信的意识和思想自然少了。农民专业合作社一头连接农民、一头连接政府，推动了社会主义新农村建设的发展。

1.4 合作社功能进一步拓宽

合作社作为农村中新型的市场主体，根据社员的需求，由最初单一的经济功能，扩展到社会和政治功能。在实现经济功能方面，农民专业合作社通过统一购买、生产、运输、加工、销售，把分散的小农组织起来，实现了小生产和大市场的链接，为农民最大限度地减少了中间环节，节约了成本，确保了农民利益最大化。在实现社会功能方面。农民专业合作社通过生产技术培训，提高了社员科技文化水平；通过对困难社员的帮扶，发挥了合作社扶贫济困作用；通过建立合作社自己的文化宣传队，发挥了合作社文化功能。在实现政治功能方面。一些农民专业合作社成立了党支部，定期向成员宣传党的方针、政策；在承办会议、组织活动方面也发挥了重要作用，改善了党群、干群关系，促进了农村社会的和谐稳定。

2 新时期法律执行中存在的问题

《农民专业合作社法》实施五年来，极大地推进了湖北省农民专业合作社快速发展。随着合作社数量的增加，农民合作的意识、愿望进一步加强，《农民专业合作社法》还有些不适应农民专业合作社发展的新形势，需要进一步修改和完善。

2.1 执法主体不明确

《农民专业合作社法》第九条规定：“县级以上各级人民政府应当组织农业行政主管部门和其他有关部门及有关组织，依照本法规定，依据各自职责，对农民专业合作社的建设和发展给予指导、扶持和服务。”由于执法主体不具惟一性，容易导致“有利争着管、无利都不管”现象的发生，更有甚者会造成政出多门、管理混乱的现象。

2.2 联合社的登记遭遇法律障碍

为壮大本地特色产业合作社的实力，也为防止同一产业小型农民专业合作社间的恶性竞争，一些地方有意组建农民专业合作社联合社，但因《农民专业合作社法》中没有相应规定，致使联合社性质无法界定，不能登记或登记为联营企业，影响了合作社的发展。

2.3 融资渠道不通畅

目前，合作社融资渠道主要靠社员从农村信用社获得小额贷款和五户联保贷款，额度小、周期短，难以满足合作社生产经营特别是在产品运销、加工环节开展业务对资金的需要。融资难、贷款难成为制约合作社进一步发展壮大的瓶颈。

2.4 相关配套政策没有制定出台

《农民专业合作社法》中对扶持政策作出了规定，但到目前为止，税收、金融、用地、用电、运输等配套措施没有细化，很难真正落实。

3 完善法律体系有关建议

3.1 明确执法主体

建议法律明确各级农业（经管）部门为业务主管部门，具体负责农民专业合作社的指导、扶持和服务工作。

3.2 出台联合社登记办法

全国农民专业合作社已发展到50多万家，湖北省也发展2万多家，同行业联合对于规模经营和提高农业的组织化程度非常重要，联合社是合作社的联合体性质，与合作社一样，更应得到税收优惠。

3.3 允许专业合作社内部开展资金互助业务

专业合作社内部实行资金互助，作为合作社的一项服务功能，建议只工商备案，不要银监部门审批，解决困难社员发展生产的问题。

3.4 准许开展信用合作

建议对已登记注册的合作社开展信用评级，根据其经营状况授予一定的信用额度，研究成立政策性担保公司，专为合作社授信担保，增强金融机构支持合作社发展积极性。准许合作社内部开展信用合作，明确信用合作社性质。

3.5 出台配套细则

从合作社生产经营实际出发，细化措施，出台配套细则，在税收、用地、用电、运输等方面为合作社提供便利，确保各项优惠政策落实到位。

（供稿：湖北省农业厅）

新型农业生产经营主体融资难问题亟须破解

新型农业生产经营主体是建设现代农业的主力军。相对于分散小规模经营的传统农业，规模化、专业化、标准化、设施化的现代农业需要大量资金投入。然而，由于多种原因，新型主体“融资难”问题仍没有很好地解决，成为制约新型主体发展壮大，影响现代农业发展的重要因素。近期，湖北省农业厅调研组赴武汉、襄阳、荆州、黄石等地进行了专题调研，探究破解新型农业生产经营主体“融资难”之策。

1 新型农业生产经营主体“融资难”问题突出

据统计，截至2013年6月，湖北省新型农业生产经营主体有9.5万个，其中，家庭农场4.3万个，农民专业合作社3.3万个，农业产业化组织3.9万个。扩大再生产和流动资金不足是当前新型农业经营主体面临的突出难题。根据测算，满足家庭农场在种植、养殖、农副产品加工、储运、销售等方面的资金需要，每个家庭农场缺口在20万元左右，全省4.3万个家庭农场每年资金缺口80亿元以上；3.3万个农民合作社，每个30万元资金需要，共计99亿元。根据连续五年对省级龙头企业融资需求的调查来看，湖北省重点龙头企业资金缺口仍然高达30%以上，预计资金需求在300亿元以上。初步测算，新型农业经营主体年资金缺口近500亿元。

从调研情况看，“融资难”是新型农业生产经营主体反映最多的问题。大多数新型农业经营主体由于缺乏有效的担保抵押物，加上审批严、申请手续繁复、隐性交易费用高等问题，很难从正规金融机构获得信贷支持，而小额信贷等扶持性贷款规模较小，远不能满足其资金需求。阳新县龙祥禽业专业合作社，社员180多人，养殖蛋鸡30万余羽，连续几年当地政府都给了该社贴息指标，但却找不到愿意发放贷款的银行，只能从社会上以2分以上利息筹集资金。松滋市家庭农场主许泽飞流转土地386亩，因资金短缺无法通过基础设施改造提高农业生产效益。问卷调研显示，90%以上的合作社、家庭农场主、大户都存在融资难、告贷无门的问题；80%以上的合作社因不能得到贷款，无力购买加工设备，难以分享到加工环节的增值利润。

新型农业经营主体融资难的原因，主要有四个方面。

1.1 资产难抵押

从事农业生产投入的资产，实体资产多、有证资产少。农村集体土地承包经营权、宅基地使用权、农业生产设施设备和农产品等，由于不易进行市场交易变现等原因，难以作为抵押进行贷款。苛刻的条件，既使农户贷款难，也使银行放贷难。

1.2 银社难对接

一方面银行对合作社性质不了解，认为合作社进出自由，退社后资产带走，没有责任主体。农民专业合作社作为独立的经济主体，还没有得到金融机构的普遍认可。金融机构与农民信息不对称，了解掌握合作社的信息成本高，贷后管理难。一方面合作社发展不规范，财务制度不健全，法人治理结构不完善，不符合银行贷款要求。部分地区虽然成立了农业产业化担保公司，但更多的是为龙头企业提供担保服务。

1.3 政策难落实

中央和湖北省委一号文件均对解决新型农业经营主体融资问题作出明确规定，国家银监会也批准了开展资金互助合作社试点。但由于缺少刚性规定和具体操作办法，没有合作社贷款名目，缺少支持家庭农场、大户、合作社的金融产品。在资金互助合作社、合作社信用评级上，湖北省尚未开展试点。

1.4 风险难控制

农业受自然和市场双重影响，经营风险大，贷款风险高。尽管这些年关于支农信贷政策力度已经很大，但政策性农业保险发展滞后，农业保险只限于水稻、棉花、油菜、能繁母猪、育肥猪等险种，且保障水平较低，粮食作物政策性保险即使绝收每亩也仅赔付200元，远不能涵盖粮食种植成本，难以发挥风险保障作用。

2 各地金融扶持新型农业生产经营主体的探索与实践

近年来，各级政府高度重视新型主体的培育，在金融支持新型主体发展上开展了积极尝试，探索了一些成功经验，取得了一定成效。

2.1 扩大贷款抵押范围

武汉市农村综合产权交易所探索了“交易—鉴证—抵押”的农村产权交易模式，土地、水域滩涂的承包经营权、集体经济组织“四荒地”的使用权等，均可在农交所流转交易，交易成功后，企业或经营者即可获得鉴证书，据此就可向银行融资贷款。武汉市每年还拿出200万元对融资的企业进行补贴。如果企业无法还款，银行可以将其土地的经营权等抵押物，委托农交所继续在产权交易市场上进行转让，从而保证银行和农民的利益。目前，凭鉴证书贷款的总额已经达到1亿元左右的规模。到期的贷款约有10笔、6 000多万元，全都按期还了款。襄阳市出台了《襄阳市农村土地承包经营权质押贷款办法（试行）》，明确了土地承包经营权可以用来质押贷款，规定“农村土地承包经营权的价值为：年租地平均收益×经营期限＋地上种养物价值；农村土地承包经营权的价值认定，由县（市、区）农经部门与经办银行业金融机构共同认定。通过农村土地承包经营权质押，襄阳市农行系统已累计发放贷款1 000笔（户）、5 000多万元。荆州市出台了《金融支持新型农业经营主体发展指导意见》探索以农村集体土地使用权证、农户宅基地使用权、土地承包经营权、水域滩涂养殖权为抵押的融资方式，以及推进以活物动产（生猪、家禽）和经济作物等为抵押物的灵活融资方式。

2.2 创新信用担保模式

通过产业链担保和联保担保等形式有针对性地设计适合新型农业生产经营主体的金融产品。一是“商圈贷”模式。以从事某个行业和某类产品的农民专业合作社组织起来形成商圈，进行联保贷款。商圈会员数最低不少于30户，每户交纳20万存入银行成立互助基金，银行最高可按基金的1：5投放贷款。襄阳市民生银行在宜城市兴农粮油专业合作社进行商圈贷款试点，目前会员已达130人，授信额度已达2亿元，为会员放款1.4亿元。在襄阳市正刚农资专业合作社和襄阳市襄城大超农机专业合作社对从事农资和农机经销的社员进行商圈贷款，为30户社员授信2 170万元。二是集合贷模式。由襄阳市农业产业化担保公司为龙头企业和合作社量身定做，采用统一冠名、分别负债、分别担保、集合授信的模式，受贷企业分别与合作银行、市农业担保公司签订贷款协议、担保协议，以集合形式获取银行贷款。目前有4家农民专业合作社进入放款阶段，1家农民专业合作社已放款到位100万元。三是“双基双赢合作贷款”模式。湖北银监局试点推广的“基层党组织推荐项目、基层银行独立审贷、双方联合监管”的信贷支农模式，重点支持农户、种养殖大户、家庭农场、农民专业合作社等涉农经济组织发展。四是“龙头企业+合作社（农户）”担保模式。由龙头企业为向其提供产品的合作社或农户提供贷款担保，以保证企业的原料来源，既减少了企业自办基地的风险，又解决了农户资金问题。

2.3 开展资金互助合作

随县在全国首创了农户贷款互助担保合作业务。农户入社时入股5 000元以上，用于建立担保基金，成员有贷款需求时，农行按照成员入股的金额最高放大10倍给予贷款支持。担保合作社的主要经营收入为担保费和股金利息收入，收入不高于60%用于合作社的日常开支，其余用于增加担保基金、冲抵担保发生的经营亏损等。合作社为有贷款需求的种植户提供相关咨询服务和评估服务，并出具详实的评估报告。当社员贷款逾期时，农行先从补偿担保基金或担保基金中扣还，不足部分先由本联保小组成员按入股比例偿还，再由担保合作社其他成员按比例代为偿还。在贷款本息未还清时，合作社成员不得退出合作社。随县农行已在全县11个乡镇成立了农户贷款互助担保合作社，5 000多农户受益于这一模式，累计发放小额农贷7亿元，逾期率仅为0.2%。松滋市汇龙生猪集团专业合作社、宜昌晓曦红柑橘专业合作社等都开展了类似的资金互助服务，组建了专业融资担保平台。

从各地金融服务新型主体的创新实践看，主要有以下几个方面的经验。一是政府部门的大力推动和政策扶持是关键。商业银行追求效益最大化，对调查成本高、风险大、缺少有效抵押物的农民专业合作社、家庭农场和大户等并不感兴趣。政府部门的扶持和推动对促进金融支持三农发展起着至关重要的作用。金融支持新型农业经营主体做的比较好的襄阳和荆州等地均是党委、政府高度重视和大力推动的结果。二是金融政策和产品的创新是核心。实践证明，金融政策和产品创新可以在农业产业发展、农民利益维护和金融机构效益之间找到平衡点。通过开发有针对性的金融产品，一方面降低了银行管理成本，解决了农村金融供给中信息不对称、贷款成本高等难题，控制了风险，提高了综合效益；一方面解决了新型农业经营主体流动资金问题，为农业现代化发展注入了强大动力。三是有效的风险控制机制是保障。通过政府财政建立风险基金、社员出资建立担保基金、联户担保、反担保抵押、农业保险等多种形式，加上严格的贷款审核和规范的资金管理，对风险进行了有效地控制。此外，贷款资金不以现金形式支付，而是直接打给农资或设备销售企业，限制了资金只能用于农业生产，避免了用于其他高风险领域。四是合作社自身的规范发展是基础。合作社管理的规范，不仅是自身发展的需要，也是获得贷款的重要前提。只有经营效益好、带动能力强，治理结构完善、财务制度健全，信用状况良好、风险防控严密的合作社，才更能得到银行的青睐。

3 政策建议

资金瓶颈的突破将促进新型农业经营主体裂变式的发展，大大加快湖北省农业现代化进程。应当把解决新型农业生产经营主体“融资难”作为农村金融改革的重点，积极试点，大胆创新，激发农业生产经营活力。

3.1 开展资金互助合作社试点

认真落实农业部和银监会《关于做好农民专业合作社金融服务工作的意见》，支持有条件的农民专业合作社开展信用合作，借鉴江苏、安徽省的成功经验，开展农村资金互助社试点，鼓励发展具有担保功能的农民专业合作社，培养农村金融的本土力量。

3.2 出台金融支持新型农业经营主体的具体措施

对金融支持新型农业经营主体发展作出刚性规定，特别是对“农”字号银行和政策性银行，明确资金用在新型农业经营主体上的比例，制定农民专业合作社贷款等金融服务管理办法，规范业务操作规程。对金融支持新型农业经营主体成效显著的金融机构，给予表彰奖励、税收减免和费用补贴。在粮食主产区和优势农产品区域大力发展村镇银行。

3.3 设立政策性担保资金

建议各级财政安排专项贷款担保或风险资金，用于扶持新型农业经营主体贷款担保，降低金融机构贷款风险。成立村级融资担保基金，采取村民出资、政府注资、能人捐资等多种形式，实行封闭运行、动态管理，为村民提供担保服务。推出“银行+政策担保+财政贴息”的金融支持模式，引导农业产业化担保公司为合作社、家庭农场、大户提供担保。

3.4 加强对合作社融资的指导和服务

金融部门和业务主管部门要创新服务方式，优化审批流程，加强对新型农业经营主体财务制度和金融知识培训，提供全程“保姆式”服务。对合作社示范社指定专职信贷员提供一对一金融服务。启动贷款直通车试点，农户拨打电话或登录有关网站提出贷款申请，信贷员即上门完成所有贷款手续。

3.5 对合作社进行信用评级

湖北省虽然尚未开展信用评级业务，但在上海、黑龙江、江苏、浙江等地均有成功实践。要加快制定农民专业合作社信用体系建设的管理办法，健全合作社的信用信息档案，开展示范社的信用等级评定，设定有差别的利率优惠政策。将信用评定结果作为农业项目扶持、示范性农民合作社评选的依据。建立对农民专业合作社不良信用记录惩戒机制。

3.6 开发适合新型主体的金融产品

在大型农用生产设备、农房、土地承包经营权、宅基地使用权、农（副）产品订单、保单、仓单等权利抵（质）押贷款方面加大创新力度，健全完善农村产权交易市场。积极探索推广农户联保贷款、“行业协会+联保基金+银行信贷”“公司+基地+农户”等适合新型主体的金融服务产品和信用贷款模式，进一步完善“信贷+保险”运作模式，扩大贷款范围，增加资金额度。

（执笔：湖北省农业厅调研组　涂胜华　孙宏侠　张清林　黄倜慎　石　萍）

打造“楚合商城”新品牌　创新“农社对接”新模式

开展农社对接是中央一号文件的明确要求，也是为农民办实事的一项具体内容。湖北作为首批“农社对接”试点省份，紧紧围绕“减少农产品流通环节、降低农产品流通成本、保障城乡居民消费安全、增加农民收入”这一目标，主动创新，深入推进，探索总结了以打造“楚合商城”新平台为突破口的“农社对接”模式，经过两年多年的运行，取得明显成效。截至2013年8月，湖北省共有541个农民合作社开展了“农社对接”试点工作，其中有34个农民合作社联合社开展了农社对接；开设直销店1 709个，门店总面积达8万平方米，覆盖社区1 721个，覆盖消费者536万人；开展“农社对接”的合作社配送产品种类达660个，销售额突破10亿元。现将主要做法汇报如下。

1　创新思路，统筹布局，构建农社对接新平台

合作社有丰富的农业资源和产品优势，社区居民有多样的产品需求，如何实现丰富的产品与多样的市场对接，构建市场经济条件下的产销一体化链条，减少中间环节，实现农村农民、城市居民共赢。以此次农社对接试点工作为契机，主动而为，认真谋划，多次召集合作社理事长、超市职业经理人、合作社产销专家、学者、网络公司等一起研究运作模式，反复商榷，最终确定了搭建“楚合商城”产销一体化综合服务平台的设想，并编制了《“楚合商城”实施方案》。“楚合商城”主要依托于全省3万多家农民合作社生产的产品，以引导全省农民合作社树立抱团闯市场的理念，构建一个合作社产品网上展示、购物网站和网下实体连锁购物超市于一体的综合服务平台，线上、线下展示销售的商品一律是合作社生产的产品。按照“统一标准，集中建库；统一形象，自主开店；我卖全省，全省卖我；各自定价，按量返点；承诺质量，溯源追责”的原则，鼓励有条件的农民合作社就近进城市社区开设“楚合商城”直销店，统一免费使用“湖北省农民合作社”和“楚合商城”门面标识，提高合作社市场竞争力。

2　整合资源，强化功能，打造农社对接新品牌

“楚合商城”平台虽然构建了，但要把“平台”打造成农社对接的“品牌”，关键要强化平台的功能、提高平台的使用率，使“楚合商城”真正成为惠及广大合作社的“农”字号品牌。在“楚合商城”平台建设过程中，我们始终坚持试点先行、分步实施、稳妥推进。一是搭建平台。为打造湖北省农民合作社品牌——“楚合商城”，宣传、推介农民合作社产品，减少流通环节、降低流通成本，促进农民合作社发展，增加农民收入，2012年开始按照统一标准，建设线上“楚合商城”网店和连锁超市实体店，免费为湖北省合作社提供线上和线下营销服务。目前，在网站上正式登记有350家省级示范合

作社，网上展示推销农产品效果较好，有133家合作社实现网上签约。宜昌市夷陵区为35个合作社在“楚合商城”网站定期发布各类农产品供求信息，引导开展网上签约和交易，发展农产品电子商务，拓展对接渠道。聘请专业设计人员，对“湖北省农民专业合作社”LOGO和“楚合商城”门面标识进行设计，并在工商部门注册保护，统一免费提供给合作社直销店使用。全省已有70%的合作社直销店已统一使用了楚合商城门面。二是整合资源。针对“农社对接”中存在的单个农民专业合作社经济实力有限、供给能力不足、品种单一等现实问题，注册“楚合”商标，鼓励通过合作社与合作社、合作社与公司、合作社与超市等形式开展跨区域、跨产业的联合与合作，整合产品、品牌、渠道、人才等资源，整合农民合作社、市场营销主体、职能部门力量，加强合作，实现“1+1>2”的聚合效应。湖北农谷长寿源农产品专业合作社联合社投资200万元，在御龙天下小区建立1 000平方米农产品展示销售大厅，投资10万元在石城大道设立50平方米直销店，对联合社12家成员合作社的25类农产品集中包装，展示销售，销售1 000万元。三是突出安全。“楚合商城”线上、线下展示销售的商品一律是合作社生产的产品，是由合作社按照统一标准，经过特许后入驻线上“楚合商城”和线下“楚合商城”实体连锁超市，“楚合商城”里面的商品是从田间地头直达城市居民社区，每个产品都建立了可追溯的质量保证体系，保证出现质量事故可追溯产品生产源头——农民合作社。四是实现直销。积极协调工商、税务、财政、农业、水利、电力、交通、公安、供销社、蔬菜办公室等相关单位和部门为合作社建立社区直销店给予便利和支持。“楚合商城”的直销店开到社区居民家门口，另一方面，“楚合商城”为农产品销售提供了平台，在相互的沟通和对接中，合作社增加了对市场的了解，实现了市民和合作社的“双赢”。我们计划在2014年全省县级以上城市“楚合商城”全覆盖。

3 加强指导，大力扶持，实现农社对接新跨越

推进农社对接是一项长期工作，是一项需要不断创新的工作，也是一项需要政府推动和扶持的工作，我们重点在强化组织保障、政策保障和服务保障上下工夫，营造合力推进的良好氛围。一是建立工作机制。省市县三级经管部门相应成立了农社对接工作专班，负责日常管理和协调工作，全面掌握合作社开设农产品直销店情况，有针对性地举办“湖北农社对接模式”培训班，做好农社对接宣传和协调工作。二强化政策扶持。各试点城市从实际出发，完善政策措施，对农社对接给予照顾和扶持，将财政支农项目与相关合作社对接，着力形成合力，有效推进农社对接工作。我办安排100万元专项资金扶持五个试点城市合作社；宜昌市夷陵区政府拿出70万元扶持资金，重点扶持合作社“农社对接”的生产基地、冷链物流等项目建设，鼓励引导合作社加强生产管理、完善相关设施、开展产销对接。三是加大宣传培训。通过电视、广播、网络等多种途径，宣传“楚合商城”综合服务平台。在全省合作社培训班和座谈会上，介绍“楚合商城”试点经验，推广先进模式。省、市、县三级举办农社对接培训共106场，培训农民专业合作社约2 742个，培训农民专业合作社成员约2万人次。

“农社对接”湖北模式运行两年来，对增加农民收入，减轻居民生活负担，保证农产品质量安全、稳定蔬菜价格等方面发挥了重要作用，有效解决了“买难、卖难”两大难题。

下一步，认真贯彻落实农业部的重要决策部署，学习兄弟省份的先进经验，以更大的决心、更大的力度，坚持不懈地推进“农社对接”工作，开创农产品现代流通新局面。

（供稿：湖北省农业厅，2013年10月）

强化措施　打造亮点
推动农民专业合作社发展工作再上新台阶

2012年，在农业部的大力支持下，湖北省农民专业合作社发展工作继续按照“发展、规范、提高”的总体思路，切实做好对农民专业合作社的指导、扶持和服务工作，全省农民专业合作社发展速度不断加快，运行质量不断提高，已成为带动农户进入市场的基本主体、发展农村集体经济的新型实体和创新农村社会管理的有效载体。截至2012年底，湖北省经工商注册登记的农民专业合作社达到27 753家，拥有社员227万户，平均每个行政村有1个合作社，每5户农民中有1户是社员，社员人均纯收入比非社员高出20%左右。

1　强化措施，亮点纷呈

1.1　以建立项目库为突破口，实现了项目规范化管理

2012年5月，湖北省农业厅、省财政厅联合下发了《关于建立农民专业合作社示范社项目库的通知》（鄂农发〔2012〕5号），建立起湖北省农民专业合作社示范社项目库。今后，中央和省级财政扶持农民专业合作社的项目，一律从项目库中择优筛选。目前，第一期入库合作社达到1 000家。2012年，湖北省共争取农民专业合作社项目扶持资金4 500万元，有力地推动了合作社的发展。

1.2　以省级示范社创建抓手，推动了合作社规范化建设

2012年6月，湖北省农业厅下发了《关于开展第二批省级农民专业合作社示范社申报评选工作的通知》（鄂农办发〔2012〕69号），在全省开展了第二批省级农民专业合作社示范社评选。目前，已评出省级第二批示范社300家。全省建立起省市县三级合作社示范社体系，共有国家级示范社27家，省级示范社500家，市、县级示范社5 000家，占合作社总数的21.8%，对促进全省农民专业合作社发展起到了良好的示范带动作用。

1.3　以培育合作社人才为己任，构建了合作人才培育体系

利用专题培训班、阳光工程、相关院校等平台，建立起省市县多层次、多形式的合作人才培训体系。2012年，湖北省共培训合作社辅导员、理事长，基层经管部门负责人等5 000多人次，造就了一批懂政策、熟悉业务、热心合作事业的辅导员队伍和一批善经营、会管理、懂技术、有奉献精神、能带领农民合作致富的合作社经营管理人才。

1.4　以提高合作社销售能力为目标，建立了“农社对接”湖北模式

2012年，确定武汉市、十堰市、襄阳市、黄冈市、钟祥市为农业部“农社对接”首批试点城市，112家农民专业合作社为“农社对接”试点单位。截至2012年12月，试点合作社共开设直销店（直销点）630个，门店总面积达41 500平方米，覆盖社区826个，覆盖消费者近528万人；配送产品种类达

333个（其中有158个配送产品获得认证），销售额约40 475万元。试点工作中，湖北省探索建立了“统一标准，集中建库；统一形象，自主开店；我卖全省，全省卖我；各自定价，按量返点；承诺质量，溯源追责”的“农社对接”模式，设计了“湖北省农民专业合作社”LOGO标志，全省“农社对接”直销店有了统一的形象标识，得到农业部领导的高度肯定。

2 下一步推进合作社发展思路和建议

党的十八大报告提出到2020年要全面建成小康社会。全面建设小康社会，重点在农村，难点也在农村。农民专业合作社作为推进农村经营体制机制创新的重要举措，是组织农民发展生产，走向市场的重要桥梁，对推动发展现代农业、促进农民增收、繁荣农村经济发挥着越来越重要的作用。虽然湖北省农民专业合作社发展取得了一些成绩，但仍处于初级阶段，还存在规模小、实力弱、产品初级化、市场运作困难等问题。2013年和今后一个时期，湖北省将突出“跨越、创新、提质”三大主题，实现农民专业合作社发展有跨越，指导工作有创新，合作社质量有提升，做大做强一批集生产、收购、加工、贮存、销售于一体的合作社，提升合作社产业化经营水平，推动现代农业发展，建设农业强省。

2.1 进一步推进发展和规范

发展仍然是第一要务。鼓励多主体、多类型、多层次兴办合作社，不断扩大农民专业合作社的覆盖范围。着力提高农民专业合作社经营能力，引导合作社开展分等分级、整理包装、储存、保鲜、加贴品牌商标等初加工服务，并优先列入省级农民专业合作社示范项目库给予扶持。着力推动合作社规范化建设，开展标准化生产，实施品牌化经营，围绕优势和特色产业，在科技推广、农产品质量安全、农产品流通领域，加快培育和发展一批省级合作社示范社。

2.2 进一步加大政策扶持

“政策扶持、税收优惠”是合作社发展的焦点。虽然《农民专业合作社法》《湖北省实施<农民专业合作社法>办法》中对税收优惠政策有规定，但是不够细化，而且对合作社开展产品加工等，都还缺乏相应的规定和措施。要积极加强与税务、财政、金融、工商、国土、电力等部门的沟通、协调，进一步研究税收、信贷、用电用地等方面的优惠政策，提升农民专业合作社的生产能力和发展水平。

2.3 进一步加强人才培训

人才是农民专业合作社的核心要素，如果没有人才，合作社难以持续、规范发展。进一步健全完善省、市、县三级农民专业合作社培训体系，充分利用大专院校、阳光工程、合作社基地等，着力培养一批经管部门负责人、合作社辅导员，培养一批具备合作社理论、经营管理、市场营销、财务管理的合作社理事长。

2.4 进一步拓展销售渠道

拓展销售渠道是合作社发展壮大的关键。积极组织农民专业合作社参加省内外农产品展示展销活动；支持农民专业合作社与超市、物流或配送中心、农产品加工企业建立销售网络，通过订单形式建立契约关系；积极开展“农社对接”工作，建立完善“统一标准，集中建库；统一形象，自主开店；我卖全省，全省卖我；各自定价，按量返点；承诺质量，溯源追责”的湖北“农社对接”模式，畅通流通渠道，扩大产品销售。

（供稿：湖北省农业厅，2013年4月）

着力提升“五大能力” 助推合作社发展再上新台阶

2013年，湖北省农民专业合作社工作紧紧围绕“增量、提质、做强”的总体思路，着力提升合作社的组织能力、安全生产能力、仓储能力、加工能力和运销能力，全省合作社发展进入数量迅猛增长、质量显著提升、实力明显增强的齐头并进的新阶段，已成为重要的新型农业经营主体，成为农民发家致富的重要渠道。截至2013年底，经工商注册登记的农民专业合作社达到39 591个，较2012年底增长45%，农户入社率达到32%，社员人均纯收入比非社员高出20%以上。

1 推动阵地建设，提高合作社组织能力

1.1 深入开展规范化建设

湖北省农业厅（现湖北省农业农村厅）下发《关于加强农民专业合作社规范化建设的意见》，明确了省级农民专业示范社建设标准，指导各地广泛深入开展示范社建设，推动合作社规范化发展。

1.2 分级建立示范社名录

编制完成省级以上、市（州）级和县（市）级三级农民专业合作社示范社名录，登记备案基本信息、所属行业、主营品种、基地规模、“三品一标”认证等，并规定只有列入名录的合作社才能纳入项目支持。

1.3 建立示范社动态监测机制

建立农民专业合作社示范社运行监测机制，发现不达标的示范社坚决取消其示范社称号并向社会公布。

1.4 加大对合作社联社支持

湖北省农业厅联合省工商局出台《关于农民专业合作社联合社登记管理工作的试行意见》，赋予联合社“合作社”法人地位。当前，湖北省拥有国家级示范社27个，省级示范社592个，市、县示范社8 600多个，合作社联合社324个，通过典型示范，全省合作社规范程度极大提高，组织带领农民发展致富能力进一步提升。

2 推动信息化建设，提高合作社安全生产能力

2.1 加强信息化硬件基础建设

明确要求合作社将信息网络建设作为申请财政项目补助的必要条件之一。目前，全省大部分合作社做到了“四个一”，即一站（网站）、一脑（电脑）、一线（网线）、一员（信息员），合作社信息化基础设施建设大为改善，缓解了合作社获取信息难的问题，实现合作社“生产在社，营销在网，业务交

流，资源共享”。

2.2 建立生产管理信息系统

通过信息化技术，建立安全生产记录，推广农业标准化，推动部分农民专业合作社实现统一制定和实施产品生产和质量安全标准，做到生产标准化、产品安全化、营销品牌化，使合作社成为农产品安全生产控制的生力军。目前，全省已有30%的合作社实现标准化生产，建立了生产纪录制度。

2.3 推进品牌建设

大力引导和鼓励合作社申报无公害农产品、绿色农产品和有机农产品的认证，按照标准进行生产，产品质量得到有效保证。全省50%的合作社取得了“三品”认证，先后成功推出秭归脐橙、清江鱼、采花毛尖等精品名牌。

3 推动基础设施建设，提高合作社仓储能力

3.1 加大专项扶持

2013年，湖北省农业厅通过竞争性分配等各种途径，共落实扶持农民专业合作社专项资金1.2亿元，其中，5 800万元专项用于支持种植类农民专业合作社兴建仓储、烘干等设施，提高了仓储容量，改善了存粮质量，实现“藏粮于民”。

3.2 开展合作社信用合作试点

选择部分合作社开展信用合作试点，探索完善合作社资金筹集、使用、投放、担保、收益分配等运行机制，提高合作社自身融资能力，解决合作社发展资金困难。湖北省农业厅正联合省银监会在试点和调研基础上研究制定农民专业合作社开展信用合作的指导意见。

4 推动发展初深加工，提高合作社加工能力

4.1 鼓励兴办加工企业

支持合作社独立或联合龙头企业兴办加工企业，在推进农产品分级、整理、包装等初加工的同时，不断提高加工档次，进行多品种、多形式、高质量的农产品精深加工，提高产品效益，让农民分享到更多农产品加工的利润。2013年，湖北省以农产品加工为主的合作社占到34%，兴办加工企业18 600个，销售268亿元。

4.2 支持申报省级龙头企业

目前，全省共有12个农民专业合作社被评为省级农业产业化重点龙头企业，享受到与龙头企业同等的贷款、项目扶持等政策待遇。

4.3 督促落实相关税收优惠政策

加强与税务部门沟通，督促各地将合作社纳入国家现行支农惠农强农税收优惠政策范围，除了给予增值税优惠政策之外，积极研究减免所得税、营业税、土地房产税和车船税等政策，降低农民专业合作社的经营成本，提高农民专业合作社的盈利能力。

5 推动产品进城市社区，提高合作社运销能力

2013年，是湖北省全面推进“统一标准，集中建库；统一形象，自主开店；我卖全省，全省卖我；各自定价，按量返点；承诺质量，溯源追责”的湖北“农社对接”工作模式的一年。

5.1 统一形象

聘请专业人员设计“湖北省农民合作社”形象Logo和“楚合商城”门面标识，经工商注册后免费提供给合作社直销店使用。目前，全省70%的合作社直销店都使用了“楚合商城”标识。

5.2 建立激励机制

湖北省农业厅下发《关于全面开展“农社对接”工作的通知》，决定在全省推开“农社对接”工作，并将开展“农社对接”的合作社纳入中央、省财政专项资金项目扶持，全年落实项目资金3 000万元。

5.3 建立“楚合商城”平台

以湖北农业信息网为载体，建立由政府主导推动、覆盖全省合作社的“楚合商城”，进行产品宣传，提供技术服务，树立文化形象，实现资源互惠。目前，已有5 000个合作社登陆“楚合商城”，实现网上销售。截至2013年底，全省共有5 000多个农民专业合作社（联合社）开展了“农社对接”工作，开设直销店6 709个，覆盖社区4 721个，全年销售额超过15亿元。

（供稿：湖北省农业厅，2014年1月）

湖北省农民合作社信用合作专题调研报告

根据农业部经管司《关于开展农民合作社信用合作专题调研的通知》精神，农业厅及时转发了通知，并组织专人深入到武汉、宜昌等地合作社现场进行调研，现将有关情况报告如下：

1 农民合作社开展信用合作的基本情况

1.1 农民合作社发展基本情况

近年来，湖北省农民合作社快速发展，数量、质量均有较大幅度提升。截至2014年3月底，经工商注册登记的农民合作社达42 376家，较2013年底增加2 268家；农户入社率达到32%，社员人均纯收入比非社员高出20%以上。全省80%的合作社建立健全了规章制度，65%的合作社配有专职财会人员，60%以上的合作社按统一格式设置了财务账目，60%的合作社建立健全盈余分配制度，规范程度明显提高。拥有国家级示范社27个，省级示范社528个，市、县示范社3 062个，合作社联合社85个。通过典型示范，全省合作社规范程度极大提高，组织带领农民发展致富能力进一步提升。

1.2 农民合作社开展信用合作情况

全省农民合作社开展信用合作尚处于探索起步阶段。据本次摸底统计，全省17个地市州，只有武汉、宜昌、恩施等3个地市州的49家合作社开展了信用合作，占全省合作社总量的0.12%。其中，联合社3家、国家级示范社5家、省级示范社7家、地市级示范社17家、区县级示范社12家。按产业划分：种植业24家，占比49.0%，其中，粮食4家、蔬菜9家、水果11家；畜牧业10家，占比20.4%，其中，生猪4家、肉牛羊2家、禽业2家；林业2家，占比4.1%；其他13家，占比26.5%。

开展信用合作的合作社成员总数5 538人，其中，参与信用合作的成员数1 289人，占合作社成员总数的23.3%。累计筹资额3 260.6万元，其中，2014年筹资额1 841.2万元。累计出资人数1 019人，其中，2014年出资人数517人。累计提取准备金157.4万元，其中，2014年提取81.2万元。累计发放资金931笔，共计2 283.5万元，其中，2014年发放289笔，共计1 202万元。累计未能收回4笔借款，共计14万元。对于信用合作资金的发放，采取现金方式的合作社有35个，采取支票方式有3个，采取银行卡转账方式的有10个，采取其他方式的有4个。信用合作累计收益554万元，其中，2013年收益187.6万元。累计提取风险金104.4万元，其中，2013年提取37.15万元。累计分红135万元，其中，2013年分红68.4万元；累计573人参与分红，其中，2013年344人参与分红。

全省共有3个合作社获得财政扶持信用合作资金总额45万元，全部为省级财政资金。设置资金使用费的合作社有23个，其中，高于银行贷款基准利率的有11个，等于银行贷款基准利率的有1个，低于银行贷款基准利率的有11个。

2　农民合作社开展信用合作的成效、问题

2.1　成效

尽管全省农民合作社开展信用合作刚刚起步，但当前农民合作社获得贷款难，银行部门金融供给严重不足，决定了合作社开展信用合作有着强大的内生动力。农民合作社开展信用合作取得了以下成效。

2.1.1　缓解了合作社成员的资金短缺问题

在农民合作社内部开展信用合作，信贷双方信息对称，违约成本高，能够有效降低违约风险，大幅度降低了小农户的借贷成本，适应小农户的金融需求特点。全省49家农民合作社开展信用合作社以来，累计向合作社成员发放借款1 202万元，帮助小规模农户社员、合作社下属企业和联社下属合作社解决了流动资金短缺的问题，使困难社员有资金购买生产资料与扩大生产规模。如，蜂农在遇到突发恶劣气候、长途运输过程中或者冬天需要补充饲料时资金短缺，就需要及时的短期借款。武汉市黄陂区西北蜂养蜂专业合作社2009年就开始了内部资金互助，为蜂农提供每笔5 000~20 000元的借款，已累计发放了100万元借款。同时，信用合作资金还解决了合作社下属企业和联社下属合作社的固定资产投资缺乏资金的难题，帮助其添置加工、包装设备，延伸产业链条，提高了合作社成员开展生产经营活动的积极性。

2.1.2　提升了合作社的凝聚力

开展信用合作的农民合作社，内部管理水平相对较高，与社员利益联系较为紧密。合作社开展信用合作，解决了社员生产上的燃眉之急，在很大程度上缓解了贷款难、融资难的问题，对促进合作社发展，带动社员增收发挥了积极作用。部分合作社还将借款发放给社员用于生活性资金短缺，体现了合作社对于社员个人生活的关心，从而合作社得到更多社员的认可，获得更好的口碑，能够增强社员对合作社的向心力。同时，合作社开展信用合作，有效地将社员闲置资金用于满足其他社员的金融需求，提高了出资社员的收入，也有利于提高合作社的凝聚力。比如，宜昌市晓曦红柑桔专业合作社成员将资金放入合作社资金互助部与放入银行相比，收入可提高4%。

2.1.3　更加有效地使用外部资金

农民合作社开展信用合作，能够利用内部信用合作记录，提升小农户的信用等级，以便通过商业银行类金融机构将外部资金引入农业内部。比如，武汉市荆地养蜂专业合作社联合社建立了个人信用档案，有良好信用记录的，联合社可以不定期地给予借款；有不良信用记录的，联合社给予提醒并停止借款支持。该信用档案为社员将来向商业银行贷款提供了依据，使得信用良好的社员能够更容易的获得银行贷款。政府的支农和扶贫等资金也可以利用合作金融平台提高使用效率。如，武汉市荆地养蜂专业合作社联合社将财政专项扶持资金和资金互助的政策性补贴投入到内部资金互助当中，为养殖户和合作社解决了资金困难的问题，使社员能够添置生产、加工、包装设备，扩大养殖规模，延伸产业链条。

2.2　问题

2.2.1　融资规模小

受多种因素制约，合作社虽然组织开展了信用合作，但参与信用合作的社员人数不是很多，即使

加入了，也只是处于“情面”观念，缴存的资金数量并不多，真正在资金需求高峰期，仍然周转不了。全省信用合作的累计出资人数1 019人，只占到合作社成员总数18.4%；累计筹资额3 260.6万元，人均出资3.2万元；累计发放资金931笔，共计2 283.5万元，平均每笔借款2.5万元。

2.2.2 资金使用效益不高

合作社通过内部信用合作筹集到的资金使用效益不高。湖北省累计借款发放总额低于社员缴存的资金总额，只占筹资额的70%，这说明内部信用合作集中起来的资金并未完全发挥其应有的作用。另外，从调查的情况来看，农民合作社所筹集到的资金主要用于社员购买生产资料、农副产品流通和收购环节等短期资金周转，一般来说，就是半年的时间。而合作社扩大再生产、品牌商标建设等方面很少使用信用合作资金。资金用途较为单一，效益不高。

2.2.3 制度不健全

大部分专业合作社还未将信用合作制度化，未能以章程的形式规范信用合作的开展。只有武汉市的合作社在市农业局提供的章程样本基础上制定了《资金互助管理办法》。即使有的合作社制定了信用合作章程，但在提取准备金和风险金、资金风险控制、合作社社员信用评价、市场风险控制等方面的制度不完善，或者有制度不执行，导致农民合作社信用合作公信力低，农民参与热情不高，严重影响信用合作的推进和发展。

2.2.4 形式过于单一

合作社现阶段主要是以合作社为基础的内部资金互助，在社员联保、合作社资产抵押方面涉及较少，还不能满足合作社大量资金的需要。为了扩大生产规模，解决资金短缺、流动性问题，合作社社员迫切需要通过其他灵活信用合作形式进行融资，方便随时调配资金。

2.2.5 利率设计不规范

在对开展内部信用合作的专业合作社的利率数据进行调查发现，不同合作社存款利率在4%~10%浮动，借款利率在8%~15%波动，差别巨大。内部信用合作的利率在不同合作社之间存在显著的差异，设计不规范。

3 农民合作社开展信用合作的困难

3.1 对信用合作的概念认识不清

信用合作在农村基层还是一个新生事物，无论是专业合作社理事长，还是社员、普通农民，大部分人对“信用合作”的概念还不太理解。有的合作社虽然在通过一定的形式开展信用合作，但对此现象却只知其然，不知其所以然。这样就导致合作社社员参与信用合作存在心理障碍。一方面，由于早年参加农村信用社入股，不但没有得到分红，而且在信用社贷款都难，在思想上就对信用合作产生了对抗情绪；另一方面，大多数农户认为，自己挣点钱不容易，勤扒苦做“大半辈子”的积蓄存在银行安全些，虽然利息少点，但是“本”还在，不愿将钱拿出来“冒风险”。因此，有闲置资金的农户中，绝大多数都把所有积蓄都存入了银行，对于开展信用合作并不感兴趣，很大程度上影响了农民合作社开展信用合作。

3.2 信用合作没有明确的身份认定

目前，农民合作社开展信用合作是在相关政府单位的支持下作为试点成立的，不同于银监会框架下的资金互助社在工商管理部门注册、有金融许可证、是法人，也不同于专业协会可在民政部门注册。尽管合作社有明确的管理办法和财务管理制度，但开展信用合作没有明确的“身份证”，组织边界和利益关系界定不清，因此业务活动、发展方向等都会受此限制。一方面，合作社与内部资金互助部门有交叉，形成你中有我，我中有你的伴生格局。互助资金是以合作社为依托开展业务活动，借贷关系涉及到合作社社员；开展内部资金互助均有理事长牵头，资金互助与合作社在固定资产、政府扶持资金使用等方面严重重合。但资金互助又不为合作社所有，而是为合作社部分成员所有，这就导致资金互助会与合作社的组织边界不同。因此，不同组织边界中的成员有着不同的利益关系。随着互助资金组织业务范围的拓宽、经济实力的增强和发展壮大，其所依托的专业合作组织载体因并不能对资金互助新增资产享有权益，而使专业合作社成员有可能对资金互助提出利益分割要求，或者资金互助出现经营风险，同样对专业合作社将产生资产损失和其他负面影响。这有可能将会成为今后影响彼此发展的突出问题。

3.3 信用合作金融体系不健全

农民合作社开展内部资金互助的融资规模小，无法满足合作社大规模资金需求。现阶段，商业性金融机构与各农民合作社几乎没有信用合作。只有少部分合作社可以通过固定房产、存折、机器设备进行抵押贷款。大部分合作社都面临着以下几个问题：①商业银行对于合作社的担保条件较为苛刻。以农产品、技术服务为主的合作社，土地是其主要资产，却不能成为商业银行可担保物品。合作社经济实力较弱，没有一定规模的抵押资产，很难得到商业银行的授信，所以商业银行、信用合作社均未将农民专业合作社纳入评级范围之内。②没有针对的信贷产品。合作社贷款一般具有周期性、短期性、数额较小等特点，商业银行很难取得利润，所以，农民合作社并没有成为商业银行关注的客户。如果没有与金融机构的合作，并融入到农村金融体系的建设中，农民合作社开展信用合作只能依靠单一的资金互助形式，无法通过抵押贷款扩大融资规模，信用合作就无法真正发展起来。同时，由于合作社在备用金和风险金提取方面不规范，也将存在潜在的风险控制问题。

4 农民合作社开展信用合作的主要措施

4.1 资金构成

合作社内部资金互助大多都以合作社内部成员为主体，本社社员自愿入资。只有个别合作社将合作社的公积金部分投入到信用合作当中，比如武汉市黄陂区西北蜂养蜂专业合作社。个别合作社也将政府财政补贴资金投入到信用合作当中，比如武汉市荆地养蜂专业合作社联合社。还没有龙头企业、运销大户或者与合作社有密切的产品供销关系或技术信息关系的其他组织出资入股的。

4.2 组织机构

为便于开展资金互助和信用合作，合作社在内部成立了成员（代表）大会、理事会、监事会和互助部等管理机构，成员大会由全体入股成员组成，经授权，成员代表大会可以履行成员大会职权。如《武汉市荆地养蜂专业合作社联合社资金互助管理办法》规定，每500元为一股，每万元产生一个股东代表，每十万元产生一名常务理事或监事，股东代表即是资金互助成员代表，组成资金互助成员代表大会。

成员代表大会是最高权力机构，每年至少召开一次，修改和制定章程。理事会为资金互助的执行机构设立互助部，提供日常资金互助服务。对于筹资人数较少的合作社由成员大会审批借款，如武汉金口兴旺果蔬专业合作社出资人只有15人，就采取这种形式；筹资人数较多的合作社由理事会审批借款，如武汉市荆地养蜂专业合作社联合社出资人为104人，就由理事会负责借款的审批。

4.3 筹资入股

所有的合作社都要求以现金入股，不得以实物、货款或其他方式出资。宜昌市晓曦红柑桔专业合作社每年度筹资额由成员代表大会、成员大会、下属公司董事会、公司股东大会通过，资金互助部汇总确定筹资总额度，上限为300万元。成员出资最低限额为5 000元，最高不超过10万元；一律以货币形式出资。成员提出出资申请，经由合作社理事会决议通过，并签订《宜昌市晓曦红柑桔专业合作社资金借款合同》。武汉市荆地养蜂专业合作社联合社规定单个成员向联合社缴纳互助资金，最高不得超过互助资金总额的20%。

4.4 借款流程

社员向理事会提交申请，理事会成员对其信用记录、资产状况、偿还能力等方面信息进行调查，做出是否发放借款的决定；经理事会研究同意后，由借款人提供身份证复印件、填写借款合同和担保合同，发放借款，随到随借。对于特殊情况，可简化手续。比如武汉市荆地养蜂专业合作社联合社对蜂农在外地收蜜需要借款时，经理事会同意借款后，直接把借款转账给蜂农，待其回来后再补充相关手续。

4.5 民主管理

合作社都坚持信用合作入股资金与自营业务相结合的原则。主要在合作社成员间调剂资金余缺，缓解合作社成员从事生产经营资金紧张的问题，这一运转方式采用“成员集资再服务成员”的办法，真正为合作社内部成员生产资金的需求提供了帮助。合作社内部成员自愿入股，成员需求资金根据其股金额或偿还能力发放借款。有的合作社规定了每个成员的借款最高限额，如武汉金口兴旺果蔬专业合作社规定每个成员的借款额度不超过10万元；有的合作社没有明确规定借款额度。

4.6 财务管理

合作社对于信用合作资金，有专门的会计、出纳，单独建账，独立核算管理。内部信用合作的利率在不同合作社之间存在显著的差异，调查发现，不同合作社按照年息8%~15%收取资金使用费，按照年息4%~10%进行分红。

4.7 收益分配

大部分合作社将成员支付的互助金使用费减去管理成本后，作为信用合作的收益，按照出资成员的股份进行分红。个别合作社将财政专项扶持资金和资金互助的政策性补贴作为资金互助的收益进行分红，比如武汉市荆地养蜂专业合作社联合社。另外，宜昌市晓曦红柑桔专业合作社对于发放给合作社下属公司进行固定资产投资的借款，不设定分红的利率，而是折合为公司相应股份对公司利润进行股金分红。

4.8 风险防控

合作社都设立了担保制度，实行自担责任、互担责任和共担责任机制。一般借款都需要1~2人进行担保，担保合同与借款协议同时签订。担保额需要大于借款额。无论任何情况造成成员所借款项不能按期偿还的，合作社将用其本人的股金或与合作社的交易款抵还，数额不足部分由该项借款担保人的股金补齐。

另外，大部分合作社都对借款用途做了明确规定，只能用于农业产业发展类项目，并对借款使用情况进行抽查。或者直接用实物形式发放和收回借款。比如武汉金口兴旺果蔬专业合作社的借款以种子、化肥、农药、大棚等生产资料的实物形式发放，只能用于果蔬的生产；还款用借款人与合作社的产品交易款项抵扣。

部分合作社除了从信用合作资金中提取备用金和风险金外，还引入外部资金作为备用金或风险金，扩大资金规模。比如黄陂区蜂协将10万元结余款投入武汉市荆地养蜂专业合作社联合社作为资金互助风险金。宜昌市晓曦红柑桔专业合作社将下属企业晓曦红果业有限公司的固定资产作为抵押承担风险，负责成员出资的本金偿还及保底分配。

5 政府部门采取的主要做法

武汉市农业局根据相关文件要求，对开展资金互助的合作社进行了统一的培训。发放培训资料，对合作社在内部信用合作中出现的问题进行指导，邀请有关专家对合作社内部金融互助进行专题讲解。对开展资金互助的合作社在政策上给予一定的扶持。根据关于创建资金互助合作社的文件要求，组织各区申报资金互助示范社创建项目，帮助合作社完善内部资金管理体系。

6 对农民合作社开展信用合作的建议及打算

6.1 完善相关法律制度

《中华人民共和国农民专业合作社法》自2007年开始执行，为农民合作社的健康发展提供了制度依据和法律保障。但是关于信用合作的内容还是相对欠缺的。将信用合作的相关内容写入法律之中，将为信用合作的开展提供法律依据，引导农民专业合作社信用合作规范化操作，减少信用合作风险。

6.2 尽快出台管理办法

针对目前农民合作社内部信用合作监管缺失的问题，建议由农业部、银监会、中国人民银行、国家工商总局等相关部门联合出台农民合作社开展信用合作的管理办法和示范章程，对农民合作社信用合作的性质予以界定，明确合作社开展信用合作的基本原则、资金用途、收放程序、风险防控、政策扶持、监管部门等，促进信用合作的规范发展。

6.3 建立外部资金扶持体系

由政府财政拿出一部分资金，用于合作社内部开展信用合作担保。同时，鼓励金融机构对农民合作社开展信用合作的资金投放，拓展信用合作的资金来源渠道。提高农民参与信用合作的信心，解除合作社及其成员的后顾之忧。

作为破解农民贷款难的一种方式和手段，资金互助已经起到了良好的“杠杆”作用。继续认真办好农业部农民合作试点工作，加大调研力度，为推进全省农民合作社信用合作工作出谋划策。

（供稿：湖北省农村厅）

由“数量”到“质量”的裂变
——湖北省开创农民合作社发展新局面

近年来，在系列中央一号文件的指引下，在湖北省委、省政府的关心重视下，湖北省农民合作社紧紧围绕“增量、提质、做强”的总体思路，发展进入数量迅猛增长、质量显著提升、实力明显增强的齐头并进的新阶段。农民合作社作为建设湖北现代农业的重要支撑，在荆楚大地上踏出了一条坚实的合作之路。

1 增量，数量指标几何倍增长

1.1 增加合作社数量，做大合作社规模

近几年，湖北省农民合作社呈现出几何数量增长，截至2014年一季度，全省数量较《农民专业合作社法》实施前增长30倍，年均增长超过50%。经工商注册登记的农民合作社已达到42 376个，全国排名第九。

1.2 增加联合社数量

做大合作社块头。随着合作社数量的增长，合作社之间新的联合模式应运而生，展现出农业生产产前、产中、产后全方位的农村社会化服务体系的“雏形”。2013年，经过农业和工商等部门联合调研，湖北省出台《关于农民合作社联合社登记管理工作的试行意见》，赋予联合社“合作社”法人地位。洪帆、春露、九宫绿园等一批合作联社的诞生，进一步壮大了合作社的块头。据不完全统计，全省合作社联合社超过300个。以洪湖洪帆水产联社为例，由洪湖22家水产合作社联合成立，总资产达1.8亿元，2013年联社销售收入18亿元，打造出湖北最大的“水产航母”。

1.3 增加社员的数量，提高农民入社率

由于合作社社员收入普遍比当地农民人均纯收入高，农民加入合作社的积极性明显增强。至2013年底，在全省近4万家合作社中，入社农户数占到全省农户的1/3，每10户中有3户是合作社社员，平均每个行政村有1.5个合作社。

1.4 增加合作社注册资本，做强合作社实力

近几年，要求涉农项目资金向合作社倾斜，通过以奖代补、竞争性分配等措施加大合作社扶持力度，仅2013年，湖北省农业厅通过各种途径共落实扶持农民合作社专项资金1.2亿元。

1.5 增加合作社产值，提高合作效益

各地将合作社纳入国家现行支农惠农强农税收优惠政策范围，除了给予增值税优惠政策之外，积极研究减免所得税、营业税、土地房产税和车船税等政策，降低农民合作社的经营成本，提高农民合作社的盈利能力。

2 提质，数与质的有机统一

2013年，湖北省出台《关于推进农民合作社规范化建设的意见》，推进全省农民合作社规范发展进入由数量扩张向质量提升转变的新阶段，加快了建设现代农业、增加农民收入的步伐，全面提高合作社发展整体水平。

2.1 规范产权结构

明确合作社和社员权利与义务。坚持以家庭承包经营为基础的原则，不改变农户的土地承包经营权，不损害农户的生产经营自主权，不改变农户的财产所有权。

2.2 规范治理方式

建立健全各项组织机构，坚持“民办、民管、民受益”的原则。以农民为主体，坚持入社自愿、退社自由，实行民主管理、民主决策和民主监督。

2.3 规范合作内容

合作社开展生产资料、劳动、资金和技术等方面合作，逐步形成产销联结比较紧密的利益共同体。

2.4 规范盈余分配

农民合作社必须建立全体社员利益共享、风险共担的经营运行机制。合作社可分配盈余主要按照社员与合作社的交易量（额）比例返还，返还总额不得低于可分配盈余的60%，充分保障社员利益。

2.5 规范财务管理

按照财政部《农民合作社财务会计制度（试行）》要求，加强合作社财务管理，建立成员账户，规范会计核算。

3 做强，双提升下的“裂变效应”

在合作社数量增加、质量提高的前提之下，必将伴随发展内涵的提升和经济增长方式的内核转变，出现裂变效应。近年，湖北重点加强合作社五大能力建设，全省合作社规范程度提高，实力变强，组织带领农民发展致富能力也进一步提升。目前，湖北省拥有国家级示范社126个，省级示范社592个，市、县示范社8 600多个。

3.1 推动合作社阵地建设，提高合作社组织协调能力

全省大部分合作社做到了“五个一”，即一个办公场地、一个管用的《章程》、一个强有力的班子、一套制度、一个账本。合作社实现“生产在家，服务在社，营销在网”，社员能做到“召之即来，来之能战，战之能胜”。

3.2 推动合作社信息建设，提高合作社安全生产能力

大力引导和鼓励合作社建立产品追溯制度，建立安全生产记录，推广农业标准化，推动部分农民专业合作社实现统一制定和实施产品生产和质量安全标准，做到生产标准化、产品安全化、营销品牌化，使合作社成为农产品安全生产控制的生力军。

3.3 推动合作社基础设施建设，提高合作社仓储能力

湖北省农业厅通过以奖代补、竞争性分配等各种途径，共落实扶持农民专业合作社专项资金1.2亿

元，其中，5 800万元专项用于支持种植类农民专业合作社兴建仓储、烘干等设施，提高了仓储容量，改善了存粮质量，实现“藏粮于民”。

3.4 推动合作社发展初深加工，提高合作社加工能力

支持合作社兴办加工企业，让农民分享到更多农产品加工的利润。2013年，湖北省以农产品加工为主的合作社占到34%，兴办加工企业18 600个，销售268亿元。支持合作社申报省级龙头企业。目前，全省共有12个农民专业合作社被评为省级农业产业化重点龙头企业，享受到与龙头企业同等的贷款、项目扶持等政策待遇。

3.5 推动合作社产品进城市社区，提高合作社运销能力

全面推进湖北“农社对接”工作模式。统一直销店“楚合商城”形象，建立激励机制。将开展“农社对接”的合作社纳入中央、省财政专项资金项目扶持。建立“楚合商城”网络销售平台，实现网上销售。截至2013年底，全省共有5 000多个农民专业合作社（联合社）开展了“农社对接”工作，开设直销店6 709个，覆盖社区4 721个，全年销售额超过15亿元。

4 用好政策“红利”，打开新局面

2014年是全面贯彻落实党的十八届三中全会精神、全面深化改革的第一年，是实现“十二五”目标的关键之年。党的十八大和2014年中央一号文件都对发展农民合作社做出了新的部署和要求。

面对机遇和挑战，湖北将以“求质求效、竞进提速”为总要求，在提高农民组织化程度，推动合作社创新发展，建立农村社会化服务体系上做出新的成绩。

（执笔人：湖北省农村专业合作经济组织指导办公室 黄倜慎）

湖北省农民合作社发展情况汇报

在省委、省政府的高度重视下，全省农民合作社发展速度较快、规范化运行和管理水平不断提高，发展效益越来越好，有力地促进了农业适度规模经营、促进了农民就业增收、促进了农村社会和谐稳定。按要求现将全省农民合作社发展情况报告如下：

1 农民合作社发展基本情况

较2015年年底增41.82%，入社社员人均纯收入比非社员高出30%左右。农民合作社经营范围涉及种、养、服务等行业，覆盖产、加、销等领域。

农民合作社通过近10年的发展，已经成为湖北省重要的农村新型经营主体。截至2016年底，经工商注册登记的农民合作社达到70 521个，合作社出资总额达到1 714.09亿元，入社农户接近530万户，全省超过48%农户加入农民合作社。农民合作社已经成为带动农户进入市场的基本主体、发展农村集体经济的新型实体、创新农村社会管理的有效载体。

1.1 农民合作社在发展农业适度规模经营中起到了引领作用

农民合作社在要素集约化、生产规模化、服务综合化等方面都发挥了很好的引领作用。如当阳市楚田粮食专业合作社，现有农民社员10 018人，出资1 023.4万元，年签订订单土地面积超过10万亩，社员覆盖10个乡镇和周边3个县市，签订粮食购销合同5万吨。合作社实行“统一品种种植，统一生资供应，统一技术指导，统一标准化生产，统一产品收购，统一品牌销售”的“六统一”服务模式，全面推行标准化生产，拥有“楚田”注册商标，并获国家绿色食品发展中心“绿色食品”商标使用权，获得国家放心粮油认证。当前，全省农民合作社已经成为带动农户进入市场的基本主体，是实现农业适度规模经营的中坚力量。据统计，全省接近一半农户加入各类农民合作社，农民社员总数达到530万户，每个合作社平均农民社员达到79人，聚集资金、土地、厂房、设施等各种生产要素价值达到1 600亿元，合作社平均聚集各种生产要素价值接近240万元。

1.2 农民合作社在农业供给侧结构性改革中起到了推进作用

农民合作社在产前，可以根据市场需求做出有效响应，对品种、数量和结构做出调整，为农户提供低成本、便利化服务；在产中，把分散的农户组织起来，指导开展标准化生产，生产适销对路的产品；在产后，发展精深加工，开展多种形式的产销对接，构建与消费者紧密联结的市场流通方式，真正实现农业生产由市场决定适销对路的产品、由产品配置生产要素的良性循环。如洪湖市春露种植专业合作社联合社，根据市场需求开发再生稻新品种，通过联合购买农业生产资料，开展农业标准化生产、农产品加工，并注册商标统一销售，实行产业化经营，合作社已经发展再生稻面积超过9万亩。据经管部门统计，全省申请“三品一标”的农民合作社达到了362家，超过1万家农民合作社注册产品商标，农民合作社通过开展“农超对接”“农校对接”“农企对接”“农批对接”“农社对接”等产销对接活动，有力地促进了农民合作社与大型超市、高校食堂、加工企业、连锁酒店、批发市场和城市社区实现产销衔接。

1.3 农民合作社在农业增效、农民增收和新农村建设中发挥了主体作用

目前，全省农户1 091万户，农村人口4 093万人，耕地面积仅有3 960万亩，户均耕地面积不到4亩，人平耕地面积不到1亩，如何在这样的省情下实现农业增效、农民增收、加快新农村建设步伐，农民合作社探索出了很多很好的路径。如春露联社通过开发再生稻，变原来一季收为两季收，农业每亩增加效益1 200元。孝感市香润水稻种植农民专业合作社通过引导农民自愿、自觉流转土地经营权，走向适度规模经营的道路，让农民由传统的一份生产性收入增加到财产性、生产性、打工性和二次分红等四份收入。十堰市大自然蔬菜专业合作社为党委政府分忧，参与精准扶贫，围绕蔬菜产业，带动了郧阳区12个乡镇、67个村，4 500多农户共同致富，2016年共帮助社员和非社员贫困户115人，实现净收入31.5万元，户均增收2 700余元。实现农业增效、农民增收，加快新农村建设步伐，必须依靠农民自己联合起来，把党的政策和号召变为农民的自觉行动，充分发挥农民自己的主观能动作用，让农民成为实现农业增效、农民增收和新农村建设的主体，用自己的劳动来创造自己的美好生活。湖北省农业厅作为指导农民合作社发展的职能部门，围绕“四大创新”推进全省农民合作社又好又快发展。

1.3.1 创新发展模式，增强农民合作社发展活力

适应规模经营需求，重点推动三种类型的合作与联合。①鼓励合作社再联合。2013年下发了农民专业合作社联合社登记办法，赋予农民合作社联合社法人地位。截至2016年底，联合社数量达到285家，80%以上县市区都成立了联合社，农民合作社的联合模式多样化，联合的规模越来越大。②推动多要素合作。2016年湖北省出台了促进农民合作社规范发展的意见，全面推动资金、资源、资产、土地、劳动、设施等多要素合作。③发展股份合作。2011年出台了农村土地承包经营权作价出资农民专业合作社政策，在全国率先赋予农村土地承包经营权生产要素权能。截至2016年底，全省已成立土地股份合作社668家，入股农户9.83万户，入股资金3.9亿元，带动10.71万农民就业。

1.3.2 创新金融支持方式，破解农民合作社发展难题

针对农民合作社发展资金瓶颈问题，积极探索多种形式的金融供给。①“政府+银行+担保公司”。以农民合作社等新型经营主体为核心，政府引导组建区域性农民合作社联合会，政府出资设立担保基金，试点银行提供贷款。②“合作社+银行”。农民合作社联合社通过募集担保基金，银行按照一定比例放大为联合社成员提供贷款。③“信用合作”。宜昌市晓曦红柑桔专业合作社2013年成立信用合作部，将成员闲散资金募集起来，为临时有困难的成员提供生产周转资金，既解决了成员生产资金问题，又增加了成员财产性收入。湖北省农业厅还与人民银行联合建立了扶持新型农业经营主体的主办行制度，拓宽农民合作社等新型农业经营主体贷款融资渠道。

1.3.3 创新营销方式，打造农民合作社产品品牌

①开展多种形式的营销对接。目前全省已开展农社对接的合作社达到1 500多个，其中联合社36个，共开设直销店1 898个，门店总面积10万平方米，覆盖1 755个社区，覆盖消费人群达到1 858万人。②加快发展合作社电子商务。2012年以来，湖北省积极打造合作社产品网络销售平台——“楚合商城”，建立网上和实体连锁店相结合的销售渠道，申请注册了全省农民合作社产品公共品牌——“楚合”商标。目前“楚合商城”网店已经有447家合作社入驻，产品971个；线下建成1 898家实体连锁

店，面积达到10万平方米，累计销售额已超过10亿元。

1.3.4 创新服务方式，促进农民合作社规范有序发展

着力优化农民合作社发展环境，提高发展质量。①创新工作机制。各级政府都建立了农民合作社发展领导小组（联席会议），把农民合作社发展情况纳入各级政府考核内容。建立了示范社部、省、市、县“四级联创”体系，省、市、县三级建立了示范社考评监测机制。目前，全省各级示范社已超过6 000家。②创新服务内容。实施人才培训工程，每年对全省合作社辅导员、合作社重点人才实行全覆盖轮训。组织赴台学习农民合作社管理经验，编写出版了多本农民合作社适用读本。

2 农民合作社发展存在的困难和问题

湖北省农民合作社发展还处于初级阶段，在发展的道路上存在许多突出问题。

2.1 内部发展上存在三个不够充分

第一，服务内容不够充分。由于农民合作社普遍存在小、弱、散，服务功能及合作领域有待进一步拓展。第二，制度建设不够充分。无民主管理、财务管理、盈余分配相关制度，一些合作社把章程当作了一种摆设。第三，对合作社认识不够充分。有利则合，无利则散，真正开展服务和交易的少，甚至还存在空壳社、套牌社。2016年12月，全省70 521家农民合作社监测显示，有1 979家农民合作社经营异常。

2.2 外部环境上存在三个不到位

第一，重视程度不到位。有些地方口头上重视但行动上不够重视，有些地方重发展轻规范，重行政手段轻市场机制。第二，政策执行不到位。农民合作社法律法规过于原则，部门配套法规没有及时制定，导致现有政策难落实。第三，扶持力度不到位。农民合作社在资金项目、规范化建设、人才培训、品牌培育、市场开拓方面难以得到引导和扶持。

2.3 具体实践中存在“四难”

第一，农民合作社融资难、贷款难成为制约合作社进一步发展壮大的瓶颈。第二，农民合作社建造办公场所、进行产品加工所需土地难以获得用地指标。第三，农民合作社急需的管理人才、大学生等难以引进。第四，由于合作社产品是否初级加工或深加工的认定上没有明确界定，导致税收优惠难。

3 农民合作社政策扶持及到位情况

2007年4月，湖北省委、省政府出台了《关于支持和促进农民专业合作社发展的意见》，文件规定对农民合作社实行税收优惠、要提供用地、用电和信贷支持，但各地在执行税收、用地、用电和信贷支持方面不尽人意。

《湖北省实施<中华人民共和国农民专业合作社法>办法》第八条规定：“财政部门应当设立并逐步增加专项预算资金，用于农民专业合作社开展信息交流、成员培训、农产品质量标准与认证、农业生产基础设施建设、市场营销和技术推广等活动。”这条规定落实得不够理想。

4 进一步促进农民合作社发展的建议

建议省、市、县各级人民政府按照《湖北省实施<农民专业合作社法>办法》要求，设立农民合作社专项，进一步加大对农民合作社示范社的扶持力度。重点支持农民合作社示范社开展仓储设施、冷链设施、“农社对接”、技术培训和信息服务、贷款贴息等建设，提升农民合作社示范能力、安全生产能力、仓储能力、加工能力和运销能力五大能力。

建议深化农民合作社示范社创建活动，按照国家农民合作社发展部际联席会议要求，切实履行省政府批复的湖北省农民合作社发展厅际联席会职责，出台湖北省农民合作社示范社认定和监测办法。

建议湖北省相关职能部门制定农民合作社用地、用电和税收优惠实施细则。

（供稿：湖北省农业厅，2017年3月）

围绕"增量、规范、做强"总体思路 进一步做好全省农民合作社指导工作

2014年下半年，参照国家9部委建立国家农民合作社发展部际会议制度办法，湖北省人民政府批复同意，建立由11个厅局组成湖北省农民合作社发展厅际联席会议制度。2015年2月5日，湖北省农民合作社发展厅际联席会议召集人、湖北省农业厅党组成员、副厅长涂胜华同志在省农业厅召集召开了第一次湖北省农民合作社发展厅际联席会议，会议要求，全省相关部门，特别是农民合作社主管部门要紧紧围绕"增量、规范、做强"总体思路，加强做好合作社指导工作。

1　增量：大力培育新型经营主体，不断提高农民入社率

1.1　"增量"重要性

自2007年《农民专业合作社法》实施以来，湖北省农民合作社从无到有，短短几年已经成为农业经营主体。截至2014年12月底，湖北省经工商注册登记的农民合作社50 426个，出资总额达到887.16亿元，农户入社率超过39%，社员收入普遍比当地农民人均收入高出20%以上。

但是，应该清楚，第一，与全国比有压力：山东省超过13万家，是湖北省的2.6倍，特别是与中部六省比较，湖北省排在山西、河南和安徽之后，仅比湖南、江西略多一点，应该说压力很大。第二，市州比有动力：最多孝感市5 788个，最多的直管市天门市1 819个，钟祥市1 300个；除林区外，最少的市（州）只有1 001个，最少的县（市）199个。最少的市州和最多的市州差距达到5倍，最少的县市和最多的县市差距将近10倍。最少的市州县应该要有动力。第三，产业比还有空间：2014年底，湖北省在农业部门备案的合作社33 140个。其中，大宗农产品合作社11 050个（包括粮食合作社2 803个、棉花合作社424个、油料合作社608个、生猪合作社3 492个、水产合作社3 723个），仅占备案的农民合作社1/3，其他合作社占了2/3。按照产业地位比较，大宗农产品合作社数量还有增加的空间。

当前湖北省一些地方认为，农民合作社发展速度可以缓一缓了，重点要放在质量的提升上。从以上三个方面分析可以看出，湖北省农民合作社发展还有空间，也有动力，更有压力，未来一段时间指导思想是在大力发展农民合作社前提下，把合作社的规范化建设放在更加突出的位置，既要发展合作社的数量，更要规范合作社运行。

1.2　"增量"内涵

"增量"应该包括：第一，增加合作社数量，培育新型经营主体；第二，增加社员的数量，提高农民入社率；第三，增加生产要素(资金、土地、农机、设备、技术)总量，做大合作社规模。

1.3　"增量"措施

继续把农民合作社发展指标作为考核各级政府工作主要指标，把农民合作社数量、农民入社率、

注册资本量化到考核指标之中。

各地要出台政策鼓励和引导有能力的组织和个人创办、领办农民合作社。

为进一步把农户入社登记做实，避免工商登记数与农业（经管）部门备案数不一，各地农业（经管）部门要积极主动联系工商部门，制定办法，共同把农民合作社成员做实。

2 规范：开展示范社认定及监测，确保合作社规范发展

2.1 “规范”重要性

当前，湖北省农民合作社尚处于发展的初级阶段，普遍存在规模小、治理不规范、管理水平低；一些地方重数量、轻质量，合作社数量不少，规范运作的不多；一些地方甚至存在“空壳社”、“休眠社”、“套牌社”套取国家扶持资金现象。针对这些现象，作为农民合作社主管部门要引起高度重视，要在继续发展合作社数量的同时，把农民合作社规范化建设摆在更加突出的位置。

2.2 “规范”内涵

“规范”应该包括：第一，规范合作社产权结构，明晰成员出资；第二，规范合作社治理结构，发挥“三会”职能；第三，规范合作社合作内容，明确成员权利和义务；第四，规范合作社盈余分配，维护成员权益；第五，规范合作社财务制度，确保合作社财务真实。

2.3 “规范”措施

湖北省农民合作社发展厅际联席会议成员单位即将联合下发《关于促进湖北省农民合作社规范发展的意见》，各地要认真贯彻落实，提出贯彻落实办法和措施。

开展农民合作社示范社创建活动。湖北省农民合作社发展厅际联席会议成员单位即将联合开展第三批省级示范社认定工作。各地要大力开展示范社创建活动，把国家、省、市、县四级示范社体系建立完善起来。

加强示范认定与监测管理。湖北省农民合作社发展厅际联席会议成员单位即将联合下发《湖北省农民合作社示范社认定及监测暂行办法》，各地要按照文件精神加强农民合作社示范社监测工作。

3 做强：提升合作社“五大”能力，做大做强合作社

3.1 “做强”重要性

农民合作社是带动农户进入市场的基本主体，农民合作社在市场谈判中话语权、抵御风险能力、带领农民致富，靠的是农民合作社自身实力。

3.2 “做强”内涵

“做强”就是提高合作社“五大”能力：第一，支持合作社开展资源、资产、资金、土地、农机、劳务、技术等生产要素合作，提高合作社组织要素的能力；第二，支持合作社实行产前、产中、产后全程管理和控制，提高合作社安全生产能力；第三，支持合作社兴建烘干、冷藏、仓储等设施，大力发展农产品初、深、精加工，提高合作社仓储加工能力，让社员分享加工增值利润；第四，全面开展农社对接，创新农产品营销方式，提高合作社营销能力；第五，支持有条件的合作社开展互助保险，提高合作社社员抗风险能力。

3.3 “做强”措施

3.3.1 大力发展农民合作社联社

支持同行业农民合作社实行纵向联合，开展农产品精深加工，增加农产品附加值，让农民社员分享加工增值利润；引导同区域农民合作社开展横向联合，整合品牌，统一销售，降低成本，提升竞争力。

3.3.2 开展农民合作社能力建设

省委省政府已经同意实施553工程，以提高农业经营主体能力为重点，促进农业经营主体发展。用三年时间，每年重点扶持500家农民合作社、500家家庭农场。各地要重点支持全省500家省级以上示范社，不断提升合作社组织要素能力、安全生产能力、仓储加工能力、市场营销能力、抗击自然风险能力等五大能力。

3.3.3 积极稳妥开展信用合作

为缓解合作社融资难，省委省政府计划选择10个县市组建农民合作社联合会（简称“农合联”），借鉴台湾农会经验，探索农村合作金融路子，试点县市经管部门要顺势跟进。同时，根据农业部统一部署，继续在湖北省开展农民合作社贷款担保保费补贴试点，试点地区经管部门要做好服务工作。

（执笔人：湖北省农民合作社办公室　刘定柱　周远莅　何　昕　吴志鹏　黄国源　黄倜慎）

涂胜华同志在全国修改农民专业合作社法征求意见会议上的发言

尊敬的各位领导、嘉宾：

新春伊始，开启新的希望，承载新的梦想。首先，我向在座的诸位领导、嘉宾、朋友和同仁们拜个晚年！

自2007年7月起，《农民专业合作社法》正式实施，至今已走过了八个年头。过去八年，是湖北农民合作社欣欣向荣、飞速发展的八年。截至2014年12月底，经工商注册登记的农民合作社达到50 426个，比《农民专业合作社法》实施时的2007年增长9倍多，同比增长27.37%。出资总额达到887.16亿元，农户入社率超过39%，社员收入普遍比当地农民人均收入高出20%。八年的实践证明，《农民专业合作社法》是中国农业和农村发展进程中一项非常重要的法律。《农民专业合作社法》的实施，对中国农业农村经济的发展，特别是对现代农业的建设发挥了重要作用，为农民合作社的发展提供了强有力的保障。

为做好法律实施与完善工作，湖北省组织专门人员深入合作社开展调研，专门召集部分高校、科研院所农民合作社研究专家及基层农业经管部门负责人召开座谈会，广泛征集修法建议与意见。2008年出台了《湖北省实施〈中华人民共和国农民专业合作社法〉办法》，明确了各级农业（经管）部门为合作社主管部门，对于合作社在用地、用电方面也在办法中给予了优先用地，优惠电价的扶持政策，以鼓励合作社的发展。2011年湖北省农业厅联合湖北省工商行政管理局出台了《湖北省农村土地承包经营权作价出资农民专业合作社登记管理暂行办法》，解决了湖北省土地股份合作社登记不规范，管理混乱等问题。2013年湖北省农业厅联合省工商局出台了《农民专业合作社联社登记管理工作的试行意见》，赋予了联合社的“合作社”法人地位。

随着时代发展，合作社的发展背景在发生变化，从业人员也在变化，合作社发展更是日新月异。为适应形势的发展，有效解决合作社发展之中存在的问题，需要在法律上进一步对农民合作社的发展予以规范和指导。今天，借此机会，就修改《中华人民共和国农民专业合作社法》谈谈个人认识。

1 新形势下应针对三大背景来修改合作社法

1.1 培育新型主体的大背景

近年，中央一号文件、中央经济工作会和十八届三中全会上，都释放信号：明确加强培育新型主体。相信在未来10~15年，随着城镇化进程的加快，大量劳动力离开农村，传统的以一家一户为基础的散户、小户，因为缺乏市场竞争力、经营成本高，比较效益较低，而将不成为主体的主要构成。合作社将成为培育新主体的重要力量。在这一背景下，必须高度重视合作社的健康发展。

1.2 农村土地三权分离的背景

首先，所有权是集体的，承包权不能转让，经营权则可以流转。未来，大量的承包权与经营权将会分离。在合作社法首次出现时，合作社拥有承包权、经营权。但在新背景之下，承包权将不能转让，但经营权与承包权是分离的。如果按过去的合作社法中“合作社的社员必须有承包经营权”的表述，将不适应未来合作社的发展。

1.3 户籍改革的背景

过去，农民由户籍定义，在新背景下，农业户口将不复存在。在户籍改革的背景之下，“农民”一词的概念与过去不一样。农民或许是定义为以从事农业生产为职业的人。

2 合作社法的修改应基于三个有利于

2.1 要有利于农业生产的发展，特别是要有利于粮食安全问题

合作社法的修改，要落脚到支持合作社的生产上。粮食安全是重中之重，因此首要保证国家的粮食安全，让合作社生产出更多安全的农产品。

2.2 要有利于农民增收

发展农民合作社，加快农业规模化、集约化、产业化经营步伐，对促进农村经济发展，增加农民收入具有越来越重要的作用。新的合作社法有必要出台政策，支持合作社整合生产要素，合理配置资源，降低生产成本和市场风险，增强市场竞争力，不断促进农民增收。

2.3 要有利于合作社的健康发展

合作社的健康发展，必须坚持一手抓发展，一手抓规范。新的合作社法必须引导农民合作社按照市场经济法则和合作制原则，逐步加以改造，以规范促发展。对不合格的合作社开展全面清理整顿，对已登记在册的合作社全面进行审核。只有清理了大量的空壳合作社、伸手要项目和要支持而临时组建的合作社、没有实际运转的合作社，才能保证合作社的健康发展。

3 合作社法的修改要关注七个方面重点

3.1 关注法律名称

现行的农民专业合作社法，主体是农民，不管是党委还是政府部门，均可实施指导，加之随着城镇化进程加快，农民身份将不复存在，建议将法律名称定义为农业合作社法。

3.2 关注主管部门

国家法律没明确合作社主管部门，造成多部门管合作社，合作社一方面无所适从，另一方面也嫌贫爱富，合作社指导工作难度大。建议在合作社法中明确规定合作社的主管部门为各级农业（经管）主管部门。

3.3 关注成员身份

在三权分离与户籍制度改革的新形势下，合作社法的重点要转向保障经营户的利益，而非承包户。重点支持生产者，确保承包户的利益，保证公正、规范。而承包户利益应该在承包流转的规范化中，通过市场保护其利益。

3.4 关注规范管理

目前，合作社规范化建设已经摆到突出位置，建议在法律层面明确各级涉及到合作社支持部门职责，利于各司其职，形成合力。

3.5 关注出资结构与盈余分配

目前，法律对出资结构没有做出明确规定，仅对附加表决权进行了明确，建议出资结构与附加表决权相匹配，防止"一股独大"现象。同时，为调动合作社带头人积极性，建议合作社分配制度中，在经成员大会同意的前提下，可适当降低按交易量分配的比例，体现盈余分配的公平性。

3.6 关注退出机制

目前，我们合作社发展还处于初级阶段，为促进合作社规范发展，建议加强备案、考核关。对于超过规定期限未到主管部门备案及报送运营报告的，对虚设或无生产力的合作社坚决予以注销。

3.7 关注扶持政策

调研发现，对于合作社出台的政策很多，但是落实到位仍有差距。比如，税收减免政策不落实，金融支持难到位。农业部门说得很热，但在其他部门落实难。因此，合作社法的修改要有具体条款，要将支持落实到条条款款。

农民合作社的发展，正面临着前所未有的发展机遇。"十二五"规划为合作社的发展提出了宏伟目标和宏观任务，新年的中央一号文件继续强调合作社的发展。我们相信，伴随着新合作社法出台，将为合作社的发展打造一个更加优良、公正、公平的法制环境。

着力打通农村金融“最后一公里”

——湖北省开展农村合作金融创新试点破解金融难题

2015年初，湖北省委、省政府决定把构建“合作社+金融”的新型农村金融服务体系作为当前和今后一个时期农村改革的重点加快推进。全省成立了农村合作金融创新试点工作领导小组，试点工作领导小组办公室设在省委农工部，起草下发了试点指导性文件，并于6月在枝江市正式启动了试点工作。2016年，省委农工部继续把构建“合作社+金融”的新型农村金融服务体系作为农村改革的重点。在总结枝江市试点经验基础上，竞争性选拔大冶市、襄州区、监利县、钟祥市、大悟县、浠水县、通山县、随县、仙桃市等9个县（市、区）扩大试点。全省农村合作金融创新试点工作取得了初步成效。

1 把握“四个”关键环节 科学设计试点方案

2015年，省委农工部联合省政府金融办、省财政厅、省农业厅等七部门制定出台了《关于引导组建农民合作社联合会 开展农村合作金融创新试点工作的指导意见》。在顶层设计上抓住“联合、信用、分担、风险防控”四个关键，以平台建设为基础、以服务模式创新为核心、以风险防控为保障，着力破解涉农贷款“两难一贵”问题，打通农村金融“最后一公里”，构建“农合联+金融”的新型农村金融服务体系。

1.1 搞联合

以试点县（市、区）县域为单元，将农民合作社、家庭农场等新型农业经营主体组织起来，引导组建一个不以营利为目的，具有企业法人性质的农民合作社联合会，搭建新型农业经营主体与政府和金融机构之间的链接和增信平台。以后将逐步拓展产前、产中、产后服务、教育培训、市场营销、农技推广等方面的职能，成为农业社会化服务的综合平台。

1.2 征信用

充分发挥农合联对会员具有的利益联结和信息对称优势，以农合联为征信载体，建立健全新型农业经营主体信用信息数据库和共享平台，建立政府出资的涉农贷款风险补偿基金，完善政府支持的融资性担保公司担保机制，合作银行按比例（最大比例1：10）放大授信额度，为会员提供信用贷款服务。

1.3 建机制

充分发挥财政资金对支农信贷投放的杠杆效应，由省、市两级财政共同注资设立5 000万元涉农风险补偿基金（其中省级财政注入资本3 000万元，地方财政注入2 000万元以上），专项用于补偿合作金融机构为农合联会员贷款形成的损失。同时建立贷款风险分担机制。对因自然灾害等因素形成的贷款损失，由涉农贷款风险补偿基金、合作银行、担保公司、合作保险公司按照约定的比例进行分担，进一步降低合作银行的承贷风险。

1.4 防风险

试点县（市、区）制定出台金融创新试点工作风险防范和监管实施细则，建立金融风险预警防控和应急处理机制，加强对试点工作的监督和管理。探索通过保险手段化解农村信贷风险的有效途径，加快推进农业保险与农村金融互动发展。推动农业政策性保险扩面提标；开展特色农业保险、补充保险等试点，降低新型农业经营主体自然风险和市场风险。建立联合审贷制度，从源头、从制度上防范和控制风险，创新信贷流程，贷前调查与贷后管理双管齐下。

通过引导组建农合联，构建“农合联+金融”的信用服务模式，建立涉农贷款风险补偿基金，完善政府支持的融资性担保公司担保机制，三管齐下，破解涉农融资“两难一贵”难题。首先，针对当前农村信用体系缺失、新型农业经营主体信用等级低的现实，以农合联为征信载体，建立健全新型农业经营主体信用信息数据库和共享平台，为金融机构进入农村市场奠定基础。其次，针对新型农业经营主体有效资产不足，可用于贷款抵押的资产少，承贷能力弱的现实，建立省级和试点县（市、区）政府共同支持的涉农贷款风险补偿基金，为农合联会员增信，合作银行为会员提供信用贷款服务，解决“贷款难”“放款难”的问题。再次，建立由政府支持的融资性担保公司担保机制，政府给予担保费率补贴，同时，通过与银行签订合作协议，对贷款利率进行约定，将贷款利率控制在适度范围，进一步解决“贷款贵”的问题。

2 突出体制机制创新，实现“五大”突破

扩大试点工作启动以来，各试点县（市、区）突出体制机制创新，在重点环节实现了有效突破。

2.1 把农民有效组织起来，搭建金融创新平台

各试点县（市、区）以县域为单位，组建了农民合作社联合社（会），制定了农合联章程，建立了较规范的内部治理结构，试点初期重点打造信用增进服务平台和金融服务链接平台。截至2016年底，十个试点县（市、区）农合联共吸纳会员1 857家。枝江市农合联组织体系已网络全市87%的新型农业经营主体和70%的农户。钟祥市政府每年出资50万元，以政府购买服务方式，由农合联为会员开展账目代管、技术培训、建设农产品公共品牌、建设农产品溯源体系、农产品电商营销等服务。

2.2 构建征信增信体系，开展服务模式创新

充分发挥农合联对会员具有的利益联结和信息对称优势，以农合联为征信载体，建立健全新型农业经营主体信用信息数据库和共享平台，建立政府出资的涉农贷款风险补偿基金，完善政府支持的融资性担保公司担保机制，合作银行按比例放大授信额度，为会员提供信用贷款服务。各试点县（市、区）都在积极整合工商、税务、质监、水电、银行、保险等信息资源，建立农合联会员信息数据库和共享平台。枝江市农合联已录入1 781家新型农业经营主体和2 139户农民专业合作社社员信息，实现新型农业经营主体征信信息录入率100%。

2.3 设立涉农风险补偿基金，建立责任分担机制

试点工作注重充分发挥财政资金对支农信贷投放的杠杆效应，由省、市两级财政共同注资设立涉农风险补偿基金专项用于补偿合作金融机构为农合联会员贷款形成的损失。同时建立贷款风险分担机制。对因自然灾害等因素形成的贷款损失，由涉农贷款风险补偿基金、合作银行、担保公司、合作保险公司按照约定的比例进行分担，进一步降低合作银行的承贷风险。目前，各试点县（市、区）都建立了涉农贷款风险补偿基金，县级财政资金共计2.4亿元已存入合作银行专户，实行封闭运行，专款专

用。大冶市对信用贷和农村土地承包经营权抵押贷，由涉农贷款补偿基金和合作银行对损失部分按6：4比例承担风险。

2.4 大力推进金融保险产品创新，服务市场主体需要

各试点县（市、区）分别选择1家或多家合作银行和合作保险公司，签订合作协议，明确放贷规模和涉农贷款风险分担比例，为农合联会员提供服务。大冶市充分发挥农合联对会员特有的利益联结和信息对称优势，推出“信用贷”，为轻资产、无抵押、无担保的农合联会员和新型农业经营主体提供信用贷款服务。同时，各试点县（市、区）积极完善农业保险服务体系，开展不同种类保险试点，有效地分散了农户自然灾害风险和农村合作金融风险。仙桃市开展水稻暴雨天气指数保险试点，承保面积14.6万亩，承保农户22 471户。枝江市开办农业生产前置保险，合作保险公司累计为农合联会（社）员办理非政策性农业生产保险29笔，保险金额1 633.77万元，累计赔付保险损失36.90万元。监利县率先在全省开展设施农业保险、农业机械保险和渔秧保险，政府给予50%保费补贴。

2.5 加强金融风险防控，健全政策支撑体系

各试点县（市、区）认真按照试点工作要求，明确金融风险防控责任人，制定出台了金融创新试点工作风险防范和监管实施细则，建立了金融风险预警防控和应急处理机制，加强对试点工作的监督和管理。同时，各试点县（市、区）加大财政支持力度，出台涉农风险补偿基金补充办法，着力构建政策支撑体系。大冶市实行“三免两补一降”，对全市所有涉农贷款免收担保费、免收评估费、免收产权交易鉴证费，市财政对涉农贷款实行银行同期基准利率50%贴息和对各类农业生产项目保险给予保费30%补贴，对涉农贷款利率实行降低标准（按银行同期基准利率上浮不超过30%）。

3 努力探索，力争打通农村金融最后一公里

湖北省农村合作金融创新试点启动以来，国务院办公厅、农业部和省委、省政府主要领导对试点工作取得的成绩进行了充分肯定，国家级和省级媒体相继刊发了试点做法。大冶市农村金融创新工作作为国务院第三次大督查发现的典型经验受到国务院办公厅通报表扬。农业部有关领导到枝江市调研后认为：“枝江试点综合性、全方位探索解决农业农村融资难题，经验和做法可借鉴可复制。”王晓东省长对试点工作作出重要批示：“总结经验，破解难题。持续支持，引向深入”。时任省委常委、副省长任振鹤批示：“认真总结，全省推广。”全省农村合作金融创新试点经验材料《着力打通农村金融“最后一公里”》在中农办《农村要情》2016年第51期刊发，省改革办《改革简报》2016年第15期刊发并报中央改革办，《中国农民合作社》2016年第6期刊发。《农民日报》2016年5月10日以《合作社“贷款难”如何破局——湖北枝江市农村合作金融试点观察》为题，报道了枝江市农村合作金融创新试点做法。《湖北日报》2016年4月13日刊发新闻稿件《全省农村合作金融试点扩面》和政策解读《“大手”牵“小手”为农村金融引活水》。扩大农村合作金融创新试点信息在省委办公厅《每日要情》第95期、《信息专报》第48期和湖北三农网刊发。

截至2016年底，10个试点县（市、区）通过农合联平台发放涉农贷款14.35亿元，其中枝江市通过农村合作金融平台发放贷款4.88亿元，有效贷款需求满足率达到81.20%，农合联会（社）员涉农贷款年均利率6.05%，比试点之前下降33.00%。9个扩大试点县（市、区）通过农村合作金融创新平台发放涉农贷款9.47亿元，其中大冶市2.2亿、钟祥市1.6亿元。初步破解了涉农贷款难、贷款贵和贷款慢难题，受到新型农业经营主体和农民普遍欢迎。

（供稿：湖北省农村金融改革办公室）

突出“四大”创新推进农民合作社又好又快发展

近年来，在湖北省委、省政府的高度重视下，全省农民合作社发展速度较快、规范化运行和管理水平不断提高，发展效益越来越好，有力地促进了农业适度规模经营、促进了农民就业增收、促进了新农村建设。截至2015年6月底，依法登记的农民合作社达到54 975个，是《农民专业合作社法》实施时的50多倍，农户入社率超过40%，社员收入普遍比当地农民人均纯收入高出20%；合作社涵盖农、林、牧、副、渔、水利、供销、旅游、手工制作等行业和部门，各级政府重视程度高，社会关注程度高，初步建立了较为完整配套的农民合作社政策扶持体系。主要做法是：

1 突出模式创新，促进多要素合作

一是大力发展专业合作。农民专业合作社法实施当年，省委、省政府下发了支持和促进农民专业合作社发展的意见，出台了包括财税、金融、用地、用电等一系列扶持政策，有力地促进了农民专业合作社持续快速发展，8年时间增加到5万多家。

二是积极探索股份制合作。2011年出台了农村土地承包经营权作价出资农民专业合作社政策，在全国率先赋予农村土地承包经营权生产要素权能。

三是鼓励合作社再联合。2013年下发了农民专业合作社联合社登记办法，率先在全省范围内赋予农民合作社联合社“合作社”法人地位。

四是推动多要素合作。今年，湖北省又出台了促进农民合作社规范发展的意见，全面规范资金、资源、资产、土地、劳动、设施等多要素合作。目前，全省农民合作社出现了三大变化，一是由单一要素合作向多要素合作转变，二是由单一生产环节的联合向产前、产中、产后等多个环节的联合转变，三是由农民之间的联合向农民合作社之间的联合转变，有力地促进了规模经营。

2 突出指导创新，形成齐抓共管局面

一是政策创新。湖北省早在2004年就制订了加快培育和发展农民合作社政策文件，率先颁布地方性配套法规，率先安排农民合作社试点项目，率先出台农民合作社用地、用电、金融和税收优惠政策。

二是机制创新。《湖北省实施农民专业合作社法办法》明确了各级农业部门为农民合作社惟一指导部门，各级政府都建立了农民合作社发展领导小组（联席会议），各级农业（经管）部门都设立了农民合作社指导机构，把农民合作社发展情况纳入各级政府考核内容。

三是内容创新。建立了示范社部、省、市、县“四级联创”体系，省、市、县三级实行了示范社考评监测机制，全省各级示范社已超过6 000家，其中国家级示范社360家，省级示范社1 100家；每年

对全省辅导员、合作社重点人才实行全覆盖轮训，组织近200名合作社理事长和辅导员赴台学习农民合作社管理经验，组织辅导员编写出版了多本农民合作社适用读本。

3 突出金融创新，大胆探索农村合作金融

近年来，针对农民合作社发展资金瓶颈问题，大胆探索农村合作金融，总结出了“四个类型”，有力地促进了农村金融有效供给。

一是政府主导型。以农民合作社等新型经营主体为核心，政府引导组建区域性农民合作社联合会，政府出资设立担保基金，试点银行提供贷款。今年初，湖北省选择枝江市作为农村合作金融创新试点，成立了以省委副书记为组长，分管金融和农业的两位副省长为副组长的高规格试点工作领导小组，制定了试点方案，省财政出资3 000万、县市财政配套2 000万设立担保基金，探索农村合作金融模式，10月，全省将在10个县市扩大试点，并逐步在全省推开。

二是担保公司主导型。2014年，湖北省农业厅在襄阳开展担保公司为农民合作社贷款担保试点，当年就有60多家农民合作社及社员获得1.2亿元的贷款担保，今年将此类型在全省推广。

三是合作社+银行型。湖北省宜城市楚梦园农民粮油合作社联社与民生银行合作，联社通过募集担保基金，银行按照一定比例放大为联社社员提供贷款，自2013年以来，联合社及其成员每年可以获得民生银行2亿元的贷款额度。

四是信用合作型。宜昌市晓曦红柑桔专业合作社2013年在区政府指导下，成立信用合作部，将成员闲散资金募集起来，为临时困难的成员提供生产周转资金，实行专款专账，既解决了社员生产资金问题，又增加了社员财产性收入。在此基础上，湖北省农业厅还与人民银行联合建立了扶持农村新型经营主体主办行制度。通过多年探索，拓宽了农民合作社等新型农业经营主体贷款渠道。

4 突出营销创新，打造“楚合商城”销售平台

2012年，湖北省结合湖北实际，大胆创新，开始倾力打造“楚合商城”销售平台，建立网上和实体连锁店相结合的销售渠道。申请了全省农民合作社产品公共品牌——“楚合”商标，将全省开展“农社对接”的合作社纳入到“楚合商城”销售平台，设计标志，统一门店形象，实现品牌、门店、人才等资源大整合，建立工商、税务、卫生、电力、城管、街道等部门协调机制，解决合作社在销售过程中遇到的各种困难。目前“楚合商城”网店已经有447家合作社入驻，产品971个。线下已建有1 898家“楚合商城”实体连锁店，面积达到10万平方米，覆盖1 721个城镇社区，消费者达到536万人，累计销售额已超过10亿元。目前，湖北省农业厅正在和中国电信合作，开发楚合商城手机APP，让“楚合商城”得到更多消费者的青睐和信赖。

（供稿：湖北省农业厅）

湖北省农业厅关于对省政协第十一届第四次会议第509号提案的答复

叶青委员：

您提出的关于进一步规范农民专业合作社发展的建议的提案收悉，现答复如下：

在省委、省政府的高度重视下，湖北省农民合作社呈现良好的发展态势。截至2016年6月底，全省农民合作社已达63 865家，出资总额1 537.8亿元，分别比去年同期增长16.00%和49.82%，发展速度全国领先。各级政府重视程度高，社会关注程度高，初步建立了较为完整配套的农民合作社政策扶持体系。尽管农民合作社得到了蓬勃发展，但由于农民合作社仍处在发展的初级阶段，您提出的农民合作社发展环境不优，扶持资金少的现象确实存在，湖北省农业厅将根据合作社在发展过程中出现的新情况，突出创新发展、规范发展，充分发挥湖北省农民合作社发展厅际联系会议职能，积极履行召集单位职责，加大对农民合作社发展的指导力度，促进农民合作社又好又快发展。

1 突出创新发展

1.1 突出模式创新，促进多要素合作

一是大力发展专业合作。自《农民专业合作社法》实施以来，全省农民专业合作社从无到有，持续快速发展，目前已经突破6万多家，已经成为农村最大的新型经营主体。二是积极探索股份制合作，出台了《湖北省农村土地承包经营权作价出资农民专业合作社登记管理暂行办法》，在全国率先赋予农村土地承包经营权生产要素权能。三是鼓励合作社之间联合，下发《关于农民专业合作社联合社登记管理工作的试行意见》，在全国率先在全省范围内赋予农民合作社联合社“合作社”法人地位。四是推动多要素合作，湖北省出台了《关于促进湖北省农民合作社规范发展的意见》，全面规范资金、资源、资产、土地、劳动、设施等多要素合作。

1.2 突出指导创新，形成齐抓共管局面

2014年，湖北省政府批准建立了由农业厅、发改、财政、金融、税务等11个厅局组成的湖北省农民合作社发展厅际联席会议制度，进一步明确了各职能部门职责，加强对农民合作社的指导和服务。先后下发了《关于加快培育和发展农村专业合作经济组织的通知》《关于积极支持和促进农民专业合作社发展的意见》《湖北省农民合作社规范化建设的意见》等政策性文件。

1.3 突出金融创新，大胆探索农村合作金融

2015年初，全省成立了农村合作金融创新试点工作领导小组，在枝江市启动首个试点。经过一年的试点，初步破解了涉农贷款“两难一贵”问题，加速推进了农村资源要素合理流动和新型农业经营主体发展。2016年1月，湖北省委、省政府决定在总结枝江市试点经验基础上，进一步扩大试点范

围，在全省再选拔9个县（市、区）开展农村合作金融创新试点。

1.4 突出营销创新，打造产销对接平台

湖北省抓住农业部在部分省市开展农社对接试点工作的契机，结合湖北实际，大胆创新，倾力打造“楚合商城”销售平台，探索建立网上和实体连锁店相结合的销售渠道。建立工商、税务、财政、农业、水利、电力、交通、公安、供销社等相关单位和部门协调机制，解决合作社在销售过程中遇到的各种困难。目前，我厅正在和中国电信合作，开发楚合商城手机APP，让“楚合商城”得到更多消费者的青睐和信赖。

2 突出规范发展

2.1 健全政策及法规

湖北省陆续下发了《湖北省农民专业合作社示范章程》《湖北省农民专业合作社示范守则（试行）》《湖北省农民专业合作社财务管理示范流程》《湖北省农村土地承包经营权作价出资农民专业合作社登记管理暂行办法》《关于农民专业合作社联合社登记管理工作的试行意见》《关于加强农民合作社规范化建设的意见》等一系列政策性文件，颁布了《湖北省实施〈农民专业合作社法〉办法》。为湖北省农民合作社发展创造了好的政策和法律环境。

2.2 建立指导体系

《农民专业合作社法》实施之后，全省所有市、州、县农业（经管）部门也都建立了农民合作社指导机构。不少地方还成立了党政主要领导任组长的发展农民合作社领导小组及工作专班，截至目前，全省初步建立了健全的农民合作社指导体系和领导协调体系。从2010年开始，农民合作社发展工作纳入省人民政府考核各级政府的指标体系，有力地促进了农民合作社健康发展。

2.3 开展示范社创建行动

为引导全省农民合作社健康发展，湖北省开展了国家、省、市、县四级示范社联创活动，同时，在农业行业开展评选行业“十佳”、“二十强”农民合作社活动，通过发挥典型示范的带动作用，引导农民合作社健康发展。目前，省级以上示范社1 300家，国家级示范社282家。全省绝大多数农民合作社都建立了自己的《章程》，有90%以上的农民合作社建立了成员（代表）大会、理事会、监事会制度，开展经营活动的农民合作社基本都建立了成员账户，实现盈利的农民合作社大都进行了盈余分配，全省农民合作社规范程度明显提高。

2.4 开展合作社人才培训

将农民合作社理事长、经营管理人员、辅导员作为农民合作社人才培训重点对象，每年要求农民合作社理事长、省级农民合作社辅导员两个“全覆盖”轮训一遍，鼓励各地组织财会、市场营销人员参加各类培训班。与台湾农会、欧美合作社开展合作交流，组织农民合作社理事长、辅导员走出去，学习台湾、欧美合作社办社经验和合作理念，邀请台湾农会负责人来我省交流和合作，组织各级农民合作社示范社理事长互相参观交流学习等。

3 营造舆论环境

将农民合作社宣传纳入全省宣传工作统一部署，印发了《全省百姓宣讲全覆盖实施方案》，积极推

动各级各部门将农民合作社有关内容纳入各级百姓宣讲内容，大力宣讲政府对农民合作社的扶持政策、措施；吸纳规范经营农民合作社创业致富的优秀农民进入百姓宣讲团，鼓励他们讲好创业致富故事，引导带动更多农民参加农民合作社。注重挖掘一批规范经营农民合作社创业致富典型，带动更多农民关注参与农民合作社。

湖北省农业厅将每年7月定为“农民合作社宣传月”，各市州县农经部门组织人员深入宣讲农民合作社法律法规、方针政策，组织新闻媒体，联合省委宣传部开展系列宣传报道。

早在2012年湖北省农业厅和湖北日报传媒集联合在湖北农村新报开辟《楚合周刊》，此专刊已经连续不间断出刊五年时间，宣传党的政策、法规，宣传农民身边的合作社和合作社理事长创业经历。

湖北省农业厅和湖北电视台垄上频道开辟了《我们村里的合作社》，宣传我省各级示范社办社典型，为广大理事长如何办好合作社、农民如何加入合作社提供了鲜活的样板。

湖北省农业厅湖北农业信息网专门开办了“湖北省农民合作社”字网站，通过互联网及时宣传我省农民合作社各种信息。

4 完善扶持政策

4.1 财政扶持

中央和省级财政设立了农民合作社发展资金，扶持县市区农民合作社发展；在农机购置补贴方面，农民合作社等新型农业生产经营主体可优先补贴；积极探索新增惠农补贴向农民合作社倾斜；在农产品质量安全、农业技术推广、农作物病虫害防治等项目实施中，鼓励具备条件的农民合作社承接支农项目，承担相关服务项目建设，通过提供服务取得收入补贴；开展农民合作社发展创新试点，通过创新政府购买合作社发展机制，发挥农业公益性服务作用，培育多种形式农民合作社发展。

4.2 金融支持

大胆探索农民合作社信用合作模式，通过互保、联保、信用等方式，减轻贷款抵押物不足的限制。出台举办行制度，通过支农再贷款等货币政策工具，增强农村中小法人金融机构资金实力，加强对农民合作社信贷支持。制定信贷创新产品监测报备制度和县域金融创新产品评审办法，加快金融创新产品在各地的复制、运用和推广。

4.3 税收优惠

近年来我厅就合作社税收优惠问题一直与相关部门进行沟通。目前省财政出台财税〔2008〕81号规定，对农民合作社销售本社成员生产的农业产品，视同农业生产者销售自产农业产品免征增值税。省国税局提出“合作社销售其社员生产的并使用合作社注册商标进行包装后销售的农产品”，只要属于《农业产品征税范围注释》（财税字〔1995〕52号）中列明的初级农产品，就属于免征增值税范围。农民合作社销售其社员自己生产并使用该合作社注册商标进行包装后销售的农产品所得收入属税收减免范围。省地税局通过减、免、抵等多种优惠方式，切实减轻合作社税负压力，促进其不断降低成本，逐渐做大做强。仅2011—2013年省地税局运用税收优惠支持131家农民合作社发展，减免各类税收共计1 004.4万元，其中2013年减免税收金较2011年增长281.5%。

湖北省农业厅将出台全省农民合作社工作考核指标，对全省各市、县农民合作社工作进行考核，切实加大履职尽责考核监督力度，为湖北省农民合作社发展创造优良环境。

敢于创新 勇于探索
培育壮大农民合作社

2017年是《中华人民共和国农民专业合作社法》颁布实施十周年，这部法律的贯彻实施，为农民合作社的规范和发展提供了坚强的法律保障，有力地促进了农民合作社快速发展，对加快构建新型农业经营体系，推进农业现代化发挥着重要作用。通过十年的发展，湖北的农民合作社，从无到有、从弱到强，数量几何级增长，质量稳步提升，出现了“领导想合作，农民盼合作，政策促合作，部门引合作，能人带合作”的可喜局面。截至今年6月底，湖北农民合作社总数已达到7.7万家，与2007年相比增长15.5倍，全省超过一半的农户加入了农民合作社，社员较非社员收入增加20%以上。湖北农民合作社已经成为带领农民进入市场的经营主体、农村经济的新型实体、农村管理的有效载体。主要成效和做法如下：

1 坚持发展第一，砥砺前行

2007年，《农民专业合作社法》颁布实施，湖北省省委省政府高度重视，采取各种方法推进法律的实施。第一，抓组织推进，推动法律实施。省、市、县各级政府建立了湖北省农民合作社发展厅际联席会议制度，在全国率先成立湖北省农民合作社办公室，专门负责全省农民专业合作社的指导、扶持和服务工作。全省市（州）、县（市、区）都成立了相应机构，配备了人员。自2010年开始，把农民合作社发展指标作为“三农”工作考核的重要内容。第二，抓法规政策，促进法律实施。2007年，湖北省省委、省政府专门出台了《关于支持和促进农民专业合作社发展的意见》，2008年初，全国第一部合作社法的地方配套法规《湖北省实施〈农民专业合作社法〉办法》在我省正式施行正式实施。第三，抓宣传培训，加快引导法律实施。2005年起，湖北省将每年7月定为“农民专业合作社宣传月”，层层召开会议，集中宣传培训。自2007年《中华人民共和国农民专业合作社法》实施以后的5年时间，省政府坚持每年召开农民专业合作社推进会。第四，建设“五大工程”，促进法律实施。2007年起，湖北省在全省范围内，统一开展农民专业合作社“五大工程”（推进、示范、人才培训、农超对接、品牌培育）建设，取得了良好效果。

2 坚持问题导向，敢为人先

10年来，湖北省农业厅为贯彻落实《农民专业合作社法》，顺势跟进，主动作为，创造性地开展工作，多项工作在全国率先开启。

2.1 突出指导创新，加强组织推动、科学引导

一是2007年，湖北省委、省政府率先出台《关于支持和促进农民专业合作社发展的意见》。二是2008年，率先出台地方性法规——《湖北省实施<中华人民共和国农民专业合作社法>办法》。三是2011年，在全国率先开启农村土地“三权”分置探索，出台《湖北小农村土地承包经营权作价出资农民专业合作社登记管理暂行办法》。四是2013年，出台《关于农民专业合作社联合社登记管理工作的试行意见》，在全国第一个赋予联合社法人地位，填补了《中华人民共和国农民专业合作社法》法律空白。五是2014年，在全国率先实行省直十一个部门联合引导、规范农民合作社的发展，建立《湖北省农民合作社厅际联席会议制度》，并联合印发《关于引导和促进农民合作社规范发展的意见》。

2.2 突出模式创新，促进多元发展、跨区联合

一是创建了“多要素合作”模式—鼓励农民采取带机入社、带地入社和带资入社的“华丰模式”，实现了农业多种生产要素合作，促进了农业生产要素的高效配置。二是创建了“生产在家、服务在社合作”模式—实行“六统一”的订单生产服务“楚田模式”，实现了农业生产的供给侧结构性变革。三是创建了“土地三权分置合作”模式—明晰农村土地“所有权、承包权、经营权”的“三权”分置属性，探索把经营权委托企业经营的“春晖模式”，被中央领导誉为“现代农业的一面旗帜”。四是创建了“精准扶贫”模式—鼓励扶持打工仔刘锦秀，创建了富帮穷、结穷亲，带领贫困乡亲共致富的、以扶贫为宗旨的农民合作社，实现了精准扶贫、长效扶贫的目标。五是创建了“合作社联社”模式—“春露联社”、“七仙红联社”分别将洪湖市几十家水稻种植专业合作社和孝感市所辖县市区水蜜桃合作社联合起来，制定了共同的生产标准，开展水稻、蜜桃产前、产中、产后服务，着力构建从生产到消费、从田间到餐桌的全程监管体系。

2.3 突出营销创新，打造互联网+农民合作社销售平台

在全国“农社对接”试点活动中，探索建立了“楚合商城”线上、线下连锁销售模式。已经有447家合作社入驻“楚合商城”网店，粮、棉、油、果、茶、蔬等门类的产品达971个。线下已建有1 898家“楚合商城”实体连锁店，累计销售额已超过10亿元。罗田县将县内700多家农民合作社与电商平台进行对接，以合作社为引领，引进培育1 000家企业和个人从事农村电商，销售合作社产品，直接参与人员达8 000人，2015年全县合作社产品网络销售额达到2.1亿元。

2.4 突出金融创新，大胆探索农村合作金融

一是政府主导模式。枝江市以农民合作社为核心，组建区域性农民合作社联合会，政府出资设立担保基金，试点银行提供贷款。二是担保公司主导模式 。2014年，我省以农业部农民合作社贷款担保试点为契机，在襄阳市乃至全省开展试点，3年来为全省100多家农民合作社及社员提供超过3亿元的贷款担保。三是银行主导模式。襄阳市民生银行通过宜城市楚梦园农民粮油合作联社设立合作社担保基金，银行按比例放大提供贷款，每年向联合社及其成员提供2亿元贷款额度。四是合作社主导模式。宜昌市夷陵区晓曦红柑橘合作联社等一批农民合作社通过成立内部成员信用合作部，为临时困难的成员提供生产资金及短期的流动资金，实行专款专账。

3 继往开来，开展提升行动

湖北省将继续围绕贯彻实施《农民合作社法》新精神，开展合作社质量提升行动，进一步规范农

民合作社发展。力争到2020年末，农民合作社年平均发展速度不低于5%，注册资本年均增加5%，农户入社比率达到60%以上，农民合作社示范社比例达到10%以上，农民合作社联合社县域全覆盖，生产、供销、信用“三位一体”的综合社乡域全覆盖。

（1）创新发展，促进要素合作。鼓励发展多种形式的农民合作社，充分发挥土地、资金、劳动、技术等要素和产品的纽带作用。

（2）实施“提升工程”，规范农民合作社运营。深入贯彻新修订的《农民专业合作社法》，继续规范农民合作社产权结构、治理结构、生产经营、盈余分配和财务管理，提升农民合作社运营水平。

（3）建立示范社评定及退出机制，发挥示范社示范作用。建立农民合作社示范社评选和监测机制，充分运用工商部门大数据，定期对农民合作社示范社进行评选和监测。

（4）建立示范社孵化基地，大力培育示范社。探索建立县域农民合作社示范社孵化基地，依托部门和行业开展农民合作社指导、扶持和服务。提高农民合作社生产、经营和管理水平。

（5）大力发展“两社一体”，做大做强农民合作社。大力发展农民合作社联合社、田园综合体和生产、供销、信用“三位一体”的综合社，做大做强农民合作社。

（供稿：湖北省农业厅，2017年8月）

《中华人民共和国农民专业合作社法》修改意见

随着时代发展，农民合作社的发展背景在发生变化，从业人员也在变化，农民合作社发展的现状更是日新月异。为适应形势的发展，有效解决农民合作社发展中存在的问题，需要在法律上进一步对农民合作社的发展予以规范和指导。

1 新形势下应针对三大背景来修改《农民专业合作社法》

一是培育新型主体的大背景。近年来的中央一号文件、中央经济工作会和十八届三中全会上都释放信号，明确加强培育新型主体。在未来10~15年，随着城镇化进程的加快，大量劳动力离开农村，传统的以一家一户为基础的散户、小户，因为缺乏市场竞争力、经营成本高，经济效益较低，而将不成为主体的主要构成。农民合作社将成为培育新主体的重要力量。在该背景下，必须高度重视农民合作社的健康发展。

二是农村土地三权分离的背景。所有权是集体的，承包权不能转让，经营权则可以流转。未来，大量的承包权与经营权将会分离。在《农民专业合作社法》首次出现时，农民合作社拥有承包权、经营权。在新背景之下，承包权将不能转让，但经营权与承包权是分离的。如果按过去的《农民专业合作社法》中“农民合作社的社员必须有承包经营权”的表述，将不适应未来农民合作社的发展。

三是户籍改革的背景。农民由户籍定义，在新背景下，农业户口将不复存在。在户籍改革的背景之下，“农民”一词的概念与过去不一样。农民或许是定义为以从事农业生产为职业的人。

2 《农民专业合作社法》的修改应基于三个有利于

一是要有利于农业生产的发展，特别是要有利于粮食安全问题。《农民专业合作社法》的修改，要落脚到支持农民合作社的生产上。粮食安全是重中之重，因此首要保证国家的粮食安全，让农民合作社生产出更多安全的农产品。

二是要有利于农民增收。发展农民合作社，加快农业规模化、集约化、产业化经营步伐，对促进农村经济发展、增加农民收入具有越来越重要的作用。新的《农民专业合作社法》有必要出台政策，支持农民合作社整合生产要素，合理配置资源，降低生产成本和市场风险，增强市场竞争力，不断促进农民增收。

三是要有利于农民合作社的健康发展。农民合作社的健康发展，必须坚持一手抓发展，一手抓规范。新的《农民专业合作社法》必须引导农民合作社按照市场经济法则和合作制原则，逐步加以改造，以规范促发展。对不合格的农民合作社开展全面清理整顿，对已登记在册的农民合作社进行全面审核。只有清理了大量的空壳农民合作社，伸手要项目、要支持而临时组建的农民合作社，没有实际运转的农民合作社，才能保证农民合作社的健康发展。

3 《农民专业合作社法》的修改要关注六个方面重点

一是关注法律名称。现行的《农民专业合作社法》主体是农民，不管是党委还是政府部门，均可实施指导，加之随着城镇化进程加快，农民身份将不复存在，建议将法律名称定义为《农业合作社法》。

二是关注主管部门。国家法律未明确农民合作社主管部门，造成多部门管理农民合作社，农民合作社一方面无所适从，另一方面也嫌贫爱富，农民合作社指导工作难度大。建议在《农民专业合作社法》中明确规定农民合作社的主管部门为各级农业（经管）主管部门。

三是关注成员身份。在三权分离与户籍制度改革的新形势下，《农民专业合作社法》的重点要转向保障经营户的利益，而非承包户。重点支持生产者，确保承包户的利益，保证公正、规范。而承包户利益应该在承包流转的规范化中通过市场保护其利益。

四是关注规范管理。目前，农民合作社规范化建设已经摆到突出位置，建议在法律层面明确各级涉及到农民合作社支持部门职责，利于各司其职，形成合力。

五是关注出资结构与盈余分配。目前，法律对出资结构没有做出明确规定，仅对附加表决权进行了明确，建议出资结构与附加表决权相匹配，防止“一股独大”现象。同时，为调动农民合作社带头人积极性，建议农民合作社分配制度中，在经成员大会同意的前提下，可适当降低按交易量分配的比例，体现盈余分配的公平性。

六是关注退出机制。目前，农民合作社发展还处于初级阶段，为促进农民合作社规范发展，建议加强备案、考核关。对超过规定期限未到主管部门备案及报送运营报告的、虚设或无生产力的农民合作社坚决予以注销。

七是关注扶持政策。调研发现，农民合作社出台的政策很多，但落实到位仍有差距。比如，税收减免政策不落实，金融支持难到位。农业部门说得很热，但在其他部门落实难。因此，《农民专业合作社法》的修改要有具体条款，要将支持落实到条条款款。

农民合作社的发展正面临着前所未有的发展机遇。“十三五”规划为农民合作社的发展提出了宏伟目标和宏观任务，2018年中央一号文件继续强调农民合作社的发展。伴随着新农民合作社法出台，将为农民合作社的发展打造一个更加优良、公正、公平的法制环境。

（供稿：湖北省农民合作社办公室，2017年7月）

农民专业合作社联合社发展调研报告

联合社的发展是当前较为突出的热点问题，是基于单一合作社发展上的困难，为抱团闯市场、提高市场谈判地位和竞争能力而联合起来的新的合作社类型，反映了合作社持续发展的内在要求。为了追踪联合社发展的现状，总结其在成员资格、组织结构、运行机制等方面的建设经验，以指导与规范联合社的进一步发展，在湖北省农民专业合作社办公室的组织与协调下，2017年7—12月期间，研究团队在湖北、浙江、广东、山东等典型地区进行了广泛深入的调研，形成调研报告如下。

1　联合社的发展现状

1.1　基本情况

近年来，作为农业新型经营主体一种重要的创新形式，出于内生发展要求与外在政策推动，农民专业合作社联合社发展势头良好，呈现出类型多、发展快、效果好的特点。

1.1.1　类型多

根据自身条件、发展需求，合作社联合社发展类型呈现出多样化特征。调研显示，从联合社发展的主要业务内容来看，可以分为生产型、销售型、服务型、产业链型等类型。①生产型联合社通过联合来扩大生产规模，降低成本。如江西省上高县汇农种植业专业合作联合社，主要经营优质水稻种植、生产和销售，通过联合并实施“标准化生产、规模化经营、工厂化育秧、机械化操作、现代化管理”，大大提高了种植面积，降低了成本。②销售型联合社通过联合着力解决流通环节的问题，实现产品的多样化、销售与市场盈利的稳定性，通常是采取“产+销”的形式。这也是在调研中反映出来的最主要的类型。如湖北省通山县九宫绿园种养殖联合社，经营范围覆盖猪、牛、鸡、茶叶、园林、蔬菜、粮食、药材及其他特种种养殖。在成立前，各成员社规模小、实力弱、产品单一，很难适应多样化、规模化的市场消费需求，面对中高端市场几乎毫无竞争力。联合后，通过建立联合社网站、开展“农超对接”等系列措施，打造“九宫绿园”品牌，大大增强了市场竞争力，形成了稳定的市场。③服务型联合社一般不直接从事生产与种养殖活动，主要为这些环节提供服务。如鄂州市蒲团种养殖农民专业合作社联合社，由平安农机专业合作社、十湖生态农民专业合作社和平安农民用水专业合作社三社联合组建而成。通过整合农业资源，面向农民提供农机、水利灌溉等生产性服务。④产业链型联合社以农业企业牵头的专业合作社为核心，以产业链协作为方式，以提高链条整体的市场响应能力和盈利水平。这种类型的联合社如湖北省潜江市巨龙生猪养殖专业合作联合社，通过联合，其经营活动包括饲料生产，养猪育肥、加工、销售等产业链主要经营内容。

从合作社联合社的成员类型来看，主要为专业合作社这类主体，但也包含一部分其他非合作社主体。总体来看，主要包括：①“专业合作社+专业合作社”的联合。这也是在对湖北、山东等地区的调研中反映出来最为普遍的主体类型之间的联合，绝大部分接受调研的联合社都属于此种类型。②“核心农业企业+专业合作社”的联合。这在销售型联合社、产业链型联合社中较为常见。如武汉市楚乡园农产品专业合作社联合社，为湖北楚农庄绿色食品有限公司与其他合作社的联合，并在联合社农产品加工销售中起到重要作用。③“社会（事业）组织+合作社”的联合。这类联合在调研中并不多见，如湖北省枝江市农民合作社联合社、山东省寿光菜农之家蔬菜专业合作联合社等，农协组织与合作社成员联系密切，提供联合社平台提供各类公共服务。

1.1.2 发展快

在政策有力支持下，合作社联合社发展步伐加快。自2011年开始，山东省潍坊市结合农民和合作社的实际，通过组建蔬菜、奶牛农民合作社联合社、农机合作社联合社、土地股份专业合作社联合社、农村经济专业合作社联合社，建立科学的利益联动机制和适度规模经营，提升了合作社的发展能力与水平。目前，潍坊市已发展256家联合社，涉及粮食、蔬菜、果品、养殖、花卉苗木、农机、信息服务等多个产业。对广州的调研显示，2014年开始，全市统一部署对涉及1 288个经济联合社完成了“三资”清理与台账建立工作，建成集体“三资”交易管理平台（机构），配备工作人员并陆续有增添机构及人员。截至2016年底，广州全市农村集体经济组织12 864个，其中经济联合社1 343个，占总数39.2%（526个）经济联合社完成股份合作制改革。湖北省大力推动农民合作社由单一要素合作向多要素合作转变，由单一生产环节的联合向产前、产中、产后等多个环节乃至全产业链的联合转变，由自然人之间的联合向法人之间的联合转变。支持同行业农民合作社实行纵向联合，引导同区域农民合作社开展横向联合，截至2016年底，联合社数量达到285家，80%以上县市区都成立了联合社。农民合作社的联合模式多样化、联合的规模越来越大。

1.1.3 效果好

合作社联合社组建的初衷是基于规模经济、市场风险应对、产业链合作、生产要素集约使用等考虑。从调研的情况来看，联合社的运行效率总体良好，主要经济指标都有显著提升，社会经济效益明显提高。主要表现在以下几点：

第一，推动了服务的一体化。联合社的组建，有利于集群并形成完善的服务体系。调研显示，相当多数的联合社依托联合的优势，整合了各类生产性服务，并形成完整的体系，这在湖北省联合社发展中较为普遍。如湖北省洪湖市春露农作物种植专业合作社联合社，以洪湖特产再生稻全产业链开发为目标，通过开展“六统一”服务，即：统一技术培训指导、统一生产资料采购供应、统一农机作业服务、统一病虫害绿色防控、统一产品加工销售、统一效益核算，实行再生稻产加销、贸工农一体化，推进农村一二三产业融合发展。“六统一”运行模式被湖北省农业厅誉为“春露模式”在全省推广。2016年11月17日，该联合社参加了国务院在湖州召开的新型农村经营主体座谈会，受到了国务院副总理汪洋和农业部部长韩长赋同志充分肯定。

第二，有效地拓展了市场。合作社之间通过联合，克服了“小农社、大市场”的劣势，增强了市场应对能力，有效地拓展市场宽度与深度。如湖北省鄂州市蒲团种养殖农民专业合作社联社的组建，提升了市场谈判能力，其种植的香米，在竞争激烈的大米行业拓展了市场，以订单农业的形式销售给中石油、中石化和武汉高校等单位，销路畅通。又如潜江市巨龙生猪养殖专业合作联合社，握有数十万头的生猪出栏量的规模优势，合作联合社能够与双汇集团、中粮雨润等大型企业在价格谈判中掌握有市场话语权；多个大型供销社、批发市场、农产品交易所等都想将其纳入生产基地，抢着下订单。

2017年上半年是出栏的淡季，该联合社销售生猪10万多头，猪价每千克比随行就市高出0.2元，即使在市场低迷的情况下，每头猪也可多赚20元。山东潍坊市相当部分联合社搭建营销平台，依托联合社大力开展农超、农社、农企对接和农产品直供直销、电子商务营销活动，打造和利用各类展会平台，扩大联合社对外宣传推介力度，开拓产品销售渠道。

第三，较大幅度地提高了收入。合作社联合社依托规模优势和标准化服务的提供，提高了销售收入，降低了成本，使成员的收入得以较大提升。如山东省潍坊然中然农产品专业合作社联合社整合31家专业合作社资源，拥有蔬菜、山楂、樱桃、山核桃、蓝莓等生产基地15个，基地总面积达8 200亩，年产值达2.6亿元。青州市盘龙山山核桃专业合作社是潍坊然中然联合社的成员，加入联合社前，核桃每千克只能卖36~40元，加入联合社后通过统一包装、分级销售等措施，每千克卖到52~56元，最好的能卖到70元。湖北省鄂州市蒲团种养殖农民专业合作社联社采取统一机械化生产、统一采购生产资料、统一防治病虫害和自然灾害、统一灌溉、统一提供生产技术与服务，极大地降低了生产成本，为农户社员至少节每亩约300元的成本。2015年联合社经济收入3 160万元，实现利润173万元，入社农户户均纯收入3.7万元，比未入社农户平均收入高出26.7%。2016年，联合社实现经济收入3 250万元，实现利润192万元，入社农户户均纯收入3.85万元，比未入社农户平均收入高出27.5%。湖北省武汉市楚乡园农产品专业合作社联合社自2015年4月成立以来，成员从148户扩大到现在215户，增加股本金300多万元。2015年实现销售收入1 300多万元，净利润70多万元；2016年实现销售收入1 800多万元，净利润110多万元。联合社的成员不仅收获种植利润，还享受到了联合社经营销售利润，平均每户增加近0.6万元的收入。

1.2 治理结构

合作社联合社的正常运行是建立在一定的组织架构上的。从调研的情况来看，各地的联合社在成员社已有的组织基础上，都注重加强社社联合的组织建设，完善组织结构与功能，确保联合社的正常运行。总体而言，山东、湖北、广东等省的组织建设框架都充分参考借鉴了合作社法的相关组织规定和现有合作社的组织架构。

大多数合作社联合社在组织建设中，都形成了三权分立的结构形式，即成员大会、理事会与监事会。其中，成员大会是联合社的最高决策机构，由全体成员组成。而成员类型则主要是农民专业合作社，还有的包括部分企业甚至协会组织，如湖北省洪湖市春露农作物种植专业合作社联合社，成员代表大会由40家成员合作社理事长、家庭农场主、加工厂经理组成，成员结构多元化。比较特殊的是广州市的部分联合社，实行的是股份合作改革，通过折股量化到自然人，形成股东大会。如广州市天河区黄村街黄村股份合作经济联社，在股份合作改革中，将股东类型分为两种：一是社区股东，指联合社拥有“股东+享受村民福利待遇的村民”双重身份的自然人；二是社会股东，指虽持有股份，但是不具备村民身份，没有承担社区生产与管理义务的外出自然人。各合作社理事长、企业法人代表来行使职权；成员大会的权利范围以及成员职权的行使依据联合社章程规定。

理事会是成员代表大会的执行机构，负责联合社日常生产经营与管理，对成员大会负责；理事会成员数一般至少2人以上，包括一名理事长、一名副理事长和理事若干名；为了便于具体业务的开展，调研地的各联合社在理事会下设置数量不等的业务部门开展业务活动，如生产部、加工部、技术服务部、销售部、行政部、财务部等。如湖北省枣阳市汇海利农业专业合作社联合社，理事会下的农业公司、农民合作社等经营主体与经理部、财务部并行，在经理部下再设置销售部、良种开发部、技术服务部三个业务部门；而洪湖市春露农作物种植专业合作社联合社是一个专业从事优质再生稻全产业开发与服务的新型农村经营主体，是集良种培育、生产、加工、销售于一体的全产业链，理事会相应的机构设置更为扁平化，业务部门设置更全，包括产前、产中、产后的诸多环节。

监事会是联合社的监督机构，负责监督理事会对成员代表大会的决议和联合社章程的执行，同时负责本联合社的财务资产监督和内部审计工作，成员一般包括监事长和执行监事。

运行机制。根据调查显示，各调查地的合作社联合社的运行机制一般包括决策机制、组织运行机制、盈收分配机制、财务运行机制、破产清算机制。

决策机制。合作社联合社通过章程制定一系列决策制度来实施民主决策与民主管理。调查的大多数联合社成员实行最为基本的一成员一票制。还有部分联合社成员基于一定条件享有附加表决权。如山东省青州市绿龙蔬菜生产专业合作社联合社对于出资额占该社成员出资总额15%以上或者与本联合社业务交易量（额）占本联合社总交易量（额）5%以上的成员，在该社重要决策方面，可享有附加表决权，享有附加表决权的成员及其享有的附加表决权数，在每次成员大会召开时告知出席会议的成员。在重大决策方面，所调研的联合社一般由成员大会来讨论决定，并在章程里明确规定了严格的通过标准。如湖北省竹溪县老味道农产品农民专业合作社联合社成员大会须有该社成员总数的2/3以上出席才能召开。成员因故不能参加成员大会，可以书面委托其他成员代理。一名成员最多只能代理一名成员表决。成员大会选举或者做出决议，须经该社成员表决权总数过半数通过；对修改联合社章程，改变成员出资标准，增加或者减少成员出资，合并、分立、解散、清算和对外联合等重大事项做出决议的，须经成员表决权总数2/3以上的票数通过。成员代表大会的代表以其受成员书面委托的意见及表决权数，在成员代表大会上行使表决权。在决策职能分工上，联合社章程都有明确规定，成员大会主要对重大问题进行决策，理事会主要对一般的日常经常管理负责，而监事会则主要负责监督管理工作，三部门分工协作，又保持相对的独立。

盈收分配机制。联合社的收入分配，根据联合社的经营管理实际情况，有一定差异。对广州农村的调研显示，合作社联合社大力进行股份合作社改革，按出资额、人头等折股量化后，以所占股份比例为依据，将利润中的一部分（如40%，不同联合社的比例不同）在股东中进行收益分配。如广州市天河区沙东街沙东股份合作经济联社、黄村街黄村股份合作经济联社、广州市白云区石井街马岗经济联合社、石井街庆丰村经济联合社等比较典型。而湖北、山东等地的联合社，在扣除当年生产经营和管理服务成本，提取公积金、公益金后的可分配盈余，普遍采取按比例返还收入的形式执行分配；而返还比例确定的依据主要包括成员与联合社业务交易量（额）、成员账户中记载的出资额和公积金份额，以及联合社接受国家财政直接补助和他人捐赠形成的财产平均量化到成员的份额。不同地区的联合社盈收分配机制形式虽有差异，但都兼顾效率与公平。

财务运行机制。联合社一般为每个合作社成员设置单独的财务账户，其各类资金活动及收入分配计入此类账户；并聘请1~2名专门的财务人员并接受培训，以确保联合社财务规范运行；在财务审批上，一般由联合社理事长负责；在财务公开上，一般采取定期公示的做法。在湖北省比较典型的如鄂州市蒲团种养殖农民专业合作社联合社，聘请了专职会计管理其财务，社内的开支实行理事长签字制度，重大开支提请理事会讨论决定；联合社建立有成员账户，为合作社成员财户和农户社员账户两类，3个合作社分设3个账本，分开记账，但按统一标准管理，年终统一分配；联合社严格执行《农民专业合作社财务会计制度》，对财务账目实行日清和月结，并按季公布各项财务收支，增加了资金监管的透明度。财政形成的补助或资产，按成员股份量化至每个社员农户。又如山东省潍坊然中然农产品专业合作社联合社，依据成员名册，为每个成员设立成员账户，用于分类记载成员股金和应当折股量化为成员名下的财产份额；成员与联合社的所有业务交易，实行实名专户记账，作为按交易量（额）进行盈余二次返还分配的依据；建立财务和会计制度，会计和出纳互不兼任；财务年度为1月1日至12月30日。实行每月5日财务定期报账、公开制度；财务年度终了时，由理事会按照本章程规定，组织编制联合社财务年度盈余分配方案以及资产负债表、损益表、财务状况变动表等其他财务会计报告。

解散清算机制。湖北、广东、山东等调研地的合作社联合社参照公司法，对联合社的解散清算设置了若干条件，各联合社略有差异，但一般包括联合社成员数量达不到要求、因主客观条件不再继续经营、破产、被吊销营业执照、成员大会决议等方面。一旦触发这些条件，即进入解散清算程序。在清算环节，组成清算小组，对联合社的资产和债权、债务进行清理、并制定清偿方案报成员大会审议通过，一次清偿工资、税款、股金等。

1.3 发展模式

农民合作社联合社的建立是市场经济条件下农民合作社进一步发展的结果，是农民合作社在更大范围、更高层次上更加开放的合作形式，起到合作共赢的作用。农民合作社基于自身发展基础与长远规划，进行不同形式的联合，形成了不同类型的发展模式，主要包括以下三种模式。

横向联合发展模式。调研显示，这种类型的发展模式是以生产或提供某种相同或相近的农特产品或服务为纽带，将特定区域内的相关农民合作社联合起来组成联合社，分为生产型、服务型等类型。其主要功能包括:一是通过各种资源整合，增强应对市场的能力；二是有效实现品牌度的提升；三是实现规模经济，降低成本。如湖北省七仙红林果农民专业合作社联合社，由孝昌县冠昌源农产品专业合作社牵头联合其他4家果品生产合作社于2013年10月组建。联合社组建之前，缺乏品牌和统一管理，合作社社员生产的产品销售中经常被经销商压价，价格很低。组建之后，形成合力，注册体现孝文化的“七仙红”鲜桃商标，2014年2月，“七仙红”桃被评定为“湖北名桃”；由于规模的扩大，采购成本得以降低，市场议价能力增强，规模经济效应明显。

江西省彭泽县安泰农机专业合作社联合社，于2012年7月由8家农机专业合作社与2家农机销售公司共同成立。通过联合，农机覆盖面占全县80%以上，有大、中型农机设备近200台（套），总动力5 000多千瓦，年服务作业能力7万多亩；可承接农作物大面积机耕、育秧、机播、机插、收割、植保等作业项目，还可承担对外跨区作业以及农机手培训、维修等现代农机服务项目，有效解决了原来单个合作社由于势单力薄而拿不下、办不了、办不好的问题，提升了市场话语权。

纵向联合发展模式。这种发展模式在调研中主要表现为以产业链延伸为纽带组建的联合社是以延长产业链、增加产品附加值、提高价值链价值为基本导向。其运作模式是以产业链上的大型合作社为核心和龙头，依托其强大的技术实力、资金实力、管理实力、销售实力而形成，由其牵头组织产业链上下游的合作社联合。这种模式的联合社能实现以下功能:一是形成上下游相对稳定的供求关系，从而降低交易风险；二是通过建立合作社之间的供应链关系，上下游之间形成无缝衔接，将外部经济内部化，降低交易成本；三是紧密的合作关系有利于形成战略联盟关系，从而形成更强的竞争优势。

较为典型的如湖北省潜江市巨龙生猪养殖专业合作社联合社的成立，起初几家成员合作社主要业务在养猪育肥，但贩猪的赚钱、杀猪的盈利、卖猪药做猪(饲)料的发财，养猪从业者势单力薄，于是猪馆们首先想到了抱团取暖。2013年4月，由蚌湖生态农业牵头，联手庆宝丰、新农垦人、衡和等4家专业合作社，巨龙合作联合社应运而生，网罗南泥湾、宏光、春惠等15家规模化养猪场，拥有社员175户，形成了“航母战斗群”，在潜江“三分天下有其一”。

综合发展模式。以综合联系为纽带组建的联合社，各合作社之间不具有明显的共同特征，产品类型、服务类型、技术类型、客户类型具有较大的差异性，五花八门，成员大多分布在某一较小的地域范围，因为没有产品、营销、技术等作为联系纽带，各成员之间一般没有共同的价值实现平台，联合社的主要功能是可实现某些服务的共享。这种发展模式最为典型的如湖北省枝江市农民合作社联合社，由天雨农业投资开发有限公司等46家初始成员联合发起成立，目前已有400多家以专业合作社为主的会员。各合作社会员经营范围广泛，包括种养殖、果品、加工、服务等多产业门类。联合社依托统一平台和组织机构为这些会员提供行业协调服务、信用增进服务、金融链接服务、技术推广服务以及市场营销服务。山东省寿光市菜农之家蔬菜专业合作社联合社与此具有相似性，它为其成员社及其种植户在各类果品、蔬菜种植上提供全程种植解决方案，包括前期测土、全程植保、蔬菜产品精准检测、可追溯查询系统等，并成立了安全蔬菜新技术联盟，提供技术咨询服务，显著地提高了产出水平、技术转化率以及社会经济效益。

2　当前联合社发展的主要问题

2.1　相关法律界定模糊或缺失

第一，联合社性质与地位缺乏法律认可。目前法律仅对农民专业合作社的法律地位做出了规定，对农民专业合作社联合社的性质和法律地位未予认可，使得农民专业合作社联合社在发展中欠缺法律规范依据。尽管部分省份如辽宁、江苏、浙江在出台《农民专业合作社法》实施办法或条例时，对联合社进行了比较明确的条例补充，一定程度上填补了法律空白，湖北省也在2013年颁布了《农民专业合作社联社登记管理工作的试行意见》，但对于联合社的法律地位和相关产权问题依然存在着有待完善的地方，在较大程度制约了联合社的进一步发展。

第二，农村集体经济组织加入联合社缺乏依据。近年来，全国各地出现许多新型的农民合作组织，例如土地股份合作社、社区股份合作社、资金互助合作社、农机合作社、手工业合作社、劳务合作社等，超越了对传统合作社的界定。为顺应实践发展需要，2017年6月22日通过《中华人民共和国农民专业合作社法（修订草案）》，修订草案取消“同类”农产品或者“同类”农业生产经营服务中“同类”限制，将农民民间工艺、休闲农业和乡村旅游等纳入调整范围。近年来，随着农村集体产权制度改革的深入推进，一些地方将改革后的农村集体经济组织称为经济合作社或股份经济合作社。股份经济合作社作为中国农村集体经济的载体，在农村集体产权制度改革和发展壮大集体经济过程中发挥着重要作用。但经济合作社或股份经济合作社与修订草案中界定的合作社在成员边界、财产关系、运行机制上存在很大区别。因此，修订草案的调整范围难以涵盖社区性的经济合作社或股份经济合作社。那么，按照修订草案，由农村集体经济组织加入联合社就缺乏法律依据，这与现实中的需要是相脱节的。建议从合作社在成员边界、财产关系、运行机制加快对农村集体经济组织加入联合社的规定。

第三，联合社内部的信用合作缺乏法律依据。调研中发现，联合社内部已在开展信用合作的实践，但相关法律规定出台滞后，使得信用合作的法律支撑不强。如山东省临朐县志合奶牛专业合作社联合社现在成员单位31个，286个社员户，辐射、带动周边1 200个奶农户，社员户均年增收5万多元。联合社产奶量达日2 000吨，成员单位月均流水30万以上，3万、5万的小额信贷无法满足成员单位扩大生产规模的需要。该联合社中16个成员单位经过多年的合作，彼此都比较了解也相互信任，都是沾亲带故的乡亲，而且成员单位都是同行，有活物抵押的基础（即使贷款合作社资金周转出现了问题其奶牛对于银行来说面临处置风险，但对于同是养牛的合作社来说是可以盘活、抵债的）。因此，联合社中16个成员单位商量，每个单位以合作社的名义出资30万，交由银行托管，在联合社成员间进行信用合作，为成员单位扩大生产规模周转需要。但由于目前只有合作社与合作社成员之间信用合作的相关规定，尚无联合社与联合社成员之间信用合作的相关规定，最终导致联合社内部合作社之间的信用合作流产。

该案例从一定程度上反映了联合社与成员单位开展信用合作缺乏法律依据的现实。全国已有14个省（区、市）的地方性法规明确规定合作社可以开展信用合作，而且经国务院同意，山东省开展了合作社信用合作的试点。目前，全国有2 000多家合作社开展信用合作。但是，对于联合社与合作社成员之间的信用合作未作说明，因此，考虑联合社内部成员单位信用合作的现实需要，鉴于信用合作风险较高，专业性较强，建议联合社章程应当对此作出统一规范，加度制度约束，强化风险控制。

第四，联合社退社的相关规定。修订草案规定，为规范农民专业合作社连续两年未从事经营活动，或者连续三年未报送年度报告的，吊销其营业执照。草案还就成员新入社和除名、盈余分配以及法律责任等内容的有关条款作了修改完善。建议相应的，对联合社单位成员退社作相关规定。

2.2 政策落实不到位

扶持政策难落地，好政策存在最后一公里梗阻。调研表明，为了鼓励农民合作（联合）社发展，国家出台了不少支持农民合作（联合）社政策和法律法规，但由于各种原因，操作困难，好政策难落地，效果打折扣。

一是办证注册难。合作（联合）社反映工商登记注册时需提交环境评估、防疫证明、食品卫生许可证等前置材料，而办理这些材料需一定费用，这对于刚组建、经济实力较弱的合作（联合）社无疑是个门槛，影响了合作（联合）社注册登记。另外，质量技术监督局在办理组织机构代码证时也要缴纳。

二是土地利用难。合作（联合）社建造办公场所、进行产品加工、仓储、冷藏所需土地在办理农用地转用审批手续时，一方面难以获得用地指标，另一方面门槛高、时间长，还需缴纳相当高的土地出让金，使合作（联合）社无法扩大生产经营规模，办公场所也难以获得产权证，无法抵押贷款。如湖北省星翔农产品专业合作社联合社在涉农项目推进实施中存在一些困难。项目建设用地受政策和规划的束缚，长期得不到落实。投资较大，仅靠企业资金自筹，难以如期实现。

三是税收优惠难。虽然国家出台了一些税收优惠政策，但一些规定过于模糊，如对合作（联合）社产品是否初级加工或深加工的认定上没有明确界定，导致税务部门在落实上力度不够。税收上，农民合作社为方便生产和运输，对基础设施建设修整，存在税务部门要求上缴耕地占用税的问题。另外，目前一些省份开始实行微机打印税务发票，但合作（联合）社作为部分免税对象，其在提供生产经营服务时不能开具相关发票，给生产经营服务活动带来困难。

导致政策落地难的原因主要有以下几个方面。

一是重视程度不够。不同省份的合作（联合）社发展很不平衡，部分地方口头上重视但行动上不够重视，认为合作（联合）社对地方经济贡献少，服务不积极主动，部分地方对合作（联合）社的本质、特点和发展路径认识不清，政府定位不明，重发展轻规范，重行政手段轻市场机制。

二是政策执行不到位。合作社法律法规的一些规定过于原则化，执行起来操作性不强，一些部门为维护部门利益也导致现有政策难落实。

三是主管部门协调不到位。农民合作社办公室承担合作组织的指导、扶持和服务职责，在指导协调工作、监督政策落实等方面越来越难发挥作用。合作社工作都交由农村经营管理局负责，但经管管理局自身已承担农村土地承包、农村财务管理、农村集体产权制度改革创新等大量繁重工作，缺乏专门的合作社工作人员编制、经费。

四是扶持力度不到位。合作（联合）社发展刚刚起步，相对于需求而言，各级政府在资金等方面的扶持显得杯水车薪。相关部门在确定农业产业化、农业标准化、农业科技入户等项目建设载体时，还没有真正把合作社与农村社区、龙头企业等一视同仁。

2.3 融资问题较为突出

“融资难，融资贵”是当前合作社联合社发展中十分普遍的问题，制约着联合社的持续性发展，也是调研中反映出来的十分广泛而又突出的难题。

资金短缺，融资困难。农民专业合作社联合社融资困难的原因是多方面的。其主要原因来自企业自身的素质，农民专业合作社规模小，自有资金不足、信誉不高、信用等级普遍较低。即便是组成联合社，这些问题依然不同程度地存在，而国家在农民专业合作社信用担保体系方面目前尚不健全，使得金融机构为降低贷款风险乃至提高贷款收益，不得不持谨慎的态度。即便是在“合作社联合社+金融”创新模式上进行过有益探索且成效显著的枝江市，其农村商业银行负责人也反映出这样的倾向性。这直接导致联合社通过正规的金融形式无法有效满足自身资金需求。如湖北省洪湖市春露农作物种植专业合作社联合社，随着联合社成员逐年增加，再生稻种植面积迅速扩大，再生稻收购资金严重不足，联合社各项生产性固定资产在各大银行抵押无效，融资十分困难。潜江市巨龙生猪养殖专业合作联合社也反映除了销售，各个成员社最需要联合社做的工作还有融资，但银行要求他们提供抵押担保才肯贷款，但联合社的土地是集体土地，办不了土地所有权证，建在上面的猪舍又不能办房产证。

融资成本高。调查中显示，农民合作社联合社负责人普遍认为当前融资成本偏高：一是很大部分农民专业合作社联合社毛利润不足10%，然而银行年利率一般都为6%左右，除去融资成本后，许多农民合作社联合社几乎无利润甚至亏损。有的商业银行实行存贷款挂钩、提前扣除利息、搭购相关理财产品等，合作社的实际贷款成本接近或超过银行基准利率的两倍，处于“融不到、用不起”的两难之中。而村镇银行、小额贷款公司等金融机构的贷款利率一般是银行基准利率的3~4倍，民间融资成本更高。二是银行贷款支持缺乏连续性，联合社贷款后如出现微利甚至亏损状况，银行有可能减少或者收回贷款不再支持。三是各种隐性贷款成本增大，如：资产评估公司的抵押品评估费、国土，房产管理部门的他项权利登记费用、担保公司担保费用、公证处合同公证费用及银行信用等级、授信额度的咨询费用、账户管理费、会计事务所年报审核、工商局营业执照年检费用、保险公司的财产保险费等。

2.4 人才需求得不到满足

农村教育发展滞后，城市化不断深入推进，大量的高素质年轻劳动力涌入城市，使得农村人才严重缺乏。人才问题是联合社发展所面临的另一个难题。根据调研反馈，三种类型的人才比较稀缺：一是专门的技术人才，尤其是掌握种养殖关键技术的专门人才；二是管理人才，即懂管理、懂市场、在联合社或企业经营上有较为丰富经验的企业家人才；三是专门的财会人员，即能规范进行财务操作、财务管理的人员。这三类人才的缺乏，直接限制了联合社的发展，成为其发展短板。湖北省孝感市七仙红林果农民专业合作社联合社90%以上的社员均为40~60岁、本科以下学历，对于经营管理不够了解，对于网络的知识更是缺乏，品牌管理、农业技术、经营管理、市场营销等方面的人才更是严重不足。除了专业技能缺乏外，法律合同意识和市场竞争意识也不足，对于土地租赁、入股等问题了解不够，时常发生毁约事件。人才的短缺成为该联合社规范化经营和可持续发展的严重障碍，阻碍其向现代化农业转型。襄阳市硕丰农民专业合作社联合社、湖北星翔农产品专业合作社联合社也面临同样的问题，人才队伍建设不足，表现为联合社本身规模偏小，利润较低，聘请外来的管理人员所需支付的薪金联合社难以承担；管理人员和管理专业的毕业生不愿到农村工作。联合社的发展面临经营管理人才缺乏的严峻挑战，这个问题日益突出，将制约联合社的发展甚至生存。

3 联合社发展的国外经验

19世纪中后期以来，合作社在欧美国家得到快速发展，数量急剧增加，随着技术变革及市场竞争日趋激烈，单个合作社生存压力增大，合作社开始了多种形式的联合发展。国际合作社联盟提出，合作社通过地方、国家、地区和国际上的合作，才能最有效地服务于其成员并发展合作社运动。在合作经济较为发达的国家，多种形式的合作社联合已日趋成熟，呈现出多特征、多模式的发展态势。据统计，2008年国际金融危机暴发以来，在英国经济下降1.7%的情况下，全英合作社经济同期大幅增长了19.6%，而合作社联合社在农业指导和政策执行中确实扮演着重要角色，构建了覆盖产前、产中和产后的综合性服务体系，成效显著。国外联合社发展的实践证明，合作社之间的联合与合作是应对国际化背景下农产品市场竞争的有效手段，也对社会稳定和产业发展做出了积极的贡献。基于此，本部分将探讨国外合作社联合社的发展特征、运行机制和主要政策，并总结国外联合社发展的先进经验，以期为中国合作社联合社的发展提供启示和借鉴。

3.1 国外合作社联合社的发展特征

在欧美和日韩等国家，合作社早已通过纵向合作和横向合作建立起多种形式的合作社联合社，其服务内容的范围不断扩大，涉及到生产、加工、储运、销售、金融、消费、医疗、教育和环保等多种类型，也出现了基层联合社、地区联合社和全国总联盟等不同等级层次的合作社联合行为。国外合作社联合社的发展特征主要表现在以下4个方面。

（1）联合社组织模式各具特色，农业合作社通过联合实现了从量的发展到质的飞跃。各国联合社组织模式各具特色，有的以大型合作社形式出现，如美国的农场主联盟组织——以农场主为服务对象的农场局和以合作社为服务对象的合作社协会、荷兰由多家果蔬合作社合并而成的VTN/The Greenery合作社、德国合作社及赖夫艾森联盟（DGRV）等；有的以合作社集团的方式出现，如英国的Co-operative UK、法国农业合作联盟（CFCA）等；有的以综合农业协同组合的态势出现，如日本和韩国。各国通过开展合作社之间的联合与合作，实现在更大规模和更高层次的合作经营，经历了一系列结构重组与合并，合作社的数量和成员总数（之前一个成员可能参加多个合作社）均明显减少，而其核心业务更加聚焦和专业，进一步促成了合作社营业额的急剧增加，合并与联合后大多联合社走向企业化和股份化的经营方式，转向注重质量的内涵式发展轨道。

（2）合作社的联合呈现多维度，基本维度是纵向联合和横向联合，同时广泛存在着交叉联合。国外合作社通过纵向联合形成产业联盟，通过与产业链中下游的合作社或企业订立契约或建立合资企业，将产业链延伸至产品加工和流通环节；也有些合作社通过横向联合将经营相同或相似产品及服务或同样惠顾成员的合作社或其他组织形式之间连结起来，以扩大规模并减少成本。而在德国，合作社体系高度发达、联系密切，形成了层次、专业、环节交错综合的立体化星网结构；法国的农业合作联盟也包含了大的生产合作社、按行业划分的合作社集团和地区性的合作社联盟以及其下属公司和合作社，各类合作社与企业存在着交叉联合行为。

（3）联合社服务内容广泛，类型呈现多样化，主要有消费型联合社、营销型联合社、信用型联合社和综合型联合社4种。①消费型联合社是最早发展起来的联合社类型，其发源于1850年的英国，起名合作社中央代理点。在罗虚尔公平先锋社基础上发展演变而来的英国合作社集团，由各地80个独立的合作社联合而成，拥有720万个人成员，2011年时其营业额达133亿英磅，雇员10.2万人，在多个与生产生活密切相关的领域满足了社员多样化的需求，促进了经济社会的发展。消费联合社在法、德等国家发展数量较多。②营销型联合社在荷兰和美国较为典型，荷兰奶业合作社早在19世纪中后期就建立起市场销售联盟，共同销售奶制品，并在采购和信贷等环节为合作社提供服务。目前，赛贝科是荷兰最大的合作社集团。Southern States是美国最大的合作社联合体之一，该联盟建立有全球最大合作社研究机构（FFR），兼并了大型饲料企业，收购有AGWAY公司，2000年就已获得了10多个州的销售网络和1个客户服务中心，经营实力和服务能力稳步提升。③信用联合社在德国表现较为突出，经过100多年的发展和整合，1872年出现的首个农村信用合作社联合社已形成了以德国赖夫艾森合作银行为龙头、区域性中心合作银行为骨干、赖夫艾森合作银行和其他信用社为基础的现代合作金融体系。此外，西班牙蒙德拉贡合作社也是以合作银行为核心的合作社综合体。④日韩农协是综合型联合社的典代表。日本农业协同组合（以下简称“农协”）是一个“系统”的组织，它采取了基层农协——县级联合会——全国联合会的三级制结构体系，针对农户家庭生产经营开展生产指导、生产生活资料供应、农产品销售、储蓄、信贷、保险以及社员福利等综合型合作与全方位服务。

（4）联合社形成了基层合作社—地区联社—中央联社的三级组织体系。在欧美国家，合作社的合作与联合大多开始于第二次世界大战后，其经过经营结构和经营方向上的调整，发达国家的联合社在组织结构方面也趋于完善，自下而上形成了一个三级组织结构体系，即基层合作组织、地区联合社和全国总联盟。3个层次分工明确，各自具有不同的职能，运行效率颇高。例如，在法国，全国合作社联盟是由三级合作社组织构成，即全国性的专业合作社联合会—各地区合作社联盟—大型生产合作社以及一些农业集体利益公司。在日本，其农协采用了基层农协—县级联合会—全国联合会的三级制结构体系。基层农协由日本的农民直接参与组成，是农协组织结构中最基层的部分；县级农协联合会的主要职能是指导和监督基层农协的业务；全国农协联合会一方面协调各县级农协组织之间合作，另一方面代表农业者参与国家政策的制定，承担起连接农民和政府的重要作用。但是，为了减少中间环节、降低成本和提高效率，都道府县联合会被合并到全国联合会中，日本农协将由“基层—县—国家”的三级制结构体系逐步过渡为“基层—国家”的高水准、高机能和高效率的二级制组织体系。

3.2 国外合作社联合社的运行机制

学术界将合作社的模式分为两大类，即欧美模式和日本模式，因此，本部分对于国外合作社联合社的运行机制分两种不同的模式加以探讨。

3.2.1 欧美模式联合社的运行机制

第二次世界大战结束后，欧美国家的合作社进入了大发展的调整与改革时期，合作社的合作与联合大多也开始于此时期，经过合并与联合，重新调整了经营结构和经营方向，进一步完善了组织结构，形成了基层合作组织、地区联合社和全国总联盟的三级组织结构体系，大大提高了联合社的运行效率。经历过合并及专业化的发展浪潮，欧美发达国家农业合作社实现了从量的发展到质的飞跃，合并和联合后的大型农业合作社在国内乃至世界经济体系中都占据着不可或缺的重要地位。从美国农业合作社的发展来看，合作社的运行机制不是一成不变的，而是随着社会经济不断创新以及适应社会发展的需要。欧美模式（集团模式、联盟模式）合作社联合社的有效运行得益于其遵循合作社独特的价值和原则，主要表现在以下几个方面。

（1）始终坚持合作社的原则，以社员为本，达到经济、社会及文化目标的统一。坚持合作社原则体现在欧美模式联合社经营的方方面面，如关心社区发展、承担社会责任、关心生态和环境保护、注重自身发展、坚持给社员分红返利、为社员提供个性化的服务等，实行以社员制为核心的民主制度。如美国的农业合作社联合社在运行中坚持民主自治的原则，以为农民服务为宗旨，维护农民的利益；联合社的服务不仅仅是提供技术、信息和产品销售服务，更重要的是开展精深加工领域的合作，让农民的产品获得增值，享受产后环节的利润，甚至将这种合作渗透到消费者餐桌，实现一体化服务。

（2）合作社集团或联盟以企业化的管理面对激烈的市场竞争，始终保持旺盛的生机与活力，实现多项职能。大多数合作社集团或联盟通过资产运作的方式撤并小社和弱社，不断扩大自身规模，强化其核心业务。同时，实行现代化的企业管理制度，建立董事局，在此基础上恰当地集权与分权；实行民主管理的同时，实现统一经营和统一核算；建立完善的联合社管理规章制度和联合社文化，并严格实施与遵守，以企业的形式参与市场竞争。对于合作社集团和联盟而言，其主要职能有：①对农场主和合作社的领导者及其成员进行培训，提高其决策水平和经营能力；②代表农场主和合作社向政府游说，表明利益诉求，争取优惠政策；③向农场主和合作社提供商务资源、市场信息和咨询服务甚至燃料、电力等相关服务。其经费主要来源于农场主和合作社上交的付费，也来源于集团或联盟的服务收费和一些经营与投资获利。

（3）实行多元化经营，不断扩展新的业务。欧美联合社大多从多个方面扩展新业务，成为能够自力更生、开展自我管理并能够自筹资金的独立经济组织。如英国的合作社集团有限公司（Cooperative wholesale society）在几经合并后，具有更强大的综合商业功能，业务扩展到食品、保险、百货、银行、乳品企业、殡葬服务、农业服务、房屋建筑、旅行社、汽车销售、资产管理、医药服务等领域，从网上购物商店到医疗服务样样齐全，范围广、多元化是其经营成功的重要原因。

（4）实现跨区域合作社同时，围绕国际经济层面调整自身的组织结构和经营策略。合作社间跨区域的合作促成了大型农业合作社的出现，在农产品和农用品领域，多个合作社的合并与联盟，进一步促成了合作社营业额的急剧增加和合作社数量的明显下降，合并与联合后大多联合社走向企业化和股份化的经营方式，转向注重质量的内涵式发展轨道。而目前，合作经济的国际化趋势日益明显，许多大型农业合作社联合社围绕国际经济层面调整自身的组织结构和经营策略。部分合作社企业通过调整发展战略和组织结构而在经济发展的某些方面占据主导地位，甚至在国家农业政策的制定方面发挥着不可替代的重要作用，进而带动全球农业经济的发展。

此外，欧美发达国家合作社集团或联盟的成功运行还主要来源于其拥有正式而积极的理事会，其雇员具有较高的岗位胜任力，其内部构建和完善了供给、营销和配送体系，在打造产品和服务过程中聘请了技术专家予以全程支持，充分利用现代通讯手段构建了一个及时高效的成员沟通系统，重视创新并保持前沿发展，在核心产品和服务领域占据了理想的市场份额，并继续通过不断的并购和合并建立日益庞大的合作社企业帝国，同时与下属合作社、子公司及一线生产者之间始终保持高度信任，为可持续发展提供了坚实的基础。

3.2.2 日本模式联合社的运行机制

日本是以小规模家庭经营为主要特征的亚洲农业经营模式，跟中国大陆具有一样的农业基础特征。日本农业合作社即指日本农协，也称JA(Japan Agricultural Cooperatives),是以“农业者”为主体，由农民自主经营的农业经济合作组织，是农户与市场、农户与政府之间的纽带，被公认为世界范围内最为成功的农业组织形式之一。日本农协的成员因具有生产者和消费者的双重身份，因此，农协除了主要从事农业生产所需肥料、农药和农机具的购买，农业生产中金融、技术与经营活动的指导及农产品的销售等活动外，也向其成员提供日常生活资料，开展金融和保险等信用事业，甚至提供医疗服务和其他社会福利等事业。由此可见，日本农协大多属于综合农协。但日本也存在以不同农作物和不同业务来区分的专业农协，如奶业、园艺和畜牧业等，只是规模较小，竞争力较综合农协弱。总体而言，在2016年4月1日未实施《农协解体法》之前，日本农协的运行机制如下。

（1）根据国民的实际需求展开农协的联合与合并。日本农协的联合与合并可以追溯到20世纪70年代，当时工业的迅速发展，为日本农村和农业也带来了深刻变化。1972年，全国购买农业协同组合联合会和全国贩卖农业协同组合联合会合并，成立了农业协同组合联合会，同时，也有较多基层农协也进行了合并，增高了保险、信用和指导等业务职能。20世纪80年代，日本农协一方面将之前一户只有一个农协正式成员名额的标准放宽为一户可以有多个正式名额；另一方面，基层农协进一步合并，规模不断扩大。1990年之后，日本农协再次改革，将原来的12 000个基层农协组织进行合并，合并后的数据不到原来的1/3，而平均组织成员会大大增加。21世纪后，日本农协开始逐步向非农化、机构精简化、经营产业化和项目专业化的方向发展。日本农协是基于日本农村社会发展的实际情况发展起来的，农民（家庭经营）需要从生产到生活的全方位合作，而综合农协的多元化业务也是根据日本农民的实际需求开展的。

（2）综合经营、全户加入。一方面，日本农协是把“村”作为组织基础的，把“家（户）”作为其社员，在整个“村”内组织农民。另一方面，农协将其组织工作重点放在分散的“家（户）”和“村”上，“家（户）”和“村”是生产和消费的共同体，农协为此不得不广泛经营各种项目，除了经营其国内所有农作物在产前、产中和产后的各种环节以外，还经营着其他与农民生产、生活相关的其他业务，如产品及生产资料的流通合作项目、购买生活物资、信贷和保险业务等。因此，所有的“家（户）”都可以并且愿意加入农业，形式综合经营、全户加入的局面。

（3）以“村”为组织基础，以地域为划分基础，建成基层农协——县级联合会——合国联合会的三级制结构体系。在这一结构体系中，基层农协是县级联合会的成员，县级联合会即为全国联合会的成员。目前的基层农协——全国联合会的两级结构改革方向中，基层农协也可以是全国联合会的成员。①基层农协是由日本的农民直接参与组成，是农协组织结构中最基层的部分，一般指市、町、村一级的农业协同组合，直接与农民打交道。按照经营业务的种类来分，基层农协可以分为专业农协和综合农协；按照成员是否入股可以分为非出资农协和出资农协。②县级农协联合会是农协组织体系中的都、道、府、县级机构（日本的县相当于我国的省），由基层农协入股组成，其主要职能是与基层农协对口开展业务，并指导和监督基层农协的业务。同时，农协中县级联合会的机构设置与基层农协的业务保持对应关系，主要包括县农协中央会、县农协经济联合会、县农协保险联合会、县农协厚生联合会以及各种专业农协的县级联合组织。③全国农协联合会是由基层农协和县级联合会入股组成，它的机构设置与县级农协联合会保持对应关系，主要是由全国农协中央会、全国农协联合会、全国农协保险联合会、会国农协厚生联合会、农林中央金库、全国农协新闻情报联合会及各种专业全国农协联合会组成。为了更好协调各种农协组织和各级农协之间的关系，日本在县级和中央都设立了农协中央会。中央会与其他联合会是平行组织，其所需费用由其他联合会按业务量分担。联合会是开展专项业务的经济团体，中央会是农协中的行政机构，其主要任务是研究农协的相关政策、检查监督农协的工作、举办信息和教育宣传事业、开展综合指导、协调农协内部的关系、统一农协组合主张并向政府提交有新农业政策方面的意见和建议。

(4) 依存于国家行政部门。日本农协自从诞生起，就一直受到政府当局的培育，且在其被纳入粮食管理制度的框架之后，更是成为了政府方面的统销机构。同时，日本农协的三级制组织体系中，每一层级中，政府的行政命令和其所在层级农协的业务都是紧密联系在一起的，并且通过这种层级间的联动效应，进而使农协成为政府行政事务的“执行者”。同时，农协的三级系统结构是与行政的三级结构即市町村—县—全国相对应的，因此，这也促成了国家行政官僚制度相对应的合作社官僚制的产生；而农协体系自上而下的决策方式，也较容易被农政当局所左右。

由可以知，日本农协的联合是全国性的，除了基层农协和县级联合会之间的联合与合并外，基层农协之间的联合形成了县级农协联合会，基层农协和县级联合会的入股组成了全国农协联合。

3.3 国外合作社联合社发展的主要政策

合作社的联合发展也会产生一系列的问题，如何调整合作社内部治理和管理以应对新的联合社发展，是一个巨大的挑战。除了自身适时对其治理结构、决策和分配进行调整和重构，合作社联合社还需要政府政策的支持，才能顺利发展起来。另一方面，社会各界对于合作事业达成共识，认为政府对合作社的立法和政策支持是不可或缺的。来自政府方面关于合作社立法、合作社教育和提供各种优惠服务及财政援助、管理知识和传播技术等方面的政策无疑对合作社联合社的发展也起到了巨大的保护和推动作用。

3.3.1 确定合作社合法联合地位的相关政策

1922年，美国国会通过了《卡帕——沃而斯坦德法》，该法规定：美利坚合众国参众两院规定，凡从事农产品生产的农场主、种植业主、牧场主、奶农、坚果或水果生产者可以采取股份的或非股份的合作社、公司或其他形式组织起来，进行集体加工、包装、处理和再销售。这项法律条文允许农业生产者参加集体行动，确定了农业合作社的合法联合地位。1926年，美国国会又颁布了合作社销售法，规定农业生产者和他们的联合会可以合法地取得或交换过去、现在和将来的定价、生产和销售资料。英国的《合作社法》对于合作社实体的垄断状态甚至垄断行为实行豁免，以允许农业合作社做大做强，增加其参与市场竞争的实力。德国早在1889年就在其《合作社法》修订时拟定“使单个合作社联合成为地区性合作社联社、授予合作社联社审计权和允许合作社承担有限的经济责任”等规定，对农业合作社的联合发展具有重要的推动意义。日本在1947年制定的《农业协同组合法》中赋予了农协合法地位并对其设立、管理、合并与解散等各方面作了详细解说，明确规定不受行政干扰，并随着经济发展对此法做出修正，让农协的经营活动有法可依。

3.3.2 政府支持政策

国外联合社的发展离不开政府的支持。美国特别立法规定，农业合作社从设立到运作都要坚持非营利性，作为互利组织，合作社联盟和合作社协会可享受到各种优惠待遇，其享有的税收优惠主要体现在1954年的国内税收法规和1990年首次通过的《合作税则》中，合作社联盟和协会也可以在政府机构开展环境、税收和法律相关问题讨论时提出政策制定的建议。英国政府主要在财政税收上对联合社实行优惠政策，一方面以多层次补贴鼓励联合社的生产与发展，另一方面以积极的信贷政策解决联合社的资金问题。而在德国，其农业合作社虽然表现出较强的独立性，但在其发展过程中，政府还是通过一系列的措施，在立法、信贷、资金等方面来保障联合社的合法权益以促进联合社的发展。而日本学术界普遍认为农协是政府各项农业政策的实际执行者，政府的支农资金也大多都是通过农协投放的，其活动所需资金长期受到政府的财政补贴，各种涉农项目也都向农协和其联合会倾斜；农协的生产性和服务性设施建设，政府也给予约50%的资金补贴。

3.3.3 金融支持政策

国际合作金融是伴随着合作社的发展而逐步成长起来的，各国农村合作金融因其经济发展水平、社会制度和文化观念等的差异而表现为不同的形式。在西方，美国存在着由4个层级组织构成的农业信贷体系，已形成健全的农村合作金融法律法规和完备的农业政策性保险体系，出台了多项税收减免政策。德国构建了地方性合作银行、区域性合作银行、中央合作银行、信用合作联盟和全国合作社联合会五位一体的合作银行运作体系，并专门制定了合作社银行法，给予税收、金融等优惠政策，保障了农村合作金融的有效运行。在东亚，日本以独立于商业银行的方式开展吸收社员存款、办理结算和发放贷款等业务，日本农林中央金库就是农协最高金融机构。日本农协存款利息高，以吸纳社员的闲散资金，同时也低息贷款给社员，缓解社员生产运营资金不足问题。日本政府每年也会将农业的政策性贷款和贴息贷款交由农林中央金库和信用农协联合会发放，如“农业现代化资金”，以较低的利率贷款给个人或法人团体，其中个人可以贷款1 800万日元，而法人（包括任意团体）则最高可贷款2亿日元，支持农户或法人引进农业机械设备等，促进农业现代化发展。

3.3.4 教育与培训政策

管理人员的素质对于联合社的管理与发展至关重要，很多国家在联合社发展中，都非常注重对人才的教育和培训。美国的地方农业院校一般都设有农业技术和市场管理人员的相关课程，合作社协会也会为成员提供各类教育和培训项目，为联合社提供人才培训和智力支持。英国的合作社联盟，专门成立了合作社学院，为成员社提供必要的教育和培训。德国通过建立“德国合作社学院”“舒一德研究所促进协会”和“联邦合作社促进协会”等培训组织，促进了合作社基础培训和高级培训教育的展开，一方面提高了合作社领导者的个人素质和领导能力，另一方面提高了广大社员对合作社的认同感、使命感，极大提高了合作意识。而日本设有农协中央学院，各地方约有41所农协大学及各种研修中心，为农协培养各种技术和管理人才，提高其管理和服务水平。另外，日本对于农协相关研究的投入也很大，以支持、吸进更多的人才研究农协发展过程中出现的各种问题，为农协的发展提供有建设性的建议。

3.3.5 税收政策

在欧美，法国对合作社有两项税收优惠，一是免除根据经营利润多少征收的公司税，这种税收政策的根据为合作社获得的盈余都通过利润的形式分给了社员，社员依法缴纳个人所得税，因此合作社没有义务再缴纳公司所得税；二是减半征收地方税，根据不动产总额征收，这种税收优惠的依据是农民组建合作社的目的不是取得利润而为了获得服务。法国政府还规定：农业供应和采购合作社以及农产品生产、加工、贮藏和销售合作社及其联盟，免缴相当于生产净值35%~38%的公司税，牲畜人工授精和农业物资合作社及其联盟免缴注册税，谷物合作社及其联盟免缴一切登记和印花税。在东亚，日本政府对农协一直实行低税制，甚至免税政策。在日本，普通法人和中小企业要缴纳23.4%的法人税，而协同组合法人只需要缴纳19%的法人税，而且一般企业法人需税后分红，农协则可以享受到税前股金分红和利用率分红的优惠政策。此外，农协中央会具有较强的公益性，还可以享受到免交法人税、印花税等多种税收的免税政策。

此外，在国外联合社发展方面，部分国家在监督与审计政策、保险政策、销售优惠政策等方面也做出了较为具体的规定，为联合社的发展保驾护航。

4 促进联合社发展的政策与建议

欧美日韩等国家联合社的快速发展，得益于这些国家政策、资金、法律和人才等多个方面的支持与保障，为中国发展合作社联合社提供了经验借鉴。

4.1 对联合社的法律地位予以界定

合作社之间的合作是合作社发展的必然。发展联合社对建设现代农业、繁荣农村经济、增加农民收入有重要意义，既符合中央精神，也顺应农民期盼和合作社发展趋势，有广阔的发展空间。首先要在法律上对联合社的地位与作用予以清晰界定。

（1）合理界定联合社的内涵。目前，各地对联合社的认识、标准不尽一致，在实践中做法差异很大，主要参照合作社的组建方式来发展联合社。联合社成员既有合作社，也有企业和专业大户，甚至还有基层涉农部门和退休人员、村干部、大学生，存在参与主体多元化带来的泛化现象。从国外经验来看，联合社基本上是基层社联合组建的。联合社应是合作社根据发展需要，自愿联合、民主管理的互助性经济组织，是农民及其他农业经营主体在合作社基础上更高层次的再联合、再合作。联合社应主要是基于合作社之间的联合，而不应由企业和个人作为主导成员。确需参加的，可通过参与或领办合作社进入联合社。

（2）严格遵循发展联合社的原则。在发展联合社过程中，要处理好市场决定资源配置和更好发挥政府引导作用的关系。要尊重合作社的主体地位，按照平等、自愿、互利原则，自下而上组建联合社。在发展联合社工作中，政府要引导不干预，服务不包办，不能采取自上而下、行政命令的形式下指标、强联合。要坚持联合社的经济性、服务性、民主性的特征，在功能定位上注重经济性，让合作社通过联合取得经济效益，让农民成员得到更多实惠；在价值取向上体现服务性，坚持服务成员的宗旨，提供低成本、便利化的服务，而不是“建庙供菩萨”、增加合作社的负担；在内部管理上坚持民主性，坚持成员平等、民主办社，体现合作社和广大农民成员的利益诉求，防止“一社独大”、少数人说了算。

（3）赋予联合社法律地位。联合社的发展要有法可依，有章可循。结合相关理论和国内一些地区成立联合社的实践，目前对联合社的法律定位有以下三种形式：一是将联合社作为农业协会。优点是不突破当前的法律规范，可以合法成立，但农业协会不具备自主经营资格，与合作社“互助性经济组织、从事生产经营活动”的法律规范相抵触，无法发挥联合社真正的作用。二是将联合社作为企业。优点是具备经营主体资格，但将其作为营利组织与合作社“入社自愿退社自由”“合作互助”的设立宗旨相违背。三是将联合社作为合作社。这种做法看似符合现有法律，但合作社的组成成员主要是农户，而联合社的组成成员主要是合作社，导致联合社的管理机构、议事规则、经营运作等与合作社有明显差异。联合社应作为合作社的高级形式，即认定为种新型的农业经济组织，才能实现成立联合社的根本目的，真正理顺内部机制、发挥互助作用，但需要比较长的立法周期，其管理制度和营运模式也需依据法律定位而确立。从实现合作社成立目的和长远发展的角度出发，政府部门尽快修改《合作社社法》，赋予联合社合法地位，才能真正发挥联合社的作用。

基于上述情况，要建立健全中国农民合作社联合社的指导管理服务体系，需加快《农民专业合作法》在联合社方面的相关修订与落实。主要包括：应赋予合作社联合社法律内涵与地位；对其登记条件、法律责任、成员资格、功能定位、运行机制、盈余分配和财务管理等方面内容都应做出相应的规定；明确农民合作社和合作社联合社的各层级主管部门和监督部门，并增加关于不同层级主管部门相应职责职能范围的条例。同时，还应指导各地抓紧修订和完善地方性法规，对于具有地方特色的联合社创新指导管理服务办法，应积极加以推广，使条件相宜的其他地区也能受益。

4.2　推动联合社的组织结构优化

（1）根据产业发展的需要，促进合作社的有效联合。联合社的组成主要基于地域和产业关系，比较高效的联合模式有以下几种：按地域范围分类，即自愿参与的小区域内联合，或是政府主导的县域内外联合。按联合主体分类，一是相同类型合作社组成联合社。同类型合作社生产经营的内容比较接近，通过联合可以实现生产要素的集聚，便于统一开展技术培训、实施标准化生产、形成品牌优势。二是不同类型合作社组成联合社。涉及不同产业类型的合作社之间联合，可以加强相互之间的业务关系，形成稳定的产业联盟。三是不同经营主体间的联合。合作社、农业协会、企业、种养殖大户等经营主体之间开展联合，拓展联合社的功能，如“加工公司+联合社+专业合作社+基地+农户”的运作模式解决了资金缺乏、产品滞销等问题。

支持农民合作社开展多种形式的合并与联合，构建合作社的联合体系。中国幅员辽阔，各地的自然资源、社会经济条件不尽相同，因此，各地农民合作社联合社的建立和发展不能采取统一模式，应该兼收并蓄。借鉴以色列合作社发展的经验，可以有综合性的联合社，也可以有专业性的联合社，这两类联合社各自又可以有不同的组建和发展模式，以鼓励多种形式联合社的共同发展。同时，也可以通过大力培育和发展农业龙头企业，与农户、生产基地和合作社之间形成紧密联系的一体化格局，以此达到不同性质主体联合发展的目标。

（2）按照联合社发展需求理顺内部管理机制。如果将联合社定位为通过合作社再联合而形成的高级合作社，参照合作社相关法律规定制定管理办法，联合社是自愿联合、民主管理的互助性经济组织。联合社组成成员主要是合作社，其权利机构成员大会由各合作社理事长组成，成员大会、理事会、监事会的职权和议事规则可参照合作社的法律规定执行。由于联合社涉及的生产经营范围广泛，可聘请专业人才参与管理，实现所有权与经营权的分离，形成高效的组织管理结构。联合社表决机制应坚持一社一票制和附加表决权相结合。一社一票是合作社互助性经济组织的体现，但依据公平效率原则要适度考虑各合作社对联合社贡献大小和实力差距，在表决机制中给予股金较多、与联合社交易量大的合作社附加表决权；可以突破合作社法中“附加表决权不得超过本社成员基本表决权总票数的百分之二十”的限制，联合社中提供资金、技术、营销服务的合作社或规模较大的合作社可以获得多票表决权。

（3）对联合社进行公司化的管理，引入外部专业管理人员为合作社服务。中国农民合作社联合社的形成，必将面临内部治理模式和外部经营方式相互协调与整合的难题。随着联合社规模的扩大和社员异质性的提高，所有权和管理职能的分离是必然的，核心社员占据主导地位的局面将得以改变，需要以公司化的管理方式来完成联合社的有效管理。通过聘请优秀职业经理人的方式，为联合社的有效运行注入动力，管理联合社的日常运作并完成战略和计划的制定，在建立完善评聘体系和考核制度的基础上，以专业才干优化联合社内部治理模式和外部经营方式。

4.3 制定扶持联合社发展的优惠政策

（1）财政扶持政策。从本质上讲联合社就是大型的合作社，应享受合作社的优惠政策。同时，联合社也有区别于合作社的特性，它们对保障粮食安全贡献更大、资金需求更旺盛、系统风险更集中、配套设施建设需求更强烈，要研究制定针对联合社自身特点的政策措施。在农业补贴、项目资金、财政奖补等方面给予倾斜，减免农产品精深加工所得税、增值税，在信用评级、信贷担保、贷款贴息等方面加大金融支持，允许联合社开展信用合作，增加农业保险险种、提高保费补贴标准，优先保障配套辅助设施建设用地。

（2）金融支持政策。全面改善农村金融服务，加大对合作社联合社发展的扶持力度。健全合作社金融体系是国外合作社联合社得以成功发展的重要原因之一。Ottorabe认为，信贷合作社的建立，对农业来说，更重要的是从农村筹集到的资金还保留在农村，用于农村的发展，这是不可估量的进步。虽然中国已有部分合作社通过社员内部融资、资金互助等信用合作的方式，一定程度上解决了合作社发展和社员生产中的资金难题，但仍然存在着金融服务的缺位制约农业合作社发展的普遍现象，合作社联合社的发展当然也受到了阻碍。建立各地区因地制宜，成立农信担保公司专门为合作社贷款提供担保；农村金融部门将对各类合作社的资金支持作为实现农业现代化的大事摆在首位；农业（发展）银行、农村信用社和农村邮政储蓄银行等金融机构形成合力，从自身职能出发支持各类合作社及联合社的发展。而合作社联合社木身，也可能通过混合型信贷模式解决融资问题，即由联合社统一与金融机构商定贷款期限、规模及对象，农村金融机构直接向合作社的各个成员分别提供信贷支持。同时，建立健全保护联合社的长效保险机制，提供社会保障，对于解决联合社融资难的问题意义深远。

此外，中国还应重视对联合社专业技术人才的培养，重视联合社的审计监督工作，出台相应的审计制度，为农民合作社联合社的长远发展打个坚实的基础。

（执笔人：黄佣真，张保国，周远蓓，吴志鹏，刘海波，刘定柱，何昕，杨沁珑，郭尚武，叶洪涛，张全红，赵清强，张俊，黄洁，黄文雯，沈怡青，郭圆，沈祥成，吴亚玲，马晓茗）

构建湖北政策体系　培育壮大农民合作社

1　农民合作社已经成为重要的农业经营主体

1.1　基本情况

据工商部门统计，2017年上半年，全省农民合作社达到77 666家，出资总额1 895.26亿元，分别比上年末增长10.13%和10.57%。农户入社率超过50%，社员较非社员收入增加20%以上。全国排名第十二，中部第三。

1.2　主要特点

（1）发展现状上三大特点：一是兴办主体多元。法律颁布初期，大力鼓励社会力量领办兴办，形成了能人大户、龙头企业、村级组织、农技人员等格局。二是涉及领域广。涵盖了种植业、林业、畜牧业、渔业等农业产业以及旅游休闲、手工制作等其他行业。目前，合作社以种植业为主的占42%，以养殖业为主的占39%，其他行业占19%。三是产业化经营。合作社业务覆盖了农业生产的产前、产中、产后各个环节，有12家农民合作社成为省级龙头企业。

（2）发展规模上三大特点：一是规模大。合作社总量已达77 666个，平均每个行政村有3个合作社，全省超过一半的农户加入了农民合作社。二是速度快。《农民专业合作社法》实施以来，湖北省农民合作社呈现出几何数量增长，目前的合作社数量较《农民专业合作社法》实施前增长了30倍，年均增长超过30%。三是关注度高。主要表现在领导重视程度高、社会关注程度高、农户入社的积极性高。

（3）发展趋势上三大特定：一是档次越来越高。即合作社由量向质转变，运行质量越来越高，逐步规范化、上水平发展。二是由单一联合向综合合作转变。即合作社实现从单纯的产品联合向资本、技术、土地等生产要素联合转变，由自然人的联合向农业企业、农民合作社、家庭农场等法人之间的联合转变。三是向一二三产业融合发展。从单纯的生产合作拓展到生产、加工、销售、体验、休闲及提供金融、保险服务，逐步向一二三产业融合发展。

1.3　主要成效

一是农民合作社在发展农业适度规模经营中起到了引领作用。湖北省农民合作社已经成为带动农户进入市场的基本主体，是农业企业、家庭农场、生产大户等农业新型经营主体和普通弱小农户联合的大平台，是实现农业适度规模经营的中坚力量。据统计，全省超过一半农户加入各类农民合作社，每个农民合作社平均农民社员达到79人，聚集资金、土地、厂房、设施等各种生产要素价值超过1 800亿元，聚集各种生产要素价值超过200万元。农民合作社在要素集约化、生产规模化、服务综合化等方面都能发挥很好的引领作用。

二是农民合作社在农业供给侧结构性改革中起到了推进作用。在产前，农民合作社根据市场需求作出有效响应，对品种、数量和结构作出调整，为农户提供低成本、便利化服务；在产中，把分散的农户组织起来，指导开展标准化生产，生产适销对路的产品；在产后，发展精深加工，开展多种形式的产销对接，构建与消费者紧密联结的市场流通方式，真正实现农业生产由市场决定适销对路的产品、由产品配置生产要素的良性循环。据经管部门统计，全省申请“三品一标”的农民合作社达到了362家，超过三分之一的农民合作社注册了商标。

三是农民合作社在农业增效、农民增收和新农村建设中发挥了主体作用。目前，湖北省农户1 091万户，农村人口4 093万人，耕地面积仅有3 960万亩，户均耕地面积不到4亩，人均耕地面积不到1亩，如何在这样的省情下，把土地要素集聚起来，把农民组织起来，实现农业增效、农民增收、加快新农村建设步伐？农民合作社探索出了很多很好的路径。如春露联社通过开发再生稻，变原来一季收为两季收，农业每亩增加效益1 200元；孝感市香润水稻种植农民专业合作社通过引导农民自愿、自觉流转土地经营权，走向适度规模经营的道路，实现了农民分工分业。

2 突出“四大”创新“五个”规范 切实履职尽责

湖北省农民合作社办公室在厅党组领导下，敢为人先、勇于创新、砥砺前行，积极探索农民合作社指导扶持服务方式，积累了很多经验和做法，得到了农业部高度肯定并在全国推广。全国人大正在修订的《农民专业合作社法》即将作三大重点修改：一是允许土地承包经营权作价出资农民专业合作社。早在2011年湖北省农业厅起草联合省工商出台《农村土地承包经营权作价出资农民专业合作社登记管理暂行办法》，在全国率先开启农村土地“三权”分置探索。二是赋予农民合作社联合社法人地位。也是湖北省农业厅在2013年第一个联合工商部门出台《农民专业合作社联社登记管理工作的试行意见》，赋予农民合作社联合社法人地位，为这次法律的修改提供了实践经验。三是允许农民合作社开展信用合作。湖北省农业厅早在2012年就联合省银监局开展农民合作社信用合作大调研，正式开启农村合作金融探索创新，促使法律对农民合作社信用合作专门规范。

2.1 突出“四大”创新

（1）突出模式创新，促进多要素合作。根据湖北农民合作社发展实际，及时出台相关政策加以引导，在不同阶段分别鼓励农民开展专业合作，探索股份制合作，促进农民合作社之间联合，农民合作社实现了由单一要素合作向多要素合作转变；由单一生产环节的联合向产前、产中、产后等多个环节乃至全产业链的联合转变；由农民之间的联合向农民合作社之间的联合转变，联合规模越来越大、带动能力越来越强。

（2）突出指导创新，形成齐抓共管局面。一是完善指导政策。在农民合作社发展的不同时期，湖北省先后下发了系列政策性文件，很多都是全国首创，各地也都结合实际出台了很多实用政策，很好地促进了农民合作社健康发展。二是健全指导体系。2014年，湖北省政府批复同意建立湖北省农民合作社发展厅际联系会议制度，厅际联系会议由省直发改、财政、农业等11个部门组成，农业厅为召集单位。2014年省农业厅根据省编办〔2014〕37号文件精神，正式将“湖北省优质农产品开发服务中心”更名为“湖北省农民合作社办公室”（加挂“湖北省优质农产品开发服务中心”牌子），内设综合科、发展科和信息科三个科室。全省已经初步建立了农民合作社指导体系和领导、协调机构。从2010年开始，农民合作社发展工作纳入省人民政府考核各级政府的指标体系，有力地促进了农民合作社健康发展。三是开展示范社创建和监测。2010年开展农民合作社示范社省、市、县三级联创活动，2017

年计划开始省级以上示范社监测工作。目前，湖北省农民合作社示范社已超过6 000家，其中国家级示范社360家，省级示范社1 100家。四是加强培训，提升素质。近几年做到了省级辅导员、合作社理事长培训全覆盖；人才培训途径更多，有中央、省、市、县农民合作社理事长、带头人培训，有职业农民培训，有各个行业技术培训。培训内容更加全面充实，既有合作社管理知识培训，也有财务知识培训，既有营销策略培训，又有农业实用技术培训。

（3）突出营销创新，打造互联网+农民合作社销售平台。湖北省农业厅抓住农业部开展农社对接试点工作的契机，大胆创新，倾力打造“楚合商城”销售平台，探索建立网上和实体连锁店相结合的销售渠道。已经有447家合作社入驻“楚合商城”网店，粮、棉、油，肉、蛋、奶、果、茶、蔬、水产、手工、文化、旅游、休闲等门类的产品达到971个。线下已建有1 898家“楚合商城”实体连锁店，门店总面积达到10万平方米，覆盖了1 721个城镇社区，消费者达到536万人，累计销售额已超过10亿元。目前，“楚合商城”已经入驻中国电信汉货网及环球农业网等农产品销售网站，中国电信还开发了“楚合商城”手机APP。

（4）突出金融创新，大胆探索农村合作金融。针对农民合作社发展资金瓶颈问题，积极参与探索农村合作金融创新，有力地促进了农村金融有效供给。一是政府主导模式。2015年，湖北省委、省政府开始在枝江市开展农村金融创新试点工作，以农民合作社等新型经营主体为核心，组建区域性农民合作社联合会，政府出资设立担保基金，试点银行提供贷款，枝江模式取得巨大成功，2016年，试点扩大到10个县(市、区)，并逐步在全省推开。二是担保公司主导模式。2014—2016年，利用农业部在湖北省开展农民合作社贷款担保保费补贴试点契机，在襄阳市和全省开展试点，三年来为全省100多家农民合作社及社员获得超过3亿元的贷款担保。三是银行主导模式。襄阳市民生银行通过宜城市楚梦园农民粮油合作社联社设立合作社担保基金，银行按照一定比例放大为联社社员提供贷款，联合社及其成员每年可以获得民生银行2亿元的贷款额度。四是合作社主导模式。宜昌市夷陵区晓曦红柑橘合作社等一批农民合作社通过成立信用合作部，一方面将部分成员结余的资金汇集起来，通过股金分红的形式，提高收入；另外一方面根据有偿使用的原则，为临时困难的成员提供生产资金及短期的流动资金，实行专款专账。通过这些模式的探索，拓宽了农民合作社等新型农业经营主体借贷渠道，促使农民合作社等新型农业经营主体做大做强。

2.2 突出“五大”规范

（1）规范产权结构。规范农民合作社产权结构，落实法人和成员相应的权利与义务。

（2）规范治理方式。规范农民合作社治理结构，坚持民主决策、民主管理和民主监督。

（3）规范生产经营。规范农民合作社生产经营，坚持合作生产和守法经营。

（4）规范财务管理。规范农民合作社盈余分配，保障成员权益。

（5）规范盈余分配。规范农民合作社财务管理，严格会计核算。

3 当前农民合作社存在的“三大”问题

3.1 内部发展上存在“三个不够充分”

（1）服务内容不够充分。由于农民合作社普遍存在小、弱、散，服务功能及合作领域有待进一步拓展。

（2）制度建设不够充分。无民主管理、财务管理、盈余分配等相关制度，一些合作社把章程当作了一种摆设。

（3）要素合作不够充分。真正开展要素合作的少，有利则合，无利则散，出现了空壳社、套牌社。2016年11月，湖北省工商局监测显示，全省68 524家中有1 979家农民合作社经营异常。

3.2 外部环境上存在“三个不到位”

（1）认识不到位。停留在“生产在家、服务在社”初期对合作社的认识，没有上升到生产要素合作的层面，认识和农民合作社发展现状严重脱节。

（2）政策不到位。农民合作社法律法规过于原则，部门配套法规没有及时制定，导致现有政策难落实。

（3）扶持不到位。虽然近年来农民合作社扶持项目很多，但农业（经管）主管部门很少，导致扶持不到位，指导工作无手段。

3.3 具体实践中存在“四难”

（1）农民合作社融资难、贷款难成为制约合作社进一步发展壮大的瓶颈。

（2）农民合作社建造办公场所、进行产品加工所需土地难以获得用地指标。

（3）农民合作社急需的管理人才、大学生等难以引进。

（4）由于合作社产品初加工或深加工的认定各地有偏差，导致税收优惠难。

4 围绕“增量、提质、做强”目标 开展农民合作社提升行动

农民合作社发展目标：力争到2020年末，农民合作社年平均发展速度不低于5%，注册资本年均增加5%，农户入社率达到60%以上，农民合作社示范社比例达到10%以上，农民合作社联合社县域全覆盖，生产、供销、信用“三位一体”的综合社乡域全覆盖。

（1）创新发展，促进要素合作。鼓励发展多种形式的农民合作社，充分发挥土地、资金、劳动、技术等要素和产品的纽带作用。

（2）实施“提升工程”，规范农民合作社运营。深入贯彻新修订的《农民专业合作社法》，继续规范农民合作社产权结构、治理结构、生产经营、盈余分配和财务管理，提升农民合作社运营水平。

（3）建立示范社评定及退出机制，发挥示范社示范作用。建立农民合作社示范社评选和监测机制，充分运用工商部门大数据，定期对农民合作社示范社进行评选和监测。

（4）建立示范社孵化基地，大力培育示范社。探索建立县域农民合作社示范社孵化基地，依托部门和行业开展农民合作社指导、扶持和服务。提高农民合作社生产、经营和管理水平。

（5）大力发展“两社一体”，做大做强农民合作社。大力发展农民合作社联合社、田园综合体和生产、供销、信用“三位一体”的综合社，做大做强农民合作社。

5 落实“三个一” 做好当前法律10周年宣传工作

2017年是法律实施10周年，年初安排了“三个一”宣传工作：一本书——《湖北农民合作社10年历程》；一个专题片——《长风破浪正此时——湖北实施<农民合作社法>纪实》；一个发布会——法律实施10周年新闻发布会。

（供稿：湖北省农民合作社办公室）

实施农民合作社质量提升计划 促进小农户与大市场紧密链接

近年来，深入学习贯彻习近平“三农”思想和党的十九大精神，认真落实高质量发展要求，积极引导农民合作社多元化融合发展、多路径提升规模经营水平、多模式完善利益分享机制、多形式提高发展质量，全省农民合作社发展不断规范，质量稳步提升，带动农民增收能力效果显著增强。

1　提高政治站位，深刻把握农民合作社重要作用

党的十九大报告明确提出，实施乡村振兴战略，培育新型农业经营主体，健全农业社会化服务体系，实现小农户和现代农业发展有机衔接。农民合作社是新型农业经营主体的重要组成部分，是推动实施乡村振兴战略、深化农业供给侧结构性改革的重要主体，是加快实现农业新旧动能转换、农业高质量发展的中坚力量，是促进小农户和现代农业发展有效衔接、打赢精准脱贫攻坚战的有效平台。实践中，应不断深化认识、统筹谋划，精准施策、久久为功，加快推动湖北省农民合作社发展壮大。

2　强化法制保障，确保农民合作社健康发展

依法治社，湖北省农民专业合作社的法制建设走在全国前列。一是积极制定地方法规。2008年，湖北省出台全国第一部合作社法的地方配套法规——《湖北省实施<中华人民共和国农民专业合作社法>办法》，明确了农业部门是农民合作社扶持、指导主体，避免了政出多门、管理混乱的现象发生。二是主动对标新法修订。2018年7月1日，新版《中华人民共和国农民专业合作社法》正式实施后，湖北省将《湖北省实施<中华人民共和国农民专业合作社法>办法》纳入人大地方性法规修订计划，注重同实际相结合，为农民合作社发展保驾护航。三是大力宣传学习法规。组织开展法制宣传，2005年起湖北省将每年7月定为“农民专业合作社宣传月”，邀请专家学者授课，在湖北广电《魅力田园》节目开辟农民合作社专栏《小农户大合作——三农有约》。开展集中宣传培训，全省累计培训合作社辅导员和业务骨干近10万人次，免费发放《湖北省农民专业合作社示范守则》5万多份。组织编写出版多本农民合作社适用读本，汇编有关法律单行本，加大宣传学习力度。

3　完善政策体系，促进农民合作社有序发展

2004年，湖北省政府办公厅印发《关于加快培育和发展农村专业合作经济组织的通知》（鄂政办发〔2004〕3号）；2005年7月，湖北省农业厅与湖北省工商行政管理局联合印发《关于湖北省农民专业合

作社登记注册暂行意见》；2006年3月，湖北省农业厅印发《湖北省农民专业合作社示范章程》；2007年，湖北省委、省政府率先出台《关于支持和促进农民专业合作社发展的意见》；2011年，出台《农村土地承包经营权作价出资农民专业合作社登记管理暂行办法》；2013年，出台《农民专业合作社联社登记管理工作的试行意见》，在全国首次赋予农民合作社联合社法人地位，填补了《中华人民共和国农民专业合作社法》有关联社空白；2014年，出台《关于引导和促进农民合作社规范发展的意见》，实行省直十一个部门联合引导、规范农民合作社的发展，形成了较为完善的政策支撑体系，从政策规章层面做好全省农民合作社发展过程中的顶层设计。

4 成立专业机构，指导农民合作社规范发展

截至2018年6月，全省工商注册的农民合作社达90 343家，出资总额2 229.17亿元，分别比2017年末增长7.63%和8.53 %，农户入社率超过50%，社员较非社员收入增加20%以上。一是成立领导机构。湖北省率先成立了农民合作社工作领导小组，2014年，省政府批复同意建立由省农业厅牵头的11个厅局组成的湖北省农民合作社发展厅际联席会议制度。二是成立办事机构。2004年，省政府在全国率先成立湖北省农村专业合作经济组织指导办公室，定编10人，专门负责全省农民专业合作社的指导、扶持和服务工作。全省17个市（州、林区、直管市）、73个县（市、区）都成立了农民专业合作社工作领导小组，落实了责任，明确了措施，指定了专职工作人员。三是成立专业研究部门。湖北省农业厅与湖北经济学院联合成立了农民合作社研究所，为全省农民合作社规范健康高质量发展提供了有效的智力支持。四是广泛进行宣传。会同《湖北日报》联合创办《楚合周刊》，与湖北电视台陇上频道打造“我们村里的合作社”栏目，宣传农民合作社好的经验做法。五是夯实培训基础。在全省选择18家农民合作社作为农村实用人才培训基地，大力培育新型职业农民，打造一批农民合作社理事长、财务管理人员和专业技术人员。

5 实施五大工程，引导农民合作社高质量发展

一是实施村社共建工程。大力鼓励村“两委会”领办、创办农民合作社，组织聚集起分散的农村资源和农户。以集体资源、土地、基础设施参股农民合作社，让小农户参与分红。在一个村集中扶大扶强1或2个农民合作社，确保每个贫困村至少有1家带动力强的农民合作社。二是实施示范社培育工程。深入开展国家、省、市、县、乡五级农民合作社示范社创建活动，定期评定、定期监测农民合作社示范社，促进农民合作社提档升级。全面建立示范社五级认定、监测和退出机制，切实提高湖北省农民合作社发展水平。三是实施融合发展工程。大力发展农民合作社联合社，鼓励农民合作社以共同出资、共创品牌、共享利益等方式开展联合合作。目前全省国家级农民合作社示范社达到303家、省级合作社示范社1 500多家；大力发展以农民合作社为平台的田园综合体和以农民合作社为平台的农业产业化联合体；大力发展集生产、供销、信用“三位一体”的综合社，促进农民合作社融合发展。四是实施品牌培育工程。大力加强农民合作社品牌建设，引导农民合作社参加湖北省农业品牌五年提升行动，鼓励农民合作社积极参加各类品牌培育、著名商标认定等一系列活动。2018年上半年，在湖北电视传媒集团开展“双百社”活动，筛选了100家农民合作社产品走进100个城市社区。下半年，还将每

个月举办一次农民合作社品牌遴选活动，并在此基础上评选出湖北省农民合作社10大品牌。五是实施人才培训工程。大力开展农民合作社辅导员、农民合作社理事长等各类人才队伍建设，同时把农民合作社人才队伍建设与新型职业农民培训、新型农业经营主体培育结合起来，为农民合作社科学发展提供人才支持。

同时，也要清醒认识到，湖北省农民合作社存在着规模偏小、发展不平衡、外部环境有待优化等不足，同农业农村部要求相比、同先进省市相比仍有一定差距。认真贯彻落实本次会议精神，学习借鉴兄弟省市经验做法，进一步加强指导服务、优化发展环境，促进湖北省农民合作社又好又快发展，为推动湖北省现代农业强省建设作出新的贡献！

（供稿：湖北省农业厅，2018年9月）

第四篇

农民合作社典型案例

武汉市汇春名优农产品专业合作社案例调查报告

近年来，武汉汇春名优农产品专业合作社在各级党委、政府及业务主管部门的支持和指导下，坚持“诚信守法、勤劳致富、互助合作、共同发展”的办社宗旨，以农户为基础，以产业为依托，以合作为载体，以提高农民组织化程度为途径，以增加农民收入为目的，积极为社员做好产前、产中、产后服务，有力地促进了当地蔬菜产业的发展。

1 合作社的基本情况

武汉汇春名优农产品专业合作社成立于2011年2月12日，注册资金188万元。该合作社是一家集无公害设施蔬菜生产示范基地建设、种植、收购、加工、保鲜、储存、配送、社区直销于一体农业经济合作组织。合作社现有员工251人，其中种植户121人，加工配送及销售人员105人，管理人员25人，形成基地蔬菜生产部、农产品加工车间、物流配送部、市场营销部、农产品直销管理部、质量监管部、农业技术部、行政人事部、财务管理部、信息服务中心等十大部门。2012年1月4日，合作社在东山农场流转土地2 000亩，主要用于无公害蔬菜的生产。2012-2016年，合作社在省、市、区农业主管部门及各相关部门的支持下，累计完成基地建设投资3 285万元，形成了田块成方、路面平坦、路肩整齐、晴雨通车无阻，沟渠水网配套，排灌蓄功能齐全设施齐全。基地分为“四区一园”，分别为快生菜功能区、反季节瓜果区、新品种新技术推广区、综合服务区和休闲观光采摘园。

2013年以来，合作社被武汉市农业局确定为“蔬菜社区便民店”承办企业之一，被武汉市人民政府授予市级示范合作社，被湖北省农业厅授予省级示范合作社，被湖北省农业厅指定为湖北省十大设施蔬菜核心示范园区，被农业部确定为农产品质量可追溯体系建设单位，基地、产地及生产的产品被农业部、湖北省农业厅认定为无公害农产品产地、产品。2014年被农业部授予国家级示范合作社，2015年被湖北省农业厅评定为湖北省现代蔬菜产业示范园区。2015年，电线架设规范有序，综合办公、产品交易、分拣加工、冷藏、配送、农资供应、产品快速检测功能被湖北省人民政府评定为农产品流通体系建设先进单位。

2 合作社的主要做法

2.1 创新蔬菜生产经营模式，走一、二、三产业融合发展之路，架菜农增收之桥

在基地蔬菜生产上，合作社实行“五统一分”，即生产品种统一安排、技术统一指导、农资统一采

购供应、农机统一服务、产品统一销售，生产分户管理。2 000 亩设施蔬菜安排菜农 121 户，确定种植品种 25 个，安排技术指导员 5 人，实现分片技术指导，提供农机服务 192 台次，采购供应各类农资 198 万元，实现蔬菜收购量 5 600 吨，菜农实现收入 1 900 万元，2016 年每户菜农平均收入 15.7 万元。由于合作社为菜农提供产前、产中、产后全过程服务，菜农的后顾之忧没有了，生产积极性提高了，收入稳定了，脸上有笑容了，逢人就说合作社是菜农的娘家。

在产品质量上，建立设施蔬菜生产信息化系统。按照“一品一档案、生产有记录、信息可查询、流向可追踪、质量可追溯”的要求，建立了先进的信息化管理体系、标准化种植体系、投入品管理体系等蔬菜生产标准化体系，做到生产中“投入无违禁，管理无盲区，源头无隐患，销售无障碍”，保证产品农残检测合格率达 100%。

在蔬菜投入品管理上，建有 500 平方米专门的仓库，有专人负责农资统购、统供、统配和统施，建立肥料、农药进出台账制度。

在收购、销售上，合作社实行“四统一保”模式，即按照订单生产的品种，实行统一收购、统一分拣加工贮藏、统一包装、统一“菜夫人”商标销售。合作社投入 270 万元，建设蔬菜物联网智能种植系统、自动灌溉系统、农产品电子销售信息平台、现代农产品质量追溯体系的建设，通过云平台推动“菜夫人生活”APP 上线运行，以提高农产品附加值。通过“四统一保”模式的运行，保证了菜农的利益，提高了菜农生产积极性和主动性，又减少中间流通环节，节约流通成本，保证蔬菜的品质，达到优质优价的目的。据统计，2016 年完成蔬菜收购量达 7 950 吨，其中合作社基地收购量 5 600 吨，周边收购量 2 350 吨，实现销售收入 3 400 万元，示范区菜农每亩平均纯收入 9 125 元，合作社实现纯利润 112 万元，间接为市民节约支出 265 万元。

2.2　强化合作社规范化的建设，为合作社的发展打下坚实的基础

组织机构健全。合作社依法建立了成员（代表）大会、理事会、监事会等“三会”组织机构，依法依章履行职责并定期召开成员（代表）大会、理事会、监事会。成员（代表）大会每年至少召开一次，理事会每年至少召开两次。有会议记录，有出席会议成员的签名。

章程制度完善。制定有符合本合作社发展的特点和要求的章程，并经社员（代表）大会表决通过。建立有社员（代表）大会、理事会、监事会制度，有成员分工和岗位职责、决策议事规则、社员管理、生产经营管理、财务管理、档案管理等相关的管理制度。章程、岗位职责、制度已公开上墙。

成员资格明确。规定了合作社成员入退社手续程序，每位入社成员持有《成员证》，并注明成员的出资额和公积金份额等，《成员证》上须盖有合作社的公章、财务章和理事长印鉴。

社务管理民主。实行了重大事项实行民主决策，通过表决的方式，每季末向成员公布财务状况，设有执行监事（监事会），对日常财务进行审核监督。年度审计、专项审计和换届、离任审计聘请了第三方审计机构进行了审计和监督。

会计核算规范。合作社实行独立的财务管理和会计核算，建立健全财务和会计制度。财会人员持有会计从业资格证书，会计和出纳互不兼任。理事会、监事会成员及其直系亲属不得担任本社的财会人员。合作社与其成员的交易、与利用其提供服务的非成员的交易，都分别进行了核算，设立了个人账户。依照国家规定合理使用国家财政扶持资金和他人捐赠资金，依法平均量化到各成员账户，并记载到《成员证》上。盈余按章程规定提取积累，公积金、公益金及风险基金要按规定用途使用，公积金要量化到成员账户，并记载到《成员证》上。

档案管理规范。合作社配有专门档案柜，对档案实行集中管理，有专人负责档案的保管和文档的传递。归档的文件资料完整，照片、碟片等影像材料都注明内容、时间、地点及主要参加人员等，与书面材料分开存放。会计档案按照《会计档案管理办法》的规定，加强对会计档案的管理，做到完整无缺、存放有序、方便查找。

开展人才培训。合作社自成立以来，积极开展人才培训工作，聘请农业专家到田间地头进行实地一对一培训。同时，购买蔬菜种植方面的书籍和光盘免费送给社员种植户，已为合作社培养出数十名种植能手。

2.3 技术推广培训常规化，产品销售品牌化

在“三新”推广上，合作社按照“做给菜农看、领着菜农干，帮助菜农赚”的工作思路。首先长期建立新品种新技术推广示范区 15 亩（15 亩=1 公顷。全书同），通过现场示范让社员直观感受到使用新品种、新技术带来的利益，让菜农在示范中了解新品种，在对比中学习新技术。其次做好产前培训工作，抢抓一个“早”字，重抓一个“实”字。在每种作物播种前一个月即开始着手联系专家，编印教材、技术明白纸，遴选技术指导员，举办蔬菜新品种、新技术产前培训。采用新品种、新技术，较传统种植的产量高出 20%，新品种单价每千克高出 0.25 元，每亩可增利润 1 000 元；新品种比传统品种增产 20%，每亩可增产 1 200 千克，每千克蔬菜平均 2 元，增收 2 400 元。2016 年示范推广 350 亩，可增产 42 万千克，增加利润 119 万元。

在产品销售品牌化上，合作社秉承“与政府联心、与职工联手、与商家联利”的经营理念、“质量是品牌之本，诚信是品牌之魂”的品牌意识，将“菜夫人”品牌打造成为湖北知名品牌。一是利用新闻媒体宣传“菜夫人”品牌；二是用最优质，最安全的无公害蔬菜供应武汉广大市民、企业、机关、学校和酒店，让广大消费者认同“菜夫人”品牌；三是通过基地采购，减少中间环节，降低流通成本，将实惠让利给消费者，构建从基地到餐桌的“绿色无公害生态产业链”。

2.4 以蔬菜基地为主线，实现一二三产业融合，带动社员增收致富

在经营效益上，合作社始终坚持基地生产先行，强化加工配送服务，打造蔬菜直销平台，以蔬菜基地为主线，实现一二三产业融合，带动社员增收致富。按照“合作社+基地、基地+社员、合作社+市场”为产业联动的形式，通过基地与社员的合作，带动社员增收致富。2016 年合作社种植无公害蔬菜品种 25 个，产量达 5 600 吨，基地内实现产值 1 900 万元，收购加工配送无公害蔬菜 7 950 吨（收购合作社周边农户 2 350 吨），实现销售收入 3 400 万元，建设“菜夫人”生鲜连锁便民店 40 家，总数达到 172 家，门店销售收入 3.6 亿元。

为社员提供经验交流平台。每年合作社都会组织社员开展 4 次以上经验交流，通过技术能手传、帮、带，积极为菜农排忧解难，带领合作社社员、部分菜农外出参观学习，学习蔬菜种植技术。截至目前，98%以上的菜农已基本掌握了蔬菜种植的管理知识和技术。

强化产品的精、深加工，通过与华中科技大学和华中农业大学合作，将玉米汁、芹菜汁做成功能型、营养型产品，引导周边农户大面积种植，通过深加工增加产品附加值，带领农户共同走农业产业化经营之路。

（执笔人：湖北农民合作社研究所　张全红）

武汉市强民农产品专业合作社案例调查报告

随着“互联网+”战略的实施，传统农业在互联网技术的助力下实现了新的突破，农产品经营模式正发生着悄然变化。特色农产品销售市场突破区域局限，一根网线连起农村与外面的世界，现代农业经营“一网直前”。武汉强民农产品专业合作社便是“互联网+农业”的受益者，也是“互联网+农业”的典型。

1 合作社的基本情况

武汉强民农产品专业合作社于2006年10月开始组织筹建，2007年7月注册成立，是一家集种植、收购、加工、储存、销售为一体的农民专业合作社，合作社位于汉南区10万亩绿色食品板块基地核心区。该区域土壤肥沃、地势平坦、气候皆宜、光水充足、耕性良好、交通便利，是产销系列鲜食玉米的理想之地，被称为全国甜玉米之乡。现有注册社员298户，注册资金100万元，员工12人（其中技术人员4人）。合作社成员出资总额为100万元，其中货币出资80万元，非货币出资20万元。

2 合作社的发展状况

2.1 合作社发展概况

武汉强民农产品专业合作社主要种植并销售的农产品有春甜玉米、包菜、秋糯玉米、红菜薹、春玉米、苦瓜、蔬菜、双季玉米、速生菜、冬萝卜等。2012-2016年，以种植鲜食玉米为主栽品种的种植面积分别达18 260、20 520、22 130、24 250、26 180亩，销售额分别为5 120万、5 640万、6 424万、 7 536万、7 800万元，实现销售利润分别为154.6万、172.3万、193.8万、205.1万、221.3万元。2016年合作社农民年人均纯收入达8 860元，比全区农民纯收入高出25.8%。通过合作社的示范作用，组织带动和辐射周边农户 6 000余户，种植以甜、彩鲜食玉米主栽面积20 000亩，蔬菜面积由2012年的600亩发展到2016年的1 500亩。

2.2 获得荣誉

2007年，武汉中商集团授予该社中商汉南甜玉米销售大王称号。2012年，武汉强民农产品专业合作社获得了市级示范社荣誉称号，2013年获得了湖北省示范合作社称号，2014年获得中华全国供销总社示范社称号。

2.3 财政扶持

合作社2015年获鄂人社函〔2015〕200号创业5万元扶持资金资助。

2.4 理事长个人情况

合作社法定代表人余意于1989年7月2日出生，2012年毕业于武汉市纺织大学，2013担任武汉市汉南邓丰鲜食农产品产销有限公司总经理一职，并成立了邓丰特色农产品专卖店，专卖店年销售额260万元，解决了200多户的合作社社员和农户的农产品销售难问题。2014年通过大会选举担任武汉强民农产品专业合作社理事长一职。2016年成立武汉汉南供销乐村淘电子商务有限公司，担任董事长一职。曾获得2013年武汉市创富好青年、2014年武汉市乡村好青年、2015年武汉市优秀共青团员等荣誉称号。

3 合作社的主要做法

3.1 加强社内监管，打下夯实基础

为了规范合作社管理，合作社制定了《武汉强民农产品专业合作社内部规章制度》《武汉市强民农产品专业合作社财务公开制度》《武汉市强民农产品专业合作社财务管理制度》《武汉市强民农产品专业合作社工作章程》《武汉市强民农产品专业合作社社务公开制度》《武汉市强民农产品专业合作社议事制度》等完善的管理制度。此外，为加强合作社内部监管，还制定了一系列运营管理措施。

3.2 规范管理、增收节支

要求社员切实做到“六统一”，即统一生产标准、统一采集种子、化肥等生产资料、统一技术指导、统一科学管理、统一品牌包装、统一生产管理。2012-2016年合作社经过规范管理，增收节支近280万元。

3.3 健全制度，民主管理

为了利于合作社更好的健康发展，合作社日常管理工作始终按照章程规定，定期召开理事会议和监事会议，合作社社员每年年底召开成员大会，讨论决定重大事项，建立健全经营情况报告制度，财务管理及财务预算报告制度、利益分配制度、教育培训制度、民主监督制度，以确保合作社正常运行和健康发展。

3.4 做好新品种、新技术的推广和示范

2013年合作社加大了种植结构调整、新品种、新技术推广应用工作力度。为了加快汉南区国家级绿色综合基地（邓南鲜食玉米板块基地）建设的发展进程，合作社切实抓好引导协调职能，一是大力推广春甜玉米—包菜—秋玉米—红菜薹、春玉米—苦瓜—蔬菜、双季玉米—速生菜—冬萝卜等种植模式。目前高效种植模式已在本地区形成可示范效应，种植面积达5 600亩。二是大力引进新品种、推广新技术，提高名优农产品种植比例，按照市场需求规律，市场需求什么就种植一定比例的产品。由合作牵头通过全国各地种子市场的考察论证，先后引进华甜玉3号、彩甜糯6号、金晶龙2号、金中玉及适应加工销售等10多个新品种进行示范推广。

3.5 扩大种植规模、增加销售渠道

合作社开展了“农超对接”，实现了农产品从田间到销售环节的直接管理，有效减少了农产品流通环节、降低流通成本。2016年销往各大超市的农产品达3 000吨，占2016年合作社全年销售额的

30%，有效地缓解农产品销售难的老问题，实现农产品从田间到餐桌的全程监控，保证其安全优质。因此，武汉中商集团授予本社中商汉南甜玉米销售大王称号。

3.6 合理分配利润，调动社员积极性

合作社采取不同的分配方式让社员得到实惠，一是对社内成员购买农资、种子，实行赊销不计利息；二是从当年的盈利中提取20%的公积金用于生产弥补成员亏损；三是从盈利中提取10%的公益金，用于成员培训、福利和互助；四是提取10%的风险金弥补成员在种植过程中遭遇的自然和市场风险；五是将全年纯收入的60%提取出来再次分配给成员，从而极大地调动了社员的积极性。

3.7 吸纳人才，开拓未来

2013年，回乡创业的大学生自愿加入本社，合作社多次安排其去外地进行学习考察，以及通过电视、新闻媒体和报刊、广告，不断更新网页宣传营销资料等方式，利用其对网络电商平台的知识，汉南特色农产品成功“触网”。2013年9月在淘宝网聚划算的销售平台上以团购订单的模式销售，日均销售达1 000多单。截至2016年底，合作社网络销售农产品达800余吨，占合作社历年年销售额的10%以上，为合作社实现网络销售打下了坚实基础。

3.8 成立农村电商公司，全面服务“三农”

（1）公司成立背景。汉南甜玉米拥有中国最早甜玉米之乡誉称，并荣获国家地理标志保护产品认证。但汉南农业产业链不长，农产品附加值不高，农产品“买难、卖难”和价格“过山车”等问题制约着汉南农产品企业的发展。汉南农业仍面临着从田地到外地客户的“最后一公里”困扰。针对汉南农业亟待解决的问题，借助“互联网+农业”，区委、区政府加强对农业的支持与引导，武汉强民农产品专业合作社电商公司应运而生。

2016年7月26号，在武汉经济开发区工委（汉南区委）、区农业局、区供销社等各有关职能部门的大力支持下，由汉南供销社和强民农产品专业合作社共同出资创办的“服务三农”、“助农增收”的农村电子商务公司——武汉汉南供销乐村淘电子商务有限公司注册成立，公司依托乐村淘电商平台，建立了1个区级电商服务中心，8个村级电商体验店。乐村淘电商平台通过体验店帮助引导农民实现网上购物和网上销售农产品，用户所有的交易在线上下单支付，在线下享受优质的服务，从而打造一个闭合的“商流、物流、信息流、资金流”的全生态经营系统。

（2）借助“互联网+农业”，传统产业突破发展。结合区域实际，电商公司在平台上成立了“汉南区特色馆”，通过打造汉南区的乡魂、乡情、乡味，把当地的人文、历史、故事融入到特色产品中，通过互联网，使全国人民更加了解汉南区地方的文化与特色，通过线上线下相结合，增加当地农产品的销量，带动当地的文化旅游发展，还将汉南区的特色农产品销售到全国，把物美价廉的商品引回汉南。

平台上独有的赶集模式“乐6集”，即当农产品大量上市时，可以通过平台在每个月的“6号”“16号”“26号”将本地优质农特产品已赶集形式集中销售、集中配送，大大降低物流成本和采购成本，合作社电商平台仅仅运营4个月的时间，线上交易鲜食玉米1 000吨以上，蔬菜瓜果、畜禽产品、水产品等农产品20吨以上；合作社社员及周边农户网购农资10吨、日用品2万件、农村最后一公里配送综合消费服务20万次，预计年销售额达到1 040万元，为农民增收节本达150万元。平台通过线上线下相结合，增加汉南区农产品的销量，着力解决农民“买难”“卖难”问题，为农民增收节支、生产生活提供了便利的信息平台和买卖渠道。

电商公司平台上的“乐县域”模式是借助乐村淘电商平台影响力及管理优势，让乐村淘农村体验

店、社区店、城区超市店，能够在线上提供丰富的商品以及方便优质服务。合作社电商平台服务中心以及 8 家电商体验店配备的显示器会定期宣传贯彻农业新政策、新技术、新模式。截至 2016 年 12 月，电商平台发布“关于农村土地流转与农民权益保护”“特色农产品触网营销“三步法”“农业金融贷款助创业”“农业新技术推广”等多个扶农、助农主体活动，辐射影响了周边近 1 万余农户。

（3）未来规划，服务“三农”。把握契机，积极投身互联网行业电商大潮，既是时代前进的标志，也是不可抗逆的趋势。对于农业专业合作社而言，深入扩大企业知名度，着力塑造品牌美誉度，深度挖掘“互联网+”蕴含的巨大潜能，持续实现创新发展具有深远意义。

2017 年合作社将扩建农村电商农家店、体验店 25 个。以强民农产品专业合作社甜玉米示范基地为版块成立一个新品种、新技术、新模式的农业综合示范基地，以电商中心为平台成立青年返乡创业、农业技术推广的电商培训基地，培养出一批既懂农业种植又懂电商操作的新型职业农民，争做新型农业经营体系的抬头兵，为服务“三农”做出应有的贡献。

（执笔人：湖北农民合作社研究所　张全红）

武汉市首佳水产养殖联合专业合作社案例调查报告

1　联合社的概况

武汉市首佳水产养殖联合专业合作社成立于2011年，位于新洲区双柳街家湖村。由于当时生产的水产品单一，社会养殖水平低，旱涝不保收，为了避免市场恶性竞争，共同抵制自然灾害，共同采购生产资料，降低养殖成本，提高社员收入，五家合作社联合发起组建了武汉市首佳水产养殖联合专业合作社。

联合社共总注册资金1 000万元，现有资产1 574万元，团体成员5个，个体成员381个，带动农户3 000户。养殖水面73 500亩，种植面积4 500亩。2013年经营收入12 060万元，盈余390.1万元，成员年均纯收入16 530元。其中，武汉焕彩水产养殖专业合作社出资170万元（包括固定资产）、武汉市新洲区湖源养殖专业合作社出资160万元（包括固定资产）、武汉市新洲区保利丰水产养殖专业合作社出资160万元（包括固定资产）、武汉市新兴惠民水产养殖专业合作社出资160万元（包括固定资产）、武汉宝莲子专业合作社出资160万元（包括固定资产），其余由各社员出资。经选举产生以程焕斌为理事长，程幼乐、余佑兵为理事，黄建鹏为监事长，魏建林、喻志林为监事的联合社领导机构。理事长主持理事会全面工作，理事分工负责技术、财务工作，监事长负责理事会、人事工作，监事协助监事会及收购部、销售部工作，并设立办公室，蔡志军为办公室主任，负责处理日常事务。联合社主营养殖水产品的生产资料及销售工作（鱼苗、渔药、饲料、组织水产品销售）。

2　联合社的发展

2.1　实现跨行业、跨区域合作

联合社的5个成员合作社都具有较好的发展前景，组建联合社后业务范围涵盖水产品养殖、水生菜种植、饲料加工、饲料销售等行业，跨越新洲双柳、汪集、旧街、涨渡湖等行政区域，是新洲第一家跨行业、跨区域组建的联合社，其影响和带动面不断扩大。

2.2　实现聚集资源、优势互补

联合社通过成员出资，筹集货币资金1 000万元，通过联保贷款270万元，为联合社的发展奠定了很好的物质基础。联合社吸纳了大量技术人员，其中大专以上学历5人，具有中级职称技术人员2人，初级职称技术人员16人，水产专业技术人员8人，技术力量雄厚。联合社成立后，产业链条延长，形成了集水产养殖、鱼饲料加工、水产品销售于一体的产、供、销经营模式，整合5家合作社原有优势，实现优势互补。

2.3 实现规模经营，快速发展

联合社成立后，成员由注册时的101人增加到386人；种养殖面积由原来的10 800亩猛增到现在的73 500亩（其中包括承包52 000亩涨渡湖）；养殖品种由原来的常规品种发展到以鳜鱼、鮰鱼、大口鲶、河蟹等名特优品种与常规品种并重，种植由原来的单一太空莲发展到莲、藕、鱼水体综合利用；辐射带动农户由原来的615户扩大到3 000多户；农产品产量由原来的1万吨增长到1.65万吨，合作社产品还取得了无公害农产品认证证书。根据合作社现有种养殖规模及水平测算，2017年联合社成员年平均纯收入可达到2万元，高出本地非成员养殖户30%以上。联合社2011年经营收入不足2 000万元，2012年增加到9 600万元，2015年达到1.2亿元，2016年虽然遭受到重大自然灾害，但产值仍然达到9 000万元，基本实现规模经营和快速发展。

2.4 财政资金扶持，促进提质

2012年财政补助20万元，2013年财政补助15万元。联合社通过用好财政扶持资金，积极改善联合社生产基础设施，为农产品品质提升起到积极作用，联合社多次评为先进生产单位，十佳优秀合作社奖牌，绿色无公害产地证书。

3 联合社的做法

3.1 规范建设，民主管理

联合社成立后狠抓规范化建设，由成员大会选举产生了理事会、监事会，依照章程，严格实行民主管理。联合社理事会召集成员代表大会审议通过了联合社五年发展规划，审议通过了投资400多万元的螃蟹养殖项目、投资200多万元的千亩精养鱼池基地项目等重大投资事项。通过理事会决定，增加了285名合作社成员，并制定了内部多项管理制度及符合联合社现阶段发展的盈余分配方案，定期公布联合社财务，同时相应成立了财务部、技术部、采购部、销售部等部门，明确各组织机构的职能职责，联合社逐步走上制度化、规范化的良性发展道路。

3.2 绿色生产，严守质量

联合社以养殖、种殖为主体，以承包为主，不准许社员在农用土地上大兴土木，改变种养殖用途，破坏养殖环境，切实做到产品绿色无公害。

3.3 注重发展，夯实基础

2012年联合社自筹资金140万元，财政补助20万元，配置了办公设备，两台运输车，大、中、小型机动船8艘。2013-2014年又自筹资金196万元，加上财政补助15万元，改造了1 100亩无电、无水、水深1米的低效渔池，购置1台变压器，10台增养机，10台潜水泵，实现了资金用到急处、实处。

3.4 强化服务，促进增收

联合社充分发挥自身优势，全方位服务成员，实现4个统一：①统一采购提供生产资料。联合社成立以来，年加工鱼饲料5 000余吨，统一采购饲料 5 000吨，渔肥300吨，渔药100万元，鱼苗60吨，减少了中间环节，降低了采购价格，为成员节约成本7%～10%。②统一农产品销售。组织销售人员分赴南京、安徽、山东、河南等地水产品市场，建立稳定的销售渠道，解决本社成员和周边养殖户的销售问题。③统一生产质量安全标准和技术指导。印发养殖技术资料累计 1 万余份，指导成员的用药、用肥、用料，调整种养模式等产前、产中技术服务。④统一产品和基地认证认定。共获得无公害农产品产地认证 2 个，无公害农产品认证 2 个。通过以服务促增收的方式，2013 年成员户比非成员户亩均增收 1 000 余元。

3.5 瞄准市场，增加效益

联合社已经建成了两个饲料加工厂，业务已辐射新洲区旧街、双柳（涨渡湖湿地保护区）和汪集街水产养殖种植区，产业链已经延伸到了黄冈的团风县、黄陂区武湖一带，多次组织销售人员到各地考查。目前在武汉、阜阳、合肥，南京设了销售点，做到了社员生产的产品卖得出、卖得快，价格卖得高，惠及广大社员。

4 联合社的成效

4.1 节本增效

联合社通过不懈努力，减少中间环节，从厂家直接采购生产资料，降低成本，每亩投资下降 400 多元（渔药每瓶便宜 2 元，渔肥每袋便宜 8 元，饲料每吨便宜 200 元），销售渠道畅通，鲜鱼每千克比市场批发价高 0.4 元，社员亩增收 600 多元，并为社员提供鱼苗、蟹苗、虾苗饲料、渔肥、渔药、产品回收等服务。

4.2 收入提高

社员年收入从联合社成立前的 3 000 元增加到现在 12 000 多元。联合社的销售收入的 70%以社员的入股金额返给社员，30%提留合作社账户（管理人员工资、风险金、来年的发展建设金）。

4.3 产能提升

联合社养殖面积 21 500 亩，生产鲜鱼 15 200 吨，桂鱼 1 790 吨，螃蟹 315 吨，鱼苗 390 吨，小龙虾 4 吨。太空莲面积 4 500 亩，生产太空莲 400 吨（套养小龙虾 25 吨）。

4.4 科技引领

每年春夏，联合社聘请水产专家对社员进行技术讲座培训，解答养殖难题，提高养殖水平，实现绿色、健康水产品养殖成效显著，积极带动了周围养殖户的发展，受到了当地政府及农户的一致好评。

（执笔人：湖北农民合作社研究所　张全红）

阳新县蔡贤村桑蚕产业专业合作社案例调查报告

1 基本情况

阳新县蔡贤村桑蚕产业专业合作社成立于2009年10月，拥有桑园面积3 100亩，生产加工厂房1 800平方米，规模化标准养殖厂房4 500平方米，发展成员118人，注册资金400万元，带动农户560人。合作社立足本地桑蚕产业，积极构筑“合作社+农户+基地”的发展模式，秉承“民办、民营、民管、民赢”的办社理念，坚持利益共享、风险共单、坚持“产、供、销、加”同步推进，形成桑蚕产业区域化、专业化、加工销售一体化新格局。先后获得阳新县先进农业特色基地、阳新县先进专业合作社、黄石市农民合作社示范社、黄石市文明诚信示范企业、黄石市非公企业工会优秀单位，黄石市重点龙头企业、湖北省农民合作社理事单位、湖北省农业科普示范基地、湖北省“互联网+”现代农业应用示范基地、湖北省农民合作社示范社等荣誉称号，2016年度被评为国家级示范社。合作社生产的仙岛湖牌百分之百真丝蚕丝被、蚕砂保健枕、桑叶茶、桑葚酒蝉联第九届、第十届武汉国际农博会金奖，获得首届中国武汉国际绿色产品交易会优质奖。理事长蔡召为中共党员、黄石市党代表、湖北省劳动模范、湖北省农村实用拔尖人才、湖北省优秀村党支部书记，曾获得农业部“农林牧渔丰收奖”二等奖。

2 合作社的成立背景和发展过程

受自然条件所限，蔡贤村是阳新县有名的贫困村，当地农民长期靠国家的扶贫资金维持生活，村民人均年收入不足2 000元，村集体经济是一片空白。2005年，蔡召成当选为任蔡贤村党支部书记，和所有村委会班子一样，他希望带领村民探索出一条致富路。菜牛养殖、网箱养鱼、香芋种植……做过多项尝试后，效果都不太理想。“不是项目不好，是形不成产业链，零敲细打，最后都无疾而终。”蔡召成自我总结。一个偶尔的机会，他结识了一名经营蚕丝的浙江商人。他当即带着几名村民，前往浙江省湖州、桐乡考察取经，一是挑选桑树和蚕蛹的良种，二是学习先进的种养技术。为了节约开支，自带铺盖借住在当地农民家中。认定了养蚕项目后，开始利用村里的荒山荒地种桑养蚕，带领村民脱贫致富。当年年底，桑蚕种养在蔡贤村开始形成规模，种桑养蚕能够换来一扎扎钞票，许多村民心眼活动了，跃跃欲试。

摸着石头过河，蔡贤村养蚕并不一帆风顺。2008年试种10亩桑树养蚕，效益喜人。村民跟着种桑，桑树面积近几年呈几何式增长。但是，蔡召成说，“一哄而起种桑养蚕，蚕农一度吃过亏。由于无序竞争，桑农杀价，1千克蚕茧卖不到20元，1亩桑树一年下来落不到2 000元。”迫不得已，在蔡召成的带动下，村委会成立了桑蚕合作社，规范市场行为，保护蚕农利益。2009年，蔡贤村的村组干部牵头，又创办了蔡贤桑蚕产业专业合作社，蔡召成因此有了一个新的身份——合作社理事长。“我们只有成立了专业合作社，才能规避国内外桑蚕及丝绸市场的风险，让种养的农户利益最大化，也保证桑蚕产业健康持续发展。”蔡理事长说得头头是道，显然是经过了深思熟虑。

在做大桑蚕产业的过程中，蔡贤村桑蚕产业合作社也得到了众多相关政府部门的鼓励和支持。蚕，结茧产蛹；蛹，破茧成蝶，这是质的飞跃。这家合作社也像春蚕一样，不断蜕变，不断壮大。2011年，合作社投资50万元，建成了蚕丝被加工厂。后来，又申请注册了仙岛湖商标，开始源源不断地加工生产仙岛湖牌蚕丝被、蚕砂保健枕等产品。

每千克鲜蚕茧销售价32元，而加工成蚕丝被后，每千克要增值64元。按2011年合作社鲜茧产量19 000千克计算，通过加工合作社增加收入194 560元。2012年，合作社还在阳新县城区开设了仙岛湖牌蚕丝被系列产品直销店，形成了生产有农户、加工有工厂、销售有门面的经营新格局。蔡召成说，合作社欢迎更多的人加盟，但前提条件是，身份须是农民，而且热爱并已投身于种桑养蚕事业。

3　村党支部领办合作社特色凸显

蔡贤村桑蚕产业专业合作社是典型的村党支部领办合作社，从股权结构看，合作社注册资金400万，村委会出资70万，其他成员出资均不超过5万元，绝大部分为1万元，因此村委会在合作社中处于绝对主导地位。从合作社理事会成员看，村党支部书记蔡召成兼任合作社理事长，为合作社的经营和发展壮大付出了大量心血，但其本人在合作社的股份只有1万元，并且担任理事长的待遇只有每月200元的电话费补贴。村党支部班子的高素质和在群众中的高公信力是村党支部领办合作社是否成功的关键，可以弥补所谓的所有权缺位的缺陷。

作为村党支部领办的合作社，蔡贤村桑蚕产业专业合作社始终把农户利益放在第一。曾经有大企业大老板了解蔡贤村桑蚕后，找蔡召成谈，要与合作社合作。蔡召成考虑再三，最终婉言拒绝。因为他怕万一合作后，许多事不能做主，使加盟合作社的村民利益受损。

桑蚕产业在蔡贤村是一个新兴产业，为了保证这个新兴产业能够给村民带来最大的利益。这几年来，合作社一直坚持的是“一服务、二统一、四帮扶”的做法，即是做好种养技术辅导服务，统一桑蚕苗种的采购价和桑蚕成品的收购价，实行四项帮扶。四项帮扶是：送，对桑蚕种养户无偿送苗木、送技术、送大棚雨布；补，种养户当年新栽苗，每亩补优质肥25千克，每季每张蚕种补优质肥25千克，连片10亩以上大户每亩每年补现金100元；奖，实行年终评奖制度，种养户单项收入过5 000元的，奖优质肥50千克，超过10 000元的，奖现金1 000元，对在桑蚕产业发展上作出了特别贡献的种养户，则另有重奖；保，实行鲜茧收购保护价和保底价。

村党组织领办农民专业合作社，实行“党支部+合作社”的发展模式，将党的政治优势与合作社的经济优势结合在一起，既发挥了市场经济和产权明晰的优势，又为基层党组织转变领导职能和领导方式开辟了新路，反映了市场经济条件下新型的公有制关系，是建设社会主义新农村的客观要求。同时，“党支部+合作社”的发展方式也与中央提出的加强农村基层党组织建设，把党组织建在市场主体中、建在产业链上的要求相一致，也与《农民专业合作社法》和2013年中央一号文件提出的“农民专业合作社是带动农户进入市场的基本主体，是发展农村集体经济的新型实体，是创新农村社会管理的有效载体”的精神相吻合。

推行“党支部+合作社”工作模式，也为党组织在新农村建设中发挥引领作用搭建了广阔舞台。当前，农民专业合作社在发展规模生产、引领农民增收中扮演了越来越重要的角色，有效弥补了乡村组织在发展经济中“想做又做不了、能做而做不好”的问题，已成为农村基层组织建设的重要组成。农村基层党组织在探索中示范引路，在发展中壮大规模，大力发展农民专业合作社，为推动农业增效、农民增收注入了新活力。推行“党支部+合作社”工作模式的成功实践证明，抓住发展农民合作社这个契机，把党组织及时融入合作社中，使之成为农村合作经济的领导者、推动者和实践者，党组织就能真正成为推动新农村建设的核心力量，在实现惠民富民、得到群众拥护中充分发挥好战斗堡垒作用。

4 具体做法

4.1 拓展多途径合作模式

一是加强与院校合作，强化技术提升，提高合作社软实力。合作社先后与中央广播电视大学阳新分校、湖北省农业科学院签订桑蚕生产技术协作协议书，常年聘请行业专家教授指导生产，开办培训班，积极为社员提供产前、产中、产后服务，着力解决家蚕养殖过程中出现的难题，探索规模化、省力化养殖新途径，同时配合合作社研发新产品，研究新工艺。2015 年度湖北省农业科学院与合作社研发技术专利《鲜茧制作蚕丝棉技术》申报成功。目前，家蚕养殖“克星”脓病发病率降低 35%以上，僵病发病率降低 85%以上。

二是加强与企业合作，保证生产资料质优价廉，提升产业效益。桑蚕产业种养殖加工过程繁杂，生产资料需求量大。近年来，合作社先后与湖北生物化学公司、浙江天蚕化工、罗田蚕种场等生产企业协作，直接购进所需生产资料等物品，平均降低成本 30%～70%，并且直接采购从源头上杜绝了假冒伪劣产品流入，保障了社员利益。

二是加强与网络公司合作，拓宽互联网销售渠道。合作社除了开设产品销售实体店外，2012 年起先后与百度、阿里巴巴等合作，开展网上推广销售业务，年平均交易量达 840 笔，交易额 280 万元。

4.2 实行多类型生产经营方式

合作社实施“五统一”、“两集中”、“两一律”和“一保底”。

“五统一”即统一购苗、统一调种、统一进肥（药）、统一收茧、统一加工。通过实行“五统一”，降低购物成本，保证了质量、同时规范了合作社运作程序。

“两集中”就是集中培训技术，集中小蚕饲养，提高了社员的技术水平，提高了养蚕产量和效益。

“两一律”即一律连片栽桑建园，一律就地规模养蚕，连片种桑的目的主要是提升了桑园管理效率，保证了桑叶质量。就地规模养茧是全面推进省力化和产业化发展桑茧产业的基本保证。

“一保底”即合作社根据桑茧市场行情综合当地劳务价差，设定桑茧收购价格，确保当地桑农（社员）养蚕利益。

4.3 创新机制规范管理

一是规范管理机构。合作社坚持“三会”制度，即社员代表大会，理事会和监事会，严格按照合作社章程议事办事。理事会下设分支机构，即种养部、加工部和销售部，各部按照年初规划完成当年任务。

二是规范管理制度。合作社按照社员代表大会要求落实执行好合作社三大基本制度，一是管理人员工作制度，二是社员规范管理制度，三是财务管理制度。

三是创新成员分红方式。合作社对成员每年实行3次收益模式，即除股份分红、交易量返还收益外，还按当年养蚕规模设奖，更加激发了社员种养积极性。

5 主要成效

5.1 规模化、产业化、区域化日趋成熟，成效凸现

通过几年的努力，合作社成员从原来的20名增至118人，桑园面积从原来的15亩增至3 000多亩，单季蚕种从原来的5张增至1 500张，厂房从原来的不足300平方米增至五个分厂（场）6 000平方米，业务从原来的单一养蚕卖茧发展到现在的加工蚕丝被、蚕丝枕、蚕砂保健枕、桑叶茶、桑椹保健酒的立体化产业。

5.2 带动群众能力强，脱贫增收效果明显

通过近几年的快速发展，合作社规模日益扩大，2016年总产值超过千万元，养蚕直接收入达到320万元，社员养蚕单项收入人均增收达2万余元，带动农户就业56人，当地脱贫人数逐年递增，开创了一个好产业造福一方土、致富一群人的好局面。

（执笔人：湖北农民合作社研究所　张全红）

大冶市毛铺富农原生态农牧专业合作社案例调查报告

1 基本情况

大冶市毛铺富农原生态农牧专业合作社成立于2008年10月，注册资金 2 000万元，2016年底社员为2 038人，集种养殖、加工、冷链物流营销于一体。合作社始终本着“富农惠民”的宗旨，秉持“生态发展”的理念，牢记“建设绿色家园、发展乡村旅游”的使命，在做好“红色土地、黑色食品、绿色家园”的“红、黑、绿”三色文章基础上，积极发挥“生态型、带动型、循环型、示范型”的功效，在省、市各级财政部门的大力支持下，合作社已累计完成基础性建设投资2亿余元，经营面积达到14 000多亩，带动农户种植面积20多万亩，带领周边8个村的3 000余户农户实现了致富梦。目前，合作社创建了种植业、养殖业、林业、乡村旅游业、餐饮服务业、农副产品加工业、农贸业、户外拓展、农村实用人才培养、电子商务等十大产业板块，2016年合作社产值过亿元，纳税1 000多万元。因此，合作社获得了广泛的社会认同，先后荣获全国休闲农业与乡村旅游四星级企业、全国科普惠农兴村先进单位、全国农民专业合作社示范社、国家AAA级旅游景区和全国休闲农业与乡村旅游示范点等荣誉。

2 规范内部运作，夯实发展基础

规范农民专业合作社运行机制，建立章程规范、管理民主、服务全面、分配公平的内部治理结构，是推进农民专业合作社健康发展的基础。

2.1 规范章程

毛铺合作社章程完善，保证了其高效运行。一是明确入社条件，加入合作社的农户必须是从事种植加工业的农户，团队成员必须是从事与合作社业务直接有关的生产经营活动的企业、事业单位或者社会团体，具有管理公共事务职能的单位不得加入。二是制定出资条件，成员可以用货币出资，也可以用固定资产、技术、知识产权或者其他财产权利作价出资，但不得以劳务、信用、自然人姓名、商誉、特许经营权或者设定担保的财产等作价出资。成员以非货币方式出资的，由全体成员评估作价。三是调整表决方式，合作社实行一人一票制，成员各享有一票的基本表决权，出资额占成员出资总额90%以上或者与合作社业务交易量（额）占合作社总交易量（额）90%以上的成员，最多享有一票的附加表决权。四是明晰财务管理方案，社员按交易量（额）分配盈余，按10%的比例从当年盈余中提取公积金用于扩大生产、弥补亏损或者转为成员出资，不少于5%的比例用于成员技术培训和教育。

2.2 健全“三会”制度

2008年合作社成立初期就建立了规范的“三会”制度。社员大会制度对社员大会职责作出了明确说明，如审议、修改合作社章程和各项规章制度，选举和罢免理事长、理事、监事会成员，决定社员出资标准及增加或者减少出资，审议合作社的发展规划和年度业务经营计划，审议批准年度财务预算和决算方案，审议批准年度盈余分配方案和亏损处理方案，决定重大财产处置、对外投资、对外担保和生产经营活动中的其他重大事项，对合并、分立、解散、清算、对外联合等做出决议。另外，社员大会制度对其他重大事项也做出了明确说明，如社员（代表）大会对有关议案进行表决时，实行一人一票制，社员（代表）大会选举或做出决议时，应当由本社社员表决权总数过半数通过，做出修改章程或者合并、分立、解散的决议应当由社员表决权数的2/3以上通过，等等。

理事会制度对理事会职责、理事长的职责等事项做出了详细规定，如规定理事会由3～5名理事组成，由社员（代表）大会选举产生，任期2年，可连选连任；理事会具有制订合作社发展规划、年度业务经营计划、内部管理规章制度等8项具体职责；理事长具有签署聘任或者解聘合作社经理、财务人员和其他专业技术人员等6项职责。

同时，合作社建立了监事会工作制度，规定监事会由3人组成，实行一人一票，重大事项的决议须经2/3以上监事同意方能生效等监督机制，赋予监事会监督理事会对社员（代表）大会决议和合作社章程的执行情况，监督理事长或者理事会成员和经理履行职责情况，向社会（代表）大会提出年度监察报告等8项职责。

2.3 完善制度

除了章程和“三会”制度外，合作社对运行过程中的重大环节和事项均建立了完善的制度，实现了制度“全覆盖”。盈余分配制度，对于分配对象、分配顺序和方法、审批程序做出了详细规定，规定盈余分配比例不低于可分配盈余的60%。资产财务管理制度规定了合作社费用支出的审批、收益分配顺序、会计和出纳人员的设置、购销产品价格的确定，成员账户等重大事项。社务公开制度对社务公开的内容、公开的形式、公开的时间和公开的程序等做出了明确规定。生产销售管理制度要求合作社实行统一生产计划、统一供应农资、统一技术标准、统一指导服务、统一加工销售的“五统一”。项目投资管理制度覆盖了项目投资范围、投资项目的立项、审批和实施，项目资金的筹措、投资项目的建设监督、建成项目的经营管理、投资项目收益分配等重要环节。

3 实施生态开发战略，打造“生态型”合作社

龙凤山是合作社最初的根据地，海拔高度500米。由于多年无人理会，加上年年山火肆掠，山上有树，树不大；坡上有林，林不密。烂石岗中，红土坡上，满目低矮的灌木丛、茅草丛，可谓“常年无人瞄，杂草比树高”。呈现在人们面前的是一条无鳞的龙，一只无毛的凤，一个可悲可叹的现实。承包荒山，带富乡亲，这是合作社理事长刘合武的心愿，在他的带领下用“生态发展”的理念来规划龙凤山，发展龙凤山，带富众乡亲，实施生态开发。

一是变砍树为植树，转变效益观念。刘合武原来从事的家具制造行业，必须砍树伐木，必须消耗木材。如今，他承包荒山，植树造林，完成了从砍树到植树的根本性转变，从以前的单纯追求经济，转变为追求生态效益和社会效益，用他自己的话来说，这叫“将功补过”。

二是让利父老乡亲，帮助转变观念。2009 年植树时，由于某些村民的思想存在差距，你在前面栽，他在后面拔，矛盾比较尖锐。合作社采取了托管的措施，做一桩赔本的生意：村民的山地由合作社出资植树造林，合作社负责管树管林，负责防火、防虫、防灾，树木收益全部让给村民，同时每亩每年还付给村民 50 元的经济报酬。村民尝到了甜头，得到了好处，不仅理解了刘合武赔本植树造林、追求生态效益的苦心，而且还自觉加入到护林管林的队伍中来。

三是搞好生态开发规划，成立管林专班。合作社先后组建生态旅游开发管理科、造林项目管理部，分设了果园观光林场、油菜苗圃林场，做到专班、专人、专责、专款，保证了植树造林前期工作的顺利进行。

四是组织生态开发，组建造林专班。合作社安排固定造林员工 36 人，季节造林突破 10 000 人次。第一批绿化荒山工程已完成林木种植 5 000 多亩，规划种植的果木林、经济林、观赏林、用材林已初具规模，长势喜人。

五是做好林下经济文章，促进良性循环。合作社组建了林下生态养殖场，饲养土鸡、土鸭、土豚等家禽 2 万余只。林中丰富的饵食喂肥了鸡鸭豚，鸡鸭豚的粪便又成为树木难得的有机肥料，促进树木更快更好的生长，同时还起到了很好的防火作用，形成良性循环，“一箭三雕”，既保护了环境，保护了生态，又增加了效益。

六是发挥了生态示范作用，带动村民增收。合作社组建了农民生态技术学校，建立了生态环境科普教育基地、农村实用人才培训基地，使更多的村民了解生态，关心生态，从而更好地保护生态，发展生态。通过生态教育培训，有效增强了村民的生态发展意识，带动了所在村 30 个自然村组，并辐射到周边 6 个行政村，发展有机绿色蔬菜种植、生态养殖 800 余户，帮助村民户均年增纯收入 2 万多元。

七是保护生态开发成果，建设防火工程。合作社投资近千万元组建了一条 12.5 千米的环山公路，也是一条永久性的防火隔离带，完成了万米山体护坡工程、5 000 米的山体排洪沟工程，建成了一座山顶瞭望塔、一个山顶消防水塔，沿路消防水管铺建工程即将启动。配备了防火专班专人专款，确保了龙凤山防火工作的万无一失。

4 带领农民脱贫致富，打造“带动型”合作社

理事长刘合武对自己的创业动机有着清醒认识——回乡创业，绝不是与民争利，绝不能搞掠夺性开发，绝不能破坏家乡的青山绿水，因此提出了“建设绿色家园、发展乡村旅游”的发展定位，从根子上消除了农民的思想顾虑。合作社提出为社员服务“三字经”这个法宝：“你不种，我承包；你想种，我来教；你种了，我来销；种和肥，我先掏；丰收后，再补交；合作富，富得牢；共同富，激情高。”

运用算账比较方式，做好自愿流转致富的导向文章。办社初时，村民对土地流转很不理解，合作社对症下药，为农户算了 3 笔账：第一笔账是现实利益账。农户土地被流转后，合作社按每亩 100 千克稻谷的市场价格给农户结算。第二笔账是长远利益账。合作社通过发展生态农业、观光农业、体验农业后，可以拉动乡村旅游，使农户得到更加丰厚的土地效益分红，可以拉动农户自办农家乐，可以使社员和村民学会蔬菜种植技术和销售的本事，可以保护并繁荣家乡的这片净土。第三笔账是切身利益账。农户将土地流转后，既可以在家门口学技术，学本领，打工挣钱，创业致富，也可以解决空巢老人、留守儿童、社会治安等现实问题。在上述利益激励下，目前合作社社员达到 2 038 户，共流转土

地3 000多亩，山地1.1万亩，受益村民上万人。

抓好实用人才培训，做好依靠科技致富的导向文章。在制约农民脱贫致富的关键因素中，缺科技比缺资金更突出。因此，合作社成立了“农村实用人才培训学校”，教社员和村民学技术、学本领。近3年来，合作社先后举办蔬菜、果树栽培、水产养殖、畜禽养殖与疾病防控等专题培训30余期，使社员和村民学到了一技之长。目前，周边村庄有30多户社员成为规模较大的专业种植户和养殖户，每户年收入突破10万元。

强化扶贫培训工作，做好回乡创业致富的导向文章。合作社针对村民中根深蒂固的“甘贫”、“守贫”和“等、靠、要”的陋习，先是在扶贫培训学校对其进行思想教化，摆事实、找根源、析危害、教办法，扶贫先扶志，帮助其转变陈旧落后的观念，变“等、靠、要”为“上学校”。

构建立体销售网络，做好拓销致富的导向文章。在合作社产、供、销的链条中，尽管环环紧扣，环环重要，但销售的瓶颈制约着生产。因此，合作社在销售上采取重兵出击，杀开多条血路，开辟了专班营销、定点营销、网络直销、微信拓销、采摘促销、社区推销、联手联销、联动助销等多种销售渠道，构建了一个四通八达的立体销售网络，成为黄石地区农业合作社名符其实的农产品集散中心。

通过近几年的发展，合作社让广大社员耕有所利，种有所益，使周边8个行政村村容村貌、交通条件、居住环境、村民生活水平发生了翻天覆地的变化，呈现外出打工者返乡就业、无抛荒田地、无空巢老人、无留守儿童、无“空心村”的良好局面。

5　整合先进模式，打造“循环型”合作社

发展生态产业，必须依靠先进的生态产业循环模式。近几年来，合作社在学习外地成功经验的基础上，整合出如下循环生态产业模式，形成了良性循环的生态产业链：

模式一：种植业-加工业-养殖业-林业-乡村旅游业-农副产品销售业。

模式二：菜-鱼-果-鸡、鸭、鹅、豚-林业-观光体验-农家乐-农副产品销售。

模式三：年迈体衰的爹爹婆婆-房前屋后的零星土地-合作社的种苗技术-回收产品、加工增值利润返还。

合作社通过统一平整治理大畈，改善生产条件，发展绿色蔬菜和特色农产品种植，一部分产品进入加工增值环节，加工后的边角余料喂猪养鸡，鸡、鸭、鹅、豚放在林中饲养，也为树林提供了优质的有机肥料，从而带动乡村旅游业，吸引农户兴办农家乐，最后促进农副产品销售业，互相促进，形成一种可喜的良性循环。模式三中，合作社对年老体弱的人和房前屋后的零星土地，采取“三提供-回收-返还”的办法，即提供种苗、提供肥料、提供技术、回收产品，将回收加工增值利润的60%返还农户，既解决了土地抛荒的问题，又做到了老有所为，地有所获，家有所喜，人有所乐。

6　组建专家团队，着力打造“示范型”合作社

为了把“生态发展、富农惠民”的工作做到实处，合作社重点组建专家团队，做好示范文章，狠抓了3个“三”：

一是建立三支科技队伍。科学技术是第一生产力，而依靠科技的最好途径就是依靠科技人才。毛

铺合作社为了建立科技队伍，一是组建了自己的技术专家队伍，充分发挥其作用。合作社高薪聘请了蔬菜种植、水产养殖、果树栽培、产品营销等技术专家，生活上关心他们，待遇上倾斜他们，食宿上照顾他们，休假上方便他们，营造了一个栓心留人的环境，使他们留得舒心，干得开心，住得放心。二是利用好本地的乡土专家队伍，充分挖掘其潜力。合作社对本地的乡土专家，普遍采用弹性工作制，乡土专家也为合作社的生产和经营解决了一些实际问题。三是联络好院所的专家队伍，充分发挥其才智。合作社通过老乡关系、工作关系和其他关系，分别聘请了湖北省农业科学院蔬菜研究所、果树茶叶所等一批专家作为合作社的高级技术顾问。这三只队伍的组建，为合作社的可持续发展提供了强有力的立体科技支撑。

二是打造三个示范基地。打造了由传统农业向现代生态休闲体验观光农业发展的示范基地，打造了工业反哺农业和财富回报社会的示范基地，打造了培养新一代农民和发展集体经济的示范基地。

三是搭建3个用武平台。即搭建了农民创业致富的平台，搭建了大学生、社会青年创业的平台，搭建了退休老人发挥余热的平台，投资修建了 2 000余平方米的4层义工养心楼，10万平方米的8层黄石市中小学生综合社会实践教育基地大楼，打造了生态农业园、生态养生园，修建了鄂东南红色纪念馆、江南农耕文化展览馆和龙凤集团发展纪念馆，为老年人的安度晚年，为青少年的健康成长，为市民、村民和外地游客的休闲观光和体验养生提供了绝佳的去处。

（执笔人：湖北农民合作社研究所　张全红）

小扫帚成就扶贫助残大产业

——郧西县恒达扫帚专业合作社产业扶贫纪实

湖北省十堰市郧西县观音镇黄土梁村位于观音镇西北部，全村耕地面积2 051亩，人均耕地面积0.88亩。辖5个村民小组、783户2 471人，劳力1 485个，占总人口的60%，其中贫困人口279户908人，贫困农户占全村总户数的35.6%，是全市重点贫困村之一。

2009年5月，“扫帚大王”胡朝柱怀着带领乡亲共同致富的梦想返乡，与7名志同道合者共同出资，注册成立郧西县恒达扫帚专业合作社。多年来，合作社一直秉持“以诚信聚人心、以共赢谋合作、以品牌闯市场、以效益促发展”的经营理念，坚持“八统二分”（统一土地流转、统一融资信贷、统一农资供应、统一技术服务、统一订单生产、统一品牌包装、统一销售、统一返利分红标准、分户种植管护、分户结算）的管理模式，辐射带动周边13个乡镇41个村9 504户（其中建档立卡贫困户5 582户）种植铁扫帚19 542亩，每户亩均收入增加到3 000元以上，将小扫帚做成了大产业，为当地和周边农户，尤其是贫困户、残疾人开辟了就业谋生甚至是致富之路。合作社拥有成员171户618人，其中贫困人口165户603人，资产总额达2 708万元，拥有生产车间厂房面积12 000平方米，拥有冬竹商标1项。合作社先后获得全国农民合作社示范社、湖北省残疾人就业创业扶贫品牌基地、国家级残疾人职业培训基地、市级农业产业化重点龙头企业等荣誉。理事长胡朝柱也先后被评为湖北省劳动模范、湖北省最美农民工、十堰市劳动模范、十堰市十大好人等，先后被推选为郧西县人大代表、黄土梁村主任，被组织任命为村党支部书记等职务。2019年6月被推选为郧西县扶贫协会副会长、十堰市扶贫协会理事。

多年来，合作社积极参与产业扶贫，勇于承担社会责任，针对不同类型的贫困人群、伤残人士，摸索出了不同的合作方式和促其增收之路。

1　有偿培训，授之以渔

合作社针对有一定劳动能力，但无资金无技术无致富门路的“三无”贫困户，采取扶贫先扶智，授之以渔的方式助其脱贫。对凡是愿意到合作社学习扎扫帚技术的，合作社免费提供培训，管吃管喝，每人每天发放补贴10元。优良的培训条件，再加上种植、加工铁扫帚劳动强度小，吸引了大批留守妇女、老人和残疾人。合作社先后免费培训贫困农户800人次，其中残疾人达60余人次，使其掌握铁扫帚加工和种植技术，掌握了致富脱贫的门路。

2　合作发展，利益共享

针对具备入社条件的贫困户，鼓励和引导其加入合作社，与合作社建立资源共享、利益均沾、风险共担的利益联结机制，通过扫帚种植、加工产业的发展和分红，促其脱贫致富。截止2018年底，合作社入社成员数由组建初期的7户增加到现在的171户，其中贫困户165户。合作社当年实现经营收入2 811万元，盈余总额232万元，按交易量返还187万元，返还比例65.16%，入社成员社内年平均所得收入9 600元，比非入社农户年收入高出36%。

3 流转土地，资源升值

针对有土地资源但无经营能力或不愿费心自营的贫困户，合作社与其签订长期土地流转合同，由合作社统一建立自有核心基地，提升土地资源价值，同时优先聘请其在核心基地上参与种植管护，合作社通过支付土地流转费用和务工费用形式，助贫困户增收。2018年度，合作社流转贫困户土地，建核心基地面积103亩，将过去的龙口水毁地，建设成旱涝保收的基本农田，长期用工46人，人均年获得收入8 000余元。

4 保底收购，增强信心

针对有土地资源有自营能力且有意愿自营的农户，合作社在免费为其提供种子（种苗），免费提供田间管理指导的同时，与其签订保底收购合同（协议），免除其直面市场风险的担忧，给其吃上“定心丸”，让其对产业发展充满信心，全心投入，从而获利脱贫。2018年度，合作社与全县12个乡镇33个行政村签订铁扫帚订单种植收购合同书84份，种植面积13 600亩，实际落实面积8 800亩，参与铁扫帚种植的农户8 260户，其中贫困户2 840户，户平增收3 500元。

5 吸纳务工，稳定增收

针对有时间有技术有意愿到合作社务工的贫困户，合作社优先用工，通过发放稳定的务工工资，助其脱贫。合作社已安置固定员工138人，其中贫困户93人，员工年年人均获得工资报酬15 000元。在就业员工中有残疾人39人，残疾人年人均获得报酬10 000元。合作社还为残疾员工免费提供食宿和健康体检。

6 分散加工，便利与民

针对部分不愿离家不便离家和想在家门口就业的农户需求，合作社采取了两种方式分类处置。一是建立扶贫分车间，让那里的贫困户在家门口就业增收。2018年，合作社在关防、景阳两个乡镇建立扫帚加工扶贫分车间，安置55户贫困户成员进厂务工，使他们在家门口找到就业门路，就业增收，年人均可获得工资报酬10 000余元。二是建立家庭作坊。2018年，合作社根据一部分边远乡村和交通不便的农户要求，结合合作社发展的需要，在全县发展扫帚加工家庭作坊500家，赶制扫帚加工机械500台。截至目前，分布在全县所有边远乡村的500个扫帚加工家庭作坊开始运营，安置贫困农户1 000人，按照每台机械每年生产15 000把、每把加工工资报酬1.60元计算，可获得收入24 000元，人平获得报酬12 000元。

7　党员包联，结对帮扶

针对重点帮扶对象，合作社建立了党员包联，结对帮扶。黄土梁村有建档立卡贫困户282户910人，其中残疾人120户352人。在精准扶贫工作中，合作社8位党员结对包联155户601人，其中残疾人52户157人。合作社党员在全面走访的基础上，区别情况分户施策，用亲情、友情和真情鼓励广大残疾朋友自强自立，积极投身产业发展的大潮，帮助他们解决生产、生活中的困难问题，由此带动他们在2017年全部实现脱贫。

（执笔人：十堰市农村经济经营管理局　刘毓华；郧西县农村经济经营管理局　陈贵龙）

房县嘉禾种植加工专业合作社案例调查报告

1 合作社基本情况

嘉禾农业种植加工专业合作社成立于2009年4月，注册资金约60万，现注册资金约203万，主要从事水稻的种植、加工、销售业务。目前社员共有105户，辐射带动5个乡镇，约5 000农户。2011年5月入驻房县西城工业园，占地面积9 000平方米，建有日产100吨大米生产线一条，车间面积1 300平方米，原料仓库两栋，面积2 600平方米，库容4 000吨，办公和生活用房 1 200平方米，固定资产总值约1 100万元。现有社员种植面积约3 062亩，平均每户社员种植面积约30亩，订单基地两块，面积2 500亩。2016年合作社销售收入达1 820万元，利润25.4万元。合作社的种粮大户年均净收入不少于10万元，运销大户5万～8万元，订单基地的农户收入也比普通种粮农户收入高30%左右，合作社在带动农户增收方面起到了一定的积极作用。

2 合作社成立的背景、动因和发展历程

2.1 成立背景、动因

合作社的主要发起者原是粮油储运公司的下岗职工，2003年为了养家糊口，进行了二次创业，兄弟二人合作开办了一家小作坊——红塔米厂，主要经营稻谷的收购、加工和销售。当时房县粮食市场主要是外地大米，本地大米基本自给自足，米厂的原料来源也主要靠回收退耕还林兑现的稻谷。但到2006年，退耕还林开始不兑现粮食，改为兑现现金，粮源遭到截断，一年的收购量只有500～1 000吨，且收购的粮食新陈不齐，品质不一，销售困难。2007年国家出台《中华人民共和国农民专业合作社法》，对农民合作社给予政策支持。为了增加粮源，提高收购量。2008年底，在房县经济管理局的精心指导下，开始筹建合作社，于2009年4月注册成立了房县首家粮食种植类合作社——嘉禾农业种植加工专业合作社。

2.2 发展历程

嘉禾农业种植加工专业合作社成立之初，经营规模较小，注册资金60万，社员43户，社员种植面积只有295亩，该阶段主要是提高对合作社的认识和规范化管理。合作社按照《农民专业合作社法》要求，建立了成员大会、理事会、监事会制度，两本台账和每年一次分红的基本框架，并为社员提供种子、化肥等生产服务。

2011 年，嘉禾农业种植加工专业合作社入驻房县西城工业园区，建立了日产 100 吨大米生产线一条，车间面积 1 300 平方米，合作社进入快速发展期。2013 年，注册资金达 103.5 万元，注册社员 100 多户，种植面积达 936 亩，并为社员增加了技术服务、运输服务、临时性资金支持、吸收车间做工等服务项目，以此吸引更多的社员。随着社员规模、种植规模的扩大，粮食收购量进一步增加，合作社为此新增原料仓库 1 栋，面积 1 100 平方米。

随着合作社规模的扩大，为了更好地规范管理合作社和服务社员，2014 年合作社理事会下设种植科、财务科、质检科、购销科、党建办、生产科等部门，专门负责合作社的日常经营管理，并于 2015 年为其建立了办公和生活用房，共 1 200 平方米。

在产品生产与销售方面，合作社也在不断创新发展。2009 年合作社只生产普通大米，也仅在房县市场销售。为了突出产品品质，扩大产品市场，2011 年合作社注册了弈神商标，2013 年合作社增加绿色食品大米生产，并完成了“绿色食品羿神牌嘉禾大米”认证工作，2015 年增加特色冷水红米和优质糯米，销往十堰、神农架、安康等地。合作社也于 2015 年开始尝试网上销售，通过神农百汇、小蜜蜂等电商渠道将产品销往各大城市。

嘉禾农业种植加工专业合作社的发展尤其重视合作社的规范化经营，连续 7 年获得县级示范社称号，两次获得市级示范社称号，2012、2013 年获得省级示范社称号，2014 年获得国家级示范社称号。

3　合作社的运行和治理机制

3.1　股权结构

目前，合作社主要有 5 人出资，均为现金出资，分别约占出资总额的 37%、30%、10%、10%、10%，其中出资最多的是理事长。合作社核心成员也是合作社的主要出资者，出资约占社员总出资额的 97%。

3.2　组织结构

根据《农民专业合作社法》，合作社设有成员大会、理事会和监事会。理事会有 5 人，设理事长 1 人，副理事长 2 人，理事 2 人，都由成员大会选举产生，其中 2 人是合作社的主要出资者，理事长负责主持合作社的全面工作，还主要分管质量技术和基地建设工作；监事会有 3 人，由成员大会选举产生，都是普通的社员。监事会设监事长 1 人，主要负责监督理事会工作，以及市场调查和社员联络等工作。合作社理事会下设种植科、生产科、检验科、财务科、党建综合办等部门，共有管理人员 10 余人，其中财务人员都是外聘人员，为其支付工资报酬，各部门根据各自职责共同管理合作社。

3.3　决策机制

合作社重大事项都要经成员大会、理事会民主投票决定。成员大会对修改本组织章程、增加或减少成员出资标准，选举和罢免理事长、理事会和执行监事，决定聘任本组织主要经营管理人员和财务会计的人数、资格和任期等重大事项做出决议时，须经成员表决权总数 2/3 以上的票数通过。

理事会成员各享有一票表决权，重大事项集体讨论，并经 2/3 以上理事同意方可形成决议。理事会会议还会邀请执行监事、经营管理负责人和 5 ~ 10 名成员代表列席，列席代表无表决权。

3.4　财务管理

财务管理是合作社必不可少的一项经济管理活动，也是合作社规范发展的重要体现。嘉禾农业种植加工专业合作社财务会计人员都是外聘人员持证上岗，会计和出纳互不兼任。合作社设有规范的资产负债表、损益表、盈余分配表等财务账目，为社员建立了社员台账和交易手册，其中社员台账包括社员的出资额、交易量、公积金量化额、每年分红等内容；交易手册包括交易时间、交易事项、交易量、当年累计、签章等内容。财政形成的补助或资产也会量化给个人，自成立以来已有 3 个补助项目量化到个人名下。

合作社每季度末进行财务公开，接受成员的审议和监督。会计年度终了时，由理事长按照本章程规定，组织编制本社年度业务报告、盈余分配方案、亏损处理方案及财务会计报告，经执行监事或理事会审核后，于成员大会召开前置于办公地点，供成员查阅或接受成员的质询。

4 合作社的经营和服务活动

4.1 业务范围

经过长期的发展，合作社与社员、农业技术部门形成了三方合作。社员负责中间的生产环节，合作社负责产品加工、销售和品牌的创建，而农业技术部门则负责为农户提供种子、化肥等生产资料、技术指导和病虫害防治等服务。均衡各方利益是维持三方合作的核心。合作社社员里面有种植大户、运销大户，也有的成了车间工人。种植大户可以得到订单差价（每千克稻谷 0.30 ~ 0.40 元）和年底分红，还可以节省运费、包装费等支出；运销大户可以得到即时分红（每千克 0.04 元左右）和年底二次返还；合作社还与社员形成了良性互动，合作社的场地、车辆，社员有要求时也可以使用，社员遇上资金困难可以向合作社临时拆借，合作社在收购旺季也能从社员那里获得上百万元的资金支持。合作社与农业技术推广站的合作也是有利益连接支撑的，社员用的种子、肥料、农药都指定由农业技术推广站供应，因而可以获得正当的利润，同时生产优良品种，合作社会给农业技术推广站每吨粮 50 ~ 100 元的补助。因此，合作社内各方已经形成了一个利益联结体，互助、互利、资源共享。

合作社特别重视培养和服务种植大户。如旱粮场一组的付传明，开始只种了十余亩，在合作社的扶持下，其种植面积发展到 200 多亩，年收入近 20 万元。对于这样的种植大户，合作社经常为他们垫付种子、化肥费用，免费运送生产资料和产品。秋收时，合作社还带领车间工人为其抢收、整晒稻谷，以高于市场价 10%以上的价格收购符合标准的稻谷。合作社还鼓励种植大户申报注册家庭农场，2016 年合作社百亩以上的种植大户和家庭农场已达 12 家。为了降低生产成本，合作社还积极为种粮大户牵线搭桥，鼓励种植大户之间的横向联合，一是统一种植优良品种；二是合理配置作业机械，实行机种互补，避免一哄而上，搞大而全；三是协调播种和作业时间，提高农机作业效率。

合作社对于收购的稻谷进行统一加工，打造特色，开拓市场。一是依托品牌，凭借嘉禾大米“天然的绿色品质，严格的质量把关，合理的加工工艺，质量天天新鲜”四大优势广为消费者所知。二是近距离营销战略。拉进产品与消费者的距离，减少中间环节，以优惠的价格让消费者吃到最新鲜的产品。具体包括农社对接、农企对接、农校对接、农超对接等形式，在房县销售网点达 70 多家，遍布城区大街小巷和主要乡镇集贸市场。目前合作社的嘉禾大米占据了房县城区 50%的市场份额，占据竹山县 30%以上的市场份额。合作社生产的嘉禾贡米、神农贡米、房县冷水红米部分也通过神农百汇、小蜜蜂电商等渠道销往大城市，成为高档礼品。

4.2 收入和盈利分配

近年来，合作社取得了一定的经营效益。2014-2016 年合作社销售收入分别为 1 369 万、1 510 万、1 820 万元，利润约 20.4 万、18.6 万、25.4 万元。合作社所得利润，首先提取 10%左右的公积金，5%以下的公益金以及 20%的风险金，主要用于弥补亏损、基础设施建设、社员培训、合作社知识教育以及文化、福利事业和生活上的互助互济等。

剩下的可分配盈余一部分按照社员与合作社的交易量对社员进行二次返还，按照每千克 0.02 元的原则返还给社员，剩余部分按照成员出资额和公积金份额，以及本社接受国家财政直补和他人捐赠形成的财产平均量化到成员的份额的一定比例分配，一般在 1.0%~1.2%，视当年盈利情况而定。若还有剩余，则转为合作社的风险金。2016 年社员返还总额约 8.6 万元，户均 819 元。股金分红总额 5.7 万元，约占可分配盈余的 40%。

5 合作社在规范化建设方面的主要做法与经验

5.1 合作社在制度化建设方面的创新做法与经验

嘉禾农业种植加工专业合作社依法登记，根据自身特点和《农民专业合作社法》要求制定章程，并通过了社员管理制度、理事会和监事会管理制度、财务管理制度等 15 项管理制度，明确了理事长、执行监事以及财务等人员的具体职责，做到了有章可循、管理有序。合作社每年召开一次成员大会，半年召开一次理事会、监事会。理事会下设种植科、财务科、质检科、购销科、党建办、生产科等部门，有专门的办公场所，并制定了《岗位工作分析》以及严格的考核制度，各部门分工合作，协调管理服务合作社。

合作社依照有关法律、行政法规和政府有关主管部门的规定，建立健全财务和会计制度，实行每季度末财务公开制度。为每个社员设立了成员账户，记载每个社员的出资额、交易量、公积金份额等，还为与合作社有交易的社员建立了交易手册，记录历年社员与合作社的交易情况，但与非社员之间的交易实行单独记账，分开核算。合作社规模不大，但发展平稳，管理规范，已连续 7 年获得示范社荣誉。

5.2 合作社在民主管理方面的创新做法与经验

合作社实行民主管理、民主决策。社员可以参与合作社管理，参与管理的社员除了可以享受到一般社员能够享受的服务之外，如具有选举权和被选举权、参与分红、检查财务资料等权利，还可以得到额外的工资收入，免费使用合作社的场地、车辆等。合作社建有完善的成员大会、理事会和监事会制度，理事会和监事会成员都由成员大会民主投票产生。合作社重大决策经社员大会民主讨论通过形成决议，一般性决策由理事会决定。如，项目申报、基础设施投入、设备更新等均由社员大会决定，增加一般性经营项目、10 万元以下的投资由理事会议定。成员大会、理事会、监事会会议的表决均实行一人一票制。合作社也建立了年报公示制度，在每年的社员大会召开之前进行年报公示，供社员查阅和监督，认真汲取社员的意见和建议。

5.3 合作社在财务管理方面的创新做法与经验

合作社实行独立的财务管理和会计核算，明确了按交易量和出资额相结合的盈余分配机制。年终盈余先提取一定比例的公积金、公益金和风险金，剩下的可分配盈余按照社员的交易量分配，部分以成员账户记载的出资额和公积金份额，以及本社接受国家财政直补和他人捐赠形成的财产平均量化到成员的份额，按一定比例分配给本社成员。

合作社年终如实将年度财务报告、盈余分配方案提交理事会、监事会审核，通过后供社员查阅，对分红清单进行公示。坚持每年在元月中旬召开社员大会兑现交易返还和出资分红，并逐户量化公积金数额。

6　合作社规范发展面临的困难和政策需求

6.1　面临的困难

首先，由于合作社发展规模还较小，对专业人才的吸引力不强，合作社严重缺乏管理、技术等专业人才，这在一定程度上制约了合作社的快速、规范发展；其次，合作社还面临土地整理不当造成荒地、土地资源快速减少、基本粮田普遍改种其他经济作物等问题，粮源遭到威胁。

6.2　政策需求

由于合作社发展规模小，资金有限，希望政府在财力上给予支持，用以建设非经营性服务设施如烘干、晒场、农资供应等。在税收方面，合作社希望政府对生产设施、仓库等占地给予免征或减征房产和土地使用税优惠。

合作社农民文化水平普遍较低，对新技术、新理念的接受与运用较为迟缓，希望政府制定优惠政策，加大对合作社的人才支持，为合作社引进专业人才，促进合作社规范运营。

在技术方面，合作社也希望政府加大相关技术的研发与推广力度，支持山区产品品种改良。

7　合作社的未来发展计划

合作社争取有更多的机会学习和借鉴外地先进和典型经验，为合作社增添新的动力，更好地为社员服务，为房县的稻米产业发展服务。

合作社未来的重点工作还是培养和服务种粮大户，促进规模经营，提高种粮效益和产品质量，打造山区特色、生态特色产品，通过一代或几代人的努力把当地的优质稻米产业延续下去。

（执笔人：湖北农民合作社研究所　李　博；华中农业大学经济管理学院　刘姣姣）

丹江口市圣和茶叶专业合作社发展简介

1 基本情况

丹江口市圣和茶叶专业合作社，成立于2014年7月，注册资本2 000万元，运营模式为“合作社+公司+农户+基地”，共有社员273户(其中贫困户142户)，法人代表曾秀芳。合作社茶园总面积8 976亩，加工园区占地面积28亩，加工车间2 000平方米，茶叶加工设备50多台(套)，并建有500平方米的茶叶展示大厅和500平方米的观光品茶平台。合作社主要生产绿茶、红茶和乌龙茶三大类产品，年加工干茶能力达到300吨。2015年合作社茶叶基地和茶叶产品获得有机茶认证证书。2016年通过出口基地备案，并首次出口茶叶64吨，2017年又成功签约300吨红茶出口，产值近7 000万元。2016年合作社被丹江口市委、丹江口市人民政府授予“展第三产业优秀单位称号，并被湖北省农业厅确定为一二三产业融合发展试点单位。

2 运行机制

农民专业合作社是适应农村改革和发展的一项组织创新和制度创新，是加快农村经济发展的新型组织。丹江口市圣和茶叶专业合作社最大程度发挥农民专业合作社作用，服务“三农”，提高农民的组织化程度和促进农民增收，不断改造和完善经营网络，围绕农民生产、生活等多方面需要，为农民提供产前、产中、产后服务，不断促进农村经济大发展。

2.1 实行“合作社+贫困户”，引领群众脱贫致富

丹江口市圣和茶叶专业合作社现有社员273户，有茶叶基地8 976亩，茶叶资源丰富。合作社实行“合作社+公司+贫困户+基地”的运行模式，对茶叶基地采取统一技术管理、统一物资投入、统一采摘标准、统一鲜叶收购、统一加工销售。从而保证了鲜叶原料的质量和茶叶产品的质量安全。充分发挥企业人才、技术、市场、信息等方面的优势，为广大社员开展技术培训、技术指导、茶园托管、鲜叶收购、茶叶加工、产品销售等技物结合服务，形成了“合作社+龙头企业+农户+基地”的农业产业化经营模式，实行利润分红返还。合作社与广大茶农形成了比较密切的利益共同体，解决了茶农茶叶加工难、产品销售难的问题，取得了良好的经济效益和社会效益。近三年来，圣和茶叶合作社在服务广大茶农、促进茶产业发展、参与产业扶贫方面也作出了积极的贡献，合作社现有社员273户，覆盖浪河、土关垭、丁家营等3个乡镇6个村，其中贫困户142户，合作社采用多种途径多种方式，对广大茶农开展技术培训，提高茶农科技意识，确保基地茶叶质量，提高茶农收益。通过合作社带动，激发了贫困户增收脱贫的内生动力，加快了当地脱贫增收的进程。

2.2 多元发展，利益共享

丹江口市圣和茶叶专业合作社充分发挥自身优势，发展第三产业，设立游客服务中心，开展品茶、茶艺表演、茶叶采制体验、茶园休闲游等活动，还积极参与到武当峡谷漂流项目服务之中，拓宽了服务项目，增加了茶农收入，效果良好；合作社成立以来，坚持诚信经营理念，严把产品质量关，同时加强成本管理，严格控制各类材料消耗，取得了良好的经济效益，目前合作社前景乐观，发展潜力巨大。2017年累计经营收入6 918万元，利润84万元。直接为茶农增加鲜叶收入1 250万元；为留守妇女采茶增加收入525万元；为制茶工人增加工资性收入80万元，2017年合作社社员人均可支配收入达13 100元，高于当地其他群众27%以上。实现了产业扶贫、产业脱贫、社员共同致富，社会效益显著。

2.3 民主管理，规范发展

丹江口市圣和茶叶专业合作社按照《中华人民共和国农民专业合作社法》的规定，建立健全理事会、监理会、成员大会运作机制，实行“自愿联合、民主管理”，“民办、民有、民管、民受益”；修订规范完善合作社章程，定期组织召开社员(代表)大会并报告工作，执行社员(代表)大会决议。研究制订发展规划、年度业务经营计划、内部管理规章制度等，提交社员(代表)大会审议；制定年度财务预决算、盈余分配和亏损弥补等方案，提交社员(代表)大会审议；接受、答复、处理执行监事或者监事会提出的有关质询和建议；决定社员入社、退社、继承、除名、奖励、处分等事项；决定聘任或者解聘本社经理、财务会计人员和其他专业技术人员；每年年底按照合作社法和章程规定，进行盈余分配和分红。

3 主要做法

丹江口市圣和茶叶专业合作社按“民办、民有、民管、民受益”的原则，带动农户共同进入市场，共同发展、增加收入，共同收益。

3.1 多元化宣传

不断激发广大群众参与兴办合作社的积极性，利用电视台、网站、微信平台等媒介，通过发放资料、张贴标语、专题咨询等多种形式，重点对《农民专业合作社法》等政策法规进行宣传解读，消除农民顾虑，使其充分认识入社的好处、办社的意义，提高了广大农民对农民专业合作社的认识。同时加大培训，定期组织社员进行培训，提高共同发展、共同致富的本领，大力开展技术培训和帮扶行动，提高茶农科技意识，培训科技示范户，辐射带动全社茶农增收致富。

3.2 特色化组建

充分发挥人才、网络优势，灵活组建形式，组建具有丹江口市主导产业特色的“合作社+基地+农户”农民专业合作社。

3.3 专业化提升

以建设“有文化、有知识、懂经营、会管理”的新型农民专业队伍为目标，把提升农民专业合作社从业人员及农民经纪人的理论素质和业务水平作为发展的着力点。

3.4 品牌化建设

把品牌创建作为提升农民专业合作社市场竞争力的核心，全面开展无公害标准化生产、产品质量安全追溯体系建设，不断提升名牌产品、合作社品牌知名度和市场占有率，2016年丹江口市圣和茶业专业合作社茶叶基地和茶叶产品获湖北出入境检验检疫局有机茶认证证书，有力地提高了圣和茶叶的知名度。

3.5 规范化管理

规范化管理是确保农民合作组织持续、健康发展的前提和保障。丹江口市圣和茶叶专业合作社始终坚持发展与规范并举，按照“成员所有、成员管理、成员受益”原则，认真抓好农民专业合作社示范社创建工作，指导监督其加强制度建设，完善运行机制，提高合作水平和服务质量，进一步促进全区各类松散型合作服务为主的专业合作社，逐步向产前、产中、产后一体化服务紧密型的专业合作社转变。

4 发挥的作用和取得的成效

发展农民专业合作社，是农业生产关系的重要变革，为农村各项建设提供了有效载体。

4.1 促进现代农业发展

现代农业实行规模化经营、标准化生产，这就对发展农民专业合作社提出了客观要求。农民专业合作社是推动农业经营体制机制创新、提高农业生产和农民进入市场组织化程度的重要载体。丹江口市圣和茶叶专业合作社以服务成员、谋求全体成员的共同利益为宗旨，实行“自愿入股，统一服务”，统一配送优质茶苗品种、统一技术服务、统一收购鲜叶，实现了茶业的规模化、标准化，并获得有机认证，为茶农增产、增收提供保障。并为农民提供产前、产中和产后服务，推广应用先进的农业科学技术，提高社员抵御市场风险、经营风险和自然风险的能力。

4.2 促进农民共同致富

丹江口市圣和茶叶专业合作社依靠“合作社+公司+农户+基地”的经营模式，不仅解决茶叶销售难、加工成本高等问题，而且进一步发挥农民的主体作用，促进农民就业增收和共同富裕，提高市场反应能力，形成“风险共担、利益共享”的机制。

4.3 提高涉农项目效益

丹江口市圣和茶叶专业合作社是农民自愿组建的联合体，作为承担涉农项目的主体，能够提高涉农项目的效益，使广大农民直接受益。

4.4 改善农村社会管理

丹江口市圣和茶叶专业合作社不仅在经济上带动茶农受益，还对茶农进行民主意识、合作意识、文化意识、守法意识等方面的培训。

（供稿：湖北农民合作社研究所）

宜昌市成祥养羊专业合作社
案例调查报告

1 合作社基本情况

宜昌市成祥养羊专业合作社 2009 年 11 月在工商部门注册登记，注册资金 500 万元。合作社现有社员 620 人，网络肉羊养殖农户 2 200 多户，养殖规模达 4.2 万只，年出栏肉羊 2.1 万只，年经营收入实现 4 200 万元。2011—2016 年合作社实施的养羊扶贫整村推进工程，重点针对贫困农户发展农民养羊，帮助 3 个村 500 多户农民实现户均纯收入 2.86 万元。

2 合作社成立的背景、动因和发展历程

2.1 成立背景、动因

一名 40 岁的普通农村女党员，她放弃酒店工作卖房、借钱创业，创办了成祥养羊专业合作社，带动父老乡亲们一起发家致富，她就是全国劳动模范、成祥养羊专业合作社理事长李红艳。

高中毕业后，李红艳在一家酒店当服务员，后升任前厅主管，丈夫为酒店的厨师长。2007 年，宜昌流行吃烤全羊，有一次客人预定了好几只羊，走了七八十里路却只买到了两只，李红艳很懊恼，同时萌生了自己养羊的想法，丈夫有烤全羊的手艺，何不自己也做这样的生意。想到就做，当年李红艳辞去工作，回老家踏上了自己的创业路。创业之初，羊养在一个吃水靠挑、交通靠走、通讯靠吼的穷山沟里。2007 年底，罕见的冰雪天气袭来，羊舍周围用来挡风遮雨的塑料膜被吹走，羊群的口粮也断了。为了给羊群弄草吃，李红艳和丈夫每天一大早踏着厚厚的冰雪出门，满山寻找绿草，每次回来时，裤子都被冻成了冰块，更让她更痛心的是，由于羊多草少，把草放到圈里后，羊群一哄而上，几只小羊竟被踩死了。下雪天，白天割草，晚上还要给羊群生火取暖。那段日子，李红艳几乎没合过眼。尽管悉心照料，但风雪过后，95 只羊还是死掉了 40 只。看着死去的羊，欲哭无泪。痛定思痛，她咬牙开始苦学养殖技术，并在 2008 年上半年东拼西凑，凑了 20 万元，购买了 28 只纯种波尔山羊种羊和 160 只宜昌白山羊，跌倒后再重新来过。通过努力，她和丈夫两个人养羊竟赚了 10 万元，很多周边的乡亲也来向她咨询相关情况，她当时的想法很简单，希望家乡的乡亲们也能够通过养羊致富，于是她开始着手发动乡亲们同她一起养羊，这才有成立养羊合作社的想法。

2009 年 9 月，她卖掉房子，又从广东引进股东，筹资 210 万元，在黄花镇军田坝村办起了宜昌第一个羊肉加工厂。第一次试加工，70 只羊被送进烟熏房熏制，全封闭两天两夜后打开熏房门，一股臭

味扑面而来，她再次尝试到了失败的苦味。但李红艳却越挫越勇，未言放弃。几经尝试，加工厂效益日显。李红艳道："那时就想着，只要坚持着，一定能闯出来一条路。"

2.2 发展历程

合作社为实现羊肉食品从冬令食品向四季食品、一般性家常食品向品牌农产品的转型，在大力发展上游养殖社员的同时，不断延伸精深加工业、积极拓展销售市场。一方面大力开展招商引资，依托合作社注册成立宜昌老高荒生态农业有限公司，投资200多万元兴建了一条山羊屠宰加工生产线，开设了一家全羊宴主题餐厅，开发、生产冷鲜羊肉、礼品羊肉、休闲羊肉食品、羊肉汤等系列羊产品。另一方面着力打造山羊产品品牌，先后完成了宜昌白山羊农产品地理标志认证，注册了老高荒、名羊天下两个商标。公司与宜昌、武汉、上海等地的10多家大型超市、旅游商品购物中心分别签订了供货协议，实现了冷鲜羊肉产品直销直供。俗话说，民以食为天，食以安为先。李红艳深知，合作社经营靠诚信，而产品质量是诚信之本，作为一名共产党员经营的合作社，在确保产品质量上更是有着义不容辞的社会责任。

在合作社成立之初，她就把产品质量放在首位，严格按照绿色食品养殖规程进行肉羊养殖，组织制定了宜昌白山羊地方标准，实行"基地－车间－餐桌"全流程监控。还投资建立了饲养投入品记录、防疫日志、快速尿检、羊肉产品自检系统等，实现了质量安全可追溯，使整个产业链做到了安全无事故。

这些年，凭着念好以质取胜这根"经"，合作社先后取得了绿色食品认证和宜昌白山羊地理标识认证，建立了农产品质量安全全程可追溯体系，成为了全省畜牧业中惟一同时拥有农业部颁发两大证书的专业合作社。制作了形象宣传专题片、企业形象画册、建设微商平台和企业门户网站，实现线上线下营销模式。合作社被评为"湖北省消费者满意单位"，老高荒被评为沪宜农超对接展销会"最具影响力农产品品牌"，"山楂树下的草、老高荒上的羊"成为宜昌人耳熟能详的广告语。2015年老高荒宜昌白山羊成功入选农业部百家合作社百个农产品品牌，宜昌白山羊品牌价值评估176.78亿元，为了延伸产业链增加农民收入，2016年李红艳成立了羊肉食品的研发团队，增加羊肉熟食生产线，是合作社2016年的重点工作之一。在枝江工业园区租赁了面积1 000多平方米的厂房。组织了多名专业羊肉加工技师，在深入挖掘民间烹饪工艺的基础上，结合外出考察学习，对羊肉熟食进行了系统的开发，形成了自成品系的特色羊肉食品。同时，聘请专业品牌策划公司，从羊文化、羊生态、羊餐饮历史、羊肉罐头及羊肉休闲食品工艺等方面进行了全面宣传与营销。羊肉罐头及羊肉休闲食品面市以来，实现销售收入近百万元，受到广大美食爱好者的充分肯定，老高荒宜昌白山羊羊肉被顾客誉为宜昌地域著名品牌美食的又一新招牌。

3 合作社的运行和治理机制

3.1 股权结构

宜昌成祥养羊专业合作社由李红艳、田贞芹、李敏、李绪勇、李绪年、宜昌老高荒生态农业有限公司2009年9月发起成立，自筹资金总额500万元。其中李红艳出资268万元、田贞芹出资108万元、李敏出资8万元、李绪勇出资8万元、李绪年出资8万元、宜昌老高荒生态农业有限公司出资100万元，分别占股53.6%、21.6%、1.6%、1.6%、1.6%、20.0%。

3.2 组织结构

由于合作社成员较多，按照合作社法，采取成员代表大会制，每 10 名成员选举产生 1 名成员代表，组成成员代表大会。成员代表大会履行成员大会的全部职权。合作社通过成员大会选举产生理事会 5 人、监事会 2 人，合作社理事会负责合作社所有事务，理事会聘请合作社经理 1 人和管理人员 10 人。

3.3 决策机制

合作社重大决策事项经由集体讨论，并经 2 / 3 以上理事同意方可形成决定。理事个人对某项决议有不同意见时，其意见记入会议记录并签名。理事会会议邀请执行监事或者监事长、经理和 50 名成员代表列席，列席者无表决权。成员大会是本社的最高权力机构，由全体成员组成。每年至少召开一次成员大会，凡有重大事项一律通过成员大会决定。

3.4 财务管理

合作社实行独立的财务管理和会计核算，严格按照国家财政部门制定的农民专业合作社财务制度和会计制度核定生产经营和管理服务过程中的成本与费用。本社财会人员应持有会计从业资格证书，会计和出纳互不兼任。理事会、监事及其直系亲属不得担任本社的财会人员。合作社为每个成员设立个人账户，主要记载该成员的出资额、量化为该成员的公积金份额以及该成员与本社的业务交易量（额）。合作社成员以其个人账户内记载的出资额和公积金份额为限对本社承担责任。

4 合作社的经营和服务活动

4.1 业务范围

成祥合作社经营白山羊肉羊养殖、种羊繁育、肉羊深加工及销售，为合作社成员提供农业生产资料的购买、配送服务，提供与山羊养殖有关的技术信息及运输代理服务。

合作社团体社员以及宜昌老高荒生态农业有限公司多年来以打造宜昌白山羊生态循环产业第一品牌为目标，成功构建了集宜昌白山羊种羊繁育、肉羊规模化养殖、羊肉熟食深加工、老高荒品牌羊肉专营店和老高荒品牌羊肉餐饮连锁店等经营于一体的完整产业链。

成祥合作社在理事长李红艳的带动下，实施了种羊、草种、兽药等生资品种统购，为了推进宜昌白山羊标准化、规模化养殖，成祥合作社还制定了生产技术操作规程，建立了农产品质量安全可追溯制度，实行了完备的“五统一“的服务体系建设，即统一技术指导、统一良种繁育、统一防疫防治、统一产品加工及统一回收销售的“五统一”，提高了 3 000 多农民养殖技术水平，降低了生产成本，增加了养殖农户的收入。

合作社实施了“从生产到餐桌”全流程质量监控，老高荒商标成为宜昌市知名商标，老高荒产品通过了国家绿色食品认证。投资兴建了宜昌首条白山羊肉羊深加工流水线，老高荒牌冷却肉、中高端礼品羊肉系列与上海、武汉等地十几家大型超市、物流配送中心、旅游商品购物中心签订了供货协议，并与宜昌周边城市的多家大型品牌酒店订立冷鲜羊肉供应协议，实现了冷鲜肉直销。

4.2 收入和盈利分配

2014 年度年终可分配盈余 470.94 万元，提取公积金、公益金、科技发展基金、市场开发基金 40%，共计 188.38 万元，年末可分配收益 282.56 万元，其中 60%按产品交易量、交易额分配给成员共计169.54万元，40%按成员入股股金分配给成员共计113.02万元，户均分配利润4 083元。

2015年度年终可分配盈余505.73万元，提取公积金、公益金、科技发展基金、市场开发基金20%，共计101.15万元，年末可分配收益404.58万元，其中60%按产品交易量、交易额分配给成员共计242.75万元，40%按成员入股股金分配给成员共计161.83万元，户均分配利润5 846元。

2016年度年终可分配盈余396.8万元，提取公积金、公益金、科技发展基金、市场开发基金20%，共计79.4万元，年末可分配收益317.4万元，其中60%按产品交易量、交易额分配给成员共计190.4万元，40%按成员入股股金分配给成员共计127万元，户均分配利润4 587元。

5 合作社在精准扶贫方面的主要做法和经验

5.1 县域层面

成祥合作社养羊扶贫工程自2011年开始实施，至今已经持续6年时间。2016年是合作社养羊扶贫工程深化推进年，合作社对全区进行了养羊扶贫的系统规划。按“选择贫困对象，先行试点；探索脱贫途径，逐步优化；形成脱贫模式，大力推广”三大步推进实施，在形成成熟运营模式后，向外延伸到周边村组，将养羊产业培植成为山区农村的支柱产业，并最终成为税源型、就业型产业。

致富平台社员共享。成祥养羊合作社有一套完善的农民收益保障体系，主要包括为农民免费提供种羊、组织集约购进草种、免费向农民提供养殖技术和兽药、资助农民修建标准化羊舍、以高出市场价30%的价格上门回收出栏肉羊、加工销售后按交易量60%向社员返利、组建专业技术服务队为农户提供跟踪服务。

为推进标准化和规模化养殖，合作社实行统一品牌品种、统一标准养殖、统一科技服务、统一上门回收及产品加工、统一品牌包装与销售及共享利润分红的“五统一享”养殖服务模式，社员的养殖技术水平不断提高，生产成本不断降低，收入不断增加，合作社也快速壮大。仅2014年，合作社的生资品种统购政策就给农民节约了18.8%的养殖成本，统一品牌销售使肉羊售价高于市场价20%。

5.2 村镇层面

在扶贫工程推进过程中，成祥合作社始终坚持以养羊扶贫工作为抓手，以造血式扶贫取代输血式扶贫，以开发式扶贫取代援助式扶贫，以创新型扶贫取代传统型扶贫，带领山区贫困农户突破传统粗放型农牧业发展模式，以增加贫困户收入为目标，实施农旅结合、一体化发展，构建了一个长效的脱贫致富平台，实现落后山村经济的可持续发展。

合作社响应区委精准扶贫号召，在与以色列农业事业部进行双向考察的基础上，借鉴以色列种草养羊的先进经验，构建了南方山区农村“5156”种草养畜盈利模式，修建了标准化羊舍28栋2 800平方米，以出资兴建标准化肉羊养殖场、为贫困农户免费发放种羊、提供养殖技术培训、强化出栏肉羊的回收与加工等方式，重点针对贫困山村发展农民养羊。利用西北山区人少地多的优势，在黄花、分乡和雾渡河3镇实施“养羊扶贫整村推进工程”，建设了3个种草养羊一体化基地，投资450万元在交战垭村、牛坪村实施南方现代草地畜牧业项目。通过“一村一品”“一乡一业”建设，大力挖掘山区资源潜力，构建持久产业支撑，形成长效扶贫机制。带动落后山村农民围绕宜昌白山羊成功构建主导产业，形成了成熟而富有成效的运营模式。

在全国肉羊价格下跌的情况下，合作社依然以高出市场价30%的价格收购贫困地区贫困户山羊。

确保贫困户山羊不仅卖出去，还卖出了高附加值和影响力，彰显出“农产品地理标志”“全国百家合作社百个农产品品牌”的影响力，确保了市场降价养羊户不减收，成为山区农民脱贫、就业、致富的样板。牛坪、香龙山、交战垭等多个产业集群式“养羊扶贫示范村”和“养羊致富明星村”得到了农业部和省农业厅等有关部门的充分肯定。

5.3 贫困户层面

“蜻蜓点水”与“一路相持”，跟踪技术服务。2016 年合作社养殖技术服务公司（宜昌羊咩咩山羊产业综合服务有限公司）先后为乐天溪镇唐家坝村、三斗坪镇柏果樘村、分乡镇堂垭村、太平溪镇林家溪村和韩家湾村的贫困户举办技术培训 6 场 300 多人次。2016 年 3 月合作社联合省畜牧技术推广站对雾渡河镇交战垭村、三斗坪镇、分乡镇等贫困户举办肉羊养殖技术培训，培训人数 80 人次。2016 年第一、第二季度合作社为贫困户免费发放培训手册 500 多份。2016 年 5—8 月合作社先后在太平溪镇的林家溪村、韩家湾村、长岭村、太平溪村、黄家湾村、美人坨村，分乡镇的中州山村、天鹅池村行程 600 多千米免费为贫困户发放草种、药品及技术服务。

合作社在牛坪村实施的养羊扶贫工程已经持续 3 年，其中 2014 年牛坪村参与养羊扶贫扶助对象的 13 户中有七八户是特困户。特困户中，屈万国身患疾病，腿残，一家 3 口人，现年 40 岁，未婚，家庭收入全靠父母放羊；王飞跃身患糖尿病，一家 5 口人，有 60 多岁父母，儿子上小学，家庭收入全靠妻子放羊；陈天文家庭 3 口人，儿子 30 余岁，未婚，身患颈椎病，家庭收入全靠父母放羊种地。养殖农户山羊出现疫病，只需几张手机照片或者一段视频，以微信传送给合作社专职技术人员，即可及时提供诊断与治病方案，解决了贫困养殖户养羊技术后顾之忧。

2016 年合作社精准扶贫覆盖了 7 个乡镇，共 18 个村 100 户。合作社为三斗坪镇柏果樘村免费发放羔羊 100 只，为黄花镇上洋村免费发放羔羊 50 只。2016 年 5 月合作社联手夷陵区残联，以区残联出一半费用，合作社出一半费用，残疾人不出钱的方式，为夷陵区三斗坪镇、分乡镇、鸦鹊岭镇、乐天溪镇、太平溪镇、雾渡河镇各地残疾贫困户提供种羊 300 只，并为贫困户免费提供草种 300 亩。共计发放种养 450 只。免费为贫困户发放草种 300 亩，药品 100 盒，举办技术培训 6 场 380 多人次，发放培训手册 500 多份，上门技术服务 50 次，以上项目共投入资金 12.5 万元（草种 0.5 万元，种羊 9.0 万元，技术培训 3.0 万元）。

2016 合作社回收贫困户肉羊 1 000 只，合作社通过羊肉深加工后，以每千克高于市场价 4 元的标准回收，每千克 24 元，贫困户每只肉羊高出市场价 120 元（每只肉羊平均 30 千克），1 000 只共计 60 万元。扶贫投入资金 12.5 万元，加上肉羊回收高出市场价的 60 万元，共计为贫困户增收 72.5 万元，户均增收 7 250 元。

6 合作社发展面临的困难和政策需求

6.1 面临的困难

专业管理人员能力欠缺，人才需求难以满足。另外，合作社规模小、经济实力较弱会导致一系列的问题，如资本积累慢，应对市场风险能力差，很难形成产品规模和提高产品质量等。这些都成为农民专业合作社进一步产业化经营、提高规模效益的主要障碍。多数贫困户或多或少存在丧失信心、思想保守的状况，覆盖范围有限。贫困地区经济实力弱小，多数村庄仍处在自然经济向商品经济过渡的时期，市场发育不成熟，农民专业合作社发展的基础条件较差，兼之融资环境不完善、政府扶持不到位等，与农民专业合作社发展的客观需求差距较大，制约了贫困地区农民专业合作社的繁荣与发展。

6.2 政策需求

合作社主要面临的问题是融资难。一是农业投资大、收益慢、风险大，社会资本不愿进入农业领域。二是土地流转问题，土地及附属建筑物不能在银行做抵押，银行不能贷款。希望政府在融资和农产品深加工上给予支持政策。

7 合作社的未来发展计划

品牌化建设和产品深加工是合作社应对市场挑战、增强市场竞争力和提高自身效益的重要途径。合作社将主要以羊肉深加工和开拓市场为重点，提升产品附加值，免费为贫困户提供肉羊羊苗，每只羊高于市场价 50%回收，确保贫困户长效稳定脱贫致富。

（执笔人：湖北农民合作社研究所　李　博　张全红）

宜昌市高山云雾茶业专业合作社案例调查报告

宜昌高山云雾茶业专业合作社位于湖北省宜昌市夷陵区下堡坪乡，由秀水天香茶业公司发起，2010 年 5 月在工商部门注册登记，主要从事茶叶种植、加工、贮藏及销售。合作社主要覆盖了下堡坪乡磨坪、蛟龙寺、十八湾、赵勉河、秀水坪 5 个行政村，现有茶园 14 065 亩，合作社成员 5 765 人，其中农民成员 5 763 人。资产总额达 6 013 万元，年经营收入达 10 018 万元。2014 年已被国家农业部、财政部等九部委认定为国家级农民合作社示范社。

1 依法规范建社，探索合作化经营

在没有成立合作社之前，当地的农民种过粮食、蔬菜、药材、花卉，由于盲目跟风，加上没有合作社的带动，形成了种什么砍什么，什么都发展不起来的格局。2003 年，乡政府提出“稳麻攻茶，生态兴乡”的战略，引导全乡农户大力发展茶叶种植和加工。尽管广大农户有了发展方向，但却依然是一家一户，单打独斗，种植无技术，销售无出路，种出来的茶叶不是没人收就是压级压价，农民丧失了种田的积极性。在这种情况下，2010 年 5 月由秀水天香茶业公司牵头，组织动员磨坪、赵勉河、秀水坪等村的村民，组建了宜昌高山云雾茶叶专业合作社。2013 年，合作社积极探索土地入股、三权分置经营方式，动员蛟龙寺、十八湾等村村民实行整村入社，村社合一。通过村民代表大会讨论，社员将二轮延包的土地每亩以 6 000 元作价入股，土地所有权归集体，承包权归农户，经营权归合作社，在湖北省率先成立了宜昌高山云雾土地股份专业合作社，入股社员 1 008 户，3 192 人，流转土地面积 7 658 亩。至此，两家合作社共有社员 1 763 户，5 765 人，土地面积 14 065 亩。在建设和发展中，合作社坚持发展和规范并行，依法规范建社，探索合作化经营。

1.1 创新服务方式，增强合作社的凝聚力

合作社以规划改造、技术培训、信息服务、农资配送、采摘标准、收购加工、品牌营销“七统一”的服务为宗旨，为社员提供产加销一体化服务。2010 年，率先建立网上服务平台。通过服务平台每天向社员发布天气情况、鲜叶采摘标准及收购价格等信息，并在交通不方便的地区设了 6 个鲜叶收购点，尽可能方便社员就近采茶卖茶。同时合作社还坚持现金收购无赊账，社员卖茶无白条，人多卖茶、晚上卖茶、下雨卖茶不降价，使社员亲身体会到有了合作社就有了靠山，对合作社有了信心。蛟龙寺村社员向新春 5 亩多茶园总收入由入社前的 3 000 多元猛增到现在 3 万多元，平均每亩鲜叶收入达到 6 000 元，合作社的发展不仅增加了本社社员收入，也带动了全乡农民种茶的积极性。

1.2 力抓示范创建，促进合作社规范运行

一是健全组织机构。由成员大会依法选举产生了合作社理事会成员 7 人、监事会 3 人、成员代表

55人，健全了合作社理事会、监事会、成员（代表）大会等组织机构，一年召开1～2次成员大会，一季度召开1次成员代表大会，讨论决定合作社重大事项。二是建立和完善了章程及各项管理制度。合作社健全了成员管理、民主决策、重大事项报告、财务管理等9项管理制度，通过成员大会讨论和修改章程，明确了“三会”职责，形成了以制度管理的运行机制。三是建立了一套完整的社员信息基础台账、一份详实的社员手册，让社员享有参与权、知晓权和决策权。四是建立了财务专账。合作社聘请了有资格证书的财务人员2名，实行会计、出纳分设；使用了农民合作社财务专用软件，为社员建立了完善的成员账户、发放了股金证书、参与了盈余分配。截至2016年底，合作社资产总额达6 013万元，出资额483万元，其中秀水天香公司出资96.6万元，占20%，社员出资386.4万元，占80%。2014年，合作社实现经营收入8 862万元，盈余528万元，提取30%的公益金、公积金后，按社员与合作社的产品交易额比例返还221.76万元，占可分配盈余的60%，剩余盈余分配147.84万元，占40%；2015年，经营收入达9 506万元，盈余580万元，提取30%的公益金、公积金后，按社员与合作社的产品交易额比例返还263.9万元，占可分配盈余的65%，剩余盈余分配142.1万元，占可分配盈余的35%；2016年，经营收入达10 018万元，盈余610万元，提取30%的公益金、公积金后，按社员与合作社的产品交易额比例返还277.55万元，占可分配盈余的65%，剩余盈余分配149.45万元，占35%。通过规范化建设，实现了经济和社会效益双赢。合作社连续6年被区委区政府授予十佳合作组织、市级和省级示范社、省产业化龙头企业，2014年被评为国家级示范社。

2　拓展服务功能，推进产业化经营

随着全乡茶园面积的不断增加，原有的加工能力已无法满足不断增加的鲜叶产量。因此，2012年7月，合作社又筹集资金，利用原已废弃的蛟龙寺学校，兴建了一个年生产能力1 000吨的标准化茶叶加工厂，2013年4月13日正式投产，开业当天就收购鲜叶4万多千克，迅速缓解了茶农鲜叶无处卖的紧张局势。为解决茶园服务“最后一公里”问题，合作社又牵头成立了五棵树农业技术服务有限公司，对社员实行农技、农机和农资服务。聘请技术专家，指导培训社员怎么种茶、怎么管茶、怎么采茶；组建农机服务队，帮助社员进行机耕、机剪、机采等服务；领办农资配送中心，统一采购、配送农资，让社员用上安全、放心的农资产品。2014年5月，五棵树服务公司在茶产业党委和工会的指导下，组织了一场大型机采、手采劳动技能竞赛及茶园管理培训活动，指导茶农由原来传统的手工采摘变为机械采摘，比赛结果对比显示，机采效率是手采的33.7倍。服务公司的成立效果明显，2013年两个茶厂共收购鲜叶3 050吨，支付社员的鲜叶款2 300多万元。基地建设投资1 600多万元，支付农民工工资800多万元。实现了鲜叶加工满负荷，茶叶销售零库存的格局。农民增加了收入，合作社增强了凝聚力。去年仅蛟龙寺村一个村，就有75户村民“拆土房，建新房”。

3　整合涉农项目，兴建示范化基地

近几年来，合作社积极争取农业、国土、水利、发改、林业、交通等项目，并以财政补助资金做引导，以合作社部分资金做配套，通过对项目进行有机整合，充分调动和发挥社员的积极性，让社员自发地投工投劳，始终坚持“用最少的钱，建最好的基地”。先后帮助社员改造茶园4 800多亩，整修河堤 4.2 千米，修建茶园便道 9.1 千米、机耕道 8.9 千米，铺设排洪沟 13.7 千米，改造土坯房 120 栋，刷黑环形路 3 千米，修建抗旱防灾指挥塔一座。通过项目建设，合作社把原来种什么砍什么，什么都发展不起来的蛟龙寺，由过去“垃圾靠风刮，污水靠水冲，臭气靠蒸发”的原始村庄，变成了如今“蓝天白墙民居，绿地碧水人家”人间仙境般的靓丽村庄。

4 发挥职能优势，促进产业化扶贫

合作社的发展壮大离不开各级党委政府和全社会的支持，发展了就要回馈社会，扶贫工作也是合作社应该履行和落实的义务。

4.1 积极探索“合作社 + 贫困户 + 产业”的扶贫模式，带领贫困户发展产业

在合作社落户的辖区内有贫困户 565 户，1 191 人。合作社根据各级党委政府的安排，联系了 302 个贫困户。为了使贫困户脱贫致富，合作社党委认真研究决定，帮助发展茶产业，实现增收脱贫的目标。一是采取定人、定责、定期、定项的办法，对 302 个贫困户实行“一帮一，一帮几，几帮一”的方式结对帮扶。合作社联系贫困户 140 户，秀水天香公司联系残疾户 112 户，合作社党委的部分党员联系特困户 35 户，秀水天香党支部党员结对帮扶易地搬迁户 15 户。全面实行责任到人、措施到户、指导到田、落实到项的要求。实行一户一卡联系制，并与他们签订了帮扶协议，从茶叶发展、茶园管理、农资配送、技术指导、采摘售销等全方位的提供帮扶。2016 年以来，共为贫困户免费提供茶苗 200 万株、肥料 80 吨，帮助其发展生产。同时，合作社还为解决偏远地区老弱病残缺农户的卖茶难问题，专设了 6 个定点茶叶鲜叶收购点，方便他们的鲜叶销售，减轻他们的劳茶矛盾。在茶厂和收购点上，合作社专门设立了贫困户残疾人售茶绿色通道，并优价优先收购。通过这些帮扶措施，增强他们脱贫的信心和决心。2016 年，合作社联系的 302 个贫困户人均收入可达到 4 000 元以上，基本可实现按期脱贫的目标。磨坪村九组贫困户江治权，今年 52 岁，单身，左脚残疾，其父亲江廷玉，74 岁，人老多病，弟弟江治坤，也是肢体残疾，家庭共有茶园 5 亩，原来没人指导，每年茶叶收入不足 8 000 元。在了解到他家情况后，合作社为他们送去了肥料 15 包，茶苗 12 000 株，指导他们施肥，管理茶园，实行机械采摘，年销售鲜叶 3 422.5 千克，领取鲜叶款 17 797 元；加上在茶厂里装茶叶、整柴、安装机械等务工收入 12 376 元，喂养的两头猪收入 2 400 多元，3 项收入达 32 573 元，人均达到了 10 856 元。这些贫困户，对合作社的帮扶工作给予了充分肯定。

4.2 强化技能培训，扶勤扶力扶智

合作社认真分析了贫困的原因，主要是智障、病、残、灾。那么，扶贫就要对症下药。因此，合作社坚持“三扶一不扶”的原则，即“扶勤，扶力，扶智。不扶钱”。扶勤，通过培训转变思维，引导贫困户由懒惰变勤劳；扶力，培养他们的种茶和劳动兴趣，在合作社优先为贫困户提供部分劳动岗位，使其通过劳动增加收入；扶智，为贫困户提供技能培训，让他们掌握一些种茶技能，劳动技能；不扶钱，由于扶钱容易使部分贫困户变得有依赖思想，变得更懒惰。只有这样，才能巩固脱贫工作成效，避免今年扶贫，明年返贫，再又扶贫的不良循环。合作社还专门制定了培训计划，聘请了专业教师，引导他们从思想上开窍，从行动上长智，从操作上长技，从整体上增能，使扶贫工作达到“1 + 1 > 2”的效果。2016 年合作社共开展了 2 次集中培训活动，共培训 1 600 人次，指导贫困户怎样种茶、管茶、采茶，怎样增加家庭收入。通过这些培训活动，现在整体种茶的水平提高了一大步，使他

们的茶园变成了景观园、快乐园、养心园、幸福园。例如蛟龙寺村，是一个茶叶专业村，2012 年，整村茶叶收入过万元的户只有 2 户，2016 年茶叶收入过万元的户增加到了 600 多户，茶园收入由原来的每亩平均不足 1 000 元，发展到现在收入每亩平均达 4 000 多元，局部茶园每亩平均已达 6 000 元的收入标准。

4.3 关注特困户，实行一户一策

对特殊特困户，不抛弃，不放弃；尽人心，尽能力。合作社多次上门了解情况，交心谈心，实行一户一策，用一些特殊形式来对他们进行帮扶。如，合作社和下堡坪乡党委书记韩占冰一起走访了陈士德、李万喜、陈朝熊等特困户时，他们反映想喂猪、养鸡、养羊，于是合作社就给他们每户送去了玉米 150 千克，并承诺到年底时对于他们喂养的猪和鸡，自己用不完的，合作社高于市场价的 10%收购，帮他们把产品变成现金。

今后，合作社将“围绕生态做产业，发展产业富茶农”的思路，坚持自然发展、绿色发展、生态发展的战略，科学规划原生态茶区。继续挖掘茶乡特色，不断延伸产业链，打好观光农业牌，使茶区变景区，茶资源变旅游资源。让客商“来了不想走，走了还想来”，使茶产业成为充满乐趣而又快乐的产业，并通过合作社的带动，把这块沉睡了千年的风水宝地，打造成国家级优质绿茶基地、生态农业观光茶园，把秀水天香品牌打造成中国驰名商标，把合作社打造成社员的金饭碗，把茶园打造成绿色银行，让合作社的社员能够以茶建房，以茶买车，以茶兴家，以茶奔小康。

（执笔人：湖北农民合作社研究所　李　博　张全红）

宜昌市晓曦红柑橘专业合作社案例调查报告

宜昌市晓曦红柑橘专业合作社成立于2006年，现已发展个人成员1 485人，团体成员15个，柑橘基地达1.7万亩，网络柑农1.1万户，辐射面积10万亩，拥有固定资产8 000万元。合作社按照“合作社+公司+基地+农户”的发展模式，先后成立了晓曦红果业公司等6家经济实体，形成了从柑橘苗木繁育、新品种的引进与推广、新技术的应用、柑橘的种植、分级包装、销售、果品精深加工、生态文化旅游为一体的晓曦红现代农业产业体系，构建第一、第二、第三产业融合发展新模式。合作社被评为全国农民专业合作社示范社、全省五强农民专业合作社、省级农业、林业产业化重点龙头企业。“晓曦红”商标获中国驰名商标，其产品获得湖北名牌产品和湖北三大名果荣誉。晓曦红品牌被中国果品流通协会评为中国十大柑橘品牌和中国百强柑橘品牌，荣获全国百家合作社百个农产品品牌。“晓曦红蜜橘”和“晓曦红蜜橘生产技术规程”两个标准荣升为湖北省级地方标准。

宜昌市晓曦红柑橘专业合作社成立之初，正值《中国农民合作社法》各项条款广泛征求社会各界意见、修改的时期，可以说是早于该项法规。在合作社的发展道路上，没有前车之鉴，只能摸着石头过河，边走边看。晓曦红合作社成立十年来，伴随着《农民合作社法》实施十年，晓曦红人怀揣着对“三农”的感恩，铭记伟大诗人屈原崇尚的“秉德无私，受命不迁”的爱国情怀，根植于农村，服务于农民，深耕柑橘产业不断探索、创新，走出了一条“合作社+成员+实体+市场”的晓曦红特色的三产融合的发展之路。

1　合作社在创新发展方面的主要做法和经验

晓曦红合作社自成立以来，在各级党委政府和相关部门的大力支持下，从农村经济社会发展实际出发，立足柑橘产业，以科技为支撑，与华中农业大学、三峡大学、中国宽皮柑橘试验站宜昌站等科研院所紧密合作，推行标准化生产，提高产品质量；以品牌打造为着力点，开拓国际国内新型市场，提高市场占有率；以构建完整的产业体系为发展方向，为服务产业发展，构建四大中心（产后处理中心、果蔬配送中心、科技展示中心、生态文化旅游中心），实现第一、第二、第三产业融合发展。晓曦红全体员工克难奋进，艰苦探索，不断创新发展理念和模式，为带动农民增收引领产业发展，为实现产业、柑农、合作社共同发展，做出了积极的努力。

1.1　合作社在合作机制与组织管理方面的创新

1.1.1　创新体制机制，构建产业体系

长久以来，我国农业产业化基础薄弱。在发展过程中，晓曦红人逐渐意识到，合作社要发展壮大

就必须要有强有力的经济实体支撑。2009年，合作社提出了“整合资源，创办实体，构建体系”的发展思路。经济实体的创办既要以现代企业管理制度为模式，又要形成与广大合作社成员利益紧密联系的机制。为此，晓曦红合作社依照《农民专业合作社法》，创造性地提出了“投资股和成员股”的发展理念，吸纳了一部分有经营头脑和经济实力的成员投资经济实体，成为同实体利益共享、风险共担的实体股东，大部分成员以合作社为依托，成为经济实体的成员股即身份股（成员股享有经济实体的盈利分红权，不享有实体财产的处置权）。合作社成员除了享有《农民专业合作社法》中规定的权益，同时还可享有实体经营股份分红收益。以实体果业公司为例，合作社在该实体中占有9.83%的股份。果业公司的盈利分红按照合作社成员的股份份额量化到每个成员身上。合作社成员除了可获得合作社的盈余返还和二次返利外，又可从果业公司每年的经营收益中获取股份分红收益。目前，合作社在其他的实体都占有一定的股份，合作社和实体总资产突破1亿元。

通过推行成员股和投资股，晓曦红先后创办了晓曦红果业公司等6家经济实体，形成了从柑橘苗木、种植、加工到市场销售，从初加工到深加工，覆盖产、加、销，融合第一、第二、第三产业发展的新格局，形成了富有活力的晓曦红现代农业产业化体系，避免了合作社发展成“一块牌子，一张桌子，一个本子”的空架子。

1.1.2 统筹管理，实现一体化发展

在合作社和实体发展过程中，晓曦红提出了“合作社+实体+基地+成员”的统筹管理模式。在成员管理上，实行理事牵头、代表牵线、分层管理、订单服务；在成员服务上，推行成员服务管理中心+联络员+产销班+科技示范户，贯通了生产和销售的各个环节，打通了服务成员的最后一公里；在运营管理上，构建四大管理中心（成员服务管理中心、营销管理中心、行政管理中心、财务管理中心），提高了合作社的统筹能力，降低了运行费用；在经营管理上，推行人员优化组合、股份运作、保底上交、单独核算，提高了业务经营能力。通过这一模式的推行，实现了合作社、成员和实体的三位一体发展。

1.1.3 强化内部管理，提升团队执行力

合作社不断进行内部管理改革，优化团队管理结构，提升团队的执行力。2014年以来，合作社按照业务分工，组建四大管理中心，成立了行政、财务、成员服务、经营四大管理中心，推行四大中心主任全面负责制，中心人员由中心主任优化组合、调配，工资、费用包干。中心主任统筹管理内部员工和协调工作业务，员工工资实行按责、劳、能计酬，体现多劳多得、公平竞争的原则。通过明确职责，激励增效等改革措施的实行，大大提升了各中心凝聚力，增强了整个队伍的向心力。

1.2 合作社在生产管理方面的创新做法与经验

1.2.1 组建服务实体

随着城镇化的发展，农村劳动力大量转移，出现农村青壮年劳动力缺少、劳动力老龄化、农业比较效益降低，一部分田地失管甚至荒芜等问题。为此，晓曦红合作社急柑农之所急，解柑农之所难，在2012年投资成立晓曦红柑橘综合服务公司，为农民提供全方位农业综合服务。在合作社的组织和带领下，公司将合作社留守农村的柑农成员联合起来，组建了一支200多人的经过严格技术培训、考核、持证上岗的专业化服务队伍。服务队下设7个分队和一个中心，即专业从事柑橘产业的技术服务队，包括植保服务队、农资配送服务队、采果服务队、果园管理服务队、机械运输服务队、营销服务队、物流信息服务队和农资配送中心。公司针对部分柑农劳动力短缺，缺乏专业技术，开展“单项或多项专业技术服务，橘园托管或租赁、土地流转”等服务。为解决今后农业生产中“田无人种，如何种”的

问题，摸索出了一条切实可行的路径，为合作社的适度规模化经营奠定了一定的基础。

1.2.2 拓展服务平台

中国柑橘首席专家邓秀新院士指出，中国柑橘价格的提升，必须通过1/3柑橘出口的拉动。从2011年起，合作社就从事柑橘边贸业务，为满足出口市场的需要，在丹江口市、松滋市等地开始收购柑橘。由此，2014年，湖北省农业厅要求晓曦红合作社牵头组建湖北柑橘联合社。晓曦红合作社不负重托，同年3月由宜昌市晓曦红柑橘专业合作社牵头，联合松滋滋源柑橘专业合作社、宜昌云台柑橘合作社成立了湖北省晓曦红柑橘专业合作社联合社。联合社以晓曦红合作社为主体，以松滋市、丹江口市柑橘产区为两翼，实现湖北省柑橘产业联合发展。联合社现已发展成员单位15个，网络柑农2万多户，辐射柑橘面积达50多万亩。联合社的创立，既为晓曦红柑橘出口提供充足的货源，同时也为带动全省柑橘产业发展和柑农增收做出了贡献。

1.2.3 创新服务模式

总结过去对成员服务难到位、信息传递不及时等问题。推行“中心+联络员+产销班+科技示范户+成员”的新型成员服务模式。合作社按照地理条件划分服务区域，在鸦鹊岭镇、龙泉镇、小溪塔街道、夷陵区示范场等柑橘主产区重新组建“4个联络员+20个产销班”的成员服务队伍，合作社任命或邀请柑橘产区产销大户担任班长。通过构建合作社成员服务中心、联络员、产销班、成员四级管理服务体制，可以及时将合作社的相关政策和任务传达到成员，解决了以前信息不通畅，服务不到位的困局。同时，合作社通过对中心主任、联络员、产销班长进行严格的年度工作任务考核，全方位强化服务质量，提升了合作社成员的满意度。

中心成立后，积极主动服务，为成员解决实际问题。2016年上半年，气象条件优越，柑橘增产前景看好。然而，7月后，却出现了短时间暴雨灾害，给柑农的生产生活带来很大的影响，合作社的核心基地柑橘示范场和水果场无一幸免。灾情发生后，合作社主动作为，积极开展抗灾自救，扶危解困。筹资2万元帮助杨厚平家修复因暴雨垮塌的坝场，保障了成员生命和财产安全。同时，积极修复遭暴雨冲毁的道路，确保柑橘销售道路畅通。

8月下旬以后，柑橘基地遇史上罕见的高温少雨旱灾，影响柑橘膨大和成熟。据调查统计，合作社核心柑橘基地1 000余亩旱灾严重。灾情发生后，合作社积极引导柑农开展抗旱保收自救。加强同气象部门合作，了解气象信息，并通过晓曦红短信平台及时传递信息；积极争取电力、水利部门的支持。合作社在流动资金严重不足的情况下，筹措资金30多万元，动员柑农自筹50多万元，购买抗旱设施设备，确保成员90%以上的果园实现抗灾保收。在合作社成员抗旱保收过程中，晓曦红信用合作社起到了一定的资金保障作用。灾情发生后，合作社信用合作部陆续为成员发放资金30多万元用于购买设备，顺利开展浇水抗旱，确保了柑农受灾不减收。

1.3 合作社在市场运营方面的创新做法与经验

1.3.1 创新运营机制提能力

在业务经营上，优化人员结构，进行股份制改革。组建成立经营管理中心，推行中心主任全面负责制，人员由主任优化组合，各部门由部门负责人负责优化人员组合，主营业务市场区分，股份制运作，保底上交，分部门单独核算，收支两条线的模式运作。晓曦红分部门拿出一定比例的股份，分配给部门业务人员，按照股份制运作模式，开展业务经营。通过股份制运作，员工身份变为股东，增强了业务人员的主人翁意识，提高了其积极性。通过改革，合作社连续两年业务经营能力大幅提升，年均销售柑橘超过10万吨，销售收入超过2.3亿元，年均出口果蔬2万吨，其中出口柑橘超过9 000吨，年均出口创汇1 600万美元。

1.3.2 创新营销模式建网络

晓曦红合作社成立后，坚持推行基地标准化生产以提高果品质量和安全。销售上实行品牌化营销，打造精品名牌。在终端柑橘消费市场开展品牌推介和宣传等多种形式的活动，积极开拓国内外市场，形成了以外贸出口、农超农商对接、电子商务、精品销售、大市场批发销售等五大主流销售渠道的市场网络体系。合作社已实现与上海吉买盛、家乐福（中国）华中五省区域主要城市超市、襄阳好邻居、上海农产品中心批发市场等50多家商超开展晓曦红宜昌蜜桔产地直销对接，销量年均超过1.2万吨，年均出口柑橘9 000吨，创汇800多万美元。精品柑橘销量年均突破10万件，最高价达到每个5元。电子商务销售晓曦红品牌柑橘年均逾5万余单，收入180多万元。年均实现同城配送国内名牌水果100吨。

2014年，夷陵区人大通过组织实地调研确认，在晓曦红合作社的示范带动下，夷陵区柑橘销售价格平均提高0.1元/kg，全区柑农每年人均增收300元，产业年均增收6 000万元。

1.4 合作社在社区建设方面的创新做法与经验

1.4.1 产业扶贫强带动

晓曦红合作社是国家级示范社，是夷陵区柑橘产业龙头企业，有责任和义务带动全区柑橘产业健康稳步发展。2016年，在区残联的指导下，合作社实施产业扶贫。在鸦鹊岭镇、龙泉镇、小溪塔街办三大柑橘主产乡镇遴选40户残疾贫困户，实施一户一策精准扶贫。采取了在技术上指导，劳务上帮扶，柑橘生产工具、肥料、农药投入上赠送，柑橘成熟后优价优先收购等一系列工作措施。3月，组织3场次、800余人次技术培训，现场发放柑橘技术资料800余份，赠送柑橘修剪用剪刀、手锯800余套。6月派遣技术人员到贫困户实地指导柑橘大实蝇防治工作，并为每户送去防治大实蝇专用药。8月，组织5名残疾人到晓曦红加工车间进行岗前培训，为他们提供包装岗位，月均工资5 000元以上。9月，合作社与38个贫困户签订了柑橘收购合同，包销柑橘835吨。截至2016年底已经全部卖完，贫困户获收入117.6万元，每千克均价1.4元，比合作社年收购均价1.2元高出12%，仅柑橘一项就为贫困户增收13.33万元，为残疾贫困户这一特殊群体带来了看得见摸得着的实惠，进一步提升了合作社在全区的辐射带动力。

1.4.2 联合发展强引导

2015年10月，在全国第五届柑橘学会年会和湖北省果业协会换届选举大会上，晓曦红合作社被推选为湖北省果业协会会长单位。合作社在总结打造湖北晓曦红联合社发展平台经验的基础上，提出了湖北省果业协会的发展思路。2016年3月17日，在孝感举行的湖北省果业协会2017年年度工作会议上，晓曦红合作社作为会长单位提出了全省水果产业按照种类分别成立联合社，各个联合社按照晓曦红提出的“三品两销”发展思路筹谋产业发展。参会成员单位一致同意，先从柑橘和桃产业入手，分别成立以晓曦红合作社为主导的湖北柑橘联合社和以孝感七仙红桃产业合作社为主导的湖北桃产业联合社。作为省果业协会会长单位和湖北省柑橘产业龙头企业，2016年晓曦红合作社在“三品两销”的发展道路上迈出了实质性步伐。合作社在夷陵区范围内联合洋红、天缘、星翔三家龙头企业，开展柑橘出口合作，共同与俄罗斯客商签订柑橘出口合作备忘录，促进全区柑橘迅速打开国际市场。合作社联合洋红、天缘在柑橘产后投入品杀菌剂和蜡液上实行联合采购，与商家进行价格谈判，降低了加工打蜡环节费用支出。拓展了合作社联合发展平台，提升了晓曦红合作社在湖北省水果行业，特别是柑橘产业的引领作用与地位。

1.4.3 金融创新促发展

针对农村出现农民贷款难、贷款利息高、手续繁杂、时间长的现象，2012年合作社理事长和副理事长分别赴我国台湾地区和德国参观学习，学习开展信用合作的经验和做法。当年，为解决合作社经济实体在经营过程中流动资金急缺的难题，晓曦红开展了内部信用合作。2014年7月，合作社第三届三次成员代表大会上，全体成员代表一致通过，形成了建立信用合作的决议，并全员通过了晓曦红《信用合作管理办法》，正式组建晓曦红信用合作部，并开展业务。

晓曦红信用合作以“对内不对外，吸股不吸储，分红不付息，股权无大小，适度无风险”的总原则，资金筹措在严格控制资金总量的基础上，按照“依托成员，背靠银行，量出为入，总量控制”的方式进行；资产使用按照“严格范围，不得越界；严格时限，不得超期；严控额度，实施联保；严限利率，不越上限”的规则运行。晓曦红信用合作的开展，解决了合作社成员生产和生活中出现的资金困难，缓解了合作社实体在发展中流动周转资金短缺的困境，也为有富裕资金的成员开辟了一条新的增收渠道，增强了产业发展的内在动力。

2016年，晓曦红信用合作入股成员总数达78户，资金总额达507.3万元。2015年累计为合作社成员及实体发放信用合作资金423万元。其中为实体单位发放短期资金400余万元，留有备用金80万元。

2 存在的问题

2.1 固定资产投资大，发展资金短缺

一是固定资产投资大，金融部门融资成本高，财务费用高，使每年经营利润的80%都冲抵了融资成本，导致合作社盈利能力不强。

二是投资回报周期长，资产利用率不高。涉农投资一般投资期长，投资收益率低。受到产业周期的限制（宽皮柑橘成熟到销售完，10月到次年3月），固定资产每年的有效使用时间不足6个月，资产闲置严重，利用率不高，导致企业投资收益年限与其他企业相比更长，至少需10年左右，这给企业的发展增加了很大的压力。

三是经营性流动资金不足。前期用于投资修建厂房、购置加工设备和配套相关基础设施的资金较大，而用于柑橘营销的流动资金却很少，不能满足公司柑橘营销业务，严重影响合作社业务经营，发展后劲不足。

2.2 产后处理标准化、商品化程度低

近年来，合作社在加工冷藏保鲜等设施设备方面虽然投入巨大，但与国际国内先进加工企业相比，仍然还处于初级水平，缺乏标准化、商品化处理流程，致使果品在加工后果品质量无法保证，品牌效益不明显，在市场上缺乏竞争力。

2.3 人力资源不足，人才队伍建设不够

合作社发展到现在，逐渐从原来的农民队伍发展到具有一定知识结构和智力水平的专业队伍，但随着合作社的不断壮大，这样的团队已不能满足合作社发展的需要，特别需要一支专业素质高、业务能力强、具有职业操守的高层次人才队伍。

3　合作社未来发展计划

3.1　注重“三品”，调整结构

3.1.1　改良品种优化结构

一是积极配合地方政府和农业主管部门搞好品种区域规划，科学合理布局品种，按照特早熟：早熟：中熟：晚熟3：4：2：1的比例优化品种结构。

二是加大晓曦红科技公司的良种繁育基地建设，加强同中国柑橘体系专家团队、华中农业大学、湖北省农业科学院等合作，开展新品种的引进、试验、示范与推广，为品种结构调整提供优质无毒的种质资源。

三是加强良种苗木的繁育工作，为品种改良提供优质的种苗和接穗。

3.1.2　提升品质升级产业

一是利用“三权分置”的政策，在成员及周边农户的果园中实行土地流转、长期租赁、土地入股等形式，取得果园的自主经营权，实行规模化经营。

二是在晓曦红合作社的核心基地内建设晓曦红精品果园基地，利用全程溯源体系加强对产前、产中、产后的严格管理，提升晓曦红精品的内在果品品质，确保晓曦红精品柑橘的质量安全，提升晓曦红的品牌价值。

三是在合作社基地进行生态栽培探索，增施有机肥，改善果园的土壤生态。

3.1.3　品牌营销打通渠道

一是按照区域市场需求，结合各品种柑橘品质特性，划分市场区域，构建大市场营销渠道。

二是利用消费者需求，利用“互联网+”的影响，打造电子商务、微商等营销渠道。

三是利用已具有的特优质品质资源，打造高层次消费渠道，推进精品销售。在一线城市和省会城市建立精品销售网络。

3.2　强化管理，提升“双能”

3.2.1　优化治理结构，完善治理机制

优化晓曦红内部管理结构，深入推进晓曦红“四大管理中心”改革，强化各中心团队建设。加强对“四大中心”统筹协调，建立各中心之间的协调配合工作机制，提升晓曦红团队整体素质。

3.2.2　做好成员服务，牢固发展基础

成员是合作社发展的基础。做好成员服务，增强合作社对成员的凝聚力。晓曦红将全面推行晓曦红特色的“中心+联络员+产销班+科技示范户+成员”的成员服务模式创新，构建比较成熟的成员服务的体制机制，提高成员的满意度，增强合作社的凝聚力，扩大晓曦红的影响力，增强合作社辐射带动作用。

3.3　联合龙头，组建集团

3.3.1　整合龙头组集团

推进龙头企业整合，做大做强柑橘产业。按照自愿、平等、互利的原则，加大柑橘龙头企业整合力度，组建成立三峡桔都股份有限公司，集中发挥资源优势，集中用好产业政策和有限资金，实现强强联手。进一步推进产业集聚，延伸产业链条，壮大优势特色产业集群，打造以柑橘为核心的三产融合发展共同体，增强产业竞争力和龙头企业带动能力。

3.3.2 整合品牌闯市场

推进柑橘品牌整合，打造区域公共品牌。全区统一夷陵柑橘品牌，集中打造公共品牌，大力提升产业的竞争力和整体效益。推动统一使用晓曦红宜昌蜜橘品牌，创新资源共享、品牌共创、授权经营等机制，制定统一的果品标准、果园生产管理等规范，提升果品质量，全面实行统一商品名称、统一包装设计、统一产品形象和统一宣传口径，全力提升产品档次和形象。通过整合品牌，形成合力，增强夷陵区柑橘产业在国内外市场的竞争力。

3.3.3 整合队伍织网络

整合本土从事柑橘经营的营销人员，组建本土的柑橘营销队伍，提升柑橘产地的话语权，增强柑橘产区在柑橘销售市场上的定价权，维护柑橘产地广大柑农的权益。积极拓展市场，构建销售渠道和网络，打造多渠道、多层次、多区域的市场销售网络体系。

（执笔人：湖北农民合作社研究所　李　博　张全红）

争当“三权分置”领头雁　领航规模经营奔小康

——当阳市褚家湖粮食专业合作社发展纪实

推行农村土地所有权、承包权、经营权分置（以下简称“三权分置”）是继家庭联产承包责任制后农村土地改革的又一重大制度创新。习近平总书记在党的十九大报告中指出，要完善农村土地“三权分置”制度，加快培育新型农业经营主体，健全农业社会化服务体系，实现小农户与现代农业发展有机衔接。

近年来，湖北省当阳市针对农民老龄化、农村空心化、土地经营碎片化等问题日益突出的状况，坚持以农民增收为根本，以土地确权为基础，大力培育新型农业经营主体，规范土地流转，引领发展适度规模经营，既降低了生产成本，又提高了农业生产效率，促进了现代农业发展。成立于2010年主要从事粮食生产的当阳市褚家湖粮食专业合作社抢抓农村改革历史机遇，积极探索和实践土地“三权分置”多种有效实现形式，逐步发展成为集土地托管、土地入股、土地租赁、粮食烘干、农机服务于一体的综合性农民专业合作社。合作社成员由初期的7户发展到现在的200户，注册资本由初期的150万元发展到现在的2 000万元，粮食耕种面积已由初期的1 724亩发展到现在的2万多亩（土地托管15 000亩、土地入股3 600亩、土地租赁1 724亩），并辐射带动周边村镇20多万亩小麦—玉米种植模式一体化发展。合作社年销售收入达1亿多元，实现年利润超过1 000万元。在当阳市及周边地区竖起了一面争当“三权分置”领头雁，领航规模经营，带领群众奔小康的旗帜。被湖北省农业农村厅评为“湖北省农民合作社示范社”。

1　推行三种模式，发展适度规模经营

1.1　土地托管模式

针对部分农户长期外出务工无暇种田、留守老人和妇女无力种田、受市场价格波动影响不愿种田，但农户“恋土”情结难以释怀，把土地作为以地养老的“退路”，不愿轻易流转自己土地的现状，当阳市褚家湖粮食专业合作社从2015年开始探索推行土地托管模式，在尊重农户独立经营地位的前提下，与有意愿的农户签订托管合同，实行代耕代种代收，确保保底产量和收益。一等田按玉米每亩550千克、小麦每亩350千克为保底产量，二、三、四等田保底产量按每个等级6个百分点递减，低于保底产量由合作社补齐，高于保底产量与农户五五分成，因自然灾害影响造成减产也保证不低于当地当年的平均产量。合作社每亩收取耕种、肥料、农药、收割等托管费用791元，除去成本640元，每亩净收益151元。农户销售产品后经合作社进行产量核算，减去托管费用后，通过银行把农户应得土地托管净收入转入指定账户。2015年以来，合作社每年托管土地15 000亩，农户每亩平均收入800元，比散户经营每亩增收100元左右，实现了合作社与农户双赢。

1.2 入股分红模式

对于入社的种田大户、农机手和生产技术骨干，合作社鼓励他们用土地、农机折价或现金入股，土地按照一等田每亩500元，二、三、四等田按照每个等级降低6个百分点计算，折合成股本参加分红；农业机械通过合作社代表会议与农机手共同商议确定价值入股；农户也可以用现金入股，年底以农户出资额度和土地产品产量参加分红。社员谭士权用承包土地、收割机折合股金20万元加入合作社，2011—2015年共领取分红股金444 131.47元，其中按产品产量分红股金293 788.54元，比入社前增加收入一倍以上。

1.3 租赁经营模式

对于在外务工多年、有稳定收入的农户或长期在企业务工、职业相对固定且已购买统筹养老保险的农户，可以将自己的土地根据质量高低与合作社约定价格，一般按照一等田每亩500元，二、三、四等田按照每个等级降低6个百分点计算，签订流转租赁合同，农户不承担经营风险，获得国家政策性补贴和土地流转费用500元左右的固定收益。农户谢家兵夫妇于2014年将20亩承包土地流转到合作社以后，每年节省农忙季节来回抢收抢种的路上花费3 000多元，并从合作社得到土地流转费用10 000元，夫妻两人安心在温州一家企业上班，月工资4 000元以上。

2 推广四种方式，不断强化社会化服务

2.1 大力推广适用新技术，提高农业种植水平

褚家湖粮食专业合作社在农业部门的指导下，大力推广主导品种+机械直播+化学除草+配方施肥+病虫绿色防控等配套技术，实行统一供种、统一耕种、统一施肥、统一用药、统一技术指导、统一经营管理，全力提升种植水平。大力推进农机农艺融合，合作社出资近千万元购进各种型号拖拉机、收割机、撒肥机、播种机、旋耕机、施药机、犁耙等配套设备80多台（套），吸纳农机手54人加入合作社，聘请农机手60多人到合作社务工，实现耕种收全程机械化，不仅保证不误农时，确保农作物正常产量，而且每亩节约农机成本66元。积极争取土地深松项目，2015和2016年连续两年开展土地深松服务面积达40 000亩以上，不仅改善了耕地质量，而且提高了土地产出率，玉米亩均单产提高50千克以上，得到了广大农户的认可，每年也为合作社创收160多万元。

2.2 发展粮食烘干产业，保障粮食提质增效

针对粮食生产受自然灾害影响较大和农户晒场规模受局限的情况，2011年褚家湖粮食专业合作社多方筹资2 000万元，先后建成3套粮食烘干设备，日加工能力达到1 500吨，成为全省最大的粮食烘干基地。由于烘干的粮食质量好，中储粮、正大饲料、稻花香集团、海大粮油等多家公司主动上门开展订单合作，建成投产五年来，共加工小麦10万吨、玉米15万吨，实现销售收入5.5亿元，利税3 000万元。合作社利用粮食烘干基地的优势，每年收粮价格比流动商贩每千克高0.06~0.10元，不仅保证了社员的粮食质量，而且为周边村镇粮农提供了良好的服务，每年可为粮农增收1 200万元以上。目前，合作社服务半径逐步扩大到荆州、荆门、襄阳等地，促进了粮食产业提质增效。

2.3 推广应用电子商务，降低社员生产成本

针对农业投入品制假售假现象、中间商赚差价、农产品贱卖等问题，褚家湖粮食专业合作社通过推广应用电子商务平台，集中采购农业生产资料，厂家直销减少了中间环节，所有费用价格低于市场

价10%~25%，不仅为社员节约了生产成本，而且还避免了假冒伪劣产品。就单季生产成本来说，合作社到三宁化工公司购买1袋50千克包装复合肥只需95元，低于市场价20%，每亩可节约成本25元；种子低于市场价10%，每亩可节约成本10元；农药低于市场价15%，每亩节约成本10元，以上三项可为社员节约成本亩均45元左右。通过微信网络平台销售粮食，每千克粮食可提高价格0.10元，亩均增收100元。引进北斗系统湖北农机管家和自动驾驶辅助系统，便于社员管理和土地深松质量管理。

2.4 推广秸秆综合利用，帮助农户变废为宝

褚家湖粮食专业合作社把握秸秆禁烧政策、推进秸秆资源综合利用、改善和保护农村生态环境的机遇，通过机械化全量还田使秸秆肥料化；将青秸秆打捆后用于奶牛、肉牛、山羊等饲草动物的养殖，使秸秆饲料化；将枯秸秆压缩成型后供发电厂作为发电燃料或制作成清洁卫生生物质燃料供企业使用，使秸秆原料化。2015年合作社投资200多万元购进秸秆打捆设备3套，两年来共打捆销售秸秆2万吨，实现销售收入460万元，并为农户节约机耕费用40多万元。2016年合作社又投资500多万元购进生物质燃料生产成型设备3套，每年可为企业提供5万吨清洁卫生生物质燃料，可实现销售收入3 500万元。

3 彰显五种效应，带领农户共奔小康

近几年来，当阳市褚家湖粮食专业合作社在推动农村土地“三权分置”进程中进行了有益探索和实践，在发展适度规模经营上起到了示范引领作用，有效解决了农民粮食种植产前、产中、产后服务的一系列问题，将小农生产引到现代农业发展的轨道上来，既保证了粮食生产安全，又促进了农民增收致富奔小康。

3.1 促进土地适度规模经营

褚家湖粮食专业合作社通过探索推行土地托管、土地入股、土地租赁3种模式，在“三权分置”中勇当领头雁，引领发展适度规模经营，破解了农村“谁来种地”的难题，有效解决了土地经营碎片化问题，既降低了生产成本，又提高了农业生产效率。合作社成功的示范效应激励全市承包农户依法采取托管、转包、出租、互换、转让及入股等方式流转土地，推动农村土地向农民专业合作社、家庭农场、种田能手集中，发展土地适度规模经营，有效引导小农生产融入现代农业。目前，全市签订流转合同1.7万余户，规范化流转耕地面积21.3万亩，占耕地总面积的22%；建设各类规模种养基地100余个，规模经营年产值超过60亿元，占全市农业总产值的42%。

3.2 推动农民致富奔小康

褚家湖粮食专业合作社通过托管农户土地，保证正常年景亩均收入不低于800元；流转租赁农户土地，亩均租金收入500元；鼓励社员以土地和农机入股，年底按出资额度分红；种田能手、农机手和技术员在合作社务工，得到了务工收入，从而实现了农户股金+租金+薪金+保证金的收入格局，确保共同富裕奔小康。农机手赵雄用农机、土地和现金折合5万元加入合作社，3年分红达39 554.79元，并每年从合作社领取务工工资2.7万元，是以前收入的两倍。合作社还利用互联网平台购买农资和销售粮食，帮助农户节约生产成本，高出市场价格销售产品，增加收入。同时，规模经营极大地解放了劳动力，合作社积极帮助剩余劳动力开展技术培训，共为300多名富余劳动力拿到铲车、叉车、电工、焊工等操作证，每年外出务工收入近2 000万元，户均增收5万元。实现了38户建档立卡贫困户精准脱贫。

3.3 推广农业“三新”技术创新

褚家湖粮食专业合作社通过实行“六统一”方式，加大高产栽培技术体系集成、创新、推广力度，实行耕种收全程机械化，提高了农业生产效率和效益。合作社推广应用电子商务平台，引进北斗系统湖北农机管家，发展粮食烘干产业，将科技新手段应用到现代农业发展上，有效提高了科技对农业生产的贡献率。同时，合作社不断调整优化种养结构，将租赁经营的200多亩低洼地改造成高标准的稻虾共作示范基地，实现了“一水两用、一田多用、一田多收、一季多收、稳粮增效”的最佳效果。合作社还将借鉴学习外地经验，大力发展青贮玉米种植，改一年两季为一年三季，既提高土地产出率，又能为规划发展年出栏10万头的养猪场提供饲料。

3.4 有效改善农村生态环境

褚家湖粮食专业合作社始终坚持标准化生产、规模化经营，聘请农业技术顾问，统一量化施肥，统一病虫害防治，有效地降低了农药、化肥、农膜等农业资料的使用量，加上推进秸秆资源化综合利用，有助于改善农村生态环境。合作社实行规模经营，争取项目和资金，集中统一进行基础设施建设，逐步形成“田成方、路成网、渠成链、树成行”的格局，农机体验、田园观光实现了农田变景点、田园变公园。合作社通过实施土地深松项目，打破了土地犁底层，加深了耕作层，加强了土壤的气性微生物和矿物质的有效分解，培肥了地力，极大地提高了土地蓄水保墒能力和抗旱除涝能力，促进粮食单产增加。这一做法得到了广大农户的认可，荆门市沙洋县，邻近的枝江市、荆州市和襄阳市部分乡镇都邀请合作社帮助开展土地深松。合作社还将通过堆沤和厌氧发酵生产沼气作为农村清洁能源使用，使秸秆能源化；将秸秆粉碎、切段后与畜禽粪便堆沤作为食用菌栽培的有机肥使用，使秸秆基料化，积极发展循环农业经济。

3.5 促进了合作社规范化建设

褚家湖粮食专业合作社自成立以来，在农业部门和经管部门的指导下，严格按照法律法规的要求制定了合作社章程、收入分配制度、财务制度、成员培训和日常管理制度，并根据业务需要建起了机耕组、收割组、技术组、机防组、烘干组、销售组、安全组等7个专业组，明确分工，通力协作，规范管理。合作社严格落实从严治党的要求，2017年在全市748个农民专业合作社中成立首个党支部，并被农业农村部纳入农垦系统党建创新试点单位之一。合作社党支部牢固树立“抓好党建是最大的政绩”和“抓好发展是第一要务”的理念，围绕党建抓发展、抓好党建促发展，深入开展创先争优活动，主动结合生产经营状况、党员群众致富的需求，精心编排党员教育课件，采取邀请专家讲课、评选能手传经、现场操作实践、季度评先树优等多种形式，积极发挥党员的先锋模范作用，力求以党建的科学化促进合作社发展上规模、社员致富上档次。

（供稿：当阳市农村经济经营管理局）

襄阳市硕丰农民专业合作社联社案例调查报告

1　联社基本情况

硕丰农民专业合作社联社于2014年1月20日由襄阳市卧龙山药专业合作社、襄阳市襄世源草莓专业合作社、襄阳市襄城区兴颖养殖专业合作社、襄阳市君冉林业专业合作社、襄阳市先华土鸡蛋专业联社等5家农民专业合作社全体社员发起并成立。

硕丰农民专业合作社联社全称为襄阳市襄城区硕丰农民专业合作社联社，成员出资总额1 000万元。其中，襄阳市卧龙山药专业合作社出资900万元、襄阳市襄世源草莓专业合作社出资25万元、襄阳市襄城区兴颖养殖专业合作社出资25万元、襄阳市君冉林业专业合作社出资25万元、襄阳市先华土鸡蛋专业合作社出资25万元。以上出资方式均为货币出资。

2　联社成立的背景、动因和发展历程

2.1　成立背景、动因

合作社联合社是合作社发展到一定阶段的产物。广大弱势小农为了降低交易成本、实现规模经济、改善市场地位、提高市场竞争力组成了合作社。与小农分散进入市场相比，合作社有着明显的优越性。但是，与其他市场主体例如大公司相比，合作社的竞争力仍然有限。随着外部市场竞争的不断加剧和合作社业务的不断扩大，合作社之间存在着联合起来、进一步提升市场竞争力、降低经营成本的内在动力。成立联合社，不仅可以通过横向一体化实现规模经济、范围经济，并最大限度地降低合作社的交易成本，提高议价能力，改善对社员的服务质量，解决合作社依靠自身力量无法解决的难题，而且可以促进纵向一体化经营，向农产品深加工领域延伸，扩大合作社的业务范围，巩固和增强合作社的市场地位。

中国自21世纪初以来，在农民专业合作经济组织发展较快的一些地区出现了自下而上发展联合组织的现象。其基本方式有两种：一种是开放式的，也是较为普遍的，即合作社与其他从事相同业务甚至是相关业务的企业、个体户等的联合；另一种是封闭式的，即仅局限在合作社与合作社之间的联合。从联合组织的性质看，既有社团性质的，对内开展基层社的业务指导、对外代表基层社维权。也有企业性质的，开展经营业务。例如浙江省衢县，全县十几家柑橘专业合作社在自愿基础上成立了联合社，统一经营、代理各专业社的产品，避免了合作社之间的自相残杀。

《农民专业合作社法》颁布后，随着农民专业合作社的数量、规模呈现加速增长的态势，农民专业

合作社联合社的发展也提上了议事日程。

2.2 发展历程

硕丰农民专业合作社联社由襄阳市卧龙山药专业合作社、襄阳市襄世源草莓专业合作社、襄阳市襄城区兴颖养殖专业合作社、襄阳市君冉林业专业合作社、襄阳市先华土鸡蛋专业合作社等 5 社全体社员发起，于 2014 年 1 月 20 日召开设立大会。

3 联社的运行和治理机制

3.1 股权结构

硕丰农民专业合作社联社共有 5 位成员，通过货币出资的形式，出资总额为 1 000 万，股权比例分别为：襄阳市卧龙山药专业合作社出资 900 万元，占股 90%；襄阳市襄世源草莓专业合作社出资 25 万元，占股 2.5%；襄阳市襄城区兴颖养殖专业合作社出资 25 万元，占股 2.5%、襄阳市君冉林业专业合作社出资 25 万元，占股 2.5%；襄阳市先华土鸡蛋专业合作社出资 25 万元，占股 2.5%。

3.2 组织结构

成员大会是硕丰农民专业合作社联社的最高权力机构，由全体成员组成。

硕丰农民专业合作社联社成员超过 150 人时，每 10 名成员选举产生一名成员代表，组成成员代表大会。成员代表大会履行成员大会的表决等职权。成员代表任期 2 年，可以连选连任。

成员大会须有硕丰农民专业合作社联社成员总数的 2/3 以上出席方可召开。成员因故不能参加成员大会，可以书面委托其他成员代理。一名成员最多只能代理一名成员表决。

硕丰农民专业合作社联社设理事会，对成员大会负责，由 2 名成员组成，设副理事长一人。理事会成员任期 2 年，可连选连任。

硕丰农民专业合作社联社设执行监事一名，代表全体成员监督检查理事会和工作人员的工作，执行监事列席理事会会议。

硕丰农民专业合作社联社设监事会，由 2 名监事组成，设监事长一人，监事长和监事会成员任期 2 年，可连选连任。监事长列席理事会会议。

3.3 决策机制

成员大会选举或者做出决议，须经硕丰农民专业合作社联社成员表决权总数过半数通过；对修改硕丰农民专业合作社联社章程，改变成员出资标准，增加或者减少成员出资，合并、分立、解散、清算和对外联合等重大事项做出决议的，须经成员表决权总数 2/3 以上的票数通过。成员代表大会的代表以其受成员书面委托的意见及表决权数，在成员代表大会上行使表决权。

3.4 财务管理

硕丰农民专业合作社联社是经济核算主体，实行独立的财务管理和会计核算。自主经营，自负盈亏，有权拒绝任何单位与个人平调、挪用硕丰农民专业合作社联社资产的要求。

硕丰农民专业合作社联社依据成员名册，为每个成员设立个人财产账户，用于分类记载本章程第五条第一款规定的成员出资和应当量化为成员名下的个人财产份额。

成员与硕丰农民专业合作社联社的所有业务交易，实行实名专户记账，作为按交易量（额）进行盈余二次返还分配的依据。

硕丰农民专业合作社联社存续期间由公共积累形成的财产，由国家财政直接补助、他人捐赠所形成的财产，平均量化为每个成员所有的份额。

4 联社的经营和服务活动

4.1 业务范围

硕丰农民专业合作社联社主要业务活动内容包括为联社成员提供畜禽养殖销售（不含种禽种畜）、苗木花卉种植销售、草莓山药种植销售、农副产品品牌宣传与策划、质量标准核定及相关技术指导和信息咨询服务。

4.2 收入与盈利模式

财务年度终了时，由理事会按照章程规定，组织编制硕丰农民专业合作社联社财务年度盈余分配方案以及资产负债表、损益表、财务状况变动表等其他财务会计报告，经监事会审核同意后，于成员大会召开 15 日前，置备于办公地点，供成员查阅并接受成员的质询。

联社的收入由商品销售收入、提供劳务收入和其他使用联社资产收入构成；成本由销售成本、其他成本构成；利润是收入与成本的差额。

根据成员大会决议，联社从当年盈余中提取 10%的公积金，用于扩大再生产、弥补亏损或者转为成员出资。每年提取的公积金按照成员出资的份额依比例折股量化为每个成员所有的份额，记入成员个人账户。

硕丰农民专业合作社联社从当年盈余中提取 10%的公益金，用于成员的技术培训、合作知识教育以及文化、福利事业和生活上的互助互济。其中，用于成员技术培训与合作知识教育的比例不少于 50%。

从当年盈余中提取 5%的风险金，用于弥补成员生产经营中遭遇的自然风险和市场风险。

5 在创新发展方面的主要做法和经验

5.1 在合作机制与组织管理方面

硕丰农民专业合作社联社投资兴办与联社业务内容相关的经济实体；接受与硕丰农民专业合作社联社业务有关的单位委托，办理代购代销等中介服务；向政府有关部门申请或者接受政府有关部门委托，组织实施国家支持发展农业和农村经济的建设项目；按决定的数额和方式参加社会公益捐赠。硕丰农民专业合作社联社以服务成员、谋求全体成员的共同利益为宗旨。成员入社自愿、退社自由、地位平等、民主管理，实行自主经营、自负盈亏、利益共享、风险共担，盈余主要按照成员与硕丰农民专业合作社联社的交易量（额）比例返还。

5.2 在生产管理方面

统一为社员采购农资。农民在农业生产过程中，所使用的生产资料，能够保证产品质量合格，价格合理，实惠于农民，同时有效避免了假冒伪劣产品进入农村市场，从根本上解决了假冒伪劣产品给农民带来的损害。

统一为社员销售农产品。农民自愿加入新农村合作社，让农民走出单纯的低附加值农业生产，让农民走进农副产品流通领域和深加工领域，拓宽农民收入渠道，切实提高农民收入，为参与国际市场竞争提供保障。

统一为社员提供种植养殖服务。实现农业生产标准化、机械化、产业化、规模化，生产资料的直接供应降低了农民的生产成本。免费为社员提供种植、养殖技术培训和技术指导，新品种、新技术的推广，整体提高农业生产技术水平及农产品的品质。

引导农民参加农业生产保险，减少自然灾害给农民带来的损失。

5.3 在市场运营方面

开展合作社内部成员之间的资金互助业务，帮助成员解决生产生活的资金困难，社员也可以入股合作社，通过农业产业项目参与分红；逐步建立基层合作社文化设施及党支部，丰富农民文化生活，提高农民科技文化水平，增强信息沟通；提高农民法律意识，加大维权力度，切实保护农民的合法权益；宣传国家的各种惠农政策，在党和政府的领导下开展“和谐新农村”的建设。

5.4 在社区建设方面

成立妇联团队。2015 年 11 月 23 日成立妇联团队，妇联组织是党联系妇女群众的桥梁和纽带，在社会主义市场经济深入发展的新形势下，坚持以邓小平理论和“三个代表”重要思想为指导，坚持落实科学发展观，努力提高妇联组织服务发展、服务中心、服务妇女的能力和水平，大力宣传男女平等基本国策，不断优化妇女发展环境，在推进“两个率先”、构建和谐中充分发挥妇联组织的积极作用，为实现经济社会又快又好发展、顺利实施“十三五”规划做出更大的贡献，这是当前妇联工作的指导思想。

孝文化建设。为了为完善联社成员福利待遇，体现联社孝文化特色，培养成员的亲情感、温暖感，增强成员的感恩精神，联社于 2016 年 1 月起实行给父母发工资的福利制度，父母工资不包含在成员工资待遇里，每位父母每人每月 100 元。

资助体系完善。心系贫困学子，奉献拳拳爱心，一直以来联社理事长邹涛怀有强烈的社会责任感，长期着力爱心公益事业。联社成立了专门的爱心基金会，资助职高学生、看望贫困社员、帮扶困难社员、“献爱心·夕阳红”活动。近 10 年来，已经使一大批贫困的大、中、小学生以及困难群众得到资助，每位学生每年 2 000 元。

“强二代”联盟。2015 年 6 月 6 日，硕丰农民专业合作社联社“强二代”联盟正式启动，“强二代”联盟的核心宗旨是传递国学教育正能量，拥党爱国、传统博学、尊老爱幼、自食其力、共建和谐家庭。“强二代”联盟的成立创建，联社以一个良好的形象树立了楷模标杆，个性化辅导孩子们全面发展，注重孩子心理教育从小培养“二代”拥党爱国、尊老爱幼，自食其力培养锻炼孩子接受传统国学教育。围绕核心宗旨培养锻炼成员的后代，为二代们能够做到高素质全面发展保驾护航。

6 联社创新发展面临的困难和政策需求

6.1 面临的困难

6.1.1 融资难，融资贵，融资成本高

资金短缺，融资困难。目前我国农民专业合作社由于投资规模小、资本和技术构成偏低，在融资的过程中遇到许多困难，为此制约了农民专业合作社的发展。融资困难的主要原因一方面来自于企业

自身的素质，农民专业合作社规模小，自有资金不足、信誉不高、信用等级普遍较低；另一方面，国有商业银行对固定资产投资贷款审批权限过于集中，加上目前不良贷款比重较高，收贷难度大，而国家在农民专业合作社信用担保体系方面目前尚不健全，使得金融机构无法对不良经营行为进行有效防范，为降低贷款风险，金融机构不得不持谨慎的态度。其次，农民专业合作社没有民间融资渠道，在民间投资较多的地区大多数是采取民间集资的办法来解决资金问题。完全靠个人信用和高利息，融资成本很高，风险相对较大。由此造成农民专业合作社的资金严重不足，投资能力相对较弱，阻碍了农民专业合作社的发展。

融资贵。除融资难外，融资贵也让农民专业合作社苦不堪言。据介绍，农民专业合作社在贷款时年实际利率远高于基准利率。有的商业银行实行存贷款挂钩、提前扣除利息、搭购相关理财产品等，合作社的实际贷款成本接近或超过银行基准利率的两倍，处于“融不到、用不起”的两难之中。而村镇银行、小额贷款公司等金融机构的贷款利率一般是银行基准利率的3~4倍，民间融资成本则更高。

融资成本高。农民专业合作社及中小企业为主的实体经济普遍认为当前融资成本偏高：一是很大部分农民专业合作社毛利润不足10%，然而银行一年的基准利率不按企业大小都为6%，再加上利率上浮，剔除融资成本后，许多农民合作社几乎无利润甚至亏损。二是银行贷款支持缺乏连续性，企业贷款后如出现微利甚至亏损状况，银行有可能减少或者收回贷款不再支持，企业只能走向关停倒闭。三是各种隐性贷款成本增加，如资产评估公司的抵押品评估费、国土房产管理部门的他项权利登记费用、担保公司担保费用、公证处合同公证费用及银行信用等级、授信额度的咨询费用、账户管理费、会计事务所年报审核、工商局营业执照年检费用、保险公司的财产保险费等。

以上这些都是制约联社长期发展，真正做大做强的资金方面急需解决的问题，联社只能选择保守的方式，先从小规模经营起，一点点扩大规模，另外通过以招募合伙人入股，以企业养企业的方式，但是也带来另外的一个重大问题，很难迅速将一方面真正地做强做大，比如卧龙镇的真正优势——山药种植，因为如今是市场化经济，要抢占优势，抢占先机。

6.1.2 人才队伍建设中存在的问题

目前全国农村专业联社优秀管理人才缺乏，由下述原因造成：其一，当前的管理者决策水平低；其二，外聘专职管理人员少。大多数联社本身规模偏小，利润较低，聘请外来的管理人员所需支付的薪金联社难以承担；另一方面，对于盈利好的联社也难以聘请到专业的关键人才。管理人员和学管理的大中专毕业生不愿到农村工作。联社的发展面临经营管理人才缺乏的严峻挑战，这个问题正变得日益突出，将制约联社的发展甚至生存。

配合硕丰农民专业合作社联社长期可持续性发展，打造湖北农村联社第一大社，真正做到便农、惠农需3类人才：懂经营管理的人才、技能型人才、专业型人才。

但由于硕丰合作社联社地处襄阳市郊区，在人才引进方面受到一定的约束，往往会出现高端人才不愿到郊区工作的现象。因此，只有通过提高待遇收入、福利条件等相关标准才能达到人才储备需求

受上述原因的影响在很大程度上增加了联社运营成本中的人力成本费用的支出。虽然国家近几年大力扶持发展农业项目，但是农民专业联社在研发资金、发展运营资金等方面尚存在资金紧缺等突出问题。

联社成立之初，股东及相关管理人员乃社员选举产生，因此部分人员存在文化水平相对较低、综合能力不强等问题。为满足企业发展需要，应加强自身学习与培训工作。但为配合联社目前规划的目

标需要，更希望能够引进更高层次的管理型、技术型和专业型人才。

6.2 政策需求

政府牵头帮助指导组建联合社，不仅可以充分利用自身特有的社会动员力和社会信誉度，在短期内将本地区有着相同需求的基层社聚集起来，而且在为基层社提供市场信息、资金支持、技术服务等生产要素和搭建公共服务平台上也占据明显的独特优势。正因为如此，国际劳工组织 1999 年通过的《合作社促进建议书》中倡议，各国政府要支持合作社建立有利于对社员需求做出反应的组织结构，包括合作社联合社或联盟。

7 联社的未来发展计划

展望未来，继续巩固和提升市场竞争地位，提高为基层社服务的能力：

第一，建立有效的成员入社制度，扩大基层社规模。

第二，延伸产业链条，逐步使合作社产业生产链条向上游乃至下游延伸，进一步降低交易费用，削弱市场垄断势力，保证生产投入品的供应，消除负外部性，分享产品初加工的增值。

第三，开展合作文化建设，不断提升社员的凝聚力，实现基层社的广泛参与。

（执笔人：湖北农民合作社研究所 乔长涛 李 博）

创新土地入股模式　大力发展现代农业
——襄阳市襄阳穗岁丰农业专业合作社土地入股模式的调查与思考

襄阳穗岁丰农业专业合作社是由湖北邦仁农业发展有限公司于2014年7月发起成立的一家农民专业合作组织。合作社注册资金1 000万元，拥有员工57人，专业技术人员18人，专业技术人员中高级农艺师3人，农艺师9人。目前已发展社员4 000余户，服务区域覆盖襄州区龙王镇、石桥镇、程河镇、伙牌镇及南漳县九集镇等5个乡镇24个村，服务合同面积达到12万余亩。合作社以土地入股为主导发展规模化、标准化、集约化现代农业的模式效益初显，为区域农业经济发展和农民增收作出了应有的贡献。2015年被评为市级优秀示范合作社；2016年全社实现产值2.8亿元，社员人均收入35 000元。

1　建立土地合作新模式，提高农民组织化程度

在新模式中，农民以土地承包经营权和劳动力作为股份，合作社以农业生产资料和技术服务作为股份，实行土地合作经营，统一种植管理，统一回收销售，实行利益共享，风险共担。在合作中，农民不再为种什么、怎么种操心；合作社也因为不流转、不变更农民名下土地承包经营权，不支付土地租金、劳动力报酬，降低了经营成本和经营风险。合作社为控制风险，对水稻、玉米等种植风险较大的作物统一购买保险，减少灾害年份因重大病虫害造成的损失。经过测算，通过一年来的合作经营，入社农民每亩平均比分散农民经营增收300元以上。入社农民尝到了合作经营的甜头，也更大地促进了合作社的发展。合作社和入社农民实现共赢，农民依托合作社种植不操心，销售不操心，轻松实现增产增收；合作社依托农民打造安全粮食基地，为合作社品牌农产品提供可靠的原粮保证。

2　组织开展标准化种植，提升农民生产效率

合作社实行“三统一”，规范标准种植技术管理措施，降低投入成本，提高生产效率，同时为实施品牌战略、标准化体系认证奠定基础。

2.1　统一采购种子、化肥、农药

生产资料统一采购，改变传统的生产厂家—大区代理—市县级代理—乡镇零售商—农民购销流通方式，实现从生产厂家直接到农民，减少中间三级流通环节的费用和时间。仅此一项每年两季可为农民每亩节约150元，2014—2015年合作社12万亩服务耕地共减少投入1 800万元。

2.2　统一机械化操作

统一机械化作业能减少劳动力投入，降低成本。合作社结合各基地实际，统一种植品种，统一耕

作管理，根据社员意愿采取小块并大块，以利于机械化翻耕、种植、收获。由于品种相同、成熟一致，机械操作面积相对较大且集中，每亩可以减少用工投入4个，平均每亩降低机械化费用80元，全社共降低机械化费用960万元。

2.3 统一标准化生产种植

合作社技术人员给各基地农民统一进行技术培训，为每个自然村免费培训2名示范户代表，建立短信平台，为所有农户及时发送农业管理信息。全年共集中培训4次，分村培训32次，培训社员5 000余人次，培训骨干社员、示范户代表240人，共发放技术资料、“明白纸”20 000余份。因为管理科学，指导及时，入社农民两季平均每亩增产粮食75千克；同时由于严格实行规模化、标准化生产种植，有效避免了过去生产物资投入不科学、田间管理不科学、收获储存不科学造成的浪费和环境污染。

3 开展社企对接，发展订单农业

2015年襄阳市小麦出现卖粮难、价格下滑，品种不统一、品质差等现象，为此，合作社与中储粮、军供站及湖北省襄阳丰庆源、枣阳三杰、潜江同光等大型粮食加工企业对接，签订优质小麦购销合同，落实种植品种面积，打造省内最大的优质小麦生产基地。同时走出去与广东米业协会、湖南农产品电商协会对接，达成购销协议，签订订单合同，保证优质水稻和优质小麦每千克价格比市场价高出0.10~0.20元，平均每亩能为农民增加收入160元以上。

4 组织推进农产品流通，引导农民搞好粮食转化

针对2015年粮价普遍下跌，农民收入减少的现状，结合广大消费者对正宗土鸡蛋、土鸡、土猪肉的市场需求，合作社引导农民养殖土鸡、土猪，生产出的土鸡蛋、土鸡、土猪肉由合作社统一收购，组织销售。为此，专门成立了销售合作社品牌土特产的微信平台和销售团队，在市内各小区进行推广，真正实现从田间到餐桌的对接，对农民来说既转化了粮食，又增加了收入。

5 组织开展农产品就地加工，提升农产品加工附加值

合作社依托优质稻、优质小麦和芝麻生产优势，实施品牌战略。申请穗岁丰商标注册，主要突出优质安全、无污染残留、非转基因、对环境友好等优势。每晚18:58在襄阳电视台天气预报栏目上进行广告宣传，并和58同城服务平台建立战略合作，让农产品走出去。

2016年合作社组织生产优质小麦20 000亩，每亩平均增产40千克，售价提高0.10元，为社员增加收入超过300万元；积极参与社会化服务，实施土地深松作业25 000亩，为来年丰收奠定基础。

针对合作社目前的发展实际，下一步建议做好以下几项工作：一是实施品牌战略，提高农产品附加值；二是规范合作社与入股农户之间的利益分配机制，增加农民收入；三是在粮食主产区建立大型粮食仓储设施，实现就地收购、就地仓储、就地转化；四是积极争取各类政策、资金、人才培训上的帮助和支持；五是努力创建省级、国家级示范社。

（供稿：湖北农民合作社研究所）

襄阳市卧龙山药专业合作社
案例调查报告

1 合作社基本情况

襄阳市卧龙山药专业合作社成立于2007年7月，注册资金100万元，社员102人，后不断发展壮大，到2014年，注册资金增至5 000万元，社员增至1 700人。合作社主要从事山药种植、加工、销售等经营活动和服务，覆盖卧龙镇沿汉江的新建、街东、东合、光明、毛梁、薛梁、胡巷、袁巷、屠巷、黄河等10个村，网络式带动山药种植户2 500多户，种植面积2万亩以上。随着合作社山药产业的不断升级，山药亩产量已从2006年的1 500～2 000千克提高到4 000～5 000千克，山药价格从每千克2～3元提升到5～8元，社员人均纯收入也从2 000元增加到15 000元。在政府、合作社、农户的协同努力下，合作社初步起到了“建一个组织、兴一项产业、活一地经济、富一方百姓”的作用。

2 合作社成立的背景、动因和发展历程

2.1 成立背景、动因

襄阳卧龙镇作为湖北省山药种植面积最大的基地，由于谷城经销商垄断山药市场，农户山药收购价格一直被打压，农户收入难以提高，阻碍了当地经济的发展。为打破僵局，以邹涛为代表的卧龙镇山药种植大户于2005年成立卧龙山药生产经营协会，后延伸为襄阳山药协会，致力于为当地农户提供种植技术指导、市场销售等服务，从产量和产值两个方面来提高农户收入。经过一年多不懈努力，山药销售渠道逐渐拓宽，农户收入明显增长。

与此同时，国家不断倡导培育新型农业经营主体，农民合作社经营模式逐步起航。邹涛以此为契机，以山药协会为依托，把分散经营的102户山药种植大户组织起来，于2007年7月成立襄阳市卧龙山药专业合作社，它是《农民专业合作社法》正式颁布实施以来襄阳市第一家在工商部门登记注册的合作社。

2.2 发展历程

合作社2007年6月12日召开设立大会，定名为襄樊市卧龙山药专业合作社，标志着合作社的正式成立，成立时由102位成员共同出资，注册资本100万元。2010年5月8日，合作社召开股东大会，由原来的102位出资人变更为邹涛、李志等共6人出资，增资至1 000万元，并更名为“襄阳市卧龙山药专业合作社”。2014年由于市场需求量增加，经股东大会决议，再次扩大经营规模，于2014年

3 月 27 日增资至 5 000 万元。2014 年 4 月，为了打响山药品牌，推进品牌营销，成立了襄阳市特色农产品产销协会，网络襄阳市的各种特色农产品，提高特色农产品的品牌和市场占有率。2015 年，合作社开始推进一二三产业融合发展，加大对乡村旅游休闲基础设施建设的投入，打造形式多样、特色鲜明的乡村旅游休闲产品。

合作社结合卧龙镇实际情况，坚持“民办、民管、民受益”的原则，在家庭承包经营的基础上，创新农村经营体制机制，形成专业合作社、专业协会、党支部三位一体的格局，不断推动区域经济互助、合作、发展，与农户共闯市场、共谋发展。

3 合作社的运行和治理机制

3.1 股权结构

合作社主要由 6 位成员出资，出资总额为人民币 5 000 万元。其中邹涛出资 4 500 万，约占总数 90%；邹兴红等 5 人分别出资 100 万。

3.2 组织结构

合作社的机构由成员（代表）大会、理事会、监事会构成。成员大会是合作社的最高权力机构。理事会是合作社的执行机构，由 3 名成员组成，设理事长 1 名，副理事长 2 名。监事会是合作社的监察机构，由 4 名监事组成，设监事长 1 名。理事会和监事会成员均由成员代表大会选举产生，任期 3 年，可连选连任。卸任理事须待下一任期结束后方能当选监事，监事长可列席理事会会议。

3.3 决策机制

对合作社重大事项决策，如修改章程、选举和罢免理事会成员和监事会成员、决定聘任本合作社主要经营管理人员和专业技术人员等，均需召开成员代表大会，根据一人一票的原则，赞成人数须超过总数的 2/3 方可通过。合作社日常经营活动则主要由出资人组成的 6 人会议先行讨论，并将结果告知社内成员。

3.4 财务管理

合作社实行独立的财务管理和会计核算，自主经营，自负盈亏。合作社依据成员名册，为每个成员设立个人财产账户，用于分类记载成员出资和应当量化为成员名下的个人财产份额等。成员与本合作社的所有业务交易，实行实名专户记账，作为按交易量（额）进行盈余二次返还分配的依据。合作社存续期间由公共积累形成的财产，由国家财政直接补助、他人捐赠所形成的财产，平均量化为每个成员所有的份额。

4 合作社的经营和服务活动

4.1 业务范围

合作社经营范围覆盖山药的产前、产中、产后整个产业链。

产前服务强化“两个统一”，降低生产成本。在基地建设上，合作社一直要求规模化种植、集约化经营、区域化发展，着重抓好“两个统一”。一是统一供种。每到种植季节，合作社及时派人到山东、陕西等地集中采购优质山药种，对于经济困难农户，合作社先垫付购种款，产品销售后，再收回购种款；二是统一购买农药化肥。合作社统一采购山药用药、用肥，由技术人员深入到田间地头进行现场指导使用，确保药、肥发挥最佳效能。

产中服务搞好“两个结合”，提高生产技术。一是大面积种植与典型引路相结合。以大户、典型带动产业扩张，同时采取梯次带动模式辐射、传播生产技术，每个理事带动2～3名山药专业技术骨干成员，骨干成员带动普通成员，普通成员带动其他山药种植农户，以此进行技术指导和传播；二是办班培训与信息发布相结合。在服务方式上采用办班培训进行技术服务，并利用现代信息手段进行技术推广。

产后服务抓好“两个重点”，提升产品品质。一是抓好产品的分级与包装。在不断提高产品质量的基础上，将产品分级包装，提升产品价值；二是抓好市场网络的完善与拓展。外商购货时，合作社根据购方要求，向广大成员发布需求信息，各农户根据需要及时与外商进行对接。合作社还先后到上海、南京、扬州、合肥、蚌埠、郑州等地与外商进行联络，并结合电子商务、客商代理、订单销售、参展销售等多种方式拓宽市场。

4.2 收入与盈利模式

合作社按照章程规定组织编制财务年度盈余分配方案以及资产负债表、损益表、财务状况变动表等其他财务会计报告，经监事会审核同意后，于成员大会召开15日前，置备于办公地点，供成员查阅、询问。

合作社的收入由山药产品销售收入、劳务收入和资产服务收入（机械服务、技术服务等）构成，2014年至2016年收入分别是5 474万、5 711万、6 020万元，利润为540万、662万、593万元。合作社从当年盈余中提取10%作为公积金，用于扩大再生产、弥补亏损等；提取10%为公益金，用于成员的技术培训、合作知识教育以及文化、福利事业和生活上的互助互济；提取5%作为风险金，用于弥补成员生产经营中遭遇的自然风险和市场风险。

5 合作社在创新发展方面的主要做法和经验

5.1 合作社在合作机制与组织管理方面的创新做法与经验

合作社按照“民办、民管、民受益”的原则，以服务成员、谋求全体成员的共同利益为宗旨，实行自主经营，民主管理，盈余返还。社员加入自愿，退出自由，地位平等，利益共享，风险共担。

合作社凭借雄厚的资金实力和良好的产业基础，为社员提供以下创新服务：一是统一为社员采购农资、提供种植养殖服务、统一为社员销售农产品等，实现农业生产标准化、规模化、机械化、产业化；二是引导农民参加农业生产保险，降低自然灾害给农民带来的损失；三是开展合作社内部成员之间的资金互助业务，帮助成员解决生产生活的资金困难，社员也可以入股合作社，通过农业产业项目参与分红；四是逐步建立基层合作社文化设施及党支部，丰富农民文化生活，提高农民科技文化水平；五是提高农民法律意识，加大维权力度，切实保护农民的合法权益；六是宣传国家的各种惠农政策，在党和政府的领导下开展“和谐新农村”的建设。

5.2 合作社在生产管理方面的创新做法与经验

5.2.1 不断对山药品种、生产设备等方面进行改良和革新

一是引进山药新品种，提高山药品质；二是对土壤进行有机改良，解决山药不能重茬的困扰；三

是对生产设备进行研发改良，研发了新型山药打沟机。

5.2.2 重社员生产培训

近年来，合作社为提高社员的山药种植技术，前后共举办各类实用技术培训班8期，160场次以上，培训山药种植人员1 800人次，并免费印发《山药种植技术》《山药加工》等各类信息材料5万余份。

5.3 合作社在市场运营方面的创新做法与经验

5.3.1 重品牌建设

为打造山药品牌，合作社对山药进行农产品无公害认证，注册“襄阳山药”“茅庐”等商标，并在2011年申报且取得“襄阳山药”国家地理商标。2014年4月，为打响山药品牌，成立襄阳市特色农产品产销协会，网络全市各种特色农产品，提高襄阳市特色农产品品牌和市场占有率。同年“茅庐”山药获湖北省著名商标荣誉，标志着产品在质量认证和市场认可上不断突破。

5.3.2 以市场需求为导向，推进一二三产业融合

合作社大力发展特色种养业、农产品加工业、农村服务业，扶持建设一批具有历史、地域、民族特点的特色景观旅游村镇，打造形式多样、特色鲜明的乡村旅游休闲产品。合作公司兴建的卧龙新街旅游文化产业园采用全新理念进行规划设计，引入庄园设计理念，全面引进配套银行、商超、餐饮、休闲产业等，为社员和商家提供“一站式”配套服务，方便日常生活、购物和休闲。

5.4 合作社在社区建设方面的创新做法与经验

5.4.1 成立党支部

2010年6月，合作社率先建立党支部。支部在农村社区肩负有政治、经济、文化、社会以及生态发展等多项功能，形成“支部＋合作社”的工作模式，有力地推动农业标准化、市场化和农产品质量安全的区域化发展。

5.4.2 建设孝文化

为完善公司员工福利待遇，体现该合作社孝文化特色，增强员工的感恩精神，山药合作社于2016年1月起施行给父母发工资的福利制度，员工父母每人每月给予100元，父母工资不包含在员工工资待遇里。

5.4.3 建设资助体系

心系贫困学子，奉献拳拳爱心。一直以来合作社怀有强烈的社会责任感，长期着力爱心公益事业，成立专门的爱心基金会，对于贫困社员家庭的子女每年给予2 000元的资助，近年来，已经帮扶一大批学生完成学业。

5.4.4 启动“强二代”联盟

2015年6月6日，合作社“强二代”联盟正式启动。“强二代”联盟的核心宗旨是传递国学教育正能量，拥党爱国、传统博学、尊老爱幼、自食其力、共建和谐家庭。合作社注重个性化辅导孩子全面发展，注重孩子心理教育，从小培养“二代”拥党爱国、尊老爱幼、自食其力。

6 合作社创新发展面临的困难和政策需求

6.1 面临的困难

卧龙镇依托山药合作社对种植户提供产前、产中、产后服务，初步统一种植技术规程，但力度不

够、效用不大，不少种植户现在还是依靠自身经验自行其事，山药成品在量和质上存在差异化。

合作社种植基地水利设施投入有待加大，种植环节机械化程度不高，人工成本较大。此外，山药深加工技术支持不足，深加工产品单一，附加值提升不够，对外推介有待强化。合作社希望通过产学研合作，把技术优势和企业本身的优势结合起来，促进科技成果的转化，加快新产品、新技术的研发。

6.2 政策需求

6.2.1 合作社农业用电政策支持

中办发〔2014〕61号、鄂办发〔2015〕25号和襄办发〔2015〕40号文件提出，新型农业经营主体农业灌溉、农产品初加工用电执行农业生产用电价格。合作社现阶段的农产品加工大都还属于初加工，希望能享受到农业用电的价格优惠。

6.2.2 国家的贷款扶持政策

合作社承包、流转的土地和网络社员的家庭承包土地共有15 000亩，除种植山药外，期间要间隔3～4年轮作种植小麦、玉米等粮食作物，符合粮食规模经营主体贷款贴息补助的相关条件，但未能享受到贷款贴息补助扶持，山药深加工项目的贷款也未享受到贷款贴息补助的相关政策支持。

7 合作社的未来发展计划

在各级政府及有关部门大力支持下，合作社着手考虑山药深加工和休闲旅游产品的投资开发，正式启动山药深加工项目，项目总投资2.4亿元，计划建设3条加工生产线、农产品物流交易中心、旅游产品展示厅等，生产山药休闲食品、山药护肤品和山药保健酒等。山药深加工项目是襄城区重大工程项目之一，2014年4月10日，襄阳市市长别必雄、区委书记王军等领导同志亲自出席项目开工启动仪式。项目建成后预计可实现年产值3亿元，销售收入2.6亿元，可安置就业人员200人以上。

（执笔人：湖北农民合作社研究所　李　博；华中农业大学经济管理学院　刘姣姣　田清淞）

枣阳市隆兴园丰农业专业合作社案例调查报告

1 合作社基本情况

枣阳市隆兴园丰农业专业合作社成立于2013年1月，位于枣阳市七方镇梁家村。创办之初合作社成员35人，其中农民成员30人，主要是以土地入股，其他成员5人，注册资本800万元，农民成员资本比例占35%。合作社现有社员270户，流转土地5 100亩，托管服务面积1.18万亩，涉及七方镇八个行政村，是一家以麦－稻、麦－玉连作绿色高效生产，兼具种养结合循环利用的综合型农业专业合作社。隆兴园丰农业专业合作社已被授予枣阳、襄阳和湖北省三级“农民专业合作社示范社”。

2 合作社成立的背景和动因

隆兴园丰农业专业合作社理事长饶长华同志，男，1962年1月生，高中文化程度，是枣阳市首批新型职业农民学员，他从国有企业合同工岗位下岗之后，凭着多年在农村工作的经历，总感觉当时农村的环境面貌太差，农业的发展方式还很落后，农民既不热爱农业，更不喜欢农村了，年轻人都去了城市打工，年长的人大部分也是被动务农，农村土地荒芜、种植质量低下等现象比较普遍，合作社创办地外出务工的农民转让土地每亩只能收益几十元。农村的现状与党和国家提出的建设现代农业的目标相差甚远。他怀着一份对农业的热爱和情感，毅然联络几个朋友一起来到七方镇梁家村发起创办了农民专业合作社。

3 合作社的运行和治理机制

2013年1月，隆兴园丰农业专业合作社成立，确立了“合作社＋家庭农场＋农户”的经营发展模式（图1）。合作社集中连片流转了3 000余亩土地（现已扩大到5 100亩），进行统一整治改造，统一规划布局，统一生产模式，统一技术标准，按100亩左右的规模分包给有管理能力的农户，再由他们根据需求聘请社员，建立家庭农场式的管理网格。为了加强合作社规范管理，合作社完善了内部组织机构，成立了综合管理部、生产管理部、财务管理部和

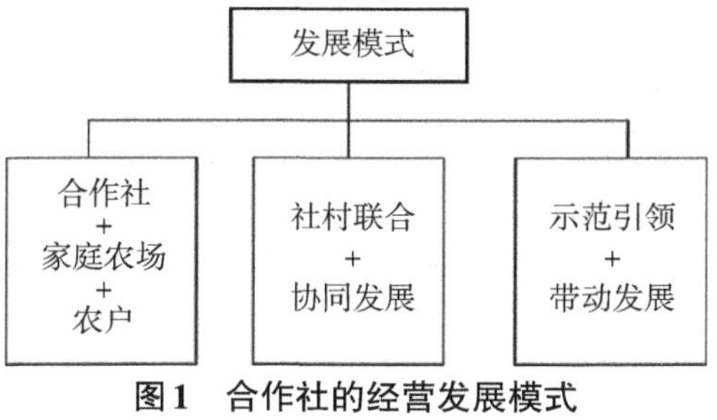

图1 合作社的经营发展模式

项目管理部，各司其职，各尽其责。合作社生产经营由理事会决策，按年度向社员大会报告。

合作社重点开展粮食等农产品规模经营，主要管理统一流转的土地，在土地保护、秸秆利用、科技运用等方面做示范，带动托管区域农户发展。合作社 2016 年设立了绿泰农业有限公司，负责农产品销售业务，拓展产业链。

4 合作社的经营和服务活动

隆兴园丰农业专业合作社致力于改变农业发展方式，组织粮食标准化、规模化、无害化生产，建立了优质小麦良种繁育基地，开展水稻生态有机栽培示范，均取得较好成效。优质小麦良种繁育面积已发展到 5 000 亩，优质稻种植面积 3 000 亩，粮饲兼用型玉米 2 000 亩。组织示范并推广优质品种、全程机械化、秸秆还田、病虫害绿色防控、水稻集中育秧、减药减肥绿色节本增产增效技术等。从农业技术和装备设施入手提高粮食产量，从种植方式和管理方法上提高粮食的安全性。

现已累计投资 3 500 多万元，用于生产设备购置和基础设施建设，提升生产水平，强化服务能力。建有办公楼 1 280 平方米、仓储 1 270 平方米；购置烘干设备 4 台（套），设计能力 40 吨；大型农机具 11 台（套）、小型机械 67 台套。修建作业道 4.7 千米、水渠 4 250 米、机井 4 口，可灌溉面积 1 200 余亩；堰塘 11 口，水面面积 58 亩。几年来，合作社带动区域内农户增加收入 1 420 余万元，解放青壮年劳动力 150 余人，年外出务工增加劳务收入 500 万元左右。

合作社成员的盈余分配采取两种方式：一是骨干社员（既入股发起成立的社员 35 人）按股份比例参与分红；二是其他社员按生产经营过程中与合作社的生产资料和产品交易量实行利润返还。国家扶持资金基本都是用于生产基础设施的建设，设施建设后形成了固定资产，这部分资金按固定资产和注册资本的比例量化到社员个人。

5 在创新发展方面的主要做法和经验

5.1 社村联合，协同发展

过去，梁家村村两委班子力量弱化，“无人管事、无钱办事、无处议事、无心干事”一直是困扰村两委建设的一大难题。隆兴园丰农业专业合作社成立后，提出了“社村联合，协同发展，社民携手，共同致富”的指导思想。将合作社的管理、技术、资本、渠道等经营优势与村两委的组织优势相结合，“社村联合、协同发展”不仅创新了基层组织体制机制，实现了“有钱为民办事、有人为民办事”，使基层党组织服务农民有了经济舞台，促进了基层服务型党组织建设。而且增强了合作社为农服务能力，实现自身发展壮大的同时，在经济上和组织上密切了与农民群众的联系。几年来，合作社在梁家村投资新建了社村共用的办公楼，绿化村内道 2 千米，栽植绿化苗木 5 000 余颗，村容村貌有了明显改观；建设了粮食临时存储仓库等设施；土地流转使村级增加机动地面积 110 余亩，使村级集体年增加收入 5 万多元；为村级争取各类管理资金 30 余万元。

5.2 示范引领，带动提升

隆兴园丰农业专业合作社成立之初，以小麦、水稻、玉米等大宗商品粮食生产为主，示范引领的社会效应和自身经济效益不明显。2014 年，合作社确立了“以粮为主，发展优质，突出特色”的生产发展思路，与襄阳腾龙公司合作建立了小麦良种繁育基地 5 000 亩，年繁殖优质小麦良种 200 万千克，亩均收入比商品小麦增收 20%以上。水稻大力发展鄂中 5 号优质稻，种植面积 3 000 余亩，示范带动辐射周边 86 户农民种植面积 1 500 余亩，并签订订单，实施代管代种和加价收购，亩均收入增收 20%以上。种植粮饲兼用型玉米 2 000 亩，辐射推广应用 0.8 万亩，玉米收获后，秸秆氨化饲用，每亩增收 200 元以上。针对枣阳年年干旱的情况，今年又探索开展全颗玉米青储饲料，销售 2 000 吨获得成功。同时每年为周边农民开展机械化整地播种 1.6 万亩次，集中育秧 0.8 万亩，机械插秧 0.8 万亩，病虫草机（飞）绿色防控 5.7 万亩次，带种代管面积 0.82 万亩。

合作社通过土地流转，突出了规模经营，提高了农业机械化水平和质量，土地流转费每亩每年 500 元，保障了年老无力耕作的农户和长期外出务工农民的收益。合作社的发展直接或间接带动了多个几十万甚至百万的家庭企业老板，在合作社务工的农户年收入最高的达到 6 万多元，有十几户的贫困人口长期在合作社务工，人均年收入 1.3 万元，最高的达 3.1 万元。

合理使用化肥，逐步减少使用量，大面积机械化耕作降低了生产成本，初步测算合作社规模化粮食生产的直接成本（不含人工费）比农户每亩减少 45 元左右。

5.3 农业生产组织化

隆兴园丰农业专业合作社成立之初还有不少农户存在疑虑和观望，经过几年的发展，让大多数农民感觉到了组织化给大家带来的好处：一是合作社的成立改变了农村环境，因为生产经营管理把农户与合作社紧密联系在一起，很多方面代替了村级组织的功能。二是解决了不少一家一户不容易解决的问题，参加合作社的农户不再操心种什么，干什么，也不再为生产资料的真假和产品销售发愁了。三是机械化生产水平大幅度提高，小麦机械化条播、机械化植保、玉米机械化收割都有了历史性突破。四是集中管理的生产劳动拉近了村民之间的感情，以前的家庭承包各干各的活，一个村庄的农户相互不认识，很少往来，现在很多时候要在合作社组织下统一参加各种生产经营活动，农户之间都认识了，而且在劳动之中相互交流学习加深了感情。

5.4 带动农业生产方式转变

一是规模化生产逐步兴起。“合作社＋家庭农场＋农户”的生产模式带动了规模经营，现在合作社统一管理的规模生产面积达到 5 100 亩，家庭农场平均种植面积达到 120 多亩。二是种植水平不断提高。通过应用优质品种、全程机械化、秸秆还田、病虫害绿色防控、水稻集中育秧、测土配方施肥技术等，生产种植水平得到大幅度提高，收到较好的经济效益和社会效益。三是粮食生产安全性得到提升。自合作社成立以来，就十分重视粮食生产安全性问题，竭力推广减药减肥绿色节本增产增效技术，在合作社集中管理区域对农药、化肥使用都有严格的管理措施，所有包装袋（瓶）全部集中收集销毁，努力降低土地污染，为农产品安全设立了第一屏障。

枣阳市隆兴园丰农业专业合作社的创新发展，为农业生产组织化、规模化，为农村社会事务的组织管理，为农村生活面貌的改变做出了积极贡献。

（执笔人：湖北农民合作社研究所　乔长涛）

助力精准扶贫路　共创致富强社经

——随州市曾都区政君农牧养殖专业合作社纪实

随州市曾都区政君农牧养殖专业合作社创办于2008年，基地位于曾都区北郊办事处双寺村，占地规模100余亩，主要从事土鸡生态养殖和健康水产品养殖。十年风雨兼程，随州市曾都区政君农牧养殖专业合作社已经发展成为拥有种鸡场、孵化基地、鲜蛋冷藏、禽苗育雏、市内办事处、全网销售团队的专业技术队伍，覆盖土鸡、健康水产品生产、销售、配送全产业链的国家级示范社。政君农牧养殖专业合作社以“兴一份产业、带一帮农民、做一个品牌、富一方百姓”为宗旨，积极推广“政君·农家公社+贫困户+互联网销售”模式，推动产业与精准扶贫的深度融合，精心打造“洪山鸡155养殖脱贫模式”，并将残疾人贫困户作为重点帮扶对象，2016年以来向残疾人贫困户发放鸡苗2万多羽，户均增收3万元。对于合作社的发展业绩，各级政府给予了充分肯定，随州市曾都区政君农牧养殖专业合作社先后被国家9部委联合评定为国家级示范社，授予湖北省第一批省级示范社、湖北省优秀畜牧业专业合作社、随州市红旗社、随州市先进集体等称号。鉴于合作社为随州市残疾人扶贫工作做出的突出贡献，2016年被湖北省残联评选为湖北省残疾人就业创业扶贫品牌基地。

1　合作社组建

随州市曾都区政君农牧养殖专业合作社的发展先后经历了“三部曲”。合作社成立之前，随州市土鸡养殖以一家一户分散养殖为主，造成村内环境污染严重，夏天蚊蝇乱飞、污水横流、道路难行，因此不能形成规模养殖，也不能取得较好的经济效益。一部分养殖户计划扩大养殖规模，但受鸡苗、防疫技术、土地等条件限制，一直未能如愿，在很大程度上制约了养殖户增收致富的步伐。为解决养殖造成的环境污染问题和养殖规模问题，2008年马君在遵照《农民专业合作社法》规定的基础上成立了随州市曾都区政君农牧养殖专业合作社，希望以市场推进养殖户发展，紧密养殖户间的利益关系，带领群众增收致富。

1.1　引导散养向村外区域集中饲养

引导小户散养向村外区域集中饲养，极大程度上改善了养殖过程中的环境污染问题，但是在合作社运行中出现和遇到了许多新的困难和问题。成立之初，合作社仅初具形式，缺乏经验与实质性内容，合作社与成员关系不紧密，利益衔接不紧凑，流于形式；养殖户由于规模小而且分散，在饲料、禽药、技术应用、引进或聘请省内外专家等实质问题方面争取不到优惠，成员常因得不到加入合作社应有的利益而抱怨，合作社运行举步维艰。更为明显的是，产业链上游的一些禽蛋收购、加工企业不屑小规模合作社，给予的肉鸡、鸡蛋的收购价格低，在收购时刁难克扣，收购后货款不按时结算、兑现，养殖户不能享受优惠待遇。

1.2 争取合作社市场话语权

面对种种困难和无奈，理事长马君勇敢地承担起责任，艰难地迈出了第二步，为养殖户争取了更多的参与市场的话语权。发挥合作社的优势及多年在养殖市场的地位，组织部分社员代表与肉鸡、鸡蛋加工企业进行价格谈判，争取到合作社成员购买饲料等生产资料比市场价格低10%~20%，销售产品比市场价格高10%的优惠，带动成员实现销售产值近亿元。合作社现在每年出售成品鸡1 000多吨、土鸡蛋1 000多万枚、水产品2 000多吨，原来都是养殖户自己送货到加工厂，现在是加工厂每周派专人来合作社收购，省时省力，大大节约了养殖户的送货成本和时间。

1.3 为社员创造交流合作的平台

以上两步改革以后，极大地提高了合作社的凝聚力，给了理事长和社员很大的信心，但是新的问题又摆在了理事长马君面前。社员生产的鸡、蛋、水产品质量良莠不齐，合作社面临进退两难的选择，如果不回收会影响社员的积极性，回收的话合作社精心打造的“洪山鸡”品牌、市场就会受影响。为了保证产品质量，理事长马君从两个方面发挥合作社优势。一是经验共享。为了引进新品种、新技术，理事长马君抱着“领着社员干、做给社员看，带着社员赚”的思路，定期、不定期邀请省内外专家到养殖现场示范讲解，提高合作社成员技术水平。同时，合作社内部定期举办成员经验交流会，发挥社员以老带新的作用。二是资源共享。随州市曾都区政君农牧养殖专业合作社先后与饲料公司建立了稳定的业务关系，公司以优惠价格每年供应价值1 200万元的鸡饲料，为社员节省投入超过50万元。

2 合作社机制不断完善

2.1 加强制度建设，规范内部管理

一是在组织体制上，做到了“六有”。即有合作社名称和章程、有入社成员花名册和成员证、有通过民主选举产生的理事会、有主导产业、有固定的办公经营场所、有利益分配管理办法。二是建立社务公开、财务管理、民主管理、档案管理、社员管理等管理制度。按照章程规定与合作社社员大会决议，建立健全社务监督机制，每年召开一次社员大会并完整记录大会内容，与社员签订服务项目合同，与社员成交比例达80%以上，社员主要饲料及疫药统一购买率均达80%以上。坚持做到“民办、民管、民受益”，突出农民主体地位。三是在财务核算上，为每个社员开设了独立账户，建立了入社社员台账、财务总账、明细账，强化合作社盈余分配，让社员享受到更合理的利益。2016年，合作社年经营收入3 940万元，总资产300万元，实现盈余410万元，提取10%的公积金、5%的公益金以及20%的风险金，主要用于弥补亏损、基础设施建设、社员培训、合作社知识教育以及文化、福利事业和生活上的互助互济等。四是在利益分配上，采取“保底分红+浮动红利”的方式。在生产经营过程中，将经营中获得的可分配盈余按照社员交易量(额)分红，按社员与合作社交易量比例返还，返还总额达到可分配盈余的70%。2017年，全社按交易额给社员分红55万元。

2.2 探索可行模式，助力精准扶贫

2016年，合作社在随县高城镇高黄村试点，对62户精准扶贫对象发放一定数量的2月龄洪山鸡鸡苗进行土法放养，配置溯源工具，并跟踪技术服务和指标监测。结果是幼鸡成活率达标，鸡蛋、鸡肉无农药和饲料激素残留，100%达到国家绿色食品标准。在此基础上，合作社成功打造3种产业精准扶

贫模式，得到市、区（县）两级政府及扶贫等部门的认可并大范围推广。一是“洪山鸡155养殖脱贫模式”，即为1个贫困户提供50只鸡苗，纯收入5 000元；二是“洪山鸡553养殖脱贫模式”，即贫困户在10亩左右的山地上搭建一个鸡舍，放养500只鸡，亩均50只鸡，300天后出售，平均增收2万元；三是“775童子鸡养殖脱贫模式”，即贫困户根据自身条件和放养面积，每只鸡投资成本7元，养殖期为70天，每只鸡利润5元。

合作社以“洪山鸡155养殖脱贫模式”为重点，采取“两送一免两包”的办法，即送鸡苗上门、送技术到人；鸡苗免费供应（政策补贴和合作社减免相结合）；包防疫、包鸡和蛋协议价回收，保证精准扶贫可行可信可见效。为保障产品质量，合作社制定了生态养殖规范，养殖户统一按照规范执行。同时，养殖户在认领鸡苗前需签字盖章，领取具备二维码追溯功能的鸡脚环。最终消费者可扫描鸡脚环二维码了解产地和养殖户家庭贫困等信息，这为产品回收和打造市场品牌提供了质量保障。据统计，2016年全市共有140多个行政村，覆盖6 000余户贫困户。2017年，合作社加紧力度和贫困村合作创建扶贫共创基地，目前在曾都区何店镇设立4个、府河镇3个、北郊镇2个、万店镇2个，一共11个基地。总投资300多万元（政府投资150万元、合作社投资165万元），覆盖贫困户7 000余户。

2.3　培养残疾大户，打造致富标杆

2016年5月，合作社帮扶全国优秀退伍伤残军人刘金才新建随州市第一个全自动父母代种鸡场，从根本上解决了贫困户鸡苗的成活率问题，规模达1.3万套，预计年利润达20万元以上。2016年4月，合作社帮扶随州市新街镇蒯寨村二级脑瘫残疾人徐波开展规模土鸡养殖，在贫困户没有启动资金的情况下，合作社免费为其提供鸡苗4 000只，为其垫资3.8万元，3个月后效益便充分显现，年利润预计3万余元。目前，在政君农牧养殖专业合作社的带动下，随州市很多养殖户养鸡规模都达到了300~500只。截至2017年年底，合作社为残疾人贫困户提供鸡苗、疫苗、幼苗饲料、养殖建设等扶持资金30余万元。

2.4　一村一基地，联合共创致富路

2017年，合作社产业扶贫方式更加灵活，因地制宜、因势利导，让每个行政村都能找到适合自身实际情况的脱贫致富之路。合作社推行委托入股模式，即村里成立合作社，增加村集体内生动力，变输血为造血。以30户贫困户入股成立，建立养殖基地为例，1个行政村建立1座1万羽土公鸡养殖规模的养殖基地，养殖周期预计总投资15万元，每个养殖周期为3个月，3个月出栏平均重量为1.25千克，按照养殖户和合作社签订的包销协议，合作社以每千克15元的价格进行收购，预计每批收益187 500元，去除前期投资150 000元，净收益37 500元。每年按照养殖周期3批计算，合计全年净盈利112 500元，除去人工工资25 000元，合作社合计为村实现盈利87 500元，分发贫困户每户每年实现增收2 917元。

3　创新发展实践

3.1　突出质量，实行标准化生产管理

一是在生产管理制度方面，合作社对产地环境、投入品使用、生产操作规程、档案记录、产品检测、包装标识等制定了全套管理制度。为确保合作社生产的肉鸡、鸡蛋符合国家绿色食品认证标准，合作社统一编制了《生态养殖规范》下发到每个社员户，将社员及其生产基地编号，实行分片负责、责任到人，安排技术人员担任信息员，检查社员养殖禽疫情况、监督基地生产物资的使用。通过标准

化管理流程，对社员进行示范引导，有效提高了蛋鸡的产蛋率和抗病率。二是在管理方式上实行“四统一”管理制度，即统一提供鸡苗、统一提供饲料、统一防疫、统一购销。统一提供鸡苗、统一提供饲料、统一防疫，可以减少死亡和淘汰，提高出栏率，确保养殖户利润最大化；通过统一购销，合作社社员养鸡物资资料实现直供，省去中间环节，提高了洪山鸡产品附加值。三是在生产经营过程中构建产品安全追溯体系。通过二维码鸡脚环，从种鸡育种开始跟踪蛋鸡饲养过程，从蛋鸡产蛋开始跟踪物流及销售信息，记录检验存栏、物流配送、销售终端等各个环节的数据并对产品进行标识，以供追溯。十年来，合作社生产的鸡、蛋100%达到农业绿色食品标准。

3.2 营销创新，搭建“政君·农家公社”全网平台

2015年，合作社着眼“十三五”精准扶贫大局，积极融入，举起“微公益、兴农村、新生活”旗帜，打造“政君·农家公社”网络平台，推广“政君·农家公社+贫困户+互联网销售”的模式，致力于让每个城市家庭都能吃上健康放心的原生态农产品，让每个农村家庭能够凭借小农生产方式养活一家人，实现城市与农村贫困户的双赢。2015年以来，合作社已投资50多万元打造“政君·农家公社”全网平台，宣传合作社产品品牌与形象，搭建合作社与消费者之间信息交流的平台。“政君·农家公社”全网平台打破产品经过批发商、经销商甚至更多环节才能进入消费者手中的传统供应方式，通过直接与武汉、郑州等大中城市的市场对接，每年为大型农贸市场、超市、酒店供应土鸡超过750吨，规避了流通周转时间长、流通环节多以及发生质量问题难以追溯源头等弊端，使优质、绿色的生态土鸡能在第一时间进入消费终端，产品深受消费者青睐与好评，“洪山鸡”也成为当地的知名品牌，对周边地区农业产业升级和农村经济发展起到了较强的示范推动作用，社会反响良好。

3.3 品牌养殖，为社员提供多种形式服务

一是推出随州地方品牌“洪山鸡”养殖项目，为全市有意愿的贫困户特别是残疾家庭提供洪山鸡养殖致富专项服务和保障。2016年5月投资启动新建一个万套父母代土种鸡场，项目投资80余万元，此项目的建成切实提高了优质鸡苗的供应能力。二是改善实用技术培训基地硬件环境。争取村委会协调国家投资近20万元，合作社直接出资2万元，硬化了通往孵化基地的道路。三是免费为养殖户提供技术培训。投入3万多元改善了实用技术培训基地。按照就近就便原则，与行政村合作开展养殖技术培训。自2016年以来，入村培训100余场次，培训7 000余人次，其中残疾人户600多人次，新增残疾养殖户100户，产品合作率达100%。养殖户均与合作社通过电话或QQ形式建立无障碍联系通道，随时解决养殖、销售过程中的困难和问题。许多残疾人贫困户在培训中掌握了土鸡生态养殖的实用技术，为今后的脱贫致富奠定了基础。

4 远景规划

政君农牧养殖专业合作社围绕“既服务于千家万户消费者，也积极为产业扶贫工作添砖加瓦”的目标，打算从以下方面突破。

4.1 创建标准化养殖基地

加强对各生产基地的建设，严格遵守《农产品质量安全法》和《食品安全法》的规定，从种鸡育种开始跟踪蛋鸡饲养过程，从蛋鸡产蛋开始跟踪其物流及销售信息，向标准化生产要效益，打响自己的品牌。

4.2 努力扩大规模

一是采取宣传、发动、推广、示范等多种措施，增强合作社社员对创办管理发展农民专业合作社的认识和了解，提高社员爱社兴社意识，抱团发展、互利共赢。二是打破地域范围限制，积极吸引更多养殖户的加入。三是积极争取金融部门在信贷方面的资金支持，积极争取各级财政部门的资金扶持。

4.3 探索循环生态模式

下一步将加快创新“畜—沼—农”“畜—沼—果”循环生态模式，努力推广生态农业、生态养殖、特色养殖产业链，以成就一流的农业科技企业为发展目标，立志打造随州地方特色物质文化名片，成为本土最大的土鸡养殖品牌，并打造一个互联网时代的生态农业产业链。

（执笔：湖北省农业科学院 吴亚玲）

金色的橄榄枝
——随州市金橄榄油茶农民专业合作社调查报告

1 基本情况

随州市金橄榄油茶农民专业合作社是由湖北田丰现代农业股份有限公司为主要发起人，联合张启军、罗善良等108位农民共同组建，于2008年9月经随州市工商局批准成立，这是湖北田丰公司围绕自己的主营品种参与成立的第六个林果业专业合作社。合作社注册资金200万元，办公地点设在湖北田丰公司二楼。合作社成立10年以来，坚持依照社员办社，为社员办社，积极探索公司+合作社+农户的产业化发展之路，为合作社的可持续发展赋予强劲的生命力。2011年先后被中华全国供销合作总社评为农民专业合作社示范社，被随州市人民政府授予十大红旗社称号；2015年被农业农村部等十部委授予农民专业合作社示范社称号。合作社下设示范基地种植园、原料加工厂、油脂加工厂，拥有社员108名，幅射带动周边农户3 200户、8 000余人。合作社现有油茶基地1万余亩，其中何店镇棋盘山村老油茶基地1 000亩、何店镇王店村油茶基地3 800亩、万店镇新中村新建优质油茶基地5 500亩。

2 合作社特点

2.1 建章立制，规范运作

根据合作社性质和国家有关政策，制定了《随州市金橄榄油茶农民专业合作社章程》，明确“民办、民管、民受益”的原则，对合作社的职能、组织机构、社员的权利和义务、财务管理等作了严格规定。

2.2 完善的组织机构

社员大会是合作社最高权力机构，主要负责选举和罢免理（监）事、审议通过理（监）事会工作报告、制定和修改章程等重大事宜。理事会负责合作社日常工作，监事会负责监督理事会对章程和社员大会的执行情况，维护社员的合法权益，监督合作社财务收支和经营情况。

2.3 坚持按资金分配和按劳分配原则

按资金分配和按劳分配原则实现了联利联心，创立了一套符合长线种植品种劳资分配的新形式，有效地克服了农民“吹糠不见米”的矛盾，达到了优势互补。2017年实现销售收入1 092万元，经营利润143万元，提取公积金总额30.1万元，二次盈余返还64万元。

2.4 坚持为社员服务的宗旨

坚持为社员服务的宗旨，为社员办好事、办实事。

一是聘请专家作技术指导。聘请省、市林业部门的3位专家做技术顾问，经常到现场解决栽培过程中的技术难题。

二是实行统一供种（树苗），统一供种达95%以上。统一供应原材料，统一技术辅导。前期集中标准化规范化茶苗种植，中期基地统一分散到户规范化管理，后期集中采摘、加工、销售，统一销售率达85%以上。合作社引进和推广两个无性系优良农家品种，促进了油茶品种的升级换代。

三是举办培训班，免费发放技术资料。不定期举办油茶丰产栽培技术培训班，邀请湖北省油茶技术推广中心教授和市（区）林业局有关专家为社员和农户授课，播放油茶丰产栽培技术视频，发放技术资料，合作社免费培训社员及茶农20余场、1 600余人次，免费发放油茶丰产技术资料3 200余份。指导社员和农户掌握油茶栽培技术，包括林地的选择、整地方法的选择、植苗造林、抚育管理及病虫害的防治等。

3 初步成效

3.1 提高了农民进入市场的组织化程度

合作社充分发挥在引领农民进入市场中的组织作用，引导和改变农民种植品种和种植模式，以加工增值、营销服务拉动油茶产业的发展，使分散的农户联合起来闯市场，提高了竞争力，增加了抵御风险的能力。何店镇王店村村民罗善良加入合作社两年，新开发油茶种植5 200亩，目前已初步进入盛果期，2018年油茶果产量有望达到100吨以上。目前合作社已与市内外26家种植大户建立了产销联系，签订订单回收合同150余份。

3.2 推动产业化经营，建立油茶栽培基地

合作社建立油茶栽培基地5处，通过示范基地辐射扩大种植面积，辐射带动周边农户3 200多户，种植面积58 600多亩，其中2009年冬以后新开挖面积29 650亩。这些基地的陆续投产，为企业生产原料提供了可靠的保障。

3.3 带动了农民增收

合作社充分发挥桥梁和纽带作用，引导当地农民从事油茶专业化生产和规模化经营，把栽培油茶积极性高的农民有效组织起来，按照市场需求组织生产和销售。目前，年带动当地农民增收320余万元。同时，长期聘用合作社30余位社员参加茶场劳动，每人年务工收入25 000元左右。

3.4 促进了农业科学技术推广应用

合作社把普及、推广油茶丰产栽培技术作为服务的主要内容，通过引进新品种、新技术和开发栽培示范试验基地，提高了农户油茶生产技术水平。新街镇河源店村农民王贤国承包的3 000亩老油茶林，通过中耕除草除杂等综合抚育改造，产量三年迈出三大步，2017年总产量达到320吨，净增收128万元。

4 主要收获

通过调查研究，随州市金橄榄油茶农民专业合作社之所以能够有如此旺盛的生命力，是因为以下几点成功经验。第一，利益联结是核心。合作社有效地将龙头企业和农户的利益捆绑在一起，实现了

联利联心。第二，规范运作是前提。合作社成立之初就把建章立制、健全组织机构作为基础，重点把握决策、经营管理和盈利分配等关键环节，从而为关键运作提供了组织保障。第三，龙头带动是关键。龙头企业具有资金、技术等生产力要素的优势和先进的营销理念，为合作社可持续发展提供了强大的后台支撑。第四，产品购销是纽带。通过生产资料如种子种苗供应和油茶子订单收购等，增强了龙头企业与合作社、农户的黏性。第五，产业融合是源泉。围绕油茶种植加工，不断延伸产业链条，发展旅游服务业，实现一二三产业的深度融合，为合作社的发展赢得了广阔的空间。

5 发展规划

党的十九大吹响了决胜全面建成小康社会，夺取新时代中国特色社会主义伟大胜利的雄伟号角。“绿水青山就是金山银山”发展理念的贯彻和乡村振兴战略的推进，为合作社的发展注入了新的活力。合作社的新一轮发展规划正在积极酝酿当中。

5.1 扩大社员队伍

2018年合作社社员增加到300人以上，松散型社员增加到1 600人以上；同时进一步完善合作社的内部管理体制和生产经营机制，发挥各社员的能动性，群策群力。不断强大和完善合作社，更好地为社员服务，开发价值链，筑牢利益链，为随州市油茶产业的发展发挥更好的示范作用。

5.2 扩大生产规模

2018年继续加大投入，巩固和扩建油茶生产基地。油茶栽培基地增加到8个，油茶种植面积达到20 000亩，继续以入股方式吸纳散种农户650户。依托企业优势，进一步完善“龙头企业+合作社+基地+油茶种植大户”的产业化经营模式，逐步延伸产业链，完善龙头企业湖北田丰公司的生产加工设备，大力推进精品名牌战略，把栎园春牌山茶油打造成区域知名品牌，使油茶这个金色的橄榄枝结出更丰硕的合作之果。

5.3 进一步开发产品的完整价值链

目前合作社正在利用田丰公司的发明专利技术，加大产品开发力度，围绕油茶产品衍生物，深度开发油茶产品精深加工，不断提高产品附加值。

5.4 大力开发油茶生态旅游

利用油茶生态旅游和当地历史文化资源，开发乡村特色产业观光旅游，计划以现光山、棋盘山为依托，打造油茶生态旅游圈，开展油茶树认养、体验农庄、特色产品展销、餐饮民宿等项目，促进一二三产业的深度融合。

（供稿：湖北农民合作社研究所）

孝昌县七仙红林果农民专业合作社联合社调查与思考

2014年3月29日，湖北省农业厅在孝感市举行了湖北名桃——孝感“七仙红”桃授牌仪式，“七仙红”桃被授予“湖北名桃”称号。“七仙红”桃主要有天仙红红肉桃、油蟠桃、中油桃16号、金水梨等系列品种。孝昌县冠昌源、孝感市鸿丰早蜜桃种植等5家果业合作社于2013年底联合组建了湖北七仙红林果农民专业合作社联合社，并注册了体现孝文化的“七仙红”牌商标，承担起全市桃品牌建设任务。

1 品牌建设的土壤深厚

“合作社生产的鲜桃口感很好，下一步就是把品牌打出去，让更多的人知道，还要确保消费者吃到的鲜桃安全、放心，以便赢得好口碑，这样品牌建设才能步入良性循环”，湖北七仙红林果农民专业合作社联合社理事长程国庆如是说。

的确，农产品质量安全是品牌建设的基础和主要手段，只有农产品质量安全有了保障，并通过好产品塑造品牌的好形象，农产品品牌才有价值和意义；同样，品牌建设有助于提高农业的附加值，增加农业效益，从而激发合作社推进农产品质量安全建设的内生动力。两者有机结合，相得益彰。

“七仙红”鲜桃品牌建设的条件相对比较成熟，可以概括为“三有”：

一是“有基础”。孝感是全国四大优质桃生产基地之一，种桃历史悠久，早在唐朝时就开始栽种，孝感鲜桃品质优良，特有的“天仙红”红肉桃果形圆整、色泽美观、果肉致密、味浓汁多、花青苷含量高，深受消费者青睐。

二是“有故事”。据神话传说记载，“大孝子董永卖身葬父，孝感动天，引得仙女下凡与之婚配，七仙女得天上蟠桃，下凡时，红花飞舞，播下种子，自此孝感盛产桃，全国最早”。鲜桃在孝感民间被广传为“仙果”，是吉祥福寿的象征。

三是“有先例”。在培育“七仙红”品牌之前，程国庆理事长经营的“冠昌源”品牌已取得一定成效，成为了全县本地果品鲜桃的统一销售品牌。程国庆理事长在“冠昌源”品牌建设过程中积累的成功经验，将成为联合社今后带领全市果农共建、共享“七仙红”品牌的有益借鉴。

综合来看，为了发展孝感桃产业，弘扬孝感桃文化，提高孝感美誉度，孝感桃品牌建设势在必行。

2 品牌落地前安全先行

为了孝感市桃产业的可持续发展，全面提升桃产业生产水平，真正达到品牌建设的效果，发挥应有的品牌效应，程国庆理事长在筹备“七仙红”品牌的过程中，始终把农产品质量安全放在重中之重的位置。

湖北七仙红林果农民专业合作社联合社着手做了三方面的工作：

一是升级土壤管理。针对桃园地力下降，有机肥缺乏的现状，在桃园秋冬季农闲时间，间作大麦草、毛叶苕子等草种，充分利用桃园空闲期，提高土壤有机质含量，改善桃园生态环境。根据孝感地区桃生产不同时期的需肥特点和需水规律，进行肥水一体化试用和袋控缓释肥技术的推广，实现省时、省力、高效的肥水管理。

二是加强绿色防控。针对桃园内桃叶蝉、蚜虫、天牛、桃流胶病、炭疽病等主要病虫害的发生特点，开展综合防治和绿色防控，组织科技人员到田间地头开展技术培训，现场示范传授绿色病虫害综合防控技术，使分散的千万家户果农统一使用标准化的生产技术规程，确保果品生产的安全优质。

三是建成质量追溯体系。联合社各成员社统一按照《“七仙红”鲜桃生产技术操作规程》、《“七仙红”鲜桃基地质量安全管理手册》《“七仙红”鲜桃基地生产日志》等进行生产管理；聘请质监、植保等专家提供病害防治信息及质量检验服务，并及时在基地公示栏发布防控信息；运用软件制作《“七仙红”系列二维码》，全程记录基地果品的生产，逐步建成“七仙红”鲜桃质量追溯体系，实现“七仙红”鲜桃质量全程可追溯等。

除了做好安全生产的相关准备工作，程国庆理事长拿出一份品牌建设时间表，上面详细记录了湖北七仙红林果农民专业合作社联合社筹备“七仙红”品牌所付出的努力。

2013年初，孝昌县冠昌源农产品专业合作社等全市5家规模较大的果业合作社酝酿着走联合发展之路；2013年10月，孝昌县冠昌源农产品专业合作社牵头注册的“七仙红”商标获得受理；2013年12月6日，孝感市人民政府《关于商请建设中华孝感“七仙红”鲜桃品牌的函》（孝感政函〔2013〕83号），获得湖北省农业厅戴贵洲厅长支持品牌建设的批示；2014年1月18日，孝感市政府召开专题会议研究鲜桃品牌建设，孝感市副市长周先来指示，早日让“七仙红”鲜桃成为在全国叫得响的大品牌；2014年2月28日，孝感“七仙红”桃品牌建设专家论证会在孝昌召开，市政府、省农业厅、华中农业大学、省农科院，以及孝昌县、孝南区、应城市一行主要专家领导出席会议，并一致论证认定孝感“七仙红”桃为“湖北名桃”；2014年3月14日，湖北省农业厅发布《关于认定孝感“七仙红”桃为“湖北名桃”的通报》（鄂农函〔2014〕56号）……

“品牌建设的路其实才走了万里长征的一小步，随后我们要做的工作还有很多。”程国庆理事长意味深长地望了望远方。

3 品牌化之路任重道远

在程国庆理事长看来，当下最要紧的事就是“广而告之”，让更多的人了解“七仙红”、熟悉“七仙红”、认可“七仙红”、信任“七仙红”。

当下，湖北七仙红林果农民专业合作社联合社筹划着手在四个方面推进“七仙红”品牌建设工作：

一是品牌定位。综合考虑孝感鲜桃现状、竞争对手、社会公众认知等各方条件，遵循的原则、采用科学的方法，结合孝感鲜桃近期、远期发展目标，综合考虑孝感鲜桃形象及文化背景等影响要素，明确产品定位和目标群体，并与消费群体建立良性互动，不断完善产品品质。

二是品牌定型。在品牌定位确定以后，聘请省级桃研究领域专家，依托县级桃科研技术力量，组建研发团队，研究制作具备孝感地域特点和个性特征的品牌产品。制作产品标准和桃种植技术标准，以利于规范操作，推行标准化生产，确保产品质量安全、优质。

三是设计品牌包装。聘请知名包装设计专家，根据孝感鲜桃的特点特征和孝感的文化历史背景，设计精美礼品装、大众化市场装等各具特色的包装箱，以满足不同消费群体的需求。部分已经获得无公害食品认证、绿色食品认证的基地，加印无公害或绿色食品标志，5年内达到核心区全部绿色食品认证。

四是加大品牌宣传。全方位开展品牌宣传，重点在湖北电视台、湖北卫视、孝感电视台黄金时段进行广告宣传；在《中国农民合作社》《湖北日报》《孝感日报》等纸质媒体开展品牌常态宣传；上线运营湖北七仙红林果农民专业合作社联合社官网，集中展示“七仙红”品牌建设情况；在湖北农业信息网、孝感槐荫论坛及“七仙红”品牌博客、微博、微信等第三方网络平台，开展“七仙红”品牌互动宣传；印制《早熟水蜜桃栽培技术》等书籍，推广品牌的同时普及孝感鲜桃栽培技巧；在高速公路、城市广场树立广告牌，在城市旅游车、公交车制作宣传标语；在风景区设立宣传展板，开展有特色的展览、展销活动，以及观摩会、采摘体验、果树领养、免费试吃、调查问卷等，逐步提升品牌社会知名度和美誉度。

（原载《中国农民合作社》2014年第7期，原篇名为《“七仙红”鲜桃的品牌成长路》，作者为余　露）

千户同结一张网　万民共奔致富路
——云梦县劲草水产养殖专业合作社典型案例

云梦县劲草水产养殖专业合作社成立于2009年4月，注册资本119万元，是一家水产全套综合型专业合作经济组织。合作社现有成员219人，养殖水面共6 000余亩，其中示范基地面积700亩，合作社年产值共8 560余万元，网络辐射周边县市水产养殖户1 000余户。

合作社先后获孝感市先进合作组织、孝感市十佳水产成长型企业、湖北省青年示范社、湖北省农民合作社示范社、全国农民合作社示范社称号；核心示范基地先后获得湖北省健康养殖示范场、农业部健康养殖示范场称号；成为孝感市生物工程学校实训基地与云梦县农广校教学实践基地；示范基地产品获无公害产品、无公害产地双认证；完成了劲草商标注册；完成了云梦县劲草农民田间学校建设；完成了吴铺劲草苑鱼苗养殖基地、义堂冬瓜皮高标准示范养殖基地以及伍洛大杨三生园休闲基地建设。合作社理事长刘忠华获湖北省首届农民合作组织创新创业十大杰出青年、湖北省农业产业领军人才称号。

1　实施“五统一分”模式，促进合作社成员增收

合作社在生产方面以“五统一分”为运行机制，即统一鱼种供应、统一操作规程、统一生产资料供应、统一技术培训、统一品牌建设和分散经营。

1.1　统一鱼种供应

鱼种是水产养殖的关键一步，合作社每年从外地采购优质鱼种进行供应，保证成员养殖品种的调整更换，确保苗种质量和价格，稳定成员生产增收，每年节约苗种成本60万元。

1.2　统一操作规程

合作社督促成员建立好生产档案，对生产过程中的每一个环节做好操作记录，定期跟踪指导技术服务，根据成员的技术水平、环境条件等因素，制定不同的养殖技术方案，确保每一个社员在生产环节不出大的差错，为全年的生产打好坚实基础。

1.3　统一生产资料供应

水产投入品品种繁多，一般成员难以辨别。合作社统一供应鱼药、鱼饲料、鱼肥及鱼具，从生产源头把关，既保证了成员水产投入品价格，也确保了水产投入品的质量，为成员向市场供应水产品把好了质量关。仅此一项，可为成员节约生产成本120万元。

1.4　统一技术培训

合作社大力开展多层次养殖技术培训，聘请技术专家来合作社现场指导，帮助成员破解生产技术难题。几年来，合作社共开展各种培训23次，培训对象达1 500人次。

1.5 统一品牌建设

合作社注册劲草商标，供合作社成员免费使用。合作社成员通过产品在销售过程中使用商标，提高了产品的品牌价值，同时也加强了产品质量的管理意识。

1.6 分散经营

合作社采取多样化经营方式，既可以单独管理，也可以集中管理。对于单独管理的，合作社给出指导意见；对于集中管理的，由合作社安排生产销售部门进行管理，并把成员与合作社的交易记录每年公布，使成员的每一项权益透明化。合作社以相对独立的管理方式，在统一安排生产规模、生产方式下，独立核算，调动了各成员的积极性与主动性，引入竞争机制，有序经营，最大限度提高效益。

2 规范制度建设，促进合作社有序发展

合作社成立以来，按照上级要求，依照《章程》规定，积极拓宽服务领域，健全服务网络，完善运行机制，提升服务水平，不仅使合作社本身得到发展壮大，而且使成员收入不断增加，深受成员信赖，合作社现有成员219人。

2.1 运转方式

在内部管理上，实行成员代表大会、理事会和监事会“三会”制度。成员代表由成员直接选举产生，成员代表大会每年召开一次。理事会和监事会直接由成员代表选举产生，理事长1人、副理事长2人、秘书1人、执行监事1人。合作社下设四大部，即采购部、生产部、技术服务部和供销部，形成产、供、销一体化的产业化经营格局。各部门业务独立，财务统一核算。

2.2 三项制度

一是股金制度。凡加入合作社的成员，申请经理事会同意后，交纳股金，入股者享受合作社保险机制，参加合作社的股金分红，同时承担亏损风险。二是定期会议制度。每月月底，定期召开理事会议，总结该月生产、销售情况，布署下个月生产、销售计划，解决生产、销售存在的问题。三是培训交流制度。每季度进行一次培训交流。在会上各抒己见，交流生产、销售环节中存在的问题，提出解决办法，若碰到难以解决的问题就邀请专家进行现场指导。

3 坚持“五化”建设，合作社取得一定成效

合作社经过几年的努力，坚持抱团发展，初步形成了集约化、规模化、标准化、专业化、生态化生产的现代水产养殖产业模式。

3.1 抓规模，拓市场

为了提高市场的占有率，合作社根据《章程》规定，有计划地吸收新成员。合作社创建时只有5名成员，现在发展到219名；养殖面积从最初的120亩到现在的6 000多亩，并建立3个核心示范养殖基地共700亩。产品远销国内各大市场，流通渠道进一步拓展，社会效益和经济效益进一步提高，合作社步入了良性循环轨道。

3.2 抓服务，促规范

养殖业风险大，技术含量高。合作社每年两次邀请省、市级专业技术人员定期到合作社进行技术

培训，成员可以面对面提出养殖过程中碰到的问题，专业技术人员认真解答疑难问题，提高了社员的养殖水平。同时，合作社每年还派出相关人员到外地参观学习，借鉴别人的先进技术和营销策略，扬长避短，提高本地产品的质量，得到了顾客的信赖和认可，巩固了顾客群体。

3.3 抓管理，增效益

合作社下设各部门使得专业分工明确、操作程序相对独立。合作社通过召开股东大会、小型座谈会、走访相关人员，制定出了一整套科学管理方法和利润分配方案，既保护各成员的利益，同时拉近各成员收益，减少收入差距，最大限度调动全体成员的生产积极性和创造性，确保合作社协调、有序地发展。

4 强化三大保障措施，促进合作社持续健康发展

4.1 强化技术保障

利用国家阳光工程科教培训基地进行教学、培训和现场指导，同时依托大专院校和科研院所，加强水产品深加工技术攻关，不断提高水产品科技含量，提高产品附加值和市场竞争力。

4.2 强化龙头企业保障

采取“龙头企业+合作社+基地+成员”的发展模式，使成员依托企业发展参与市场竞争，并与合作社形成“统购统销、利益共享、风险共担”的利益共同体，实现了人才、资金、技术等水产要素的优化配置。在销售环节上，合作社通过龙头企业统一收购成员的产品，统一销售渠道，保证了成员生产收益，降低了成员因市场价格波动带来的风险损失。同时，合作社还依托湖北益群水产生化科技公司等企业加强水产投入品研发，改变以往只使用磷化肥养水的理念，利用生物制剂改善水环境，提高了产品品质，量身打造了一批具有云梦县特色的优势水产品，增强了云梦县劲草水产养殖专业合作社水产品在市场上的竞争力。

4.3 强化分配激励保障

在分配管理上，严格按照《农民专业合作社法》和合作社《章程》办事，实行多重分配。一是按当年交易量产生的盈余中一次性返还60%，公积金、公益金按10%量化返还给各成员账户；二是从当年盈余额中提取20%用于合作社扩大生产经营规模；三是从当年盈余额中提取5%用于成员培训、合作社工作经费及福利事业；四是从当年盈余额中提取5%的风险金用于市场行情下滑或发生重大疫病时弥补养殖户亏损。2016年，合作社经营获利2 540万元，其中已返还1 520万元，其余利润已量化到各成员账户。通过层层返利，多途径确保社员增收，从而促进了合作社的持续稳定发展。

5 科学制定发展规划，谋划宏伟蓝图

利用云梦县劲草农民田间学校，打造更多专业型农业科技人才，在云梦县范围内联合打造20个示范种养殖休闲基地。以云梦县劲草三生园休闲基地为平台，建立完善的消费系统，解决大部分闲职人员的就业创业问题。运用直销、云商等先进的销售模式，利用与发挥人脉优势，把消费者转型为消费商，拉动农业产业的发展。跨界异业联盟，通过运作高效消费团队，整合粮食、蔬菜、畜牧、水产、花卉、瓜果生产企业及日用品销售企业参与，实现农民专业合作社与社区及居民餐桌的有效对接。

（供稿：湖北农民合作社研究所）

留住青山绿水　构建和谐乡村
——黄梅县谦益生态农业专业合作社10年发展纪实

2009年，从事IT行业的李明攀从上海回到黄梅县承包了108亩土地，创办谦益农场，带动乡亲们坚持不用农药化肥除草剂种植水稻、杂粮、生鲜，并通过电商、会员制进行销售。合作社坚持用工业化思维指导农业，趟出一条三产融合发展之路，为助推脱贫攻坚带动产业发展、乡村振兴、农民增收、农村稳定作出了积极贡献。

合作社先后被农业部授予“新农民创业创新百佳成果”、国家农民合作社示范社、新农人十佳典型案例等，企业也发展成为湖北省扶贫龙头企业。

1　精准扶贫，助力乡村振兴

在创办生态农业的过程中，合作社积极参与精准扶贫。秉持“做给农民看，带着农民干，帮着农民赚，惠农可持续”的原则，让许多受地域、学历、经验等限制，在外找不到合适工作的青年农民就近就业。自2016年起，合作社先后与13个行政村签订了精准扶贫战略合作协议，带动了超过500户农户的脱贫致富，2019年向各基地农户支付务工费900多万，用工近10万次，实现基地农户年均增收3000元以上。

合作社在农村流转土地作为种植示范基地，并鼓励农户参与基地承包种植，优先安排到基地务工，按天付酬。参与承包种植的农户由合作社技术团队提供种子、肥料和种植技术指导，让种植户掌握一整套种植技术，并接受合作社的监督管理。为保证农户收入，设立基础劳务费和最低收购价，保护农户基本利益。年终针对其管理的田地收益进行不同程度奖励，极大提升了农民种地的积极性。在生态基地优先、绿色发展理念的示范引领下，一大批创业能人和企业家也纷纷落户在各个山村，促进了乡村振兴发展。

2　回归自然，种出有机好粮

针对农村的农田荒芜、经济落后、人才匮乏等问题，合作社一开始就将创业基地放到了偏远山村。一来农村环境好，是生态农业发展的理想之地；二是想为乡村振兴和环境保护尽一份绵薄之力。

至2019年，合作社在湖北黄梅县、蕲春县流转土地面积共5000多亩，全部用于生态水稻、杂粮、生鲜的种植。种植过程不施用任何农药化肥，通过种子优选优育、科学的田间管理，并借助生态食物链的恢复，基地环境生机勃发，白鹭翩飞，蛙虫共鸣。位于大别山区的黄梅和蕲春基地，环境自成一统，灌溉水源全部为自然流动的山泉水，品质达到直饮标准。合作社种植的长香丝大米,于2018年

1 月份通过了中绿华夏的有机产品认证。

3 创新驱动，科技助力腾飞

合作社通过大学生专业种植团队，带领农户用工业化的思维指导解决自然农业问题，把生态农业种植标准化、可复制化，率先在农业供给侧结构性改革中进行了有益探索。以“公司+合作社+农户”的合作模式，协调各方参与的风险和收益，最大限度调动农户生产种植的积极性，降低种植成本。“三位一体”的发展方式，在拉动、打造生态农业品牌的同时，也实现了用生态办法平衡自然环境，守护家园的绿水青山。

在形成流程的基础上，把每个品种的种植细则标准化，逐步总结为合作社特有的种植规范，如《谦益生态水稻种植标准》、《谦益生态水稻管理技术要求》。通过农机专利的申请和落地来提高生产效率，如稻田插秧机改进专利、除草机改进专利等。同时尝试建设农业物联网，利用物联网高精度传感器和智能终端，远程在线采集实时数据，实现对生产生态环境数据的实时监测，提高农作物生产的效益。

4 品牌引领，玩转粉丝经济

合作社坚持品牌化发展之路。目前旗下有两个品牌：“简箪”和“香畴”。大米杂粮等初级农产品的品牌为“简箪”，“香畴”主打零添加深加工产品。

谦益团队曾被外界媒体戏称将粉丝经济玩到了极致。这个过程中，其实是借助了博客、微博、网站、微信公众号等网络媒体输出大量的、高质量的视频、文案，特别是新农人列传和基地日常的记录，赢得了农友的一致好评，吸引了大量的粉丝。2019 年底，谦益抓住短视频直播的风口，以创始人李明攀为代表，在淘宝直播、抖音、小红书等平台上注册账号，形成短视频直播矩阵雏形。短短三个多月，仅李明攀抖音直播账号就积累粉丝近三万。

星星之火可以燎原，逐步沉淀品牌。10 年来，谦益积累了 30 多万的粉丝，成为良好口碑的最佳传播者。合作社农产品不走传统的经销商路线，而是在微信商城、天猫、京东等电商平台上销售。以农业嫁接互联网的翅膀，通过线上带动线下的发展。线上客户的口碑传播，成为线下发展客户的基础；线下大客户的开发，也会将部分忠实个体客户引流到线上。

5 三产融合，坚持和谐共生

单靠农业种植，利润低，消费窗口也较为单一，是难以可持续发展。在不断的探索中，合作社发现一产是根，二产是体，三产是魂。

第一产业农业是基础，拓展客户并沉淀信任；利用第一产业发展第二产业，即进行农产品深加工延伸产业链，提高产值和利润；第三产业休闲文旅传播品牌，对第一产业和第二产业形成品牌的支撑，同时第一产业和第二产业的客户又是第三产业的客户来源之一。三个产业相互促进，相得益彰。

未来，合作社将继续采取“合作社+基地+农户”的方式，走三产融合发展之路，通过建设标准化、规模化、集约化原生态优质粮食作物种植基地和加工车间，与合同农户结成利益共同体，通过定向服务指导农作物种植技术，辐射带动农户全面掌握原生态优质农作物基地生产的各个环节的核心技术，推动安全主粮和食品的生产提档升级。未来合作社将投入更多的精力，致力于带动乡村振兴，为农业供给侧改革贡献一份力量，并致力于打造成中国放心粮品牌。

（供稿人：黄梅县农业农村局　石劲松；黄梅县谦益生态农业专业合作社　王　珊）

京山县绿丹养鸡合作社案例调查报告

1 合作社基本情况

营业执照显示，京山县绿丹养鸡专业合作社成立于2010年5月21日，但社长唐世峰说该社2008年就已成立。2015年，合作社注册资金1 400万元，经营范围包括种禽喂养、鸡苗孵化、饲料生产、蛋品收购深加工。该社成立之初只有30几户，现有养殖户150户，现蛋鸡存栏量180万只，每日均可向市场提供鲜蛋160万枚。资料显示，2015年该社总销售收入为1.72亿元，扣除经营支出和管理费用1.57亿元，合作社盈利1 500万元。

合作社资产即为各养殖户投入的资产之和。唐世峰是养殖大户，其本人的绿丹种禽公司的种鸡厂和孵化厂现有6万套种鸡，现代化孵化设备35台，年可向成员供应鸡苗600万羽。种鸡场占地面积3.3万平方米，其中建设厂房近1万平方米，专业养殖人员21人，种鸡场年实现产值1 200余万元。公司下设的饲料厂占地面积30多亩，配有国内领先的全自动化饲料生产线。饲料厂下设生产科、销售科、质检科、财务科、采购科等，有专业技术人员10多名，可生产三大系列、23个品种的“京绿福”牌饲料，现生产的饲料已通过国家ISO9001质量体系认证，年生产量已达到10万吨，满足了合作社养殖户的饲料需求。

唐世峰有自己的种鸡场、孵化场和饲料厂，收入渠道较多。其他成员养殖户的收入主要包括两部分：蛋品销售收入和购销差价返还。唐世峰将蛋品购销价差的5%~10%返还给养殖户。另外，养殖户平均以低于市场价10%的价格从唐世峰处购买鸡苗、疫苗、饲料及相关服务，以高于市场价10%左右将蛋品出售给唐世峰。

2 合作社成立的背景、动因和发展历程

2.1 成立背景、动因

绿丹养鸡合作社理事长唐世峰一直从事养鸡。2008年，京山县新市镇养殖户户数增加且规模扩大，当时唐世峰就想把养殖户联合在一起组成一个合作社。据他回忆，初衷很简单：一来“传帮带”，帮亲戚朋友脱贫；二来就是想赚钱，比别人赚更多的钱。

2.2 发展历程

上世纪90年代，京山县新市镇蛋鸡养殖户开始增多。当时的家庭规模多则千把只鸡，少则几只，唐世峰本人也只有2 000只。2008年合作社成立之后，唐世峰把养殖户组织在一起，同时带动更多农民养鸡。目前的家庭养殖规模至少3 000只。2008年，入社的养殖户只有30几户，现在约有150户；

蛋鸡则由2008年的10几万枚到现在的200多万枚。在这个过程中，唐世峰自己又先后搞种鸡和孵化，后来又上饲料厂，现在又开始搞皮蛋加工。唐世峰的京山绿丹种禽公司先后取得了无公害农产品证书和质量管理体系认证证书，注册了“京绿福”商标。

3 合作社的运行和治理机制

3.1 股权结构

合作社的资产是各家各户的鸡舍和蛋鸡等。唐世峰本人有个绿丹种禽有限公司，下有种禽场、孵化场、饲料场、药品厂和皮蛋厂，这些资产折价入股后占到极高比例，他本人是合作社最核心的成员。

3.2 组织结构

组织结构从材料看是健全的。从实质看，这是个典型的公司领办的合作社。

3.3 决策机制

据唐世峰介绍，该社每年有3~4次技术培训，每次培训到场人数几百人，合作社要给参加培训的农民免费供饭（不供饭农民参加的积极性就不高），这个餐费的开支一年至少10万。所以笔者推测，在该社，民主决策制度实施起来并非如制度设计者想象的那么容易。尽管如此，据唐世峰本人介绍，换届选举时，周围养殖户是100%拥护其成为理事长的。

该社的决策机制基本上是自上而下的能人决策，从以下例子可以看出。2015年，唐世峰出于三点考虑决定上自动化喂养设备。第一，养殖户基本都上了3 000只规模（养3 000只以下收入不如打工，因此被淘汰）。第二，自动化喂养设备效率高、省力、喂食均衡。第三，干净快乐地养鸡是新一代养鸡人的诉求，有了该设备，养鸡人不用整天一身臭。唐世峰个人决定更新喂养设备后，随即采取措施引导养殖户采用新设备。措施之一是，对于服从合作社统一管理的养殖户，免费支持一半设备款；不服从管理的，仍然可以支持，但要偿还借款。措施之二是，挨家挨户宣传新设备的好处并让其参观他自己公司的自动喂养模式。唐世峰已经决定，2017年公司拿出150万用于支持养殖户的自动喂养设备更新。

3.4 财务管理

财务管理这块没有取得足够的关于合作社的资料。一般认为合作社的财务管理非常重要，就绿丹这个例子来说，复杂的、附加值较高的活动基本是公司在运作，合作社的财务实质比较简单。合作社其实并没有实打实的资产。各个养殖户的投入都是自己的；收入主要分两块，一块是蛋品销售收入，另一块是唐世峰公司蛋品购销差价的5%～10%按交易额返还。这看起来像“公司+农户”，但仍然有区别。区别主要在于：第一，唐世峰本人是养殖大户，在收益分配上他会充分考虑蛋鸡养殖收益；第二，公司可以更换基地和农户，唐世峰作为新市镇本乡本土的农民，他公司的生产阵地只可能在新市镇及其周边村镇，重复博弈下的隐形契约在规范利益分配上起到了重要的作用。也就是说，虽然绿丹合作社的收入分配不完全符和《合作社法》的有关规定，但现有的分配方式确实也能体现出一定的合作共赢的意图。此外，唐世峰的公司和养殖户在生产环节的连接更为紧密。唐世峰的公司和养殖户之间形成了一个具有共生关系的生态系统。

4 合作社的经营和服务活动

4.1 业务范围

绿丹养鸡合作社实行“六统一分”，“六统”是指统一鸡苗、药品、饲料、技术、收购和销售，“一分”是指分户喂养。合作社提供的“六统”业务其实是由唐世峰本人的公司提供的。

4.2 收入和盈利分配

合作社资料显示，2015 年的总销售收入 1.72 亿元，扣除经营支出和管理费用 1.57 亿元，合作社盈利 1 500 万元，提取公积金 110 万，按 60%返还。社员户平均每户均可盈利 9.3 万元。根据访谈，养殖户的收入其实是两部分——蛋品销售收入和购销差价返还，前面已有介绍。据京山经管局刘经顺主任介绍，各级财政先后支持近 100 万。这部分支持是否量化到成员账户尚不清楚，也可能这些资金是以农业龙头企业的名义争取到的。

5 合作社在创新发展方面的主要做法和经验

5.1 合作社在合作机制与组织管理方面的创新做法与经验

生产环节的合作较为深入。生产合作实行“六统一分”，即统一鸡苗、药品、饲料、技术、收购和销售，分户喂养，这样做便于降低养殖成本和管控蛋品质量，前提是有个绿丹种禽公司在支撑。没有强大的资本支撑，这种深度生产合作不可能完成。

有资金的长期合作。唐世峰的公司直接借钱给一般农户或养殖户，用于发展蛋鸡养殖，唐则希望从蛋品销售中获得规模收益以及全套服务收益。目前由唐世峰公司借出的数额接近 600 万。

合作社起到一定的兜底作用。设立重大疫情风险基金，合作社成员遭受重大疫情时，可以获得损失数额的 30%的援助，帮助其购进鸡苗，恢复生产。

建立经理人负责制。经理人团队负责“六统”的具体实施，同时还要监管养殖户借款的使用和偿还。一个经理人至少管理 20 户。养殖户将借款挪作他用或者不能按期偿还，经理人的当月工资将被扣掉 30%。

5.2 合作社在生产管理方面的创新做法与经验

新品种引进。最近几年引进了“海兰褐”。

设立量化、简单易行质量标准。例如：要求养殖户 100 只鸡每天产蛋达到 96~97 枚，每只鸡蛋要达到 55 克，336 个蛋要达到 17.5 千克，上交的一箱鲜蛋必须重达 20 千克，饲料的粗蛋白含量要达到 16 个（国家标准 15.5 个）。

争取各种质量认证。京山绿丹种禽公司先后取得无公害农产品证书和质量管理体系认证证书，还注册了京绿福商标。

鸡舍自动喂养设备安装。这个设备更新必须由合作社引导才能开展，养殖户离最新技术比较远。

鸡舍的防暑降温改造。对所有养殖户的鸡舍进行了水帘处理，通过水帘降温，防止蛋鸡因高温热死或者产蛋率降低。

安装自动化粪带。唐世峰自己的公司和环保局各出 5 万，安装好自动化粪带，让稀粪变有机肥，减少环境污染。但目前有机肥没有产生效益，基本是白送人。

提倡“无抗”蛋品生产，努力降低药物残留。具体措施一是加强技术培训，经常灌输“无抗”的理念，二是用中药或酶制剂替代抗生素，效果较好。蛋鸡基本做到不打抗生素。另外，社内尽可能统一养殖户的饲料配制，降低发病率。

5.3 合作社在市场运营方面的创新做法与经验

绿丹养殖合作社目前已经做到产供销一体化。但是，附加值较高的环节，如种鸡喂养、鸡苗孵化、鸡苗供应、饲料的供应、鲜蛋的销售、蛋品的腌制等，多在唐世峰本人的公司完成。

销售渠道正走向多样化。蛋品销售除传统的渠道如大型批发市场、小超市、农贸市场之外，也打造了网上销售平台。但目前网上走货并不理想。销售网点已遍布广州、上海、重庆等地，月销售量可达 80 000 件。

打造出“京绿福”的品牌。唐世峰的公司目前可生产三大系列、23 个品种的“京绿福”牌饲料，现生产的饲料已通过国家 ISO9001 质量体系认证。

5.4 合作社在社区建设方面的创新做法与经验

绿丹合作社重点扶持 10 户贫困养殖户。由合作社垫资先免费提供鸡苗、传授养殖技术，并提供饲料进行喂养，直至鸡淘汰时再跟合作社结算，让贫困户零投资进行创业，经过近 2 年的扶持，这 10 户现户均年收入近 10 万。

6 合作社创新发展面临的困难

最大的困难是缺资金。目前民间借款 800 万，银行贷款 300 万。政府支持较少。

蛋品质量控制难。没有追溯系统的情况下，蛋品出了问题被追责的是合作社而不是养殖户。但是，要建立追溯系统遇到两个问题。一来成本大大增加，二来养殖户不配合搞这个系统，可能放弃跟合作社交易。唐世峰认为，目前市场普遍没有搞追溯系统，走在前面搞会吃亏。

7 合作社的未来发展计划

唐世峰认为，刚开始搞合作社是小思路，如何把产量搞起来，大家一起赚钱；而现在的思路是一定要做出一个品牌，不仅是饲料，还要让蛋品和鸡苗都有过硬的品牌。

（执笔人：华中农业大学经济管理学院　黄　洁）

京山县山珍食用菌种植专业合作社观察

京山县山珍食用菌种植专业合作社经过2年试验，成功探索出用秸秆代替30%木屑做基料、培育优质香菇的新技术。

2015年，该合作社利用周边8 000亩农田秸秆，生产出120万袋香菇和60万袋其他草腐食用菌，产值达6 000万元。“香菇是木腐菌，如以木材为原料栽培，有损森林，成本也过高，不利于香菇产业可持续发展。”26日，合作社理事长王旭向记者介绍，他们从2013年开始，试验用秸秆代替部分木屑，“主要是看中秸秆中有机物和蛋白质含量丰富，用来培育香菇，菌丝附着力强，发酵又快，便于吸收木屑中的营养成分和分解木屑。”

经过反复的基料配比试验，王旭他们发现：以30%的小麦秸秆代替部分木屑混合制成的基料最适合香菇生长，与全木屑栽培相比，香菇品质更优，还可缩短生产周期2个月以上，节约原料成本20%以上。

记者来到该合作社位于新市镇四岭村的秸秆废弃物综合利用基地，只见成捆的小麦秸秆被倒进粉碎机里，粉碎后再经传输带，直通搅拌机。搅拌机中，麦秆与木屑、麸皮“相遇”，按照3：6：1的比例，重新生成基料。

令农民头疼的秸秆成了栽培食用菌的好原料。合作社以每亩150元的价格回收附近农田产生的麦秆、稻草。

据了解，每生产1袋香菇，可利用1千克麦秆。合作社生产120万袋香菇，转化利用了1 200吨麦秆，相当于节省了300亩杂木林资源。

合作社还将稻草、麦秆和玉米芯、麸皮，按比例混合制成草腐食用菌基料，生产草菇、杏鲍菇、双孢蘑菇。每生产1袋草腐食用菌，可消化1千克稻草和1千克麦秆。60万袋草腐菌，转化了600吨稻草和600吨麦秆。

据了解，该合作社全年共转化使用了2 400吨秸秆，约合8 000亩农田秸秆量。

山珍合作社现有520户社员，2015年总产值达6 000万元，社员户均纯收入达6万元。这其中，小小的秸秆，功不可没。

据测算，每1吨秸秆经过生物转换可产出0.5吨食用菌，创造2 000多元利润。其变废为宝的身价增长之旅还不止于此。一个正在忙碌的工人介绍，出菇后的废棒依然有农民愿以每袋2元或每千克0.3元的价格回收。

原来，基料棒在食用菌生长的同时，菌丝分解，自然发酵生成了有机肥料，适合用来种植花卉苗木和蔬菜。“从育菇基料，再到有机肥，这条循环经济生产链，既充分利用了农田废弃物资源，又提高了香菇种植效率，增加了农民收入，解决了菌林矛盾，破解了秸秆处置难题，实现了经济效益、社会效益、生态效益的多赢。”京山县农业局局长李明佳说。

据了解，该合作社已自主研究出7项智能工厂化育菇专利，其循环利用秸秆的种植方式已得到中国食用菌协会的认可及推广。

（原载《湖北日报》2016年1月28日第13版，原篇名为《小小秸秆身价猛增的奥秘——看京山一合作社如何利用秸秆育香菇》，作者为汪　彤　瞿存波　张建新）

钟祥市昌和生猪养殖专业合作社案例调查报告

1 合作社基本情况

湖北省钟祥市昌和生猪养殖专业合作社成立于2008年4月18日，位于钟祥市东桥镇联盟村桑树岭，发起人为5家生猪养殖户。2016年合作社注册资金1 500万，固定资产约4 200万元。该社以成员为主要服务对象，为成员提供生猪养殖、销售等服务，辐射带动东桥全镇19个村4 900多个农户，该社成员最高时为168户（2012年数据）。2013年至2015年7月，全国养猪基本处于亏损状态，该社部分成员放弃养猪，成员总数下降。2014年成员出栏生猪4.5万头。2015年达到高峰，出栏8万头，户均销售生猪595头，实现销售总收入1.7亿元，户均年纯收入12.5万元，比非成员户高43.5%。2016年由于环保门槛变高，部分成员退出，出栏生猪降为4万余头。就社员收入而言，按照毛猪价格（每千克19元）和玉米价格（每千克1.8元），不包括人工费，一头猪可赚1 000元；包括人工费，一头猪纯利润为800元。一对50多岁的夫妻可以养200头，不种地，可以养400头。以养200头计算，年可得纯收入16万。

2 合作社成立的背景、动因和发展历程

2.1 成立背景、动因

2004年以前，阮昌义一直经营鸡鸭饲料，积累了经营经验和资金。2004年，他租赁了联盟村桑树岭108亩山地和山底下的300亩水库，开始个体养猪，租期为50年。当时政府也很支持阮昌义搞猪鱼配套养殖。猪粪流到水库发酵，发酵之后养鱼。当时阮昌义一次就购进100余头母猪。2007年，阮昌义第一次接触合作社这个名词并受到钟祥市老笼王养蜂合作社成立的启发，连同另外4家养猪农户，成立了昌和生猪养殖专业合作社。

生猪养殖产业一直是钟祥市的一大优势产业，生猪养殖一直是这里农民收入的重要来源。但是单个农户传统养猪存在“三难”（不知道养什么品种好，不知道怎么养划算，不知道养好了卖给谁）。昌和生猪合作社成立时并没有定位要解决哪些问题，但其后续发展客观上解决了农民养猪的“三难”问题。据阮昌义介绍，他从海南引进的爷爷辈种猪基本可以管10年，东桥镇养猪户父母辈种猪基本是从他那里购进的。合作社每年至少有春防和秋防2次技术培训，整个东桥镇养猪技术基本过关，近几年没有发生过口蹄疫、猪瘟和蓝耳等疫情。

2.2 发展历程

昌和生猪养殖专业合作社成立于2008年4月18日。合作社成立之初，由阮昌义、李福明、朱泽平、陈启勇、杨中元等5名养猪农户发起，注册资本100万，成员105户。成立合作社后，饲料批量采购带来的成本降低让阮昌义和另外4名成员尝到甜头，他们就想把规模做大。在阮昌义的带领下，2012年合作社注册资金达1 000万，5名发起人出资比例分别为18.1%、10.0%、8.0%、6.0%和10.0%，共占比52.1%；其余成员163户，最高出资100万，最低出资0.5万。成员出资方式以实物为主，主要是成员的猪舍、种猪、仔猪和育肥猪。社长阮昌义夫人名下福旺畜牧养殖有限公司的资产也在合作社注册资本当中，且为合作社的主要经营场所。该社注册资本为1 500万，发起人未变，但出资份额有变，阮昌义出资占到40%，另外4名发起人大约占到20%。合作社注册了“珠康”商标（2010年11月28日注册）用于生猪销售；2014年还注册了“草庙河”商标，准备今后用于深加工。由于深加工生产许可证门槛较高，目前合作社还未正式打出“草庙河”商标。2016年7月阮昌义引进黑猪种群15头，已经着手开展更具经济价值的散养黑猪工作。

3 合作社的运行和治理机制

3.1 股权结构

该社注册资本为1 500万，阮昌义出资占到40%，另外4名发起人大约占到20%。阮昌义自己的养殖基地、饲料加工厂经过评估后入股。其他成员也基本是这样的情况，成员的猪舍、种猪、仔猪和育肥猪都折价入股。核心成员是5个发起人，其出资合计为60%。

3.2 组织结构

该合作社的组织结构较为健全，设立了成员大会、理事会、监事会等内设机构。合作章程一应俱全。理事长5年一选，所有成员参加，一人一票。此外，合作社还设立了生产技术服务部、市场营销部和财务管理3个部，下设了黄集片、方口片、金店片、东桥和社区5个片，每个片由1名理事负责管理，联系辖区社员，协调生产经营中的问题。

3.3 决策机制

昌和生猪专业合作社的主要任务是进行养殖技术培训（春防、秋防培训等）和统一防疫（除特种疫苗外，均由市畜牧局免费提供）。饲料和兽药这一块，成员有充分的自主权，对合作社的服务不满意完全可以选择市场上的其他供应商。但成员在进行对比后，大多选择了合作社的服务，因为其质优价廉。而销售这一块，直接由上游企业按质论价，销售价款直接到养殖户手中。阮昌义的畜牧养殖公司提供的一些服务的价格需要和成员讨论议定。比如：配种一次的价格如果要由40元涨到50元是需要事先在各个片区“吹风”，如果反馈回来的信息可以涨，才会涨，否则将维持原价。再比如，玉米的进货价格如果从0.9元涨到1.0元，必须事先放消息，玉米涨价了，这批存货用完了就涨价。通过“吹风-反馈-根据反馈执行”的决策机制有效保证合作社的持续运营。

3.4 财务管理

2011年的成员账户显示，合作社有对成员的出资额、公积金和盈余返还进行量化。2012、2013年争取到湖北省农业厅体制机制创新项目，大约得到8万元支持资金，并已量化到成员账户。

4 合作社的经营和服务活动

4.1 业务范围

该合作社章程中明确的业务范围包括：采购、供应成员所需的种猪、仔猪、饲料、防疫防治药品等生产资料；组织收购、销售成员生产的商品猪；开展成员所需的运输、加工服务；引进生猪饲养新技术、新品种，开展生猪养殖技术培训、技术交流和咨询服务。从近几年运行的实际情况看，具体包括购买爷爷辈种猪进行繁育，向成员出售父母辈种猪以及仔猪；以低于市场价 20%的价格提供受精服务；批量购进饲料和药品，以低于市场价约 20%的价格卖给成员；对缺少劳动力的农户实施免费送饲料上门服务；组织生猪批量销售；组织各种养殖技术培训；下到各户进行技术指导等。

4.2 收入和盈利分配

昌和合作社的收入主要来源于两部分。一是销售生猪提取手续费。在生猪销售环节，每卖出去 1 头猪农户交 1 元手续费给合作社。生猪的收购价格由肉联加工厂等上游企业按质定价。上游企业通过经纪人与养殖基地和散户发生联系。经纪人通过目测或者视频按照生猪质量以及上游企业给定价格进行收购。经纪人从上游企业获取报酬，基地和散户拿到各自的销售款。也就是说，昌和合作社仅仅组织了生猪销售而没有取得生猪销售收入。合作社只是从生猪买卖中取得 1 头 1 元的手续费收入。二是从阮昌义私人的饲料加工厂的纯利润中划拨 20%。该加工厂为村民提供玉米粉碎服务。合作社两部分收入的 15%提作公积金，剩下 85%按交易额进行二次返利。笔者注意到该合作社没有按出资份额返利。

5 合作社在创新发展方面的主要做法和经验

5.1 合作机制与组织管理方面的创新做法与经验

合作机制与其现有资本和能力较为匹配。昌和合作社是从养猪个体户成长而来的小型合作社，其资本和能力有限。因此，它的合作机制自有特点：统一饲料采购，降低养殖成本（饲料成本占养猪成本 80%）；统一育肥猪销售，增加议价权并节约运输费；物流和信息服务交由经纪人完成，省心省力；直接由经纪人面向成员按质论价，减少价格纠纷。

合作社收入来源创新。根据现有的生猪收购模式，合作社收入不可能来自生猪购销价差。合作社的收入从哪里来，这是个问题。该社的收入主要来自阮昌义本人的饲料加工厂纯利润的 20%。阮昌义为何愿意拿出这个 20%，因为他可以从配种、买仔猪等渠道赚回来。养猪户越多，他本人赚得越多。

实行种猪贷款。对值得信赖的社员提供父母辈种猪作为启动资金，允许成员在育肥猪出栏时再偿付种猪款。

建立了生猪死亡风险基金。该笔基金存入合作社的专用账户，用于生猪死亡补贴。

5.2 生产管理方面的创新做法

阮昌义本人的畜牧养殖公司于 2016 年引进黑猪种群，正在探索示范养殖，期望通过优质优价提高效益。按照市场均价 52 元 / 千克计算，力争达到头均增效 1 500 元的目标。

6　合作社创新发展面临的困难和政策需求

阮昌义对一车猪能赚5万～6万元的很满意，对农业养殖不交税的政策很满意，对农村养殖用电的低收费（养殖用电0.56元／度）很满意。但他也提到害怕饲料涨价，经验告诉他，饲料一涨价，猪的收购价格就会跌。

此外，笔者注意到，昌和合作社的生猪出栏总量在2016年约减少一半。阮昌义的母猪也由500头降为200头，育肥猪在2 000头左右。这是由于环保门槛大大提高，他目前的猪粪处理能力只能达到这个水平。他投资25万元购进了猪粪干湿分离设备，粪水用管子引到稻田，干粪目前免费送给果园。也就是说，这套设备增加了养殖成本。

7 合作社的未来发展计划

对未来，阮昌义有两个想法。第一，就是搞深加工。目前苦于生产许可证不好办，因为盖车间、消毒间、更衣室需要大量投资。此外，也担心深加工一旦做起来，一年四季不能停，牵涉的事情更多。第二，希望找一个合作伙伴，在东桥镇附近建一个肉联厂，充分利用这里的区位优势。

（执笔人：华中农业大学经济管理学院　黄　洁）

监利县杜明安蔬菜专业合作社案例调研报告

1 基本概况

湖北省监利县杜明安蔬菜专业合作社于2010年12月12日在监利县工商行政管理局登记注册，注册资本为3 476万元，是一家以种植、收购、储藏、销售、物流运输等为一体的农民专业合作社。合作社办公地点设在监利县白螺镇民安路1号的湖北民安农产品股份有限公司，合作社的基地以柘木乡施栗村为依托，在白螺镇、柘木乡、尺八镇等地设立有10多个收购储藏点，在柘木乡施栗村建有基地办公室8间和金针菇示范大棚10座、永久储藏窖15个。

合作社现有成员105户、社员454人、加工原料基地8 800亩，年蔬菜产量达7 500吨（不含芥菜）。合作社资产总额为3 621万元，其中流动资产1 876万元，固定资产1 687万元。

2 创立与发展

合作社董事长杜明安是1971年出生的土生土长的本地人，祖祖辈辈都生活在柘木乡施栗村，1987年高二辍学后，种过田，卖过鸡蛋，跑过摩的，卖过服装。2003年，他带着多年打拼养成的勤奋和节俭，还有梦想与自信，去西安朋友处拜师学艺做酱菜，再辗转到河北石家庄创业办厂。2010年8月，杜明安拿着农产品加工的可行性报告，找到监利县委县政府，邀请县镇领导考察了华容县插旗镇蔬菜种植加工情况，当年签约收购了监利县原白螺造纸厂，带领儿时的朋友和本地父老乡亲，迈开了在家乡兴业办社的步子。

在县、镇两级领导和相关部门及专班人员共同努力下，合作社先后投入500多万元，在白螺镇、柘木乡的8个村建立了近4 000亩的蔬菜基地，并为基地配备了专业技术和管理人员，实行农资统一供给、田间统一管理、产品统一收购。首先，合作社组建专业生产团队，实行三化（制度化、标准化、数据化）管理保质量，再实行保价收购，并按市场价上浮10%。现在，基地农户在技术员指导下实施的是套种耕作，一年种三季，三季下来每亩可稳赚万元以上，尤其是种植金针菇，每亩可赚3万余元。经过多年的努力，合作社成功探索出“公司＋专业合作社＋基地＋农户”的生产经营模式，优化了企业生产用原料、强化了合作社的地位、增加了农民收入、拓宽了农民就业机会，并对周边镇村农业产业结构调整和土地流转起到了积极的示范作用，合作社社员成为当地带领农民致富的典范。

合作社依托湖北民安农产品股份有限公司，将自产的新鲜蔬菜腌制加工成酱菜，真空包装成大众食品、休闲食品上市，成功销往北京、东莞、重庆、郑州、天津、石家庄、上海、乌鲁木齐、南京、合肥、武汉、厦门、长沙、南昌、苏州、温州等地，深受消费者的青睐。合作社于2011年被监利县人民政府授予先进专业合作社；2013年被荆州市农业局授予市级示范专业合作组织；2013年被湖北省供销合作联社授予百强社；2015年8月被中华全国供销合作总社评为全国百强社；同年5月，合作社浅黄色金针菇设施栽培技术被县人民政府评定为科技进步三等奖；同年11月，“杜明安”商标被评定为湖北省著名商标；2016年4月，合作社被国家农业部颁发了2015年全国农民合作社加工示范单位的奖励证书。杜明安董事长已当选为监利县第十七届人民代表大会代表，并多次被县、镇两级评定为优秀党务工作者和优秀共产党员。

3　股权与组织机构

合作社成员及出资构成：拥有股东109户，出资3 476万元。杜明安出资1 850万元；监利县供销合作社联合社出资1 182万元；农民成员105户，出资总额为404万元，平均每个成员出资约3.8万元；其他股东2户，出资40万元。

合作社管理机构设置：设有成员大会（全体成员组成），是该社最高权力机构。常设机构有理事会7人（设理事长1名）、监事会3人（设监事长1名）和经营管理层，简称“两会一层”；经营管理层设办公室、生产技术部、市场营销部、质量监测部、财务管理部，简称“四部一室”。

4　运营状况

合作社设理事长办公室、监事长办公室、办公室、财务室、会议室等。现有工作人员14人，包括理事长1名、监事长1名、副理事长1名、副监事长1名、理事成员1名、监事成员1名、财务人员2名、技术人员3名、销售人员3名。

合作社建立健全了财务管理制度、理事会制度、监事会制度、档案管理制度、内部管理制度、社员大会制度等一系列管理制度。理事会负责合作社的财务管理工作，接受监事会监督。按照“财务公开、民主监督”管理原则，实行“资产五分开、审批一支笔”，做到账实相符、往来明晰、价格公开、分配公正、管理透明。

合作社收益分配按照“自主经营、自负盈亏、利益共享、风险共担的原则，盈余按成员与本社的交易量（额）比例返还”的机制分配。合作社对成员出资、公积金、国家财政补助、他人捐赠以及合法取得的其他资产所形成的财产，享有占有、使用和处分的权利。

合作社经过多年的市场探索，逐步形成了“公司+专业合作社+基地+农户”的产业化发展模式，合作社坚守“农业增效、农民增收、企业微利、社员分红”的经营理念，充分发挥合作社专业职能，拧紧产业链上各主体之间的关系。湖北民安农产品股份有限公司是加工和销售的主体，合作社是收购和基地管理的主体，社员是生产和参与产品加工的主体；企业和合作社的监事会及农户代表履行监督职责，对各自的责权利加以监管，相互形成联接紧密、运作规范、风险共担、创新发展的良性循环关系。

具体来讲，合作社主要经营特色、高产优质无公害蔬菜的生产及产后净化、分等分级、烘干、预冷、贮藏等，公司经营保鲜、加工、包装、销售的蔬菜制品；合作社负责组织入社成员及基地农户的蔬菜收购，为成员及农户提供种植所需的农业生产资料，引进新技术、新品种，开展与蔬菜种植、加工、经营有关的技术培训、技术交流和信息咨询服务，并组织收购、加工、销售、运输、贮藏成员所种植的蔬菜产品等服务。合作社在产业链上积极发挥生产龙头作用，基地社员按照种植规范开展生产，并依照合同交售产品，并优先取得参加精深加工制作的培训资格和上岗资格，在产业链上获取更多的薪酬。

在全体社员和基地农户的共同努力下，合作社拥有白螺、柘木、尺八、桥市等周边乡镇 30 多个村 700 多个农户近万亩农田作为生产基地。2014—2016 年，全年销售收入分别是 2 856 万、4 582 万、6 580 万元；全年利润总额分别是 313 万、394 万、500 万元；全年加工原料基地总面积分别是 9 300、12 000、15 000 亩；入社经营土地面积分别是 7 250、8 024、8 862 亩。2016 年合作社全年实现经营收入 6 580 万元，实现盈余 500 万元，直接带动农户 520 户，间接带动农户 1 250 户，帮助农民实现年收入达 2 490 万元。同时，合作社安排农户就业 110 人。全年可分配盈余 380 万元，提取盈余公积金 120 万元，盈余返还基地农户 112 万元，年终未分配盈余 148 万元。

5 主要做法

一是与科研部门合作，开发新产品。为了响应国家有关政策，解决当地农民收入低、农田产值效益不高的问题，使国家惠农政策得到落实，2014 年初，合作社与华中农业大学菌种实验中心联合，研制与开发浅黄色金针菇项目，新上浅黄色金针菇生产示范基地，在柘木乡施栗村投资 300 万元。第一期工程占地为 53.1 亩，修建大棚 10 座，全长 237 米，宽 148 米，共 35 076 平方米，仅用 6 个月时间建成示范基地，当年投入生产，形成生态型食用菌培植生产、深加工、销售服务等一条龙生产。同时，公司为基地农户做好金针菇种植、加工、销售提供技术、信息、市场服务，加强技术支撑力度。第二期工程占地 60 亩，也落实到位；第三期工程占地 180 亩，正在落实。该项目一、二期工程完工后，全年已创收 4 000 万元，增加盈利 340 万元，为农户直接增收 1 000 余万元。

二是提供资金扶持，解除社员后顾之忧。大面积种植蔬菜风险较大，因为有前车之鉴，开始时社员顾虑重重。为了解除社员们的后顾之忧，合作社拿出资金 300 多万元给种植农户铺底，购买种子等生产资料，到收产时再一并结算，并承诺如不收购产品，社员可以拒付生产资料资金。每年年初与社员和农户签订蔬菜收购合同，由合作社全额投资生产，全部回收产品。农户按合同收购价格，一手交货一手交钱，彻底解决了种植户的后顾之忧。同时，合作社积极为入社农户提供种植所需的农业生产资料，引进新技术、新品种，开展与蔬菜经营有关的技术培训、技术交流和信息咨询服务，组织收购、加工、销售、运输、贮藏等服务。

三是加强技术培训，培养专业人才。为了确保质量和产量，合作社印发种植技术资料 10 000 多份的同时，投资 15 万元高薪从岳阳聘请两位资深种植专家来基地实地指导种植，分乡镇开设了技术讲座 40 余次，培训人数超过 600 人次。聘请的两位专家经常深入到田间地头，手把手教社员种植技术，使农户由原来每亩农业净收入不超过千元，上升到每亩净收入可达 2 000 元以上。合作社经常召开社员大会，让广大社员交流心德体会，互相学习，取长补短；奖励先进，鼓励落后；一对一地结成帮护组，联成对手赛，共同进步，共同提高；对家庭有特殊困难的社员和农户，合作社还实行垫资脱贫措施。合作社除了召开培训会之外，还组织社员外出参观，也就近学习社员中优秀的做法和经验。

6 困境与需求

由于大宗农产品价格回落，合作社发展中也面临诸多风险及困境。一是收购资金缺口大，流动资金短缺制约了合作社发展；二是蔬菜贮藏场地成本高；三是蔬菜贮藏保鲜设施难；四是蔬菜更新变化快；五是有较多潜在风险无法控制。

7 发展与目标

本着“公司 + 专业合作社 + 基地 + 农户 = 农业增效、农民增收、企业微利、社员分红”的独特经营思想，进一步探索“依托公司为窗口，合作社 + 基地 + 农户”的新型农产品加工专业合作社道路，合作社计划用 5 年的时间，强化设施蔬菜生产基地的各项建设，努力打造一支集市场型、专用型、创业型、学习型、互联网型等的复合型人才队伍。

到“十三五”末，新发展社员达到 3 000 人，基地达到 50 000 亩，蔬菜总量达 2 万吨，直接带动农户 3 000 户，间接带动农户 10 000 户，安排就业 3 000 人，力争年经销总值超亿元，纯利润达 5 000 万元，帮助农民增加收入 5 500 万元以上，真正做到调整产业结构，规模发展蔬菜基地，带领农民快速致富。

（供稿：监利县农村经济经营管理局）

公安县创新体制机制　推动“三个合作社”发展

党的十九大报告提出，要“实现小农户和现代农业发展有机衔接”。2018年以来，湖北省公安县抢抓农村土地“三权分置”和土地确权登记等改革机遇，按照支部领办、村社合一、社企合作的思路，大力探索以村组为单位建设“三个合作社”（土地股份、劳务、资本合作社），充分激活土地、人力、资金等农业农村生产要素，重构农村生产关系，改善乡村治理结构，开启乡村振兴新篇章。

1　创新体制机制，突出党支部领办

坚持支部领办、村社合一、社企合作，通过集并土地、集合劳力、集中资本实行合股经营，推动干部职业化、管理社区化、生产专业化。

（1）创新体制机制。采取村级主导、农民自愿、民主管理方式，创建“三个合作社”，实现土地入股、劳力入社、资本入市，形成党支部引领、企业家管田、职业农民专业化生产格局，全面激活农村农业发展要素。全县共创建土地股份合作社103个，劳务合作社46个，资本合作社5个。全县实行土地股份制1 000亩以上的村达到69个，土地股份化合作达到65%。全县农村土地流转面积达到118万亩，土地流转率达到65%，农民入社积极性空前高涨。

（2）完善内部治理。按照现代企业制度的要求，健全“村社合一”内部结构,引入先进管理理念,设立村民代表大会、理事会、监事会等机构,确保产权明晰、权责明确、监督有效。采取农户以土地折资入股，市场主体现金入股，村集体经济组织适当参股的模式，通过股权界定、分红保底、利益议定、年底结账的方式，分别提取净利润20%的公积金、公益金。公积金作为土地股份合作社风险防控积累，公益金作为村集体收入优先发展村级公益事业，实现农户、村集体、市场主体共赢。坚持村党支部书记兼任合作社理事长,村“两委”班子成员推荐担任理事会成员并合理取酬，增强农村基层党组织的领导力和影响力。

（3）健全管理机制。在合作社运行方面，严格按照规章制度经营管理,加强财务监管,严格规范资金管理,做好管理人员的审计和绩效评价工作,确保农村集体经济组织廉洁高效运营。不断健全民主选举、民主管理和民主监督制度,让农民在参与运营和管理时有章可循、有据可依。通过由村党支部创办领办三个合作社，与一般农民专业合作社相比，不同之处在于以集体参股经济组织，有效提升基层党组织核心引领能力。村集体通过集体“三资”入股，与社员结成经济发展共同体，将集体和社员的资金、土地、农机等资产资源整合起来，统一调配、集中使用。村党支部领办三个合作社在为群众提供产供销一体化服务或服务市场主体的同时，又发展壮大村级产业，降低成本增加收益，还增加了集体经济收入。

2 培育市场主体，激活发展新动能

由村集体经济组织吸引、培育优秀市场主体充分发挥其资本、技术、品牌、市场等优势共同经营，激活发展新动能。

（1）培育主导产业。各乡镇党委指导辖区村党支部创建“三个合作社”，围绕“一村一品”“一镇一特”，大力发展特色主导产业。埠河镇发展8万亩葡萄产业着力打造江南葡萄特色小镇，章庄铺镇发展5.8万亩柑橘成为荆南橘乡，章田寺乡成为国家杂交水稻制种基地，毛家港镇正在打造“桃花公园”。杨家厂镇沙梨，麻豪口镇、闸口镇虾稻连作，孟家溪镇红提，狮子口镇吊瓜、乳橘，斑竹垱镇蜜柚成为各乡镇特色产业名片。全县范围内形成了葡萄、柑橘、虾稻、中药材、莲藕等五大特色产业模式。

（2）引入市场主体。注重引进成熟的市场主体，重视保护好农民利益和种田积极性，确保农民收入只增不降。麻豪口镇沙场村党支部引入市场主体明珠家庭农场，领办祥鄂土地股份合作社，由村集体、全村378家农户、明珠家庭农场共同入股组建，经营土地面积5 791亩，1亩1股，其中农户以自有土地入股占股52%；村集体以增减挂钩新增土地占股3%；明珠家庭农场以475万元资本入股占股45%。利益分配上，农户和村集体实行“保底收入+股份分红”，即土地流转费1亩1 000元保底，合作社从当年收入中扣除生产费用和公积金、公益金之后，再将净利润按股分红。该村成立民齐顺劳务专业合作社，所有社员轮流派工，干一天得一天的钱。今年该村第一次分红，村集体经济收入达到15万元，入社村民一亩农田收益由过去的3 400元提高到4 300元。杨家厂镇党委引进瑞蓝生态农业有限公司蓝莓种植项目，第一期投资3 000万元，集并土地2 000亩，成为社会资本、专业人才和农民参股入社合作的典型案例，采取一二三产业融合发展模式，力争5年内将南五洲民垸7万亩农田打造成全国最大的蓝莓生产采摘基地。全县共培育农民专业合作社和家庭农场2 100家，引进了投资10亿元的四季绿现代农业主题公园，与通威集团达成20万亩小龙虾全产业链投资意向，率先在斑竹垱镇建设2万亩“双水双绿”（绿色水产、绿色水稻）生态农业科技园，涉及7个村整村开发。随着一批有规模成熟的市场主体进入，全县农村土地股份合作、劳务合作、资本合作呈现出方兴未艾之势。

（3）实现集聚效应。通过支部领办“三个合作社”推进规模化、标准化生产，创新合作经营模式，不断形成产业集聚效应，全县新增千亩以上的新型农业经营主体34个。村集体经济年收入过10万元以上的村达到20%，过5万元的村达到86%。土地流转收益亩平达到1 000元，初步形成小农户大农合格局。闸口小龙虾获评国家地理标志产品，金秋农业被认定为国家级星创天地，优质莲藕打开美国市场大门，海瑞渔业小龙虾、陆逊湖甲鱼等特色水产品荣获第十五届中国展交会金奖，远销欧美市场。

3 加大扶持力度，推动乡村大振兴

全县“三个合作社”建设作为县委县政府抓农村深化改革、基层党建和培育农业新型经营主体的重点项目，推动各乡镇党委政府责任上肩，相关部门靠前服务指导，形成“三个合作社”发展的强大动力。

（1）重视项目扶持。县财政列支300万元专款，采取以奖代补的方式支持“三社”建设。对全县

49个省级建档立卡贫困村每村投入整村脱贫资金400万元，优先用于推动三个合作社建设和主导产业发展。依托130万亩高标准农田建设项目，整合涉农项目资金支持新型市场先建后补、以奖代补，参与到高标准农田建设。全县统一规划，依据产业发展需要，由市场主体深度设计、自行施工、统一验收，改造升级新增土地折股为村集体股权参与收益分红。如先行先试的闸口镇红安寺村200亩改造面积，亩平土地流转和股份分红收入达到1 400元，村集体年均增收8万元。

（2）助力脱贫攻坚。全县所有以行政村建立的土地股份合作社坚持贫困户在哪里，合作社的帮扶就延伸到哪里。从县直部门选派83名优秀干部驻村担任“第一书记”，发挥派驻部门资源优势和第一书记作用，帮助驻村党支部组建三个合作社。同时，构建驻村机关干部、村组党员干部、产业致富带头人、帮扶对象亲属邻居和对象本人“五位一体”脱贫帮扶机制，通过农村党组织领办创办合作社，让每一名贫困户都加入合作社，确保入股后贫困户和农民“一地生四金”，即流转土地挣租金、外出务工赚薪金、入股分红得股金、参与劳务拿现金。黄山头镇肖家咀村贫困户陈儒红今年加入合作社后，一亩田虾稻连作收益达到5 000元。通过充分发挥党支部的政治引领、协调服务、组织发动作用推动了村集体增收、群众致富。2017年全县实现8个省级贫困村摘帽、5 897人出列。

（3）推动乡村振兴。全县把2018年作为乡村振兴实施年，结合市民下乡、能人回乡、企业兴乡工程，吸引城市资金、技术、人才等要素下乡激活农村资源，按照人口覆盖率和土地田亩覆盖率两个不低于70%的原则，全面推进土地股份合作社创建，做好“合作社+”文章，推广高标准农田建设“项目+合作社+市场主体”模式，形成市场主体、村集体和社员的利益共享机制，促进小农户大农合，再与现代农业发展有机衔接，变农村资源为创富资本，变乡村为创业乐园，变农民为合作股东，有效带动农业农村发展，推动乡村振兴战略有力实施。

（供稿：公安县农村经济经营管理局）

公安县荆秋缘葡萄专业合作社创新发展调查

1 合作社基本情况

公安县荆秋缘葡萄专业合作社成立于2009年3月，注册资金100万元。合作社位于湖北省荆州市长江大桥南岸公安县葡萄集中产区埠河镇金秋农业科技示范园。合作社以服务本社成员为主，经营葡萄种植；组织收购、销售合作社成员的葡萄产品；葡萄种苗销售；开展与葡萄有关的技术培训、信息咨询服务。合作社发展迅速，目前已开始跨区域合作，是湖北省最大的跨区域合作组织之一，除拥有持卡社员485人外，接纳19个团体成员入社，分布在全省15个县（市、区），入社农民3 200人。合作社现有资产总额3 103万元，其中固定资产1 516万元。2016年，采取“合作社＋基地＋科技＋社员”的运作模式，在全省12个县（市、区）建立葡萄科研示范基地12个，带动社员8 000户，种植葡萄3万亩，实现产值3亿元以上。社员亩平均收入过万元，户平均收入4万元。合作社主营业收入1 600万元，利润181万元。合作社培育葡萄种植家庭农场主5个，扶持农民建立葡萄专业合作社4个，吸纳农民就业130人，带动贫困户脱贫62户。

2 合作社成立的背景、动因和发展历程

2.1 成立背景、动因

2008年，公安县葡萄种植面积达到3万亩，产值达到了3亿元，效益明显高于当地传统种植业。但是，品种结构不合理、优良品种比例小、栽培模式单一等问题阻碍了葡萄种植和加工的进一步发展，同样也限制了当地农民依靠发展葡萄种植持续增收。

曾任职公安县埠河镇农技推广站站长的刘军，从事农业技术推广工作30多年，熟悉农业，了解农民对葡萄种植技术的渴望，因此在2009年辞去农技推广站站长的职务，组建了公安县荆秋缘葡萄专业合作社。合作社通过建立科研示范基地、引进培育新品种、推广各项新技术、应用流转新成果、配套栽培新模式，以样板展示的形式向农民推广葡萄种植新技术。合作社成立以来，以不断满足广大农民葡萄种植技术需求为己任，破解葡萄生产技术难题，创新公安县葡萄种植技术，不断突破江南葡萄种植技术瓶颈。

2.2 发展历程

合作社自成立到现在，历经艰难起步、稳步发展和快速成长三个阶段。2009—2011年为艰难起步阶段，合作社成员仅9人，科研示范基地100亩，资产总额300万元，年经营葡萄6 000吨；2012—

2014年为稳步发展阶段，合作社成员发展增加至38人，科研示范基地200亩，资产总额800万元，年经营葡萄10 000吨；2015—2017年发展迅速，合作社持卡社员达到485人，其中出资成员69人，团体入社19个，入社农民3 200人。科研示范基地3 000亩，资产总额3 103万元，年经营葡萄12 000吨。

在合作社的示范和带动下，2016年公安县登记注册的葡萄专业合作社发展到56家，入社农民8 000户，种植葡萄3万亩，培植合作社各类经销人员600人，常年销售葡萄60 000吨。葡萄种植已覆盖全县16个乡镇、120个村、3万多户农家，总种植面积10万亩，经营品种20多个，总产量达到17万吨，总产值10亿元。

3 合作社的运行和治理机制

3.1 股权结构

合作社成员出资总额100万元，涉及出资成员69个，每个成员按葡萄种植面积出资，每亩100元。出资成员是土地流转给合作社的农民，不采取非资金折股的形式出资。

3.2 组织结构

合作社设立成员代表大会、理事会和监事会。成员大会由69人组成；理事会由3人组成，其中理事长1人，理事2人；监事会由3人组成，其中监事长1人，监事2人。专职管理人员7人，其中理事长1人，技术人员2人，财会2人，办公室2人。理事长、理事、监事长、监事均由成员代表大会选举产生。

3.3 决策机制

成员代表大会是合作社的最高权力机构，由全体成员组成。理事长为合作社的法定代表人，由成员代表大会选举产生。重大事项决定，理事会、监事会选举，管理人员任用，重大财产处置，对外投资，对外担保，盈余分配方案，亏损处理方案等决策均由成员代表大会审议通过后实施。成员代表大会选举和表决实行一人一票制，成员各享有一票基本表决权。

3.4 财务管理

合作社实行独立的财务管理和会计核算，严格按照国务院财政部门制定的农民专业合作社财务制度和会计制度核定生产经营管理服务过程中的成本与费用。为每一位出资成员建立个人账户，将成员与合作社的所有业务交易实名记载于成员账户，以作为分配盈余返还分配的依据。如果有财政形成的补助或资产，按出资总额比例量化到出资成员，并打入个人账户。

4 合作社的经营和服务活动

4.1 业务范围

合作社以葡萄生产为主导产业，开展科学研究、试验示范、生产销售、微信认养、产品订购、精深加工、包装出口、教育培训、技术推广、休闲采摘、乡村旅游融合的多元化农业经营。合作社建有科研示范基地3 000亩，年产优质葡萄6 000吨，是湖北省惟一同时拥有无公害产品认证、绿色食品认证、有机农产品认证、富硒葡萄认证的农产品；产地葡萄交易市场常年交易鲜食葡萄10 000吨以上；金秋农民科技培训星火学校是合作社建立的专门培训葡萄种植技术的科普机构，常年培训农民5 000人次；2016 年合作社 1 000 吨冷库建成，葡萄精深加工厂起步，当年生产葡萄酒 20 万瓶。

4.2 收入与分配模式

合作社主要收入来源为葡萄种植与加工，葡萄收购和销售。

合作社主要开支包括生产、加工、交易成本，管理人员费用，固定资产折旧及其他支出。

2014－2016 年合作社总收入 4 000 万元，其中利润 400 万元。合作社提取 1%的公积金用于扩大生产经营、弥补亏损或为转走成员出资，其余利润按成员产品交易量现场分配。

5 合作社在创新发展方面的主要做法和经验

5.1 合作社在合作机制与组织管理方面的做法与经验

建立合作社管理制度。合作社管理坚持民办、民管、民受益原则，以维护成员的合法权益，管理人员必须为全体成员服务。

建立成员管理制度。成员管理遵循“入社自愿、退社自由”的原则，要求入社成员必须遵守国家法律、法规和合作社章程，自觉接受合作社管理监督、业务指导，按时完成合作社约定的生产经营任务。

建立合作社成员学习培训制度。首先是通过培训让成员认识到技术培训在生产经营活动中的重要性，然后采取各种培训方式提升成员的技术水平和整体科技素质。主要是分季节组织成员开展科学管理、栽培技术、加工贮藏、标准生产、市场营销等方面的技术培训。

规范合作社财务管理制度。合作社所有收支定期向成员公示，成立专班、落实专人、设立专账，实行专管，收支由理事长一支笔审批。

5.2 合作社在生产管理方面的做法与经验

建立科研示范基地和社员培训机构。金秋农业科技示范园是合作社的科研示范基地，面积 3 000 亩，全部保温促成设施栽培。先后选育推广葡萄早、中、晚熟优良品种 20 多个，繁育提供优良种苗 600 万株，种植面积 20 000 多亩；推广新技术 12 项，应用新成果 8 项，配套新模式 10 项，7 项新型实用技术专利广泛应用于生产实践，完成国家、省、市、县葡萄科研项目 20 多个。金秋农民科技培训星火学校是合作社的培训机构，2010—2012 年被湖北省农业厅认定为全省阳光工程培训基地，2013 年被认定为湖北省葡萄全产业链式培训基地，2014–2017 年被认定为湖北省新型职业农民培训基地，常年培训农民 5 000 人次。

严格执行葡萄种植国家标准，生产销售“六统一”。合作社葡萄种植完全按照《DB42／T623—2010》标准，所有社员葡萄种植过程完全标准化、规范化操作，合作社采取统一技术培训，统一农资供应，统一生产指导、统一操作规程、统一品牌包装、统一市场销售的形式，解决社员产前、产中、产后的后顾之忧，使每个合作社成员葡萄种植基本达到现代化农业科技示范园水平。

制度规则保障合作社品牌建设。“荆秋缘”作为合作社注册的鲜食葡萄品牌，严格实施智能管理、绿色生产。为保障葡萄品质，合作社建有田间生产全过程记录制度、农产品准出制度、农产品质量追溯制度、农产品质量安全承诺制度。合作社设有产品质量检测室、制订了检测室职责、检测员职责、田间采样规则。

建立新型土地流转模式，充分发挥合作社的示范作用。2016 年，合作社开始采取“合作社＋土地流转＋返聘”的模式，每年以每亩800元的价格进行土地流转，并按每亩3 000元的标准支付原承包户进行田间管理的劳务工资，流转土地收益在合作社核算成本后利润五五分成，每亩约4 000～5 000元，农民每亩保底收入在7 800元，实现了土地流转、农民返聘、利益共享的紧密型合作关系。同时，通过“建卡服务”的方式与10个村7 000多户农民联动种植葡萄20 000亩，合同定购代销葡萄40 000吨。

利用国家扶持，健全交易市场和服务网络。2009年，国家扶持合作社在埠河镇兴建了万吨葡萄交易市场，每年交易葡萄10 000多吨。在交易市场的带动下，公安县葡萄专业合作社兴建大小交易市场25个，年交易葡萄80 000吨以上，每年为客商减少交易成本1 600万元，为果农销售增值800万元。

5.3 合作社在市场运营方面的做法与经验

品牌宣传、扩大影响。合作社生产的“荆秋缘”牌系列葡萄是同时拥有无公害农产品认证、绿色食品认证、有机农产品认证、富硒葡萄认证的优质产品。“荆秋缘”牌是合作社注册的鲜食葡萄品牌，该品牌2012年获荆州市知名商标，2014年被审定为湖北省著名商标，2017年准备申报全国驰名商标。2016年，合作社开始较大规模地宣传“荆秋缘”牌葡萄，分别在二广高速荆州中转盘、荆州南收费站、武汉天河机场候机厅、武汉火车站候车厅、汉口火车站出口、汉口火车站入口、荆州火车站入口等地14处设立广告牌364平方米。

充分运用“互联网＋”，率先建立微商平台，推广葡萄树众筹认养。2016年，40 000株葡萄树众筹800万元，代酿原汁葡萄酒50 000瓶。积极与EMS急速鲜、百度推广等电商平台开展合作，代购代销葡萄8 000吨，营销收入近5 000万元。

坚持品牌引领市场。连续7年承办公安县葡萄交易会，2016年，“荆秋缘”牌葡萄被法国驻武汉总领事馆指定为国庆酒会接待水果。品牌扩大影响，提升效益，“荆秋缘”牌葡萄价格最高达到每千克220元。

产业延伸、“接二连三”。合作社以葡萄种植为基础，发展鲜果深加工，探索葡萄休闲采摘游，推进一、二、三产业融合发展。2016年，葡萄精深加工厂建成并投产，当年生产的原汁葡萄酒20万瓶并销售一空，开发200亩多品种葡萄园休闲采摘，接待游客10 000人次。

6 合作社创新发展面临的困难和政策需求

6.1 面临的困难

合作社缺乏专职管理人员、规范管理有难度。在分户种植的情况下通过有效的管理和激励实现标准生产、保证产品质量还待探索。

6.2 政策需求

项目支撑，整合涉农项目资金，加大对合作社的扶持力度。土地流转，出台相应政策予以规范。

7 合作社的未来发展计划

兴建游客接待中心综合服务大楼10 000平方米。建成100万瓶葡萄酒生产线1条。与宜昌、荆州等地的6家旅行社合作，按照国家A级景区质量标准对基础设施进行改造升级。

（执笔人：湖北农民合作社研究所　郭尚武）

松滋市汇龙生猪集团专业合作社观察

“有了联保贷款，可以甩开膀子大干了。”7日，松滋市汇龙生猪集团专业合作社社员周远松兴奋不已，通过社员联保、集团担保的融资贷款，顺利通过松滋市农商行评审。这意味着，他和另外14户社员将获得银行1 100万元的贷款。汇龙生猪集团，事实上是由四家生猪合作社组成的“合作联社”。

1 逼出来的生猪联合社

在松滋养猪行业内，过去有句老话流传甚广：贩猪人赚钱、杀猪人盈利、傍猪人发财、养猪人亏本。

从事生猪养殖业，虽然群体庞大，但各自为政，势单力薄，一遇市场或疫情风波，总有人一夜败北。

南五场有位刘姓养猪人，2009年上半年由于防疫、防范不到位，遭遇高致病性蓝耳病，近600头母猪子猪不到一周全部死亡，连深埋处理的地方都难找，一疫倾家荡产。

如何才能摆脱困扰，获得生机？一批养殖大户和专业合作社，表现出前所未有的联合意愿。2011年1月，由汇龙生猪养殖合作社牵头，联手兴民畜牧合作社、永利生猪产销合作社、六福泉生猪养殖合作社，组建汇龙生猪集团专业合作社，网罗社员379户。

“汇聚龙头，惠及农民”，办公室主任杨传平这样为汇龙作解。注册颇费了一番周折，当时，联合社还完全是个新鲜事物，在工商部门登记时，由于没有相关文本和法律规定，卡壳了。

登记过程，前后花了三个多月时间。“最终，用企业的集团文本为我们进行了登记，实际上，就是联合社。”杨传平说。

2 捏成拳头更有力量

合作社抱团后，在市场中分量重了、地位高了、实力强了。

孙术林领头的永利合作社在组织投入品统一采购上，一直达不到理想价位。“块头小，实力弱，在谈判中，毫无平等可言。”“联合起来就不一样了。”孙术林说，庞大的饲料需求量、药品采购量一举攻破厂家的价格底线。数十万头的生猪出栏量，让联合社能够与双汇、雨润等巨头平起平坐，以统购统销掌握市场话语权，谁都不敢小觑。

兴民合作社地处山区，市场信息闭塞，交通又不方便，一直受困销售难，联合后，集团统一联销，帮他们啃下了这块硬骨头，联系重庆万州肉联厂直接到当地收购。六福泉合作社成员少，人才缺乏，技术是软肋，入社后，由集团聘请的专家技术团定期前往指导，再也不用担心疫病、减产了。

通过公开招标的方式，集团遴选了33家合作单位，团购饲料兽药等投入品419个，据测算，每头生猪由此可降低生产成本80元，一个存栏300头母猪的养殖场一年就可节约成本30万元。集团还对种猪、子猪到育肥猪各个阶段产品开展联合协销，统一定价招标，每头猪平均增价20元以上。

集团通过集中培训、分片交流、入户临栏指导等方式，帮助社员规避疫病风险，实施规范生产。陈松认为，市场行情不好的时候，保证母猪多提供一头子猪，养殖户就会少亏一点。

统一供应饲料兽药，统一生猪养殖技术指导，统一标准化规范管理，统一生猪品种改良，统一生产产品销售服务，统一维护养殖户权益。“六统一，联结社员，凝聚人心。”陈松说。

在集团内，无论财产多寡、规模大小、交易额度多少，一视同仁，享受技术、信息、业务等各种服务和权益保护以及同比例盈利返还、利润分配。“不管是养殖场还是养殖户，只有能增收，才会跟着联合社走。”陈松说，“从最初379户到现在621户，覆盖松滋、荆州、公安、枝江4个县市区19个乡镇，就很能说明问题。”

3 联合之路并不平坦

“除了销售，各个合作社最需要联合社做的工作还有融资，对此，我们有点力不从心。”陈松说，银行要求他们提供抵押担保才肯贷款，但联合社的土地是集体土地，办不了土地所有权证，建在上面的猪舍又不能办房产证。“刚刚获得的担保贷款，也是通过近一年的努力，最后由联合社充当‘保人’，存入一定数额的代偿金才破题的。”资金问题，始终是挡在联合社面前的坎。

困扰联合社发展的另外一个因素，是人才，联合社规模更大，须有高素质的人才进行运作和管理。

眼下，汇龙集团举全力实施“三分天下有其一，固定资产过1亿，网罗社员2 000户，出栏生猪80万头”的“3128”工程。投资近4 000万元、囊括“社员技术培训中心、投入品配送中心、生猪品改服务中心、产业发展融资服务中心、生猪交易服务中心”等五大服务中心的综合服务基地建设项目已立项审批，进入征地筹建阶段。“联合之路并不平坦，但前景广阔。”陈松充满乐观。一张成绩单，也给了他底气：2012年，联合社出栏生猪15万头，实现销售收入9 300万元，创盈余158万元，社员户均增收6. 4万元，高出非社员28%。

（原载《湖北日报》2013年10月8日第8版，
原篇名为《合作社的“升级版”——联合社的汇龙样本》，作者为吴文娟　李文莹　唐　鹏）

松滋市红光禽业养殖专业合作社案例调查报告

1 基本情况

湖北省松滋市红光禽业养殖专业合作社成立于2010年6月，位于松滋市刘家场镇鄢家岗村，注册资金380万元，主要开展土鸡等家禽规模化生态养殖、销售。现有成员156人（户），全部为农民成员，辐射带动松滋市刘家场、斯家场、街河市、纸厂河、王家桥、南海、杨林市和宜都市松木坪镇等2县（市）、9个乡镇、13个村、558户农民发展土鸡养殖。2016年，合作社社员养殖规模100万羽，合作社实现经营服务总收入2 402.97万元，盈余73.57万元，社员人均收入4.50万元，高出非成员35%。合作社先后被评为松滋市、荆州市、湖北省和全国农民合作社示范社。理事长章华军先后被评为荆州市农业领军人才、松滋市2014、2015年度“三农”工作先进个人，2016年10月当选荆州市第五届人大代表。

2 成立的背景、动因和发展历程

2009年初，随着农业产业政策的调整，松滋市及周边一些农户开始发展土鸡养殖，刘家场镇鄢家岗村外出务工青年章华军毅然决定返乡创业，也加入到了土鸡养殖行业，当年饲养土鸡5 000羽，养殖效益平平，这些养殖户都是独立生产经营。随之，问题也接踵而来：一是养殖技术欠缺，病死率高。养殖户都是采用传统的养殖模式，没有掌握科学的养殖技术，死亡率较高，有的高达10%以上；二是养殖成本高。养殖户各自采购生产资料，采购成本普遍偏高，一般高出5%～10%；三是销售渠道有限，增产不增收。在销售上，养殖户之间相互压价，销售商乘机压价收购，每千克低于正常价格的2～4元，养殖户利益得不到保障，养殖规模无法扩大。

鉴于土鸡养殖的种种问题，2009年底，章华军在做过一番市场调查后发现了单打独斗的弊端，认为要想做大做强土鸡养殖产业，只有抱团求发展，提出了成立土鸡养殖合作社的想法。当他把这一想法说给周边养殖户时，很快得到了雷庶民、王福星、刘以平、徐绍森、雷明等人的积极赞同，于是召集同行23人开会商议组建成立合作社等事宜，通过认真学习《农民专业合作社法》、《农民专业合作社登记管理条例》等法律，讨论制定了《合作社章程》和合作社运行管理各项规章制度，民主选举产生了合作社理事会、监事会等组织机构。2010年6月，松滋市红光禽业养殖专业合作社正式注册登记成立。其间，得到了松滋市财政局、市经管局、市畜牧局、市工商局等部门和松滋市刘家场镇党委、政府的高度重视和大力支持。

合作社制定了发展规划，完善了章程制度，健全了组织机构，设置了职能部门，逐步规范内部管理，强化经营服务。成立之初，合作社成员仅 23 人，注册资金仅 60 万元，年出栏土鸡 20 万羽。通过一年多的运行，周边养殖户看到合作社成员的养殖利润普遍高于他们，有的高出 2 倍多，于是纷纷要求加入合作社。2012 年，合作社召开成员大会，讨论新吸纳部分养殖户，注册资金增加到 120 万元。2014 年，新增成员后共有 156 人，注册资金 380 万元，资产总额达 912.33 万元，年出栏数达到 80 万羽。

3 运行和治理机制

3.1 产权关系

合作社现有用于生产经营总资产 912.33 万元，其中固定资产 909.07 万元。现有正式入股成员 116 人，股份 3 800 股，每股 1 000 元，原始股金总额 380 万元，均采用现金方式入股。其中，农民成员数 102 人，占股份比例 90%。最大的成员入股资金 10 万元，占 2.6%。合作社办公经营场地 1 000 平方米，养殖基地面积近 2 000 亩。

3.2 组织机构

一是合作社建立健全成员（代表）大会。成员大会共 156 人，是合作社的最高权力机构，由加入合作社的全体成员组成，每 5 ~ 10 人选举 1 名代表，共选举 19 人成立成员代表大会，行使成员大会职权，合作社重大事项必须由成员（代表）大会表决。二是选举产生理事会和监事会等治理机构。理事会由 3 人组成，是合作社的执行机构，负责执行章程和成员（代表）大会的决议，开展合作社日常工作；监事会由 3 人组成，负责监督和检查理事会的工作，重点做好合作社民主理财、财务公开工作。三是组建相关职能部门。合作社下设有生产部、销售部、财务部、技术服务部，聘请和培训专业技术人员 4 名，各部门分工负责，相互配合。

3.3 管理机制

合作社实行民主管理、集体决策的运行模式。在表决方式上，实行一人一票的决策方式，合作社重大决策需 2/3 以上票数通过方可生效执行；在制度建设上，合作社按照规定修订完善合作社章程、各项管理制度和工作人员岗位职责，并召开成员代表大会表决通过，由理事会具体执行，监事会监督制约理事会；在财务管理上，合作社实行财务统一核算，民主公开，年度终了，由理事会编制财务年度盈余分配方案和资产负债表等财务会计报告，经监事会审核，提交成员代表大会表决通过后执行。

3.4 财务管理

一是严格实行会计核算。合作社有独立的银行账户，按《农民专业合作社财务会计制度》实行独立会计核算。合作社为每个成员设立了成员账户，详细记录成员入股资金、生产物资领用、交易量（额）及公积金份额等。二是实行自主经营、民主监督。合作社成员地位平等，可优先享受各种技术服务，优先优价销售土鸡产品，及时了解合作社生产经营状况，并对合作社的财务收支、经营情况享有查阅权、批评权和建议权。三是实行盈余返还制度。合作社获得财政专项资金，平均量化到每个人，成员可以分享合作社生产经营的盈利返还，入股成员按股参与经营利润分红。2016 年实现经营收入 2 402.97 万元，盈余 73.57 万元，合作社提取公积金后全部返还成员，其中按成员土鸡交易量返还 35.31 万元，按成员经营分红 23.54 万元。

4 经营服务活动

合作社业务范围：以土鸡等家禽规模化生态养殖、销售为主，并提供相关养殖饲料、兽药购买，开展与生产经营相关的技术、信息服务。

合作社收入与盈利模式：合作社的收入来源主要是土鸡销售经营收入，成本主要包括鸡苗购进成本、饲料、防疫药品等。采用二次收益核算方式，在日常生产物资提供和产品回收销售时，按合作社固定价格核算，形成养殖户当批养殖收益；年终按市场价格核算合作社当年收益，按照合作社盈余分配方案实行二次分配。2014—2016 年，合作社成员共领取首次利润结算 1 533.32 万元，其中 2014 年 402.18 万元，2015 年 502.72 万元，2016 年 628.42 万元；通过年度会计核算，合作社 3 年盈余返还共计 184.37 万元，其中 2014 年 49.5 万元，2015 年 61.3 万元，2016 年 73.57 万元，均按交易量和出资额分配到每个成员。

5 主要做法和经验

5.1 创新合作模式

实行“合作社+基地+农户”的合作模式。一是尊重农民意愿，自愿入社退社。凡本地及周边农户，认可合作社章程，自愿加入合作社，服从统一管理，填写入社申请，经过现场考核后，均可加入合作社。因特殊原因需要退社时，按照合作社章程规定程序办理退社。二是合理规划选址，统一基地建设。对自愿加入合作社的农民，由合作社技术人员进行现场勘查，充分考察水、电、路等基础条件，根据养殖通风、采光等技术要求选择合适位置建设养殖基地，指导农户按要求做好基础设施建设，达到养殖要求。三是创造优惠条件，吸纳农民加入。合作社不局限于本地本乡镇，只要热衷于土鸡养殖事业，符合基本条件，有意愿加入申请的农户，均可加入合作社。合作社出台优惠政策，入社养殖户只需交纳每羽 7 元的入股资金，新加入社员在修建鸡舍时，合作社根据家庭情况按照每羽 6 元的标准进行帮扶，生产养殖所需的资金差额全部由合作社提前垫付，鸡苗、药品、饲料等优先签字发放，成鸡出栏后保护价回收，合作社统一结算扣回。

5.2 创新生产模式

统一土鸡品种。合作社通过广泛的市场调查和专家建议，统一引进优质良种土鸡苗，根据市场需要，划分公母苗比例，科学投放到每一个养殖基地，饲养过程中由专人全程监管。每个批次鸡苗均要求供货方提供动物防疫检验证明，合作社分批次建立规范的养殖档案，设置了档案专室、专柜，并安排专人管理。

统一饲料兽药供应。一是定点采购饲料，保证用料安全。合作社通过市场考察，公开遴选周边两大饲料生产企业并签订了长年购销合同，要求企业在保证供货数量的同时确保生产物资安全。二是严格审查购进兽药，保证药品符合规定。合作社在采购兽药时，对药物成分、使用范围、有效期、生产批号进行严格审核把关，确保购进药品符合安全生产规定。三是详细登记购进使用情况，保证数据档案资料完整。对购进的饲料、兽药日常使用情况记录了详细台账，由专人进行审核存档。及时、准确、如实记录治病和防疫各环节，并填写治病和防疫记录表格，每项记录最少保留 2 年，应当销毁的档案严格按操作规程执行，并做好销毁记录，长期保存备查。

统一技术服务。合作社聘请4名拥有专业资格的技术人员，全程监督指导生产。从消毒、育雏、防疫、治病等各个生产环节加强管理，严格按照科学的饲养方法生产，要求必须达到无公害生产技术标准，并认真做好养殖生产记录。合作社定期开展业务技术培训授课，不断增强合作社土鸡养殖发展理念，不断提高养殖技术水平，不断适应产品的市场供求变化。在饲养技术上，合作社采取以散养为主、圈养为辅的养殖模式，充分利用本地资源优势，适当以饲料补充，促进增长，提高经济效益。

统一基础育雏。为有效解决农户自身育雏基础条件较差、掌握技术薄弱、服务不能及时跟进的矛盾，2015年合作社投资500万元，在合作社中心地段刘家场镇新建育雏基地一处。基地建成后，通过合作社的统一育雏培育，既充分保证了鸡苗初期健康安全，提高了幼苗成活率和后期抗病能力；又节省了成员养殖户育雏期间的劳动强度，节约了养殖成本；还为养殖户成员缩短了养殖空栏休闲期，大大提高了合作社的产量。同时，育雏基地建成运行后，促进了周边劳动力就业，吸纳25名农民前来务工，创造了较好的社会效益。

统一防疫治病。合作社坚持预防为主，把生产防疫放在首位，坚决杜绝重大疫情的发生。一是严格防疫制度流程。合作社制定了详细的防疫程序，在技术人员的监督下，按日龄开展疫苗防疫。二是严格检验防疫质量。争取市畜牧部门的高度重视，定时对鸡群的防疫状况进行抽检，保证防疫符合国家标准。三是严格疫病治疗。养殖户成员发现鸡群发病时，必须迅速联系技术人员，由技术员现场进行诊断，及时对症治疗，重大病情实行报告制度，及时向畜牧部门报告处理。

5.3 创新销售模式

一是打造特色品牌。为提高市场销售竞争力，合作社注册了“荆冠”商标，获得了“荆州知名商标”荣誉，取得了无公害农产品产品和产地认证证书、食品经营许可证书。二是推行网络销售。合作社建立了专业网站，建立了“红光禽业”微信公众号，充分利用网络大力宣传合作社及其产品，不断加大合作社宣传推介力度，有效提升了合作社的社会影响力。2015年底，合作社积极探索“互联网+合作社”的销售模式，出资100万元在淘宝网注册企业电商平台，销售形势看好。三是实行团队销售。合作社组建了专业销售团队，及时了解市场动态，不断拓宽销售渠道，保证销售顺畅，努力实现效益最大化。目前，合作社产品主要销售湖北松滋、荆州、宜昌、武汉和湖南澧县、常德、长沙以及广西桂林、玉林等地。

5.4 创新发展模式

带动农业产业转型发展。一是促进本地区养殖业的转型发展。合作社成立后，充分利用本地区优良的水源、土壤、空气等条件，找到了一条适合山区农业产业发展的新路子。二是提高本地区现代化农业程度。合作社通过不断的改进，充分利用现代农业设施，提高产品产量和质量，提高市场竞争力。三是促进了农户养殖观念的转变。合作社通过自身实践，让越来越多的农民认识到规模养殖与零星养殖、现代养殖与传统养殖、现代技术与传统方法等方面的差距，认识到发展现代农业是农业转型必然之路。

带动农民发展养殖致富。一是帮扶农户发展产业。合作社在章程中规定，对家庭困难农户，加入合作社时可以减收入社资金，特别困难的农户，经成员代表大会同意，可以由合作社垫支入社资金。二是免费提供技术服务。对初加入合作社成员，从基础设施建设到养殖生产销售，免费开展培训指导工作，由专人点对点地指导，手把手地教，直到学会为止。三是服务精准扶贫。精准扶贫政策出台后，合作社积极响应，制定相应的工作方案，努力与贫困养殖农户搞好对接，仅2016年共为2个乡镇、14个行政村、200多个贫困户投放鸡苗18 000羽。

带动农民加入合作组织。合作社以其规范化运作、标准化生产、民主化管理和可观的经济效益，让越来越多的农户认识到发展规模养殖、合作生产、共同发展的重要性，越来越多的农户有意加入合作社。特别是合作社通过“二次分配”的利益链接模式，将更多的农户组织在一起，有效利用合作社这个载体，真正实现了合作生产、互惠共利，社区建设呈现和谐发展的良好景象。

6 面临困难和政策需求

合作社经过近几年发展取得了长足的进步，但也面临一些困难和问题，制约合作社的发展壮大。一是人才、资金缺乏，合作社内部管理、技术支撑、产业发展无法适应市场需要，合作社融资难问题客观存在。二是政策落实不够，合作社用地、用电、交通、贷款、项目对接等仍然困难。合作社迫切需要出台政策，切实解决合作社人才、资金、用地、用电、交通等实际困难，促进合作社发展壮大。

7 未来发展计划

合作社将以被评定为“全国农民合作社示范社”为契机，制定近3年发展规划。一是立足区域实情，实现产品产量和销售收入年增长10%的目标。到2019年，实现出栏土鸡150万羽，销售收入达到4 000万元，养殖基地达到60处，从业人员超过300人。二是顺应市场需求，实现活禽交易到冷冻食品交易的转型。争取项目支持，建立屠宰生产线，依托现有的电商平台实现品牌销售。三是保护生态环境，实现养殖污染零排放目标。合作社对现有养殖基地进行排污治理，形成统一收集、统一处理，力争做到污染零排放。四是严格防疫措施，实现合作社产品全部达标。合作社严格按动物防疫要求，统一防疫药品、统一防疫流程、统一检验检疫，保证出售的成鸡防疫水平合格，食用检验合格。

（执笔人：松滋市农村经济经营管理局　熊邦华　杨书平）

洪湖市春露农作物种植专业合作社联合社案例调研报告

1 春露联合社基本情况

洪湖市春露农作物种植专业合作社联合社简称春露联合社，是一个专业从事优质再生稻全产业开发与服务的新型农村经营主体。注册资金 1 393 万元。拥有成员单位 40 家，其中种植专业合作社 29 家，农机专业合作社 5 家，植保服务合作社 2 家，农资供销合作社 2 家，加工企业 1 家，农业公司 1 家。社员 3 450 人，覆盖全市 18 个乡镇，86 个村，流转和网罗土地面积 9.75 万亩。拥有农艺师等专业技术人员 39 人，生资仓库 6 000 平方米，钢架育秧大棚 225 个，74 250 平方米，温室催芽室 6 间，800 平方米，耕整机械 117 台（套），植保飞机 6 架，联合收割机 32 台（套），粮食烘干设备 2 组，粮食仓库 3 万平方米。2016 年实现销售收入 4 620 万元。

2 春露联合社成立的背景、动因和发展历程

2.1 成立的背景、动因

再生稻是洪湖市的一个传统产品，俗称“稻耳”。投入少，米质优，口感好，食品安全，但产量不高。20 世纪 90 年代初，洪湖市再生稻曾经发展到 6 万多亩，后由于农村劳动力大量外出务工经商，水稻机械收割代替了人工收割，人工蓄留再生稻一度消失。

2004 年，洪湖市涌泉种植专业合作社进行了机收条件下的再生稻高产栽培试验，洪湖市再生稻种植再次起步发展。2013 年，再生稻发展到 8 万多亩，为产业化发展奠定了基础。随着各类新型农村市场经营主体不断涌现，特别是《中华人民共和国农民专业合作社法》实施以来，各类农民专业合作社数量迅速增加，但普遍存在“虚、小、弱”现象，规模小、服务能力弱、各自为政、开拓市场的能力不足，不利于产业化、不利于单产增加和规模扩展，严重影响农民收入增加。要发挥再生稻增收作用，要做大做强洪湖市再生稻产业合作社就必须实现联合发展。在洪湖市市委、市政府的支持下，春露农作物种植专业合作社联合社应运而生。

2.2 发展历程

2013 年 10 月，洪湖市涌泉种植专业合作社发起成立“洪湖市春露农作物种植专业合作社联合社”，迅速得到了有关合作社和农民的热烈响应，成员单位 11 家，社员 1 233 人，2014 年 9 月成员单位增至 33 家，社员 2 578 人，2015 年成员单位 40 家，社员 3 450 人。联合社再生稻种植面积由 2013 年的 1.36 万亩，发展到 2014 年的 2.85 万亩，2016 年再生稻种植面积达到 9.75 万亩，带动全市再生稻

面积发展到 20 多万亩。

联合社依托洪湖独特的自然资源和良好的生态环境，以洪湖特产再生稻全产业链开发为目标，通过开展“六统一”服务，实行再生稻产加销、贸工农一体化，推进农村一、二、三产业融合发展。“六统一”服务模式是湖北省推广的三大模式之一。2015 年，联合社被评定为荆州市农业产业化重点龙头企业、荆州市现代农业示范园、湖北省农民专业合作社示范社，2016 年被评为国家级农民专业合作社示范社。2016 年 11 月 17 日，联合社参加了国务院在湖州召开的新型农村经营主体座谈会，受到了国务院副总理汪洋和农业部部长韩长赋同志的充分肯定。

3　春露联合社的运行和治理机制

3.1　股权结构

春露联合社采取了科学而灵活的股权设置和利益分配方案，经成员代表大会讨论通过后在全社推行。各成员合作社既可以以资金入股，也可以以实物入股，家庭农场可以按照再生稻种植面积入股，不设绝对控股股东。

3.2　组织结构

春露联合社组织结构主要围绕再生稻全产业开发的管理和服务需要合理配置。其机构设置主要有成员代表大会，理事会、监事会以及有关管理服务部门。成员代表大会由 40 家成员合作社理事长、家庭农场主、加工厂经理组成，是联合社最高权力机构；理事会是成员代表大会的执行机构，负责联合社日常管理，理事长对成员代表大会负责；监事会是联合社的监督机构，负责监督理事会对成员代表大会的决议和联合社章程的执行。

3.3　决策机制

春露联合社从成立初期就科学设置股权结构，努力建立和完善治理结构（图 1），比较好地建立了利益共享机制和决策机制。成员之间有明确的角色定位和职责分工，建立了透明的工作制度、畅通的沟通机制、有效的激励机制与科学的监督机制，从结构和制度上保证了管理人员始终都能从联合社的根本利益出发，以全体股东利益为重，为联合社的发展和壮大科学决策，高效执行。春露联合社重大事情的决策依据《联合社章程》载明的议事规则，实行民主决策。成员代表大会是联合社最高权力机

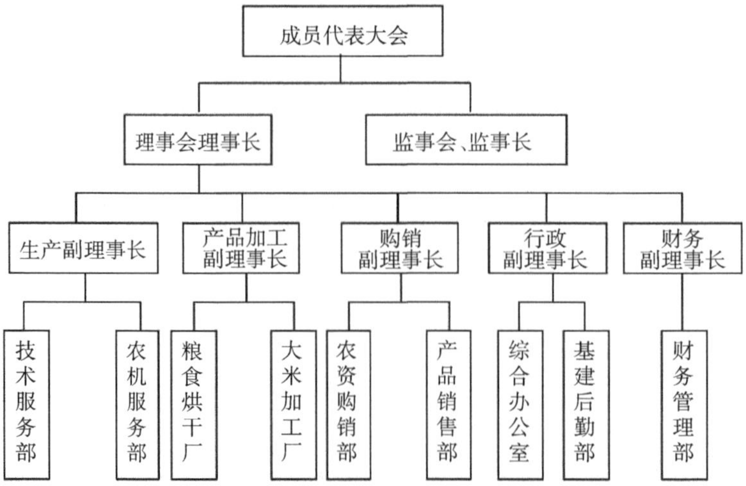

图 1　春露联合社的治理结构

构，每半年召开一次，听取和审议理事会工作报告和财务工作报告，对联合社项目建设、利润分配和理事会人员变动等重大事项作出决定。特别重大事项可以由理事会动议召开成员代表大会临时会议。理事会每月召开一次常务理事会，听取联合社成员单位的工作意见和建议，各部门工作汇报，研究部署阶段性工作。

3.4 财务管理

联合社理事会负责财务管理工作，并聘请了专职会计和出纳。制定了财务管理制度，任何单位和个人不得截留、挤占、平调和挪用本社资产。各项支出必须用于本社的经营和服务活动以及日常管理等相关事项。财会人员必须严格遵守《农民专业合作社财务会计制度》。办理会计事项应当取得原始凭证并依据审核的原始凭证编制记账凭证。会计凭证、会计账簿、会计报表和其他会计资料要做到真实、准确、完整，账账相符，账物相符，账表相符。所有支出由理事长负责审批，单笔业务支出在 2 000 元以内的，由理事长审批；2 000 元以上的，经理事会集体审核后，由理事长签批；所有支出，均要取得合法有效的原始凭证，并有经办人、证明人签字，注明其用途，经理事长审批签字后方可入账。经集体审核通过的，需有会议记录或形成的决议作为依据入账。

4 合作社的经营服务活动

4.1 业务范围

按照再生稻全产业开发全程服务要求，春露联合社业务范围主要有再生稻专用种子、农药、肥料等农资的采购和分发，秧苗培育，耕、种、收农机作业服务，病虫草害的飞机施药，再生稻稻谷的收购、烘干、储存，再生稻大米加工、销售。

4.2 收入与盈利模式

春露联合社收入来源主要由再生稻种植增产增收、节本增收和加工销售增值增收三方面构成，即联合社核心示范基地和再生稻种植合作社增加一季再生稻产量增收，批量采购生产资料降低采购价格节省成本增收，统一农机作业服务实行价格优惠，农机手增加作业服务面积增收，再生稻加工销售增值增收。种植户一般每亩可增收 1 500 元左右。2014 年，联合社实现利润 376.42 万元，2015 年 735.47 万元，2016 年因灾，利润下降到 56.03 万元。

利润分配在按成员代表大会决议规定的比例提取一定公积金或风险金后，盈余分三次分配。第一次按照成员与联合社交易额的 3% 比例分配，第二次是年终决算时按照股金比例分配，第三次是按照成员与联合社在生产资料、农机服务等方面的交易额的 10‰ 折算成股本参与下一年股金分红。

5 创新发展方面的主要做法和经验

春露联合社快速发展得益于党的政策和洪湖市市委、市政府领导和有关部门的关心支持，得益于联合社有一个事业心强、有奉献精神、懂经营、善管理、敢于担当、敢于创新的领头人，得益于洪湖自然优势资源和生态环境。在创新发展过程中，春露联合社主要做到了如下几点。

一是突出了优势资源的整合。为做大做强洪湖再生稻产业，切实发挥联合社领军作用，在筹备期间联合社就注重强强联合，实行优势互补，资源共享。初创联合社的 11 家合作社都是洪湖市生产服务面积大，经济实力雄厚，管理规范，在相关服务方面领先的龙头合作社。为增加联合社经济实力，联合社引进了湖北惠民农业科技公司，实行战略合作，形成了促进再生稻产业发展的联合舰队。

二是突出了服务模式创新。在联合社成立过程中，各成员社对联合社的运行模式进行了深入思考和讨论。为防止走一般合作社的老路，必须赋予联合社统一的职能，确立了联合社“六统一”的运行模式，认可“六统一”是各合作社加入联合社前提。“六统一”即统一技术培训指导，统一生产资料采购供应，统一农机作业服务，统一病虫害绿色防控，统一产品加工销售，统一效益核算。“六统一”运行模式被湖北省农业厅誉为“春露模式”在全省推广。

三是突出了全产业开发与服务。再生稻作为经济效益、社会效益、生态效益十分显著的新兴产业，为加快发展，必须有人种、有人收、销得出。春露联合社以促进洪湖再生稻发展为己任，以实现联合社全体成员增收致富为目标。在充分发挥各成员社职能作用的同时，新建了3 000亩绿色食品再生稻高产栽培示范基地、再生稻育秧基地、生资仓库、粮食仓库，添置再生稻烘干设备，组建了再生稻大米专业销售团队，并且与华中农业大学、湖北省农业科学院、长江大学建立了校企共建关系。服务涵盖了再生稻从种子到大米销售全产业的各个环节。

四是突出了产品质量保证。为确保再生稻米质量安全，春露联合社对再生稻投入品进行全程监控。联合社分发的生产资料，不论社员订购多少，必须首先满足再生稻生产需要，特殊情况需用其他农药，必须在联合社技术员的指导下使用，否则其所生产的再生稻不予回收。

五是突出了品牌建设。为增强再生稻米市场竞争力，提高产品附加值，春露联合社十分注重品牌建设。春露再生稻系列产品共获得4个绿色食品标志，“洪湖再生稻米”还获得了国家地理标志保护。春露再生稻香米荣获第十五届中国绿色食品博览会金奖、第十一届中国武汉农业博览会金奖、2014年湖北省首届楚合农产品金奖、2015年湖北好食材金奖。春露再生稻香米已经销往上海、武汉、广州、深圳、长沙等国内多个一二线城市。2016年春露再生稻米成功出口日本市场。

6 联合社发展面临的困难和政策需求

6.1 面临的困难

春露联合社面临的困难主要是资金不足。随着联合社成员逐年增加，再生稻种植面积迅速扩大，再生稻收购资金严重不足，联合社各项生产性固定资产在各大银行抵押无效，融资十分困难。

6.2 政策需求

一是希望金融部门对合作社降低借贷门槛。二是保险部门扩大农业保险范围和赔付额度。2016年7月渍涝灾害，造成再生稻严重减产，育秧基地大棚毁损，春露联合社直接经济损失800万元，只能默默承担。三是国家农业部门增加合作社在产品开发、产业发展方面的项目扶持。

7 联合社的未来发展计划

春露联合社将紧紧围绕深入推进农业供给侧结构性改革这条主线和促进农业增效、农民增收这个目标，进一步发挥联合社示范引领作用，不断增强联合社服务功能，不断丰富“六统一”服务内容，不断扩大再生稻生产规模，推进再生稻生产标准化，产品开发系列化，质量有机化。

全力打造“洪湖再生稻”绿色品牌，充分利用各类会展、节庆活动等平台，宣传推介洪湖再生稻，提高春露品牌知名度和市场占有率，实现再生稻产业效益的最大化，为创建全国再生稻产业发展第一县市，建设富强洪湖、绿色洪湖做出应有的贡献。

（执笔人：湖北农民合作社研究所 李 博 郭尚武）

赤壁市顺昌中药材种植专业合作社案例

1 基本情况

赤壁市顺昌中药材种植专业合作社位于赤壁市车埠镇枫桥村，由江西湖口顺昌中药材有限公司于2012年3月28日在赤壁市注册成立，成立时注册资金30万元，经营范围为黄栀子的种植、收购、销售以及开展黄栀子种植的技术培训、技术交流和咨询服务。合作社现有正式成员97人，90%以上为当地农民，辐射范围包括周边的余家桥、新店、赤壁3个乡镇30个行政村。目前，顺昌中药材专业合作社呈现了良好的发展态势，社员逐年递增，土地规模逐年扩大，效益逐年增加。2016年，合作社种植面积达到1 720亩，实现总收入445万元、净利润273万元。社员及农户直接受益126万元，社员分红总额105万元。2014年被评为咸宁市示范社，2016年被评为湖北省级示范社。

2 合作社成立的背景、动因和发展历程

2.1 成立背景、动因

2012年是“十二五”规划的第二年，中国经济形势出现新的变化。调结构作为宏观调控的首要任务，全年GDP增速为7.8%，创13年以来最低值。国家继续实施大力发展农民专业合作社的政策，完善扶持合作社发展的政策体系，加大财政、税收、金融等支持力度，推进合作社规范化建设，深入开展示范社建设行动。

田青山作为合作社发起者，1984年出生，大专文化、退伍军人，是一名从贫困村走出去的成功人士，在外打拼多年，当时在江西湖口县顺昌中药材有限公司担任控股股东高管，有稳定丰厚的收入，有幸福的婚姻和家庭。2012年，从小就在农村长大，深知农民生活艰难的他，经与妻子商量后，决定放弃优越的工作环境和舒适生活，举家回老家二次创业，用自己的管理能力、社会关系、技术专长以及积累的销售渠道，为家乡作贡献，帮助家乡群众脱贫致富，实现儿时要改变家乡贫穷面貌的梦想，战胜自己、超越自我。

2.2 发展历程

2012—2014年为合作社发展的第一阶段，这一阶段主要以打基础、扩大种植面积为主，2012—2015年投资500万元在枫桥村、鸡公山村建设栀子基地700亩，2015年11月投资800万元在官田村发展茶叶栀子套种基地1 000亩。由于受黄栀子生产周期制约，进入投产期要3~4年，所以这一阶段几乎不产生收入。2015年到现在为合作社发展的第二阶段，这一阶段黄栀子进入收获期，合作社的发展也实现了从小到大、从无到有的良性发展，创收能力不断得到提升。注册资金规模从成立时的30万元扩充

至现在的100万元，资产规模从成立时的100万元扩大至现在的1 320万元，成员人数从成立时的5人增加至97人，2016年经营服务总收入445万元，纯利润达到273万元，社员盈余返还总额为105万元，户均增加收入4 500元；产品种类在原有的黄栀子基础上又增加了茶叶种植。合作社于2012年4月组织召开了合作社第一届成员代表大会，选举产生了合作社理事长、监事长，并制定了合作社章程。从成立起，每年至少都要召开2次成员代表大会，总结安排工作，调整完善组织机构，审议盈余分红等重要事项，通报财务运行情况。

3 合作社的运行和治理机制

3.1 股权结构

合作社资金来源于股东及成员的现金，股权既有现金也包括土地折价入股。合作社股权集中度较高，前五大股东持股比例占60%，其他92名社员以1股（1 000元）为基数，股数在1~10股不等，出资成员身份均为本地农民。作为土地股份合作社，农户以土地入股，土地租金随行就市，一般每亩作价300~700元，目前农户入股土地600余亩，占总股本的40%左右。

3.2 组织结构

按照章程的要求，合作社建立了“四会”制度。首先是成员大会，作为合作社最高权力机构，97名社员均为成员，表决权一人一票；再是股东（代表）大会；最后是在股东（代表）大会下设理事会、监事会，理事会作为合作社的执行机构。理事长、监事长各1名，分别由田青山、袁亚平担任。理事会有5人，由田青山、袁乘楚、刘水银、田贤珍、袁亚平组成；监事会有2人，由袁亚平、田贤珍组成。合作社内设技术部、市场部、财务部、农资部等部门，专职管理人员有4名，是从社会上招聘的专业人员。

3.3 决策机制

合作社充分实行民主管理，调动农民参与合作社的积极性。坚持民主决策，对合作社入股土地、股权设置、收益分配等关键细节都反复征求农民意见，量化折股、盈余分配等方案都经过农户签字盖章，对合作社的股东代表大会、理事会、监事会的组成上充分尊重农民意愿。一是由合作社社员大会审议通过合作社章程，选举产生理事会理事长、监事会监事长；二是重大事项的决策由理事会提出申请，通过召开社员代表大会，由社员共同审议解决；三是在参与合作社管理方面，社员享有表决权、选举权、被选举权和知情权、监督权，依法享有合作社的服务和生产经营设施以及盈余分红的权利；四是社员大会选举和表决时，实行一人一票制，每名成员都有一票赞成或者反对的权利，与出资多少无关；五是与入股农户签订农村土地承包经营权入股合同书，并将股权证书发放到户。社员变为股民，作为股东代表参与议事。

3.4 财务管理

合作社聘请了专职会计，严格执行《农民专业合作社财务会计制度》，财务账目实行日清、月结。开支实行理事长一支笔签字制度，重大开支提请理事会讨论决定。按财务制度的规定，健全会计账目，及时做好账务处理，严格按季公布各项财务收支，增加了资金监管透明度，确保有限资金充分发挥其作用。合作社设立了专门账户用于记录每位社员的出资额、量化后的公积金份额以及成员与合作社的交易量，将其作为社员参与合作社盈余分配和退社时的财务依据。对合作社接受的国家财政直接补助形成的财产，依据成员账户中记载的出资额和公积金份额，按比例平均量化分配给每一位成员。合作社从当年的盈余中提取15%的公积金和15%的公益金后，余下的年终一律按股分红。2016年提取公积金、公益金82万元。农户以土地入股的另外保底分红，2016年共有91户农户入股土地600亩，平均每亩土地保底分红120元。

4　合作社的经营和服务活动

4.1　业务范围

合作社经营的主打农产品是黄栀子、其次是茶叶，业务主要是种植、收购和储存，涉及生产、销售两大环节。该社所产黄栀子市场前景广阔，产品供不应求，由江西湖口顺昌中药材有限公司包销。该社与农资企业对接，对合作社所需农资实行统一标识、统一采购、统一配送、统一价格、统一服务“五统一”管理。合作社的技术保障由江西顺昌中药材有限公司和江西九江九普药业种植有限公司提供，每年两公司的技术人员都要上门举办技术讲座，包括施肥、修剪、病虫害防治以及地面管理等方面内容，并现场教社员操作。黄栀子除药用外，还广泛应用于糕点、糖果、饮料等食品的着色上，因此该社将产品质量安全控制放在首位，建立健全农用化学品使用管理制度，由采购专员到正规农药营销商统一购买，必须是标识品名、化学名称和含量清晰、生产厂家三证齐全的农药，社员在技术员指导下严格按照农药标准配制农药，并在技术员监督下施药。

4.2　收入与盈利模式

合作社的收入主要来源于种植，除主要品种黄栀子、茶叶外，间隙期也种过黄豆、玉米、西瓜、花生；合作社的成本主要有种苗、化肥、人工费以及土地租金。收入由土地产出总量乘以销售单价，成本则由种苗、化肥、人工费以及土地租金支出之和构成。各项收支要素随行就市，靠市场定价，收入与成本的差价形成利润。2016年，黄栀子亩收入2 100元、成本500元，每亩利润1 600元。合作社对社员实行盈余二次分红制度，即弥补亏损、提取公积金后的当年盈余作为合作社的可分配盈余，其中，提取的公积金平均量化给每位社员，记入社员账户。第一次按社员交易量分配，不低于可分配盈余的60%；第二次以成员账户中记载的出资额和公积金分额按比例分配给各个成员。

5　合作社在创新发展方面的主要做法

5.1　宗旨导航、制度牵引，合作共赢为合作社发展提供内驱动力

合作社创立以来，牢固树立为社员服务的办社宗旨，以为政府分忧、助农增收为己任，始终坚持“民主办社，科技立社，惠农活社，质量兴社，诚信富社”的办社法宝，不断完善以章程为主的规章制度和以成员大会为主的组织机构，引领社员积极参与合作社的经营管理。每年至少召开2次成员代表大会，通报合作社的生产经营状况和财务管理成果，重大财产处置和重要经营决策由社员代表大会民主讨论决定，实行一人一票，做到了民主决策、民主管理、民主监督。2013年应广大社员的要求，合作社组织修订了《章程》，进一步健全了民主议事决策制度、入社资格审查与劝退制度、财务会计制度、收益分配制度、档案管理制度、销售管理办法等，确保了合作社的规范运作，为社员增产增收和增强市场竞争力提供了坚实的保障。

5.2 统分结合、互惠共赢，聚沙成塔不断扩大种植规模

合作社与社员之间依靠合作协议，形成松紧适度、统分结合、互利共赢的合作关系。合作社负责提供种子（种苗）、技术指导、产品销售等产前、产中、产后服务；合作社社员负责田间劳动和生产管理，在产中环节实行分散管理。这种以统分结合的双层经营管理模式使生产更加灵活。统一供种、统一技术指导、统一销售、分散生产管理的合作方式，较好地适应了当前的土地承包经营模式，也比较符合当前中药材产业发展的特点。以合同方式明确双方的责权，使各方利益得到法律保障。合作社一方履行产前、产中、产后服务义务，使合作社成员最大限度地降低生产成本，规避市场和技术风险，实现稳赚不赔。合作社以市价提供种苗，免费提供技术指导，保证稳定的种苗收益和稳定的种植面积，并以略高于市场价保底回收产品，使农户无市场风险，有效保证了农户的利益。农户可以合理利用房前屋后、农田林地、闲置棚舍等，只要气候、光照条件合适，适当培土改土，都可以发展黄栀子栽培，门坎较低，适合广大农民种植。

5.3 滴水不漏、全程监控，一丝不苟有效保证质量安全

合作社从产品生成的各个环节进行严格把控，坚持以品质取胜。在人员培训上，合作社成立培训部，培养了一支经验丰富、吃苦耐劳的技术队伍，分片包干为社员提供指导服务；在种植环节，组织专人负责黄栀子田间管理，传授病虫害防治知识，严禁过度使用农药等有害化学品，由合作社按批发价统一采购、配送有机肥给社员，12月至次年清明节前统一修剪枝叶、统一用磷肥和黄泥浆蘸根；在收购环节，选择饱满、色深红的新鲜果实，连壳晒至半干，对大小黄栀子按不同规格分类收购贮存、生产销售，满足不同顾客需要；在收购环节，坚持当天收购当天翻晒，杜绝新鲜栀子因积压造成变色变质；在销售环节，指定专人专职对外销售，销售的营业收入由会计统一做账，账目公开透明化。这样环环相扣，有效保证了产品质量安全和社员利益。

6 合作社创新发展面临的困难和政策需求

6.1 面临的困难

第一，社会认知度不高。一是农户认识不高，部分农民群众对农业合作社的性质认识不清；二是发起人理解不深，合作意识不强；三是乡村干部重视不足，在指导、扶持和服务农业合作社发展方面不够有力。

第二，缺乏核心竞争力。人才缺乏、科技水平低，对创优创牌方面的意识缺乏，导致产品缺乏核心竞争力。

第三，作用发挥不够充分。一是社员与合作社之间联系不够紧密，没有形成真正的利益共同体；二是合作社之间缺乏必要的再联合，参与市场竞争和抵御市场风险的能力较弱；三是停留在种植低层次服务上，在产品深加工方面很少涉足。

第四，依赖现象比较突出。合作社以无偿服务为主，自主经营创收能力较弱，都希望政府资金扶助，但政府财力有限，扶持力度并不大。

6.2 政策需求

第一，加大金融扶持力度。一是要建立适合农民专业合作社的信贷评级制度，合理确定信用评级标准，二是加强银行信贷管理体制改革，完善信贷投放激励机制；三是针对农民专业合作社的融资需

求特点，创新金融服务产品。

第二，加大财政扶持力度。一是充分发挥财政奖补的导向作用，引导更多的社会资金进入到这一领域中来；二是加强对规范合作社的奖励力度，为其他合作社明确努力的方向。

第三，帮助解决人才问题。一是建议政府部门以保留职位、工资的形式允许和鼓励事业单位人才到专业合作社工作或入股；二是加强对合作社负责人、工作人员进行强化培训，造就一批懂技术、懂市场、善管理的复合型人才。

7 合作社的未来发展计划

目前合作社仍处于发展阶段，虽然取得了一些成绩，但离发展目标还很远。今后合作社将按照“种植上规模、科技上台阶、效益上水平、管理上档次”的发展思路和要求，逐步走向规模化、标准化、规范化，带领更多农民增收致富。

第一，进一步扩大种植规模，逐步实现规模经营。在现有种植面积的基础上再发展社员，使黄栀子总产量达到1 000吨，社员发展到200户。

第二，提高科技含量，增强市场竞争能力。除加强管理，稳定和提高产量外，重点是提质，改良引进黄栀子新品种，向有机、绿色和无公害种植方向努力。同时，瞄准市场，对黄栀子进行深加工，进一步提高产品的附加值，增强抵御市场风险的能力。

第三，提高管理服务水平，打造品牌农业。要以市场的理念、工业的思路、科技的头脑、品牌的意识经营好合作社，努力实现效益农业的新突破，一手抓服务促发展，一手抓管理提绩效，在“合作社+农户”的基础上，积极向“品牌农业”转型，助力赤壁“美丽乡村”建设。

（执笔人：赤壁市农村经济经营管理局　方　强　熊梅芳）

创新经营模式　推动产业扶贫
——宣恩县贡茶专业合作社典型案例调查报告

1　合作社基本情况

宣恩县贡茶专业合作社正式成立于2008年9月22日，位于宣恩县万寨乡伍家台村，地处宣恩县21万亩贡茶经济带的中心位置，是伍家台有机富硒贡茶的发源地。伍家台村海拔600~1 000米，生态环境优越，无污染，气候适宜，是得天独厚的名优茶产地。一姓伍名昌臣的茶农加工的茶叶曾得到乾隆之宠，获赐匾“皇恩宠锡”。

宣恩县贡茶专业合作社注册资金49.26万元，社员从成立之初的53名发展到293名，其中农民290名，同时采取合作社+公司+小加工厂+基地+农户模式，拥有基地面积约13 980亩，3 200余户12 800人，加工生产线3条，加工厂房约16 800平方米，加工机械80多台(套)，资深技术人员60余人，年均创利税200余万元，累计盈余返还达30余万元，农民收入增加1 500余万元以上。合作社依托得天独厚的自然资源，以“村社共建”的方式，带领伍家台村及周边24个村致富。宣恩县贡茶专业合作社着力提高茶叶种植、采摘、加工、包装的科技创新水平，大力发展“猪-沼-茶”生态农业模式，不断挖掘昌臣浓厚的历史文化，积极开发农家乐，打造乡村旅游，为合作社不断壮大、村民不断富裕、当地经济不断发展创造了良好的经济效益和社会效益，实现了合作社、社员、社会共同发展，有力地促进了精准扶贫工作的开展。

2　创新经营模式具体做法

2.1　完善制度，规范发展

2.1.1　建立民主管理、民主决策的机制

合作社建立了一整套民主管理、民主决策的机制。一是民主的选举制度，实行一人一票，合作社理事会、监事会成员由民主选举产生；二是民主决策，每年召开一次全体社员大会，并不定期地召开社员代表大会，民主讨论和决策重大问题，使每个社员能充分发表各自的意见和建议；三是提高财务管理的民主、公开制度，制定了符合本社实际的《财务管理制度》，定期实行财务公开，接受社员的监督，并主动请主管部门进行审计；四是制定了各项规章制度和管理制度。如车间卫生制度、仓库管理制度、安全生产责任制度、生产操作人员职责等，使各项工作都有章可循，还编制了《社员交售茶叶记录表》，为实施分红和二次返利提供依据。

2.1.2　标准化建设、技术信息共享、资金互贷

合作社紧紧围绕茶叶的种植、生产、加工等环节开展标准化建设、技术信息共享、资金互贷等活

动。一是严格生产制度，狠抓茶叶质量。合作社建立了一套完整的管理方法和严格执行伍家台贡茶相关标准。实现五统一，即统一防病治病标准，统一施肥、培育标准，统一鲜叶采摘标准，统一制作工艺流程标准，统一产品的包装标准。凡在生产加工过程中发现有弄虚作假，或是以次充好行为的，合作社均予以处罚；二是大力开展技术培训，努力为社员排忧解难。聘请华中农业大学茶叶专家及本地专业人才为社员提供产前、产中、产后的技术服务；三是切实履行信息共享、资金互助、资金互贷的原则。合作社每年从经营利润中提取一定的资金用于社员生产资金的周转或下年度科技培训费用，以利于社员和茶农扩大种植规模，确保产量稳步上升；四是合作社本身设立监督机制，对自身的不规范进行改进，并通过社员代表大会等形式，使合作社的成员形成信息共享、民主监督、利润分配、风险共担的机制。

2.2 机制保障，合理分配

宣恩县贡茶专业合作社实行“合作社+公司+基地+社员”的模式，在机制上保证合作社和社员成为利益共同体。

2.2.1 合作社在收购上实行保护价收购机制

合作社与社员签订鲜茶收购和茶园管理合同书。合作社对基地上采摘符合收购标准的原材料实行相对保护价收购。即市场价高于保护价，按市场价收购；市场价低于保护价，按保护价收购。做到应收尽收，现金交易，不缺斤少两，不压级压价。社员按照合作社的统一要求，对茶园进行施肥，灌溉，采摘，修剪，除草。

2.2.2 合作社在销售上实行专班销售机制

合作社加工的产品，由合作社组建销售专班统一销售，社员不承担任何销售压力。合作社在北京、上海、广州、成都、济南、长沙等地设有连锁门市部，在武汉、恩施、宣恩设有直销门市部。

2.2.3 合作社实行年终分红机制

合作社在收购鲜茶时，给每一名社员建立收购台帐，以此反映社员交售鲜茶的实际情况。在年终收购结束以后，分门别类进行汇总，按照收购等级的高低，结合收购金额的多少，给予社员适当比例的分红，以物资或现金的方式给予奖励。

2.2.4 合作社实行盈利反哺机制

合作社在早期经营获利的情况下，经合作社理事会讨论决定，提取20%的利润用于基地改造或建设，即盈利反哺机制。从2008年至今，合作社从净盈利中提取240万元用于基地建设提供茶苗款、新建茶园850亩、改造老茶园1 000亩；猪-沼-茶生态模式建设，整修基地便民路；提供肥料、修建费，修建饮水池8口；支持贫困学生20人和困难家庭10户。

2.3 创新模式，茶旅融合，精准扶贫

2015年，宣恩县贡茶专业合作社响应国家全域旅游的号召，大力发展乡村旅游。茶叶产品、茶山观光旅游、茶艺文化演绎共同开发，有效推进茶叶产业链建设和茶叶产业健康发展。利用规模性茶园将伍家台按照4A乡村景区打造。在合作社中抽选优秀有能力的社员，鼓励其开办茶家乐、移动贩卖点，合作社为有能力创业的社员提供小额贷款担保，提供创业资金。截至8月底，共发放187万元，涉及社员42户。

2.4 大力宣传创建有机茶园

宣恩县贡茶专业合作社获得了国家有机茶认证，但是有机茶园的创建过程仍然是艰苦的，部分社

员对有机茶认识不够，合作社首先从自有基地开始进行有机管理并开展一系列培训活动，提高社员的思想认识度，聘请市、县有关专家和技术人员对合作社成员进行技术培训，一是种植栽培、加工技术培训；二是对有机茶、无公害茶示范培训。方法：社员代表集中统一培训；到外地实地参观学习培训；接受培训的代表又到村组织茶农培训。通过不断的学习培训，很多茶农的种植、采摘技术有所提高，加工技术有所改进，知道茶叶发生病虫害如何防治，哪些化肥农药可以在茶园上施用，哪些不能用，了解到农药残留对人体有害。通过一系列的培训，与合作社合作的茶园基地全部都采用有机管理模式，目前合作社有机茶园达4 200亩，其中通过欧盟有机认证的茶园达到3 600亩。

3 存在的问题及建议

成立以来，宣恩县贡茶专业合作社发挥资源和区域优势，坚持产业富村，着力培育主导产品和产业，优化发展环境，提高发展质量，取得了一定的成效。但在茶叶合作社发展的同时也逐渐呈现出一系列问题，主要有产业规模不高，产品创新能力不足；未形成稳定的销售网络；茶园改造技术难题难以攻克；合作社承担风险能力弱；产品市场份额小。根据以上存在的问题，提出以下建议。

3.1 加强产业规划，培育市场竞争主体

一是建议设立专项资金对茶叶专业合作社给予扶持，促进茶园种植规模发展。二是要鼓励对茶叶发展有事业心的能人，走出家门，到武汉、北京、广州等地发展或诚招大市场的代理商代销伍家台贡茶，来增加茶叶的利润空间，提高伍家台贡茶的品质，拉动茶农长期稳定的经济增收。

3.2 落实有关扶持政策，依法促进规范化建设

建立示范引导扶持制度。要加强与高校科研机构的协作力度，不只是合作社要自己提高茶园改造技术，政府部门也要支持茶业发展，聘请茶学专业权威专家对合作社茶园进行实地察看，引进高产、高效茶苗。要出台鼓励农民专业合作社的优惠政策，特别是要对重点合作社在启动资金上给予具体的扶持。依法落实财政支持、项目扶持、金融助力、税收优惠等专项扶持政策，综合协调各相关单位，创造有利于合作社组建和发展壮大的良好的、公平的社会环境。

（供稿：恩施日报）

创新金融扶贫　带动村民致富

——宣恩县椒园镇黄金梨专业合作社经验

宣恩县椒园镇黄坪村位于椒园镇北部，距宣恩县城10千米，209国道穿村而过。辖12个村民小组，558户、2 088人，占地面积5 200亩，耕地面积2 453亩。黄坪村农业主要以黄金梨、茶叶和生猪养殖为主，现有黄金梨种植面积1 850亩，户均3.32亩。近年来，该村为壮大村集体经济，加快村民脱贫致富，在有效对接县级政策支持的情况下，积极探索，撬动金融杠杆，做实、做大金融支持村级经济发展，为金融扶贫提供了可借鉴、可推广的经验。

1　黄坪村金融扶贫的探索及成效

为撬动金融支持村级经济，带动村民脱贫致富，2007年黄坪村作为试点村，率先启动实施了贫困村互助资金项目，村民通过缴纳50~200元不等的会费成为互助社的会员，互助社项目资金由村民自管、自用、自贷，通过互助贷款，一定程度上缓解了社员发展生产缺乏资金的难题。但随着村级经济的发展，扶贫互助社资金小、贷款规模小等弊端逐步暴露，制约了该村的长远发展。

为解决这一瓶颈，2014年5月黄坪村作为试点，在宣恩县率先实施金融扶贫益贷互助担保贷款，并在黄坪村成立扶贫互助社，赋予其担保机构职能，实现扶贫资金与信贷资源的有效对接。县财政先后2次共注入50万元到黄坪村扶贫互助社，扶贫资金作为担保资金抵押给银行，按1∶10的比例放大贷款规模。截止2015年12月，黄坪村的贷款余额达到391.5万元，最高峰值贷款规模达到500多万元，通过黄坪村扶贫互助合作社提供担保，获得的金融扶贫益贷互助担保贷款余额达257万元，占黄坪村各项贷款余额的65.64%。黄坪村扶贫互助合作社累计开出担保函73笔，金额509万元，金融机构实际受理并发放70笔，金额491万元，担保成功率和金额满足率分别达到95.89%、96.46%。

通过实施金融扶贫益贷互助担保贷款，黄坪村220户贫困户直接贷款户34户，产业带动户126户，“1+1”和“互助社+贫困户”帮扶60户，基本实现2015年该村整体脱贫。

2　创新金融扶贫的主要做法

2.1　创新工作机制，探索放大扶贫资金使用效益

一是撬动金融资本支持扶贫开发。黄坪村金融扶贫的基本思路：将扶贫部门注入的扶贫资金转为担保基金，村级扶贫互助资金合作社转为农村政策性担保平台，为贫困农户和其他履行扶贫帮扶协议的农村新型经营主体提供增信服务，即融资担保，不再直接发放贷款。操作的基本流程：借款人向扶贫互助社提出贷款担保申请，扶贫互助社担保前审查，向承贷银行出具担保函，承贷银行贷前审查，

发放贷款。承贷金融机构按照不高于1∶10的比例提供贷款。2015年，黄坪村获银行信贷支持491万元，黄金梨产品实现销售收入930万元，种植户户均收入2.08万元，比上年增收16.6%。二是加强互助社和农民专业合作社联姻联合。黄坪村有黄金梨产业合作社2家，黄坪黄金梨专业合作社，社员298户，管理梨园923亩；黄坪红盛专业合作社，社员267户，管理梨园1 227亩。两家专业合作社精诚合作，各自贷款30万元购买黄金梨生产资料，实行黄金梨生产“三统一”，即统一管理、统一服务、统一销售。对无劳动力的贫困户，由合作社提供帮工。如该村11组的黄再良、1组的黄金红均为重点贫困户，在合作社的帮扶下今年分别实现黄金梨收入1.5万、2.0万元。三是实施“1+1”开发模式，实现集团式发展。在金融扶贫互助资金合作社的支持下，借款对象对所有有融资需求的人开放，除贫困户外凡其他人借款后实行“1+1”结对帮扶机制。黄坪村黄金梨合作社贷款30万元，直接帮扶29户贫困户。4组的王兴喜、8组的周兴胜在互助社分别贷款5万元开办农家乐，聘请贫困户王文志、徐元香为服务员，并种植蔬菜，养猪包销，王文志、徐元香当年收入达2万元以上。目前，黄坪村220户贫困户全部纳入互助社+合作社+大户结对帮扶。

2.2 突出重点难点，加速推进金融扶贫试点工作

2.2.1 加强舆论宣传，做到政策透明

一方面，邀请县扶贫办与县人民银行就金融扶贫政策在黄坪村进行广泛宣传，让黄坪村扶贫资金互助社法人对扶贫互助社的功能和市场定位有一个明确的了解。扶贫互助社的功能就是履行扶贫融资担保，既然是担保，就要承担担保责任，一旦金融机构发放的贷款产生风险，扶贫互助社就要承担担保责任。扶贫互助社的担保意识或者是担保责任的提升，也相应地提高了其风险的防范意识，在审查出具担保函时就需要对借款人的贷款用途、产业以及还款能力进行认真地调查，贷后要进行贷款使用情况、项目发展情况跟踪监督。另一方面，扶贫互助社在明确自身责任的同时，又在村内组织农户进行了多次宣传，向农户介绍扶贫互助社的功能和作用以及扶贫互助担保贷款的资金性质，通过扶贫互助资金合作社提供担保必须具备的基本条件。包括要参加入社，要有发展项目，要有良好信用记录，担保贷款的资金来源是银行信贷资金，不是扶贫资金，必须按期偿还，偿还本息之后，才能向扶贫互助社提出贷款贴息申请，否则不予向县扶贫办代为申报贴息。黄坪村在开展金融扶贫试点前，从2013年11月到2014年5月正式启动，前后用了近半年时间来进行谋划筹备。7组的刘德申常年在外打工，年收入在3万元左右，由于家底薄，上有老下有小，在外听说金融扶贫政策后，抱着试试看的态度回家贷款5万元，办起了一个小型木器加工厂，开始为周边群众提供木工服务，2015年实现收入8万元，远远超过在外务工收入，而且照顾了老人和家庭。

2.2.2 加强管理，履职担责

为确保贷款安全，理事会都会专门到借款农户家中进行实地调查，当看到农户已经将产业做起来后，在发展中缺乏资金时才受理其贷款的担保申请。如果农户只说未做，看不到发展产业的项目，一律不予考虑。借款人获得贷款后，黄坪村扶贫资金互助合作社并非放任自流而不管，而是时常深入借款农户家中进行担保贷款后续的监督，防止借款人挪用资金。同时，扶贫互助社在贷后监督过程中，对于家中贫困而又想发展致富的贫困农户，积极主动为其提供帮助，最大限度地解决其融资担保难问题。2014年6月在黄坪村11组黄再志家中调查时发现，该贫困户养了几头母猪，想扩大养殖规模，但家中已经无法拿出任何资金来发展生产。加之2014年上半年猪肉价格下跌，该贫困户几乎陷入绝境，在其最为艰难的时候，扶贫互助社及时为其提供了5万元的贷款担保，并很快获得了承贷银行的支持。

到2015年末，该农户已建成300多平米的猪圈，年存栏商品猪100余头，当年已销售仔猪和商品猪约50头，实现收入6万元左右。仅一年时间就实现了脱贫，并按照约定期限及时归还了贷款。

2.2.3 建立健全监督、督办机制

村级合作社由县互助社负责督办、监督以及资金调配，村级设独立法人，由村级民主选举产生理事会3人、监事会3人。同时搭建农村信息平台，在村委会设液晶宣传屏和互助社查询平台，做到金融服务不出村。农商行椒园支行上门服务协作互助社收集农户经济信息，解决了信贷信息对称的问题。

2.3 强化信贷要素保障，确保小额信贷工作顺利推进

2.3.1 建立工作激励机制

黄坪村金融扶贫互助资金社成立初期，就建立了激励制度。一方面，提供返点工作经费。黄坪村扶贫资金互助合作社与承贷银行签订了金融扶贫益贷互助担保合作协议，对扶贫资金互助合作社出具担保发放的贷款所产生的利息收入的10%作为工作经费。同时，在通过扶贫互助社出具担保后的贷款均实现按期归还后，再由承贷银行给予扶贫互助社法人代表2 000元的奖励。另一方面，增加担保基金规模。村级扶贫资金互助合作社运行良好。

2.3.2 实行“1+1”“社+社”联姻

黄坪村现有两家黄金梨合作社，两家法人分别担任互助社理事长、监事长，一旦扶贫互助合作社所提供的贷款担保出现风险，直接影响到其法人自身经营专业合作社的融资问题。同时，全村的黄金梨种植户纳入两家合作社统一管理，建立共同的利益机制。因此，社与社的联姻，促进了该村扶贫资金互助社的规范化经营。

2.3.3 培植良好的信用环境

黄坪村自2004年以来，就获得宣恩县信用村荣誉称号，全村农户的信用意识较强。截至2015年末，该村不良贷款余额仅2笔，仅占该村所有贷款总额的2.04%，且不良贷款并非农户主观因素形成。同时，由该村扶贫互助资金合作社提供担保所发放不良贷款余额为零。

3 创新金融扶贫的经验和启示

黄坪村金融扶贫互助资金社成功的原因既有政策的支撑，也有相关部门的大力支持，其达到制度设计最佳理想效果的核心因素有5个方面。

3.1 良好的产业规模是基础

金融机构作为特殊的市场主体，其经营的基本原则就是流动性、安全性和效益性。也就是在保证资金安全的前提下，最终的目标是追逐和实现利润的最大化。金融机构要介入扶贫开发，实现这一目标，就必须借助相应的平台，也就是承载的主体和产业，没有产业作支撑，就很难获得金融机构的信贷支持。黄坪村的主要产业是黄金梨，从事黄金梨种植的农户约占65%，多年来，产业稳定，市场前景好，销售渠道广阔，具有较强市场竞争力。这为金融支持产业发展提供了良好的基础。

3.2 灵活解决担保问题是关键

主要在两个方面体现：第一方面是解决贫困户没有质押物和担保人，从银行贷不了款的问题。银行和互助社通过对其产业发展能力考察，进行评级授信，互助社提供担保，解决贫困户生产发展启动资金。如黄坪村8组贫困户周元志长期在外务工，2014年回到村里，通过村级扶贫互助社分别从农村

商业银行贷款5万元、村镇银行贷款6万元，一是对自家房屋进行改造建成农家乐餐馆，2015年已实现经营收入7.5万元；二是利用林地散养生猪30头，按每头售价2 000元计算，可实现销售收入6万元，当年即实现脱贫目标。第二方面是解决少数特困农户因伤、因残、因病致使整户劳动能力弱，银行无法对其评级授信，从而贷不了款的问题。对这类贫困户，该村采取吸纳进入专业合作社，由专业合作社向银行贷款后统一购买生产资料发放给特困农户从事农业生产，形成收益后，特困农户向专业合作社偿还生产资料款。这种方式有效解决了特困农户从事农业生产的资金困境，让他们得到了资金支持。如黄坪村11组低保户黄再良全家4口人，有3人患有不同程度的残疾，还有1名学生。2015年，该户管护自家黄金梨1.2亩，代管其他农户黄金梨1.1亩，黄坪村黄金梨专业合作社为其发放价值2 100元的果袋和肥料。当年2.3亩黄金梨收益6 500元，偿还果袋肥料款后，纯收入有4 400元，加上低保，即可实现脱贫。两年来，黄坪村黄金梨专业合作社与91户贫困户签订了帮扶协议，累计获得贷款560余万元。

3.3 创新产业发展方式起推动作用

在实现金融扶贫益贷担保贷款项目有效覆盖全体农户的同时，黄坪村积极探索营销模式，成功举办黄金梨采摘节活动，对外扩大了黄坪黄金梨的知名度。积极探索推行了众筹融资方式，启动“在黄坪村认养一棵黄金梨”实物众筹项目，投资人以每年每棵梨树618元的价格领养一棵梨树，可获梨树当年的冠名权和收益权。黄坪村黄金梨专业合作社按照投资人的要求对梨树进行冠名，建立梨树档案，开展日常管理，详细记录生产过程各项数据供投资人查询。黄金梨成熟后，投资人可保底获得45千克梨作为投资回报。目前，全村已有58棵黄金梨树被黑龙江省、武汉市、恩施市等多地投资人认养，吸纳资金35 844元。同时，黄坪村还积极发展电子商务、微信营销等多种新型营销模式，采用与天猫店合作企业全员开店、平台联系黄坪村在外务工人员参与微信营销等多种方式，扩大了黄金梨的市场知名度和占有率。

3.4 良好的诚信环境起支撑作用

良好的信用环境是支撑金融机构敢于投放贷款的基础，如果没有良好的金融生态环境，即使扶贫互助担保基金规模再大，金融机构发放贷款的积极性也不高。黄坪村是多年的金融信用示范村，不仅体现在村级2个黄金梨专业合作社上，更是体现在该村全体村民上，不管男女老少都有很强的信用意识，如黄坪村11组黄再志，2014年为贫困户，通过贷款5万元发展生猪养殖，2015年实现收入6万元，资金有结余后，首先想到的是归还互助社担保信用贷款，基于他的诚信，农商行继续给他续贷5万元，鼓励他扩大生产规模，带动周边农户脱贫致富。

（供稿：恩施日报）

利川市金土源药材产销专业合作社案例调查报告

1 合作社基本情况

利川市金土源药材产销专业合作社坐落于利川市元堡乡，由陈本富等13人发起，成立于2008年10月28日。成立之初，注册资金54万元，2013年10月增加社员，注册资金增至513.15万元，2016年注册资本已达540万元，成员154名。主要经营适合本地气候、地理条件的中药材种植、销售及相关新技术研发。目前种植面积达3万亩，带动农户8 000多户，辐射种植区域延伸到周边5个县市，产品销售主要以订单形式销往全国各地。合作社在浙江的杭州和温岭、上海、北京都建有中药材直销点和养生食材的经营网点。

2 合作社成立的背景、动因和发展历程

2.1 成立背景、动因

合作社成立之前，当地的中药材以散户种植为主。陈本富认为“有个组织的话，药材经营、市场销售方面更为便利”。2008年陈本富受到《农民专业合作社法》颁布实施新闻的启发，在乡政府的协调下，成立了金土源药材产销专业合作社。

2.2 发展历程

合作社理事长陈本富有40多年的药材种植经验。1999年开始建立自己的药材基地。2000年，他在利川市元堡乡复兴村租地3 000亩种药材（租期30年，租金每年每亩约100元），并逐渐带动周围农户种植中药材。2008年，陈本富牵头成立金土源药材产销专业合作社。组建合作社后，复兴村的大黄种植由几亩扩展到几百亩，再到上千亩。

2013年10月，合作社注册资金增加至513.15万元。现注册资金540万元，成员154名。

2014年11月，金土源药材产销专业合作获得国家级示范社称号。

2014年5月，以合作社为依托，由陈本富、张学安、幸正翠、张学富等六位股东增资组建了金土源林药种业有限公司，董事长为陈本富，注册资本3 000万元。

2015年5月，金土源林药种业有限公司与华中农业大学资产管理公司签署合作经营协议。联合经营后的湖北金土源林药种业有限公司，由合作社控股60%，华中农业大学占股40%，注册资金共计5 000万元。公司拟发展成为一家集种苗培育、大宗药材买卖、中成药物制作、中药饮片制售、食疗药包制售、生物药用萃取的现代化生物集团公司。

2016年，合作社的药材种植面积达3万亩，带动农户8 000多户。

2012年，由金土源合作社牵头成立联合社。2014年，该联合社吸纳元堡宏发种养殖合作社、箭竹溪黄连专业合作社进入，在共享市场和技术资源方面做了一些尝试。预计2017年联合社的规模将达到48家。但到目前为止，联合社彼此之间的联系还比较松散。

整个合作社发展过程中，品种从过去以地产药材（大黄、茯苓、藁本等）为主扩宽到更多的名贵中药材（黄精、苍术、地乌等）。目前，还在往深加工方向走，比如，开发出“黄精茶”。同时，合作社先后与重庆太极集团、重庆九州通医药集团、青岛天食利集团、广州制药厂达成合作协议。目前，该合作社的药材生产大部分为订单生产。

3 合作社的运行和治理机制

3.1 股权结构

2008年合作社成立之初，注册资金54万元。成员土地按每亩2 000～3 000元计算折价入股。该社允许吸纳与合作社业务相关的企业、事业单位或者社会团体成员。从2010年1月1日之后申请入社者，出资额（现金和实物作价）必须达到50万元以上，才可享受原始股东同等待遇。农民成员不得低于成员总数的80%。现合作社注册资金540万元，出资最多的成员是陈本富，出资300万元。

3.2 组织结构

合作社章程显示，该社的理事会由7名成员组成，理事长1名，副理事长4名，所有成员任期三年；监事会由3名成员组成，监事长1名，执行监事1名，监事会成员1名，所有成员任期三年。理事长、理事和监事均由成员大会选举产生。经理由理事会聘用或解聘，经理对理事会负责。

3.3 决策机制

合作社章程显示，成员大会是该社最高权力机构。成员大会可以行使以下职权。①审议、修改章程和各项规章制度；②选举和罢免理事长、理事、监事长、执行监事或监事会成员；③决定成员出资标准及增加或减少出资；④审议批准发展规划和年度经营计划；⑤审议批准年度盈余分配方案和亏损处理方案；⑥审议批准理事会、监事长、执行监事或者监事会提交的年度业务报告；⑦决定重大财产处置、对外投资、对外担保和生产经营活动其他重大事项；⑧对合并、分立、解散、清算和对外联合等作出决议；⑨决定聘用经营管理人员和技术人员的数量、资格、报酬和任期；⑩讨论30%以上成员的提议；⑪讨论理事会的提议。

成员大会表决实行一人一票制。出资额占成员出资总额30%以上者或者与本社交易额占总交易额的30%以上者，最多享有二票的附加表决权。成员大会须有该社成员总数的2/3以上出席方可召开。成员大会选举结果或做出的决议，须经本社成员表决总数过半通过。

3.4 财务管理

第一，出资管理。该社成员可以用货币出资，也可用库房、加工设备、运输设备、农机具、农产品实物、技术、知识产权或者其他财产权利出资，但不得以劳务、信用、自然人姓名、商誉、特殊经营权或者不定期财产出资。成员以实物资产出资的，由理事会成员评估作价。

第二，交易管理。成员与合作社的所有业务交易，实名记载于该成员的个人账户中，作为可分配盈余返还分配的依据。利用合作社提供服务的非成员与合作社的所有业务交易，实行单独记账，分别核算。

第三，分配管理。从当年盈余中提取20%的三金（公积金、公益金和风险基金）。当年可分配盈余的分配顺序为：按交易额返还，返还比例不低于可分配盈余的50%。剩下部分按成员账户记载的出资额和公积金份额，以及接受国家财政直接补贴和捐赠形成的财产量化到成员的份额，按比例分配到每个成员，并记载于成员账户。亏损和债务由公积金或者以后年度盈余弥补，不足部分成员按比例分担，但不超过出资额和公积金份额。该社每年提取的公积金，按照成员与合作社的交易额按比例量化到每个成员所有的份额。财政直接补助和他人捐赠形成的资产按入股现金比例量化到每个成员份额，作为可分配盈余的依据之一。

4 合作社的经营和服务活动

4.1 业务范围

该合作社的业务范围包括组织采购、供应成员所需的种子等生产资料。组织收购、销售成员生产的药材。开展成员所需的运输、储藏、加工、包装等服务。引进新技术、新品种、开展技术培训、技术交流。合作社主要经营黄精、大黄、白芨、苍术、地乌、松茯苓、广紫菀等30多个名贵中药材品种。最主要的生产资料——种子，部分从合作伙伴处采购（如从华中农业大学在襄阳保康县的黄精基地购买种子），部分由上游药企提供，部分由陈本富自己的基地提供。目前合作社以销售原始中药材为主，正在探索黄精饮片加工。

4.2 收入和盈利分配

2015年成员户年均收入在15万元左右，较之于成员户入社之前，户均约增收1万元。成员收入与成员种植品种和市场行情有较大关系。最近几年黄精市场行情好，黄精生产周期为3年，亩产新鲜黄精可达4 000～5 000千克，每亩收入可达4万元，每亩年均收入可达7 000～10 000元，大大高于传统农作物种植收入。但是，广紫菀的市场价格一路下跌，种植户就无法实现理想的增收。

非成员的收入主要是中药材销售收入。这部分又包含两块，其一是固定价格销售收入，其二是市场价高于固定价格50%的返还。

成员的收入还包括当年可分配盈余按照不低于50%的比例进行二次返利以及按持股比例所得到的分红。

5 合作社在精准扶贫方面的主要做法和经验

5.1 县域层面

目前，合作社的辐射种植区域延伸到周边5个县市，并跨地区建立了药材基地。包括和宣恩县晓关双丰园家庭农场共同打造的名贵中药材联合种植基地、太极集团利川元堡1 000亩优质苍术基地、千亩茯苓示范基地、襄阳市保康县药材种植基地等。这些基地地处山区，农民收入普遍偏低。金土源合作社带动农民种植适合当地土壤和气候的、经济价值更高的中药材，从而有效提高农民收入。

5.2 村镇层面

第一，在元堡乡引入产业项目。建社以来，与多个大型药企签订长期大批量供货合同，先后引入多个名贵中药材品种种植。例如，2016年合作社与广州制药厂签订了一个10年的地乌订单，并由其提供最好的地乌品种。

第二，在元堡乡推广先进种植技术。与华中农业大学共同探索出苍术根部病的防治技术，与湖北民族学院共同开发马蹄、大黄品种选优等等，相关先进技术都率先在元堡乡推广实施。

第三，改善元堡乡基础设施。陈本富租用的3 000亩目前开发了2 000亩，这2 000亩被县政府定为名贵稀有药材基地。为了完善配套，县政府扶贫开发办投资42万元修建了从乡村主路到药材基地的公路。此外，合作社每年拿出1万元补充村级经费。由于元堡乡复兴村的基地较大，合作社投入7万元修通了复兴村5组的通组公路。

第四，建立药材基地。合作社与元堡乡的复兴村和桃园村分别签署了“精准扶贫药材产业发展协议”。合同的主要内容包括：合作社负责基地建设的规划设计、种植品种的定向选择和种植流程管理的落实，并负责收购共建基地出产的药材；合作社连续3年每年向村委提供5万元的种植管理费；合作社提供免费技术指导，协助每个村培养一批懂技术的种植大户。

5.3 贫困户层面

第一，乡政府扶贫办2016年给予合作社200万元的免息财政扶持资金，要求用于精准扶贫，目前已经到位70万元。合作社将这70万元用于购买种子、肥料，再向120户贫困户销售，政府则将种子和肥料费用直接补贴给农户（调查发现，这也是整个恩施州精准扶贫资金下到合作社的主要使用方式）。

第二，愿意为小规模农户和贫困户投入更高的管理成本。合作社服务于公司成员或者大户时，一次指导几十亩甚至几百亩。而小规模农户或者贫困户种一亩同样需要指导，甚至需要更细致的指导。一个贫困户，整个生产周期大约需要10次指导，技术人员工资和油费约合1 000元。药材回收也是同样的情况，不论种植规模大小，一视同仁开车到实地收购。

第三，帮助贫困户和小规模农户选定品种。陈本富通过实地考察和土壤测定，根据每户具体的地理条件和家庭劳动力的实际情况来安排种植品种和面积。一般来说，名贵药材合作社限种一亩（如苍术），从而保证药材的亩产、品质和农户收入。

第四，提供代收代销服务。合作社只组织种植名贵品种，对于一般的常规品种，合作社也帮助成员代收代销，从而拓宽成员（包括贫困户）的收入来源。

6 合作社发展面临的困难和政策需求

6.1 面临的困难

第一，品质控制难。成员为了保证口粮和菜蔬，通常只拿出部分土地来种植中药材，合作社免费投入的有机肥往往会被挪用去种粮食。非成员则会直接减少有机肥的用量（比如一亩应投入500千克，他只投入100千克，或者用烟肥代替）。如此，中药材的品质和产量就会下降。遇到这种情况，合作社也只能拒收或者降低收购价。陈本富认为，只有通过长期的教育和教训，成员才会逐渐接受优质优价的概念。

第二，以合作社的名义进行财政借款难。合作社希望从财政那里得到免息贷款。但是，按照规定，这个借款需要全部成员签字。实际成员是动态变化的，不会同步反映到工商局；同时，成员种完药材后，还可能出去打工。让所有成员签字几乎是不可能的。在这个案例中，贷款银行最终做出变通，同意六个成员签字就可以贷款。

第三，向成员融资的成本高。合作社在收购旺季缺乏流动资金，在征得成员同意的情况下，可将应付收购款转为向成员的借款，但要支付年息 20%。

第四，上游药企的货款不能及时到位。合作社不得不专设人马到各个企业进行催款。

6.2 政策需求

第一，政府扶持项目和资金的配置在公司和合作社之间有很大区别。比如，每年财政免息贷款，公司无上限，但是合作社最多只能贷 50 万元。合作社较之于公司，在贷款方面处于劣势，这也是金土源合作社成立公司的原因之一。

第二，精准扶贫贷款政策很好，但银行惜贷。中央规定，每个精准贫困户有 5 万元免息贷款（3~5 年）。但对于银行来说，由于需要承担较大责任，就会惜贷。银行主要关注还款能力和可抵押财产，因此，贫困户要想贷款仍然很难。

7 合作社的未来发展计划

合作社计划通过 3~5 年的努力，以开发本地道地中药材为重点，以药食两用的黄精为核心，以开发“降三高”黄精养生茶系列产品为抓手，以专家团队为保障，以增加农民收入为目的，建设以黄精为主的中药材种植基地 10 万亩，带动 10 万户成员致富，“十三五”期末实现合作社及成员收入过亿元。

（执笔人：华中农业大学经济管理学院　黄　洁）

鹤峰县乡村产业振兴典型案例
——鹤峰县天牧牧业专业合作社

1 基本情况

鹤峰县天牧牧业专业合作社于2013年4月在鹤峰县燕子镇注册，合作社注册资本金252万元。合作社主要从事肉牛养殖、加工、销售，农作物种植、加工、销售，有机肥加工、销售。合作社拥有基地4 550亩（包括500亩的山地流转，租赁饲草地4 000亩，肉牛养殖基地50亩），投入4 500多万元，建成标准化牛圈8 000平方米，牛粪发酵池300立方米、青贮池4 000立方米、基地办公楼800平方米。养殖基地现有进口优质母牛400头、育肥牛300头，饲草储备常年维持2 000多吨，养殖基地已初具规模。合作社以资金入股和土地入股的方式发展社员137户，其中9户以资金入股的方式加入合作社，128户以土地入股方式加入。2018年底，合作社按照社员出资额和入社土地共为社员分红180多万元。合作社现有员工86人，外聘专家5人。

鹤峰县天牧牧业专业合作社法人许群群2009年从武汉音乐学院声乐系毕业后，怀着大舞台的梦想前往新加坡发展多年并取得一定成就，2014年她看到国外特别是新加坡特别喜欢牛肉，于是回乡创业养牛至今。2016年被评为省三八红旗手、中国畜牧先进个人、全国向上向善好青年；2017年被评为湖北省三八红旗手标兵、荆楚楷模、中国好人、湖北省创业大赛形象大使、基地被认定为部级示范场；2018年被评为全国三八红旗手、国家级示范社；2019年被湖北合作社十大品牌、全国三农创业致富十大榜样人物。

2 主要特点

鹤峰县天牧牧业专业合作社坚持“合作社＋公司+基地+农户+市场”的经营模式，即以母牛繁殖为主，育肥牛为辅。合作社以市场最低价为农户提供肉牛幼牛，免费提供饲养技术和疫病防治，公司再以保护价从农户回购并实行屠宰销售，租赁的饲草地种植的玉米秸秆用作饲草、玉米酿酒、有机肥加工回田，初步形成了“种植-饲养-加工-销售”和养殖、种植废弃物（牛粪、秸秆）再利用、生态旅游、技术储备的现代农业循环模式。

3 主要做法

鹤峰县天牧牧业专业合作社制订了五年发展规划目标“双重一二三”，即“养1万头牛，种2万亩地，实现年综合产值3亿元”。同时，带动1 000人就业，年交税2 000万元，实现年纯利润3 000万元。

（1）深耕现有市场，扩大海外市场占有率。与福建海合会商贸有限公司合作，加大富硒有机牛肉的出口力度，出口由500吨上升到800吨。与安徽合肥鼎尚峰农业科技有限公司合作，加大富硒薇菜出口日本韩国的力度。

（2）重视品牌建设，申报自营出口权。随着恩施海关的设立，恩施商品出口了自己的边检口岸，这对于有出口经营的企业是大好的机遇.合作社力争在两年之内申请自营出口权牌照，这对于合作社出口创汇具有非常重要的意义。合作社将继续加大富硒养殖基地建设步伐，积极打造“建成武陵山区乃至全国母牛繁殖基地”的奋斗目标，积极参与到“一带一路”沿线海外市场布局中，开发自主品牌，拓展海外市场。

（3）结合当地特色资源，强化技术支撑。合作社立足恩施州硒资源优势，努力建设成为恩施州硒资源成果转化和生产平台主体，以恩施州农业科学院为科技技术支撑，通过整合优势资源、加强产业链研发、优化升级产业结构，从而提升企业核心竞争力，推动产业持续健康快速发展。合作社已与恩施州农业科学院达成牧草富硒标准化种植研究与大面积示范推广、富硒黄牛标准化养殖及示范推广、富硒牧草标准化示范基地建设的产学研科技合作协议。

（4）加快“三四一”产业布局，建设“三基地”“四厂”“一中心”。“三基地”，即养殖基地、特色种植基地和牧草种植基地。养殖基地以燕子镇朝阳村肉牛养殖基地为中心，主要突出肉牛养殖和母牛繁殖。基地牛舍共分六个功能区，即良种公牛养殖区、能繁母牛养殖区、临产母牛养殖及育犊区、犊牛育成区、肉牛育肥区和训牛斗牛娱乐区。基地配套建设冷链无菌配种设施和接生助产房。特色种植基地以燕子镇油坪村大棚种植为中心，以珍奇瓜果大棚、名优特菜大棚，观赏种植大棚等为主，把名、特、珍、稀、奇、美与种苗繁育、观光体验结为一体，实现农业种植高产、高效和特色化。牧草种植基地以燕子镇朝阳村、董家村为中心，以优质高产牧草种植为主，优质高产牧草用于青贮加工，同时种植黑麦草和三叶草用于牧养。“四厂”，即饲料加工厂、有机肥料厂、纯粮酿酒厂和食品加工厂。饲料加工厂即青储饲料加工车间，秸秆粉碎加工车间和精饲料配制车间。有机（生物）肥料厂分成固体肥料车间和液体肥料车间。酿酒厂包括蒸煮、发酵、取酒、洞藏、勾兑、罐装、包装、入库。食品加工厂主要是对肉类、薇菜、马铃薯、玉米、油菜子等进行深加工。“一中心”，即观光旅游服务中心。以公司三个基地为依托，在燕子镇油坪村、董家村、清湖村、朝阳村打造观光旅游景区景点招览游客，重点打造独具特色的旅游休闲度假区，以朝阳村体验基地养牛和举办品酒藏酒节、篝火文艺晚会和山洞探险等项目为主的休闲娱乐活动。

4　主要成效

鹤峰县天牧牧业专业合作社在农业产业上发展，延长了农业产业链价值链，推动了当地现代农业产业体系、生产体系、经营体系加快构建，实现了惠农带农效果。合作社积极参加各种展会，品牌推广卓有成效，合作社的许群群牌产品荣获湖北省合作社农产品十大品牌称号，产品品牌越来越为人所知。合作社初步形成了现代生态农业循环模式，对当地的生态环境保护有着积极正面的影响。“合作社＋公司+基地+农户+市场”的特色经营模式，积极响应精准扶贫和乡村产业振兴各项政策，通过自身产业辐射带动当地农户3 253户，覆盖16个行政村，其中建档立卡贫困户351户（773人）。合作社常年给50位贫困户提供就业岗位，包吃包住并保底每月2 000元工资，帮扶贫困儿童680名，资助学习用具及生活物品，综合带动农户平均年收入增加2 200元以上，综合带动就业120人以上，公司在2016年被评为全国巾帼脱贫示范基地。

（执笔人：鹤峰县农村经济经营管理局　谭春瑶；鹤峰县天牧牧业专业合作社　许群群）

潜江市巨龙生猪养殖专业合作联合社观察

“原来想建一个年供应10万份精液的良种猪场，因为资金和销路没有保障不能上马。现在有了联合社的支持，我要把良种猪场扩到18万份精液的规模。”7日，潜江市瑞安种猪场场长何国强高兴地说。

何国强多次在湖北种猪拍卖会上夺得“标土”，前年曾以7.3万元最高价竞拍到一头种猪。

通过社员联保、集团担保和项目补贴，最近他顺利融资400多万元，租赁市种畜场50亩地，并首批引进150头新美系杜洛克、长白、大约克原种公猪。不久他将建成全省最大的生猪良种中心，对潜江市实行供种全覆盖，并辐射周边市县。

让“标土”圆梦的，是由市里4家生猪合作社组成的巨龙生猪养殖专业合作联合社。

1 逼出联合之路

养猪行业内，有句老话流传甚广：贩猪的赚钱，杀猪的盈利，卖猪药做猪（饲）料的发财，只有养猪的万本。原因在于养猪从业者势单力薄，于是“猪馆”们首先想到了“抱团取暖”，专业合作社在四五年前纷纷成立。然而，合作社规模仍然偏小，在与大企业谈判时毫无平等可言，根本达不到理想的价位。联社理事长池圣云说，饲料、药品采购要一举攻破厂家的价格底线，必须得组成庞大的联盟。

2013年4月，由蚌湖生态农业牵头，联手庆宝丰、新农垦人、衡和等4家专业合作社，巨龙合作联社应运而生，网罗南泥湾、宏光、春惠等15家规模化养猪场，拥有社员175户。

合作联社注册资金5 000万元，成员单位年出栏商品猪在30万头以上，在潜江“三分天下有其一”，尤如“航母战斗群”。

2 赢得多项红利

合作联社依然以服务社员为宗旨，实行“自主经营、自负盈万、利益共享、风险共担、盈余返还”的管理模式。

按照绿色、环保、无公害的要求，合作联社严格推进“五个统一”：即统一供应饲料兽药，统一生猪养殖技术指导，统一标准化规范管理，统一生猪品种改良，统一生产产品销售服务。

“统一”产生多项红利。以统一供应饲料兽药为例，通过公开招标的方式，联社遴选了31家合作单位，近半年团购预混料、兽药、疫苗等投入品突破1.4亿元。负责生产的魏先银给记者算了笔账，统一采购成本下降 15%至 30%。以去年为例，和农户单独购买相比，每头猪从出生到出栏，药费成本下降 30~50 元，饲料成本下降 40~50 元。销售后，合作社还向会员按比例返利。据测算，因采购价降低，每头生猪可降低生产成本近 100 元。

再看统一销售。“握有数十万头的生猪出栏量，合作联社能够与双汇集团、中粮雨润等巨头平起平坐，掌握有市场话语权，跟大公司谈价底气足多了。”东海猪场场长魏先银说，“近半年是出栏的淡季，销售生猪 10 万多头，猪价每千克比随行就市高出 0.05 元，即使在市场低迷的情况下，每头猪也可多赚 20 元。春节前，多个大型供销社、批发市场、农产品交易所等都想把其纳入生产基地，抢着下订单。”

联社通过集中培训、分片交流、入户临栏指导等方式，帮助社员规避疫病风险，实施规范生产。在联社内部，无论财产多寡、规模大小、交易额度多少，一视同仁，平等享受技术、信息、业务等各种服务和权益保护，以及年终分红。

3 期待政策扶持

船大更能抗风浪。但影响规模效益的诸多问题，并不是一联合就能解决的，融资难仍是挡在联社面前的拦路虎。

“除了销售，各个合作社最需要联社做的工作还有融资。”池圣云坦陈，银行要求他们提供抵押担保才肯贷款，但联社的土地是集体土地，办不了土地所有权证，建在上面的猪舍又不能办房产证。“通过近半年的努力，最后由联社充当保人，存一贷十，才获得担保贷款。”联社规模比合作社更大，必须有高素质的人才进行运作和管理。破解融资问题、人才问题，需要政策扶持。

合作联社副理事长孙士春透露，联社拟定投资 300 万元，建设一个年处理 2 000 吨的病死畜禽无害化处理中心，还设想打造一两个特色食品品牌。

（原载《湖北日报》2014 年 2 月 17 日第 9 版，原篇名为《从合作社到联合社——潜江猪信结成“航母战斗群”》，作者为孟 静 李文山 李书平 谢 毅）

天门市华丰农业专业合作社案例调查报告

1 基本情况

湖北省天门市华丰农业专业合作社（前身为华丰农机专业合作社）组建于 2006 年，于 2009 年注册登记成立，是以水稻种养结合、加工流通全程机械化为主，涵盖种养殖加工、机械耕整、育秧、植保、收获、挖掘及农田水利建设等 10 余类的农业专业合作社。经过近 10 年的发展，社员人数由最初的 5 人发展到 2016 年的 268 人，其中党员 18 人，农机总装备量 460 台（套），流转土地 8.6 万亩，机械作业面积 80 万亩（次），固定资产 1.2 亿元，年经营收入 3 000 余万元，社员人均纯收入 8 万元。合作社拥有占地面积 4 600 平方米、建筑面积 2 520 平方米的办公培训大楼、维修车间和厂棚库，以及占地面积 4 000 多平方米的现代化育秧工厂、占地面积 11 000 平方米的粮食烘储中心和占地面积 5 万平方米的秸秆收储板芯制造厂、土地流转中心和农产品展示区。

2010 年华丰合作社成为湖北省农业机械学会理事单位，被农业部授予全国农机专业合作社示范社，2011 年被湖北省人民政府授予“五强”农民专业合作社，2012 年被农业部授予全国农民专业合作社示范社，2016 年被中共中央授予全国先进基层党组织。理事长吴华平同志 2009 年被授予全省水稻机械育（插）秧先进工作者，2012 年被选为省人大代表，2015 年被授予“全国十佳农民”荣誉称号。华丰合作社智能化育秧工厂、早稻机械插秧现场多次被作为湖北省春季农业生产现场会参观点，受到了与会代表的高度评价。中央电视台、人民日报、农民日报、湖北日报、湖北电视台、天门日报等多家中央、省、市主流媒体对合作社进行了长期跟踪报道。

2 经营模式创新

2.1 合作社社员股份构成

合作社采取股份合作的办法，社员股份组成有三种形式：一是带田入股，参加合作社的社员把自己的承包地按照每亩 500 元，1 亩折 1 股，交给合作社统一经营；二是带机入股，参加合作社的社员农机具按照新旧程度折股，每股 500 元；三是带资入股。

2.2 合作社内部组织结构

合作社由成员大会选取产生理事会、监事会。理事会负责合作社的日常工作，下设生产部、财务部、科技部。其中生产部分设作业小组，负责合作社的机械作业服务；财务部负责合作社的财务收支管理、现金管理、成本核算、合同管理、档案管理、收入分配、成员账户管理等。科技部负责技术培训、新技术推广和机械维修等。监事会负责对理事会的工作进行监督，提出召开社员大会，民主评议理事会的工作。

2.3 确立华丰模式

2013 年，华丰合作社创新的“华丰”模式受到湖北省委、省政府的肯定，并在全省推广。“华丰”模式主要体现在“五统一、一公开”和“五化”上。

合作社对内实行“五统一、一公开”：一是统一决策。合作社投资方向、生产经营范围、利润分配方案等重大事项，由理事会提出议案，交由成员大会进行表决，统一决策，并制定一系列的管理制度，保证合作社的正常经营和社员的合法权益。二是统一生产。对全程承包的耕地，种植种类由合作社根据市场行情，制定作业质量标准和产量目标，一般以“小麦—中稻”种植模式为主；对部分环节承包的耕地，则以“油菜—中稻”或“早稻—晚稻”模式为主。三是统一调度。合作社对机手、劳务、车辆、机械实行统一调度，确保机械的整修、人员的轮训不误农时。对各类劳务、机械用工情况建立台账，作为成本核算依据。四是统一价格。合作社购销生产资料，以及对外收取机械作业费用的价格，由理事会根据市场行情，采用团购的模式统一确定。五是统一核算。合作社所有收支纳入财务统一管理，由合作社财务部统一结算。“一公开”是分配公开。收益分配实行“股份收入 + 工资 + 返还”。

华丰合作社的“五化”已从原来的“老五化”发展到现在的“新五化”。“老五化”一是农民组织化。合作社农民围绕共同目标，统一从事生产经营和分配，不同于家庭农场和种粮大户。二是种植规模化。通过大面积流转土地，实现水稻全程机械化生产，达到种植的规模化。在生产上改变传统的种植方式，采用新技术、新工艺，科学种田；通过集约化经营提高效益，由厂家直供种子、农药、化肥等农资产品，降低种田成本。三是管理企业化。合作社由成员大会选取理事会、监事会。理事会现有理事 7 人，负责合作社的日常工作，下设生产部、财务部、科技部、机械作业部、仓储部等 13 个部门，每个部门各负其责。合作社按照专业分工形成了机耕、机整、育秧、插秧、植保、收割、挖掘、土地平整、仓储、科研培训、后勤等 12 个作业组。在日常管理中落实“合作社人人都是领导、人人都是被领导者、人人都是劳动者”的观念，真正实现了企业化、民主化、科学化管理。四是经营市场化。合作社作业项目从机械耕整、工厂化育秧、机械插秧、机械植保、机械收割扩展到农业全程社会化服务，作业领域延伸到农田水利基础建设。为最大限度地发挥农业机械的作用，合作社拥有的农机在保障合作社自身需求之外，还为市场提供农业全程社会化服务。目前，合作社以所在地——天门市的粮食大宗作物种植基地为中心，市场服务范围已辐射到周边 4 个县市，涉及到 12 个乡镇 182 个村 3.5 万农户。五是分配合作化。合作社收益分配实行“股份红利 + 工资 + 机械作用费返还”，最大限度地保障了社员的经济利益。

“新五化”一是标准化。合作社将农业的科技成果和多年的生产实践相结合，形成自己的技术标准和管理标准，从而产出更多优质的农产品供应市场，不但实现了社员增收，同时还能很好地保护生态环境。二是精细化。合作社根据不同的土壤特性，优化农资配方，以最少的或最节省的投入达到同等收入或更高收入。三是智能化。华丰的智能化体现在智能化系统和农作物智能机械化，像无人机植保，自动驾驶拖拉机、收割机等。四是信息化。合作社运用远程监控系统来实时掌握田间作物的生产状况，以做到及时有效地应对病虫灾害。五是品牌化。合作社通过规模种植绿色、有机水稻和富硒水稻，提高市场竞争力，打造高端品牌。

3 组织化体制创新

2011 年，随着华丰合作社的发展壮大，规模化、组织化程度不断的增强，社员党员人数的增多，迫切地需要一种能够凝聚人心、凝聚力量的领导核心，那就是基层党组织。华丰合作社建立华丰党支部的愿望与所在地——天门市石河镇在全镇“两新组织”开展党组织全覆盖、党建联络员全覆盖的要求高度契合。同年，在天门市委组织部和石河镇委的亲切关怀和大力支持下，华丰合作社成立了华丰党支部，并通过“五个融合”，加强了对华丰党建工作的指导，使华丰党支部在支部建设、党员管理、活动开展等方面步伐稳健、行之有效。

一是把党组织与合作社融合，优化组织结构。在华丰党组织的领导下，理事会成员和党支部成员实现了“双向进入、交叉任职”，合作社党支部 5 名成员均兼任合作社经营发展重要岗位职务，12 个作业组组长全部由骨干党员担任，党性强、会管理、技艺高的党员骨干全部担任合作社各级管理岗位，其中，村支部书记、村支部委员就有 5 名。同时，坚持开展“双强六好”创建活动，形成了党支部与合作社联席会议议事，联名公开承诺、联合开展活动、联动实施考评、发展共谋、人才共育、和谐共促、文化共建、管理共抓的“四联五共”工作格局。

二是把党建活动与生产融合，彰显党员活力。合作社党支部成立 5 年来，始终坚持组织党员开展以“三比三看”为主要内容的生产竞赛活动：比技术，看谁生产效益高；比规模，看谁带动能力强；比奉献，看谁扶持人员多，真正做到了“一个党员一面旗帜”。同时，党支部注重“把党员培养成生产经营能手、把生产经营能手培养成党员”的“双向培养”，先后有 73 名社员递交了入党申请书，吸收新党员 8 名，党员队伍不断发展壮大，为合作社迅速发展壮大奠定了坚实的党建基础，探索出了一条以党建为核心促发展的新路子。

三是把党风与教育融合，强化党员管理。华丰合作社围绕领导班子、党员队伍、规章制度、工作成效、社会评价设有“五有”标准，对照找差距、办实事、解难题、强基础。并结合合作社季节性生产节奏快、任务重等特点，探索开展了“田间党课”，利用社员在田间生产歇息时间，以作业组为单位，通过编印小手册、评书小段子、幽默口头语等形式组织社员学理论、学知识、学科技，不断提高党员带头致富、带领社员共同致富的本领。同时，华丰党支部坚持把党风廉政建设融入到对党员及社员的教育管理，开展“三严三实”专题教育，学习《中国共产党廉洁自律准则》和《中国共产党纪律处分条例》、意识形态教育等。2016 年，华丰合作社还在党员中开展“两学一做”活动，不断坚定党员的理想信念，提高党性觉悟，增强政治意识、大局意识、核心意识和看齐意识。

四是把党员业绩与奖惩融合，突出模范作用。华丰党支部将党员“评议”与“评星”情况与利益分配制度相融合，将作业组与党小组分类设奖、社员与党员同时分类设奖、生产贡献与党员作用分类设奖。并对评为“华丰之星”的党员予以重奖，以鼓励其发挥先锋模范作用。华丰每年组织一次党员评议活动，将规定事项和承诺事项按百分制评分，凡 90 分以上月增工资 200 元，85 ~ 90 分的月增 100 元，85 ~ 80 分的月增 50 元，75 ~ 80 分的不奖励，但低于 75 分的月扣工资 50 元。同时，党员社员还享受一项权利，凡在合作社工作 10 年以上的党员社员，在男性满 65 岁、女性满 55 岁时，如果没有购买养老保险的，从年满之日起，每年到合作社领取 8 800 元。

五是把合作社发展与周边村庄融合，创新一体化发展。华丰合作社通过流转土地，2015 年完成了 2 万亩土地平整，改善了周边 9 个村 122 个村小组高岗丘陵农田的生产条件，解决了当前农村综合开发最后一公里的问题，2016 年又实施了 3 万亩土地平整项目。通过推进稻鳅共生、有机稻、良种繁育、高产优质示范四个现代农业产业板块和基地建设，带动了周边村产业调整；通过增减挂钩，实行迁村腾地，消灭了周边村的空心组，建设功能齐全的农村新型社区，带动村社一体化发展。2016 年，合作社开工建设的华丰农资超市和板芯制造项目，也将为周边村提供农资储备和带动村民就业。

4 土地流转方式创新

一是与农户签订 10 年以上的土地流转合同，进行整村、整组流转。土地流转费用按每亩每年 400 千克稻谷的市值支付给农户，如果稻谷的市场价低于国家保护价，则以国家保护价为准。二是合作种植。合作社与农户签订合作种植合同，由农户提供土地及生产资料，合作社提供全程农田机械作业、种植技术及田间管理。每亩达到保底产量 450 千克后，农户向合作社支付机械作业费、技术费及田间劳务费等每亩 280 元；对于亩产超过 450 千克的部分，按四六比例分成，即合作社得四成，农户得六成，风险共担。三是季节性流转冬闲田。合作社支付农户流转费每亩 100 元，种植一季小麦或油菜，于次年 6 月将土地耕整后交还农户种植中稻，做到“人懒田不懒”。

5 取得的成效和未来发展计划

自成立以来，华丰农业专业合作社坚持以科学化发展理念发展农业、以工业化理念谋划农业、以商业化理念经营农业、以务实化理念夯实农业，大力实施“四步走”战略，现已初显成效。

第一步，着力解决了“谁来种田”的问题。就是通过最大限度让利于民，进行土地流转，实现土地规模化经营。

第二步，着力解决好“怎么种田”的问题。就是通过不断提升自我，大力发展现代农业，使之达到“十化”（规模化、标准化、精细化、企业化、市场化、信息化、合作化、组织化、智能化、品牌化）的标准。

第三步，着力探索社村一体化发展的新路子。主要是推进“四区”（农业综合展示区、现代农业产业区、新型社区、实用人才培训区）同创。一是建设好现代农业综合展示区，具体来说就是设立“两家”（党员之家、社员之家）、“两中心”（土地流转中心、农产品检测中心）、“三室”（院士工作室、智能农业工作室、党建工作室）、“三厅”（农产品展示厅、党建发展展示厅、多功能会议厅）；二是建设好现代农业产业区，就是大力发展循环农业经济，建设新型能源项目，使用秸秆生产板芯及沼气，制造有机肥料，通过土地流转和平整，建成 2 万亩稻鳅（虾）共生基地、2 万亩良种繁育基地、3 万亩有机大米基地、3 万亩高产示范基地；三是建设好新型社区，就是通过迁村腾地，建设一个可容纳 1 000 户居民的新型社区，以合作社为载体，不断完善社区功能，服务、安置好空巢老人和留守儿童；四是建设好实用人才培训区，就是要配套建设食宿处所，联姻大专院校，打造农村人才培训和大专院校就业与实践基地。同时结合精准扶贫，利用产业和技术扶贫带动贫困社员和周边贫困户脱贫致富。

第四步，建成一流现代农业示范园。未来3~5年，华丰合作社将在各级政府和相关部门的扶持、指导下，成立华丰农业专业合作社联社，设立种植、养殖、农机、就业、烘储、流通六个分社。依托“四区”支撑，结合“石家河文化”开发，大力发展农家乐、有机瓜果、特种养殖、建成集产、学、研、推、用于一体的现代农业观光园。

（执笔人：湖北农民合作社研究所　张全红　李　博　乔长涛）

仙桃市泉明水产合作社调查与思考

仙桃市泉明水产合作社是湖北省最大的水产专业合作社。该社下设7个分社，网罗社员1 019户，发展养殖水面30 006亩，总资产达到6 000多万元，每年可以为广大社员增收2 000多万元。2009年温家宝总理视察了该社的销售市场，并邀理事长吴泉明参加座谈会。

1 从带头养鱼致富到带领渔民共同致富

有江汉平原湖区“渔王”之称的吴泉明，是泉明水产合作社理事长，已经在水产行业打拼了30多年，现为“中国渔业协会”理事和“湖北省农民专业合作社联合会”常务理事。吴泉明经常说他是“党培养、市场锻炼出来的仙桃水产人”。1980年他在仙桃市一家集体渔场里养鱼，鱼场领导安排他出外培训，镇政府调他到农办工作，提拔他当渔场场长。1986年又到仙桃水产学校脱产进修两年，出来后被荆门市作为专业人才招到区水产局工作。1992年他辞职下海，领办掇刀区一家大型鱼种场，1993年被评为全省致富能手，2002年被仙桃市招商招回，承包3 000亩抛荒低湖田，以此为基地，成立泉明水产养殖公司。公司通过土地流转发展到万亩水产养殖规模的时候，吴泉明比过去更迫切地追求着把一生钟爱的水产事业做得更大更强，也开始把回报乡亲的夙愿付诸行动，他觉得，给钱给物，不如带领乡亲们一起养鱼共同致富。怎么个带法？吴泉明一直苦苦思索。

地处江汉平原腹地的仙桃市，素有“鱼米之乡”之称，被湖北省委、省政府授予全省水产大市称号。全市有90多万亩养殖水面，65万亩精养鱼池，全市年均水产总量达到30多万吨。吴泉明看到的还有另一面“一方水养不活一方人”；“家养面积太小，每户只有十多亩渔池；渔民年纪偏老，科技知识很少；基础条件较差，旱灾涝灾都怕；鱼市波浪起伏，小船容易沉没。”吴泉明跟单个渔民算了一笔账，一户两个“对子劳力”养15亩田的鱼，一亩毛收入8 000元，除去劳力以外的各项成本5 500元，纯收入亩平2 500元，15亩田就是4.25万元。工资每月每人2 000元、两人4 000元，一年应付工资4.80万元。算账结果，养15亩田的鱼，连渔民的工资都付不出来，何谈致富奔小康呢?

吴泉明在广泛调研的基础上找到了“带领致富的好路径”——渔民要增收，必须改变传统养殖模式，走农业产业化经营之路，提高农民的组织化程度，实现小生产与大市场的有效对接。他和公司的领导层大胆作出决策：依托公司，组织渔民，办合作社。

2 “四加模式”创办水产合作社

泉明水产合作社采取“公司+基地+合作社+农户”的“四加”模式。公司就是吴泉明任董事长的泉明水产养殖有限责任公司，成立于2003年，自有资产6 000多万元，自有养殖基地1万亩、分布在仙桃市胡杨、张沟、沙湖三大片区。这是合作社的核心区，也是示范区。以此为根据地，在沙湖、五湖、西流河、胡场、杨林尾、张沟等发展区成立了7个渔业专业合作社，3年发展社员上千户。7个分社如同7个分店，实行连锁店式的经营，做到“四个统一”：人员统一调配，分社经理、财务人员、技术人员等由联社统一培训、调配；管理统一模式，分社经营管理遵照联社要求步调一致；财务统一管理，分社只设报账员，资金、账务由联社统一管理；养殖统一安排，各分社养殖品种、规格、销售时间，都按联社计划执行。

吴泉明介绍，这种合作模式有四大优势，一是有资金作后盾。近两年，泉明水产合作联社投入430多万元为专业合作社分社完善基础设施，解决水、电、路三通，改善生产生活条件。合作分社运作过程中的公用经费全部由公司列支。二是有人才作支撑。合作联社的经理和其他骨干十多人都是聘用的原担任过乡镇领导职务的老同志和水产技术精英，他们农村工作经验丰富，组织能力、专业技术出众，对农民有感情，乐为农民做好事，这些人是合作社的主心骨。三是有科技作示范。万亩养殖基地就是示范区。这个基地与五个村委会签订了为期三十年的土地承包经营权的流转合同，开发高标准的养殖示范基地一万亩，招募了全市50多名的养殖精英在此承包鱼塘。鱼塘实行标准化的规模养殖。合作社把这里办成“田间学校”，养殖流程、鱼病防治等方面的技术知识都在这里培训。社员们看着学，跟着干，鲜鱼产量高，成本低，带动作用显而易见。四是有专班作纽带。公司成立了养殖专班、技术专班、销售专班、财务专班和拉网队、运输队，这些专业组织把公司、合作社、农户每个环节紧紧连在一起，既发挥了服务功能，又起到了经纪人的作用。吴泉明说：“这就把合作社办成了实实在在的经济组织，有责互担，有利共享。这样办起来的合作社，结构紧密，灵活高效，具有很强的生命力。”

3 “七个服务”吸引渔民入社

为什么几年时间有上千户渔民入社，吴泉明道出其中秘诀，合作社就是农民的服务社，你为农民搞服务，哪个农民不欢迎？泉明合作社给社员们提供“七个服务”。

基础设施投入服务。据介绍，泉明合作社近两年投入渔池基本建设资金800多万元，共修路17.4千米，挖沟25.5千米，改造小型水利设施40处，架电线13.5千米，植树2.5万株。合作社所辖的3万亩鱼池，尤其是万亩示范基地，实现了“田成方、池成块、路相连、渠相通、旱能灌、渍能排、泵安全、电方便、车能进、船可靠”十句话目标，这就是江汉平原理想的生产条件和环境。沙湖合作社负责人王祥标对此深为感叹地说：“过去我当副书记管农业，一直想着要搞小型农田水利建设，可是镇里没钱搞，单个农民没法搞，国家暂时没这个精力搞，现在合作社依托公司投资办成了这事，用句时兴话说，就是办成了国家包不了、地方政府办不了、农民急需办的一件大好事。”

技术服务。3年内已办技术培训班61期，受训4 428人次；到户到池边指导945次；水质检测2 453次；鱼病解剖672次。社员们1年至少参加培训2次，今年已轮训3次。

优质饲料服务。每年为社员优质优价供应通威饲料2万多吨。合作社的饲料信得过，当地渔民说“这鱼饲料的事可是件大事，鸡饲料一周见效，猪饲料一月见效，鱼饲料一年才能见效，一误就是一年的事。原来经常用小贩子的饲料，吃亏不小，一亏就是上十万元，每次都是到了年底捕鱼才知道上当了、吃亏了，投诉无门，悔之晚矣。现在是合作社统一进的通威饲料，安全绝对有保障。”

药物服务。每年为社员提供400多万元的无公害鱼药。合作社针对鱼情鱼病及时配制生物药剂，特别有效，也符合绿色食品要求，还可追溯，这种鱼市场俏销，价格更好。

信息服务。通过简报、专栏、手机短讯等形式为社员提供产、供、销信息服务。

融资服务。今年给500户社员从农行、信用社、邮政银行担保抵押贷款 5 000多万元，解决了社员资金不足的困难。沙湖镇凉亭村农民陶锡平去年找合作社贷了5万元，今年又贷了5万元。他介绍，贷款就是赚钱，买通威饲料，现金结算比赊账每吨要少出200元，他一年要用18吨饲料，过去贷不到款就赊账，现在仅贷款买通威饲料一项要比入社前少支出3 600元。

市场服务。建立销售网点，推进鱼超对接、鱼加对接、鱼市对接，每年直接帮社员销售成鱼500多万千克,解决了后顾之忧。

合作社对社员的服务是全方位的，也是及时的。今年七月中旬普降大暴雨，西流河分社南港村社员王全海在汉江分洪道有40亩鱼池，在鱼池快要漫溢的关键时刻，他向合作社紧急求助，分社理事长余冲当即自垫资金帮他购买了800米渔网，组织了其他社员18人赶到受灾现场，冒着倾盆大雨帮他打桩固网，经过4个小时的紧张抢救，防止了鱼池漫溢，挽回了十多万元的直接经济损失。

4 “走好三步棋”让合作社发展壮大

泉明合作社面向市场，走出三步好棋，一是做亮品牌，二是规模经营，三是争取外援。

“五统一分”做品牌。品牌就是竞争力。该社针对市场做品牌，摸索出了“五统一分”统分结合的养殖模式，即统一苗种、统一药物、统一饲料、统一技术、统一指导，分户养殖。“五统”强调统一管理，“一分”强化责任，鼓励创新。这一养殖模式既让渔民少操心、少花成本，更重要是让消费者吃得放心、开心，因为它实现了水产健康养殖，创造了优良鱼居生态环境，提高了鱼的品质。

规模经营拓市场。首先是基地建设规模化。建大基地，最小的基地面积 2 000亩，最大的5 000亩。挖大鱼池，胡场和张沟基地每口池按80～100亩标准建成。找大养殖户，基地对外承包每户最少也要达到100亩，最多可达300亩，对接包人有严格要求：有经营头脑、有养殖技术、有经济实力，便于实行健康养殖，充分发挥示范作用。其次是养殖品种规模化，该社自养基地的胡场分社和张沟分社的1.3万多亩和五湖分社的2 000亩以养殖鳊鱼为主；杨林尾分社的5 000多亩以养殖小草鱼为主；沙湖与保丰分社的7 000亩以养殖小草鱼为主，西流河分社的3 000亩以养殖大草鱼为主。第三是产品销售规模化。3万亩的养殖水面，根据市场需求，分品种、分规格、分批次统筹安排，均衡上市。合作社与重庆、四川、北京、广东等地鱼市对接，签订了长期销售合同，日销售鲜鱼1.5万～2.5万千克。

吴泉明介绍，大板块不同品种的合理安排，有利于规模养殖、批量销售，有利于鱼商、超市、加工厂集中和快捷收购，节省了产、供、销各个环节的经营成本。

吸引外援促发展。泉明合作社吸引了多个行业特别是饲料厂家的青睐，泉明合作社立足长远，以饲料供应为纽带，争取上市公司通威集团的高度重视和全力支持，推进了全方位合作。一是争取技术支持，通威集团公司每年派4名技术员常驻合作社，定期集中开展养殖技术培训，巡回各个基地现场进行指导，答疑解难，深受社员欢迎；二是争取资金支持。近两年通威公司每年为合作社担保贷款1 000多万元用于合作社的饲料款。通威股份总裁、总经理今年到泉明水产进行专题调研，确定合作项目，实现发展双赢。

展望未来，吴泉明信心满怀。2009年泉明水产社员养殖总产值1.57亿元，比2008年增值1 633万元，增幅11.6%，户平增收1.6万多元，亩均增收544元。泉明合作社拟定了“3221”工程发展规划：用三年时间在规模发展上，再扩大核心基地2万亩，以此为辐射，发展养殖水面20万亩，入社社员1万户。在品牌建设上，全面推进标准化生产，从源头打造一个叫得响、信得过的绿色、生态、环保品牌。力争把合作社建设规模最大、效益最好、服务最到位、农民最满意的合作社。

（原载《农民日报》2010年12月2日第4版，原篇名为《湖北泉明水产合作社力创全国最大水产合作社》，作者为何红卫　余爱民）

创新经营新理念　提升非物质文化传承
——神农架林区杨幺妹刺绣专业合社发展之路

神农架林区杨幺妹刺绣专业合社位于神农架林区松柏镇盘水工业园区，成立于2013年9月20日，注册资金1 200万元，入社成员17人（户），是一家以叠绣为主，集神农架妇女手工业开辟发展、带动妇女就业、提升女性修养，传播民间手工艺文化为一体的综合性文化主体。合作社现有员工16人，流动性绣娘108名，传承人10名。其中获得省级传承人证书1人，区级传承人证书5人。该合作社主要从事传统民间刺绣工艺品设计、加工及民间工艺艺术的挖掘和推广工作。

合作社负责人杨钿毕业于湖北省经济管理学院，自幼跟随母亲挑花绣朵，酷爱绘画、诗文和民间手工艺，传承了堂纺叠绣民间刺绣工艺。刺绣合作社对神农架传统民间手工艺进行了深入研究，积极参与神农架民间传统手工艺的抢救性挖掘收藏和保护，先后完成了极具收藏价值的堂纺叠绣麒麟送子、老鼠嫁姑娘、百子图等系列精品工艺收藏品，其产品主要为神农架珍惜动物金丝猴、自然美丽风光、奇花异草及清明上河图等民间工艺绣品。2013年4月，堂纺叠绣、挑绣等神农架民间刺绣在林区各级领导、热心人士的关心和指导下列入省级非物质文化遗产第四批名录；2013年11月，杨幺妹刺绣合作社代表作神农架金丝猴《期盼》获得中国第14届工艺精品大师博览会百花杯精品优秀奖。

杨幺妹刺绣合作社本着敬天、护地、爱人，敬业、团队、创新的理念，为顾客创造价值，为员工创造机会，为社会创造效益，传承炎帝精神，提升神农艺术品牌，加快事业发展。合作社主要目的是活态保护民间刺绣这一非物质文化遗产，使它得到有效的传承，让更多的神农架人热爱这一民间艺术，同时，争取社会各界的支持，帮助合作社做大做强。合作社有信心带动所有绣娘在较短时期内，争取把堂纺叠绣这一工艺进行创新，融入先进的刺绣技艺，形成神农架独特的叠绣风格，创造品牌，力出精品，绣织出中国国礼和神农架旅游产品，走出神农，走向中国，跨越世界。

1　创新生产模式，促进规范发展

合作社主要采取了四种模式：一是采用合作社加农户模式。以合作社为龙头，集设计、生产、收购、销售于一体。实行定单作业，农户加工，批量生产。这种模式既有专业化、产业化、产销一体化发展的格局，也有投资少、风险小的优势，而且能吸纳下岗职工和农村闲散劳动力。他们农忙务农，农闲刺绣，既为剩余劳动力找到了出路，使他们增加收入，又推动了企业的发展。二是能人带农户模式。民间刺绣产业是一项投资小、收入高、潜力大，千家万户，老大娘、小媳妇、大姑娘都能参与的好产业。全区每个乡镇都有50岁以下的中青年刺绣能手100多人，这些刺绣能人对带动周围的村、户能够起到很大的辐射示范作用，通过他们的带动，使众多的农民能够走上致富之路。三是自产自销模式。这是一种自发的产销形式，即农户根据市场的需要，自己设计生产，自己寻找市场销售的一种经营模式。神农架林区是世界旅游目的地，自产自销有一定客源市场，并能形成刺绣专业村。四是集团促农户模式。随着合作社产业的深度开发，合作社建立民间刺绣绣品神农架堂纺叠绣生产性保护和传承项目生产基地，集生产、科研、收藏、展览、销售于一体，并在全国设立10处销售窗口，推动农户生产规模的扩大

2 注重宣传效应，广拓市场前景

合作社广辟营销渠道，入驻深圳市莲塘跨境电商产业园，与北京“国礼馆”签订入驻合同，与湖北省旅游发展投资集团旗下武汉非遗文化传播有限合作社签订战略合作协议，提升了合作社绣品堂纺叠绣的社会影响力。杨幺妹系列产品在全国招募代理商，四川省、重庆市、武汉市、广东市、深圳市都有商家加盟，传承传统工艺，发扬中华文化精髓，展示非物质文化遗产，让非遗真正“活”起来。合作社还积极参加各项社会活动，广泛宣传堂纺叠绣，先后参加第十一、十二、十三、十四、十五届中国文化产业博览交易会，省妇联常执委暨女企业家培训班，5次在武汉、神农架（松柏镇、阳日镇、宋洛乡、新华镇、下谷乡）等地对刺绣爱好者进行了为期3个多月的技能培训，共培训出巧手绣娘200余人，参加了第一、二届湖北省妇女儿童服务业博览会。此外，由堂纺叠绣省级传承人杨钿带队参加了陕西广播电视台农林卫视“醉美乡村大舞台”走进中国·西安曲江；晟启杯“古都丝路情旗袍中华韵”2017首届中国“一带一路”旗袍文化盛典晚会，荣获特殊贡献奖；2017年4月20—27日为纪念中日邦交正常化45周年，堂纺叠绣受邀参加“2017樱花与旗袍的盛宴”；2017年5月21日，杨钿受邀参加首届中华母亲节上海行，荣获首届十大中华贤妻良母称号；2017年7月23日受全球文化产业集团及北京上院文化艺术中心董事长郝金玲女士的邀请，合作社带着十二金钗系列旗袍参加马来西亚第三十四届全马华人文化节。通过学习和交流，把民族传统工艺优势与经济发展相结合，促进妇女脱贫致富。杨幺妹堂纺叠绣系列旗袍不仅在北京、上海、深圳等全国各地都有销售，还销往日本、迪拜、澳大利亚、马来西亚、新西兰等国家

3 提升技术管理，注重品牌意识

合作社发展堂纺叠绣产业具有良好的政策环境优势，明确了产品的发展定位，立足本土做好文章，提升管理，稳扎稳打，融合当地经济文化促进产业不断壮大。

一是提高技能培训。合作社加大培训力度，开发具有民族特色，地方文化风格的堂纺叠绣商品。为解决农村妇女贫穷问题，合作社承担起组织、教育妇女们学习技术的责任，加大对从业人员的培训力度，积极组织堂纺叠绣户外出观摩学习，不断提高堂纺叠绣技艺，为妇女们获得技术创造良好的条件，发挥妇女们在传统工艺项目中的能力，把民族传统工艺优势与经济发展相结合，促进妇女脱贫致富。

二是建立完善制度。结合实际，合作社建立符合合作社发展的章程、会计制度，健全理事会、监事会等组织机构，支持、引导合作社健康发展，规范合作社组织和行为，保护合作社及其成员的合法权益，促进农业和农村经济的发展。同时，合作社明确职责与各项制度，并将这些制度装框上墙，一

方面能保证合作社员随时对合作社的负责人起到监督的作用，另方面也对负责人的工作标准起到鞭策作用。合作社还把把社员在参加培训学习、现场指导、签订合同等图片保留归档，以便查阅。

三是树立品牌意识。刺绣市场是一个比较有特色的专业市场。不同于普通的商品市场，市场上出售的刺绣品不仅仅是商品，而且还是文化艺术品，同时要体现艺术和经济的双重价值。因此，合作社把叠绣作为一项产业发展，转变经营观念，走精品之路，对传统的堂纺叠绣在创新发展上下功夫，在适应市场需求上下功夫，积极与旅游业接轨。合作社注意树立品牌意识，认识到品牌是文化的载体，是产品质量、服务的保证。从某种意义上说，市场经济就是品牌经济，品牌是一种无形资产，再好的产品，没有品牌，也难以产生良好的经济效益，长久立足市场。因此，合作社和绣品户充分利用政府职能部门创造的有利条件，保护非物质文化遗产，创立自己的品牌，通过品牌反映出对历史文化积淀的保护和传承，绣出更多的具有本地特色的品牌堂纺叠绣手工艺品投放市场，并设计精美的包装，通过宣传，扩大影响和销路，从而使堂纺叠绣得以创新发展，从业者的收入得到提高。

（执笔人：神农架林区农村经济经营管理局　王玉联）

附 录

《农民专业合作社联合社示范章程》（参考范本）

第一章　总则

第一条　为规范农民专业合作社联合社的组织和行为，保护成员的合法权益，增加成员收入，促进本联合社发展，依照《中华人民共和国农民专业合作社法》《中华人民共和国农民专业合作社登记管理条例》和有关法律、法规、政策，制定本章程。

第二条　本联合社于　　年　　月　　日召开设立大会确定以下信息：

联合社名称：________________________

法定代表人：________________________

联合社地址：________________________

第三条　本联合社是由农民专业合作社、农业企业、社会组织等自愿联合，依据加入自愿、退出自由、地位平等、民主管理、利益共享、风险共担等原则所组成，按照本联合社章程进行生产、经营、服务活动的互助性经济组织，经工商行政管理机关登记注册，取得农民专业合作社联合社法人营业执照。

第四条　本联合社对由成员出资、公积金、国家财政直接补助、他人捐赠以及合法取得的其他资产所形成的财产，享有占有、使用、收益和处分的权利，并以上述财产对债务承担责任。

本联合社成员以其成员账户内记载的出资额和公积金份额为限对本联合社承担责任。

第五条　本联合社按照《农民专业合作社财务会计制度（试行）》进行独立核算，自负盈亏。

第六条　本联合社及全体成员从事生产经营活动，应当遵守法律、法规，尊重社会公德、商业道德，诚实守信。(以下经营范围以登记机关核定为准)。

1.____

2.____

3.____

4.____

5.____

本联合社根据实际情况，可以调整经营范围，但须经联合社登记机关核准登记。

第二章　出资

第七条　本联合社由_____名成员出资总额_______万元人民币。

成员出资额之和为成员出资总额。成员可以用货币出资，也可以用土地经营权、实物、知识产权、林权等能够用货币估价并可以依法转让的非货币财产作价出资。但是，法律、行政法规规定不得作为出资的财产除外。

经成员大会根据本联合社相关章程审议通过后，成员部分或全部出资额可在联合社内部转让。

成员的名称、出资额、出资方式、所占比例、出资时间如下表：

成员名称	出资额(万元)	出资内容	出资比例	出资时间

第三章　成员

第八条　从事____________服务/生产经营的农民专业合作社、农业企业、社会组织等，具有一定生产、经营规模或经营服务能力，承认并遵守本章程，即可申请加入本联合社，经批准成为成员。

第九条　本联合社为每个成员设立成员账户，主要记载以下内容：

（一）成员的出资额；

（二）量化为该成员的公积金份额；

（三）量化为该成员的国家财政直接补助和他人捐赠形成财产的份额。

本联合社接受国家财政直接补助和他人捐赠形成财产，作为本联合社的财产，按出资比例量化到每个成员。

第十条　成员入社的程序：

（一）提交入社申请书；

（二）经理事会讨论通过；

（三）由理事会批复；

（四）发放成员证书。

第十一条　成员享有如下权利：

（一）参加成员大会，享有选举权、被选举权和表决权，按照章程规定对本联合社实行民主管理；

（二）利用本联合社提供的服务和生产经营设施；

（三）按照章程规定或者成员大会决议分享盈余；

（四）查阅本联合社的章程、成员名册、成员大会或者成员代表大会记录、理事会会议决议、监事会会议决议、财务会计报告和会计账簿；

（五）章程规定的其他权利。

第十二条　本联合社成员的义务：

（一）遵守本联合社章程和各项规章制度，执行成员大会和理事会的决议；

（二）按照章程规定向联合社出资；

（三）积极参加本联合社各项业务活动；

（四）按照规程规定承担亏损；

（五）章程规定的其他义务。

第十三条 成员退社应在会计年度终了三个月前提交书面申请，由本联合社办理退社手续，收回成员证书。

成员退社，在该会计年度结算后六个月内，退还记载在该成员账户内的出资额和公积金份额（获得国家财政补助量化到成员份额除外）。如本联合社经营盈余，按照本章程规定返还其相应的盈余所得；如经营亏损，扣除其应分摊的亏损金额。

第十四条 成员有下列情形之一的，经成员大会讨论通过予以除名，收回成员证书：

（一）违反相关法律、法规的事项；

（二）不遵守农民专业合作社联合社的章程、成员大会或者成员代表大会的决议；

（三）其他危害成员及农民专业合作社利益的行为。

本联合社对被除名成员，退还记载在该成员账户内的出资额和公积金份额（获得国家财政补助量化到成员份额除外）。结清其应承担的债务，返还其相应的盈余所得。因前款第二项被除名的，须对本联合社作出相应赔偿。

第四章 组织机构

第十五条 本联合社设立成员大会。成员大会是本联合社的权力机构，由全体成员组成。成员大会行使下列职权：

（一）审议、修改本联合社章程和各项规章制度；

（二）选举和罢免理事会、监事会成员；

（三）决定单个成员社出资的最高金额和最低金额；

（四）审议本联合社的发展规划和年度业务经营计划；

（五）审议批准年度财务预算和决算方案；

（六）审议批准年度盈余分配方案和弥补亏损方案；

（七）审议批准理事会、监事会（执行监事）提交的年度业务报告；

（八）决定重大财产处置、对外投资、对外担保和生产经营活动中的其他重大事项；

（九）对本联合社解散、清算和对外联合等作出决议；

（十） 决定聘用经营管理人员和专业技术人员的数量、资格、报酬和任期；

（十一）听取理事长或者理事会关于成员变动情况的报告；

（十二）公积金的提取及管理；

（十三）附加表决权的设立、行使方式和行使范围；

（十四）需要成员大会审议决定的其他重大事项；

（十五）章程规定的其他职权。

第十六条 成员大会每年召开______次[至少于会计年度终了______个月之内召开一次]。成员大会须有三分之二以上的成员出席才能召开，成员因故不能参加成员大会，可以书面委托其他成员代理。一名成员最多只能代理一名成员表决。成员大会由理事会负责召集，并提前十五日向全体成员通报会议内容。

第十七条 有下列情形之一的，联合社在二十日内召开临时成员大会：

（一）百分之三十以上的成员提议；

（二）监事会提议；

（三）理事会提议。

理事长不能履行或者在规定期限内没有正当理由不履行职责召集临时成员大会的，监事会（执行监事）可在三十日内召集并主持临时成员大会。

第十八条 本联合社成员大会选举和表决实行一人一票制，各成员享有一票基本表决权。

出资额占本联合社成员出资总额百分之十以上或者与本联合社业务交易量(额)占本社总交易量(额)百分之十以上的成员，享有附加表决权。附加表决权总票数，不得超过本联合社成员基本表决权总票数的百分之二十。

第十九条 本联合社设立理事会。理事会是本联合社的执行机构，负责日常工作，对成员大会负责。理事会由理事___人组成，理事由成员大会选举产生，任期___年，可连选连任。

理事会选举产生理事长一人，副理事长___人。

理事长为本联合社的法定代表人。

第二十条 理事会对成员大会负责，行使下列职权：

（一）组织召开成员大会并报告工作，执行成员大会决议；

（二）制订联合社发展规划、年度业务经营计划、内部管理规章制度等，提交成员大会审议；

（三）制定年度财务预决算、盈余分配和亏损弥补等方案，提交成员大会审议；

（四）组织开展成员培训和各种协作活动；

（五）管理本联合社的资产和财务，保障本联合社的财产安全；

（六）接受、答复、处理执行监事或者监事会提出的有关质询和建议；

（七）决定聘任或者解聘本联合社经理、财务人员和其他专业技术人员；

（八）履行章程和成员大会授予的其他职权。

第二十一条 理事长召开理事会会议。理事会会议表决实行一人一票。理事会会议每年至少召开二次。每次会议须有三分之二以上理事出席方能召开，参加理事会会议的三分之二以上理事同意方可形成决定。应邀请监事长列席，列席者无表决权。理事个人对某项决议有不同意见时，须将其意见记入会议记录并签名。

第二十二条 理事长行使下列职权：

（一）主持本联合社的日常工作，负责召开理事会会议；

（二）根据成员大会和理事会的决定，组织实施年度生产经营计划和生产、经营、服务活动，督促检查成员按配额要求提供产品；

（三）组织拟订本联合社内部业务机构和各项制度；

（四）代表本联合社对外签订合同、协议和契约；

（五）组织落实本联合社的各项任务；

（六） 提请聘请或者解聘本联合社财务人员和其他管理人员；

（七）履行本联合社章程和理事会授予的其他职责。

第二十三条 监事会是本联合社的监察机构，代表全体成员监督和检查理事会的工作，对成员大会负责。监事会由监事组成，监事由成员大会选举产生，任期___年，可连选连任。监事会选举产生监事长一人，副监事长___人。

第二十四条 监事会的职权：

（一）监督理事会对成员大会决议和本联合社章程的执行情况；

（二）监督检查本联合社的生产经营业务情况，负责本联合社财务审核监察工作；

（三）监督理事长或者理事会成员和经理履行职责情况；

（四）向成员大会提出年度监察报告；

（五）向理事长或者理事会提出工作质询和改进工作的建议；

（六）提议召开临时成员大会；

（七）代表本联合社负责记录理事与本联合社发生业务交易时的业务交易量（额）情况；

（八）履行成员大会授予的其他职责。

第二十五条 监事会会议表决实行一人一票。监事会会议由监事长主持，会议决议应以书面形式通知理事会。理事会应在接到通知十日内作出响应，否则为理事会失职。

第二十六条 监事会会议须有三分之二以上的监事出席方能召开。出席会议的三分之二以上监事通过，方能作出决议。监事个人对某项决议有不同意见时，须将其意见记入会议记录并签名。

第二十七条 本联合社理事长、理事、经理和财务人员不得兼任本联合社监事。

第二十八条 本联合社理事长、理事、经理不得兼任业务性质相同的其他联合社的理事长、理事、监事、经理。

第二十九条 执行与农民专业合作社业务有关的公职人员，不得担任本联合社的理事长、理事、监事、经理或财务人员。

第五章 财务管理

第三十条 本联合社实行独立的财务管理和会计核算，严格按照国务院财政部门制定的农民专业合作社财务制度和会计制度核定生产经营和管理服务过程中的成本与费用。

第三十一条 成员与本联合社的所有业务交易，实名记载于该成员的独立账户中，作为按交易量(额)进行可分配盈余返还分配的依据。利用本联合社提供服务的非成员与本联合社的所有业务交易，实行单独记账，分别核算。

第三十二条 会计年度终了时，由理事会按照本章程规定，组织编制本联合社年度业务报告、盈余分配方案、亏损处理方案以及财务会计报告，经成员大会审核后施行。

第三十三条 本联合社资金来源包括以下几项：

（一）成员出资；

（二）每个会计年度从盈余中提取的公积金；

（三）未分配收益；

（四）国家扶持补助资金；

（五）他人捐赠款；

（六）其他资金。

第三十四条 本联合社实行财务公开制度。每月____日前将重要财务数据公示。

第三十五条 本年全部收入扣除生产经营和管理服务成本即为本年盈余。本年盈余弥补亏损、提取公积金和公益金后即为本年可分配盈余。

第三十六条 本联合社从本年盈余中提取____%的公益金，用于成员技术培训、生产经营管理知识培训以及本联合社文化建设。

第三十七条 本联合社从本年盈余中提取____%的公积金，用于弥补亏损、扩大生产经营或者转为成员出资。

第三十八条 本年可分配盈余按成员帐户中记载的出资额及交易额比例进行分配。经成员大会决议，按照下列顺序分配：

（一）按成员与本联合社的业务交易额比例返还，返还总额为可分配盈余的____%；

（二）按前项规定返还后剩余的____%，以成员账户中记载的出资额和公积金份额，以及本联合社接受国家财政直接补助和他人捐赠形成的财产平均量化到成员的份额，按比例分配给本社成员，并记载于成员个人账户中。

第三十九条 本联合社经营亏损，经成员大会讨论通过，用公积金弥补，不足部分也可以用以后年度盈余弥补。

第四十条 监事会负责本联合社的日常财务审核监督实行内部审计，审计结果向成员大会报告。

第六章 合并、解散和清算

第四十一条 本联合社与其他同类联合社合并，须经成员大会决议，自合并决议作出之日起十日内通知债权人。合并后的债权、债务由合并后的联合社承继。

第四十二条 本联合社有下列情形之一，经成员大会决议，报登记机关核准后解散：

（一）本联合社成员数少于五个(成员中有市级以上规范化合作社的，成员数少于三个)；

（二）成员大会决议解散；

（三）本联合社与其他农民专业合作社联合社合并后需要解散；

（四）因不可抗力因素致使本联合社无法继续经营；

（五）依法被吊销营业执照或者被撤销；

（六）成员共同议决的其他情形。

第四十三条 本联合社因前条第一项、第二项、第四项、第五项、第六项情形解散的，依法组建清算组进行清算；本联合社清算结束后，清算组制作清算报告，报成员大会确认，并报送工商部门，申请注销登记，公告本联合社终止。

清算组负责处理与清算有关未了结业务，清理本联合社的财产和债权、债务，制定清偿方案，分配清偿债务后的剩余财产，代表本联合社参与诉讼、仲裁或者其他法律程序，并在清算结束后，于七日内向成员公布清算情况，向原登记机关办理注销登记。

清算组自成立起十日内通知成员和债权人，并于六十日内在报纸上公告。

第四十四条　本联合社财产优先支付清算费用和共同债务后，按下列顺序清偿：

（一）与成员已发生交易所欠款项；

（二）所欠员工的工资及社会保险费用；

（三）所欠税款；

（四）所欠其他债务；

（五）归还成员出资、公积金；

（六）按清算方案分配剩余财产。

清算方案须经全体成员通过或者申请人民法院确认后实施。本联合社财产不足以清偿债务时，依法向人民法院申请破产。

第七章　附　则

第四十五条　本联合社需要向成员公告的事项，采取理事会方式发布，需要向社会公告的事项，采取公告方式发布。

第四十六条　本章程由设立大会一致通过，全体成员盖章后生效。修改本章程，须经半数以上成员或者理事会提出，理事会负责修订，成员大会讨论通过后实施，并报送登记机关和农业行政主管部门。

第四十七条　本章程由本联合社理事会负责解释。

全体设立人签名、盖章：

（供稿：湖北农民合作社办公室联合调研组）

后　记

《湖北省农民合作社发展历程（2007—2017年）》一书是湖北省农民合作社办公室和湖北农民合作社研究所为纪念湖北省贯彻实施《中华人民共和国农民专业合作社法》十周年而共同编写的一本普及读物。

本书涉及农民合作社相关的经验总结、法规政策、研究报告和典型案例，要求专业性强、普及面广。为此，编者组织全省熟悉农民合作社，实践经验丰富，长期从事农民合作社指导、扶持、服务的同志一同参与编写。本书内容全面、案例详实，是外界了解湖北省农民合作社发展历程的基础读物，也是指导、发展农民合作社的参考书。

本书在编写过程中，受到农业农村部的关注和指导，得到了湖北省农业农村厅、省政府办公厅、湖北省农村金融改革办公室、湖北省人大常委会法制工作委员会、华中农业大学、湖北省三农研究会调研组、各地农业经管系统和一批优秀农民合作社的大力支持。同时，该书的编写过程中还得到了《中国农民合作社杂志》《湖北日报》等报刊媒体的帮助，编者在此一并表示感谢。由于时间、资料等方面的原因，以及编者水平有限，书中或有疏漏之处，诚望广大读者谅解。